애착외상의 발달과 치료

Jon G. Allen 저

이문희·김수임·이수림 공역

Mentalizing in the Development
and Treatment of Attachment Trauma

박영story

역자 서문

인간의 심리 건강에 크게 영향을 미치는 것 중 하나는 출생부터 시작해 성장기까지 경험한 부모와의 애착 관계를 꼽을 수 있다. 이 사실을 받아들이든 그렇지 않든 지금 바로 이 순간 나 자신과 타인으로부터 경험하는 느낌, 생각 그리고 행동은 어린 시절 부모와의 관계에서 경험한 크고 작은 파편들이 작용하고 있을 가능성이 크다. 중요한 점이며 희망적일 수 있는 부분은 애착 유형은 한 번 형성되면 불변하는 무엇이 아니라는 점이다. 우리가 안정 애착을 구성하는 구체적 요소를 이해하게 되면 애착 유형이 고정되어 평생 지속된다는 단편적인 견해에서 벗어날 수 있다. 이를 임상적으로 적용해보면 불안정 애착에서 안정 애착으로 나아가는 길을 뜻하기에 더욱 귀를 기울여야 한다.

안정적인 애착 안에는 무엇보다 아이의 마음을 잘 읽어내는, '정신화'를 잘 수행하는 부모가 있다. 정신화의 용어는 혼란과 논쟁이 많지만 정신화를 습득하고 실행하는 동기를 가진 경우에 개념상 논란은 큰 방해가 되지 않는다. 정신화는 상대방뿐만 아니라 나 자신에 대한 욕구, 바람, 사고, 느낌과 같은 내적 세계를 이해하고 공감하는 것이다. 마음을 읽는 것이고 알아차리는 것이다. 나 자신에 대한 것에만 초점을 두지 않는 것 그리고 양자를 모두 이해하고 성찰하고 공감한다는 점에서 상호적이고 유사한 개념들을 포괄하는 특징도 있다. 이들은 마음으로 마음을 읽어내면서 아이의 주관적 세계에 응답한다. 이러한 분위기에서 아이는 홀로 있지 않으며 부모와의 강한 연결감을 경험하며 부모의 눈 안에 비친 자기를 느끼며 성장한다. 반면 부모와의 관계에서 불안정적 애착관계를 경험한 유아는 심리적으로 홀로 있는 것이나 다름이 없다. 가장 최악의 상황은 양육자로부터의 외상을 경험하는 것이다. 고통을 담아줘야 하는 부모가 바로 고통의 가해자가 되어 아이들은 다가갈수록 외상을 겪지만 다가가는 것을 멈출 수 없게 된다. 이처럼 어린 시절 긍정적, 부정적 그리고 극단적으로 가혹한 양육자와의 누적된 상호작용은 성인기의 삶을 물들인다.

어린 시절부터 양육자와 경험한 크고 작은 애착외상의 여파가 삶을 살아가면서 눈덩이처럼 커져 더 이상 삶을 지탱할 수 없을 때 상담실을 찾는 내담자들이 많이 있다. 이들이 경험한 애착외상의 범위는 매우 광범위하여 삶의 모든 측면에 깊숙이 파고든다. 극복할 수 없을 것이라는 막다른 곳에서 그들은 구체적 행위나 물질에 중독되기도 하고 자살을 떠올리기도 한다.

이러한 어려움 속에 있는 임상에서 Allen의 책은 신선한 공기를 마시는 것과 같은 반가움을 준다. 이 책은 어린 시절 양육자로부터 겪은 크고 작은 곤경을 애착외상이라는 큰 틀에서 이해하도록 돕는다. 무엇보다 이러한 이해를 통해 그로부터 벗어나는 중요한 경로에 대해 알려주고 있다. 그는 건강한 애착관계를 기반으로 형성된 치료자의 정신화와 마음챙김을 치료적 요인으로 강조하고 있는데 상담자와 내담자의 상호주체적 상호작용에 초점을 맞추고 있다는 측면에서 전통적인 정신역동접근의 치료요인과 구별된다.

이 책의 구성은 아동기 애착, 성인기 애착, 마음으로 마음을 붙잡아 주기, 애착외상, 신경생물학적인 연결 그리고 치료부분으로 나뉜다. 아동기 애착은 애착이론의 기본 개념 및 언어를 설명하고 정서적 고통을 조절하는 데 있어 애착의 기능을 강조하고 있다. 성인기 애착에서는 애착의 세대 간 전수와 세대 간 전수의 고리를 단절하는 기제에 방점이 찍혀있다. 마음으로 마음을 붙잡아주기에서는 저자가 강조하는 치료요인으로 정신화를 구체적으로 제안한다. 유사 개념들 간의 관련성을 서두에 기록하고 있으며 마음챙김과의 관련성에 대해 심도 있는 이해를 실어놓았다. 신경생물학적 이해는 관련된 지식이 부족한 경우 이해의 어려움이 있을 수 있는데 본 책의 주요 개념과 신경생물학을 연결시켜 최신 연구결과들을 접할 수 있다. 마지막으로 치료를 서술하는 6장에서는 앞선 여러 장에서 반복해서 다양하게 언급해 온 치료적 언급들을 통합하여 기술하고 있으며 애착외상에 초점을 둔 기존의 치료 방법들을 망라하고 있다.

이 책은 애착문제 혹은 애착 외상으로 인해 다양한 심리적 어려움을 지속하고 있는 내담자를 만나는 상담자들에게 큰 도움이 될 것이다. 상담자 자신의 애착문제를 깊이 이해하는데도 적용해 볼 수 있어 애착외상의 문제에서 상담자의 개인적인 삶을 함께 점검할 수 있다. 물론 지금 아이들을 양육하고 있는 부모 혹은 출산을 앞두고 있는 예비 부모들 또한 실감나게 읽어 내려갈 수 있다. 아이를 양육하면서 부모로서 우리는 가능한 되돌릴 수 없는 실수를 줄여보고 싶은 바람이 크다. 모르고 일어나는 치명적 실수를 바로잡을 수 있다. 마지막으로 나는 이 책을 내담자들에게 권하고 싶다. 무엇보다 자신을 알아야 하는 것은 바로 내담자이다. 상담자가 제공해 주는 것을 넘어서서 상호적인 치료관계가 더 중요하다는 것에 동의한다면 애착외상 그리고 정신화의 해법은 바로 내담자가 이해해야 하는 주제이다. 같은 방향을 바라보는 협력적 치료관계, 내담자가 참여하는 치료를 위해 이 책은 훌륭한 가교 역할을 할 수 있을 것이다.

역자 일동

저자 소개

    Jon G. Allen은 Menninger 클리닉 내 정신건강 연구소의 선임 심리학자이며 Helen Malsin Palley 의장을 맡고 있다. 또한, Menninger 정신 의학부 정신의학 교수이자 Baylor 의과대학 행동 과학 교수이며, Houston-Galveston 정신분석 연구소와 Texas 의학 센터 내에 있는 영성과 건강 연구소 부교수이다. Conneticut 대학교에서 심리학 석사학위를 받았고 Rochester 대학교에서 임상 심리학 박사 학위를 받았으며 Menninger 클리닉에서 임상 심리학으로 박사 후 수련을 마쳤다. 그는 심리치료, 진단적 자문, 심리교육 프로그램 그리고 연구를 수행하는데 외상관련이나 성과 연구를 주로 수행하며 학부, 대학원 그리고 박사 후 과정에서 다양한 강의를 해오고 있다. Menninger 클리닉 회보의 편집자였고 *Journal of Trauma and Dissociation*의 부편집자이고 *Psychological Trauma: Theory, Research, Practice, and Policy* 그리고 *Psychiatry: Interpersonal and Biological Processes*의 편집 위원으로 활동하고 있다. 저서로는 「외상에 대처하기: 이해를 넘어 희망으로(Coping with trauma: hope through understanding)」, 「우울증에 대처하기: 역경에서 희망으로(Coping with depression: from catch-22 to hope)」가 있고 Peter Fonagy와 Anthony Bateman과 공동으로 집필한 「임상에서의 정신화(Mentalizing in clinical practice)」가 있다. 모두 American Psychiatric Publishing, Inc에서 출판하였다. 그는 또한 「외상적 관계와 심각한 정신 장애(Traumatic Relationships and Serious Mental Disorders)」의 저자이며 Peter Fonagy와 함께 「정신화 기반 치료 핸드북 (Handbook of Mentalization-Based Treatment)」의 공동 편집자이다. 모두 John Wiley and Sons에서 출판했다. 많은 전문지와 외상 관련 문제, 심리치료, 치료동맹, 병원 치료 그리고 심리평가와 관련된 책의 저자이거나 공동저자이다.

정신분석의 발전: 시리즈에 대한 짧은 글

Peter Foangy, Mary Target and Liz Allison

정신분석은 백 년의 역사 동안, 진지하고 독립적인 지적 전통으로 발전해 왔다. 정신분석은 특히, 우리 문화의 다양한 영역에서 확립해온 진실들에 도전해 왔다. 무엇보다 정신분석적 사고는 정신장애의 치료, 성격문제, 정신역동적 심리치료에 대한 접근을 불러 일으켰으며 대부분의 나라에서, 적어도 서양 세계에서는 번창하는 전통이 되어 왔다. 뇌기능 연구뿐만 아니라 무선 통제 실험에 근거해 이제까지 이루어진 진보하는 증거를 통해 정신역동 심리치료는 과학의 세계에서 정당성을 기대할 수 있게 되었다. 정신분석은 인간 주체성에 관한 독특한 관점을 유지하면서 인문학의 세계와 체계적으로 연구되는 인간 문화의 모든 분야에서 확고하게 자리를 잡아 오고 있다.

오늘날 생물학적 입장을 갖는 정신과 의사는 세기말 Vienna에서 Freud 시대의 신경 질병을 다루는 전문가들만큼 정신분석에 의해 어떤 과업을 요구받고 있다. 정신분석적 사상에 찬성하든 반대하든 오늘날의 문화 논평자들은 무의식적 동기, 방어, 초기 아동기 경험의 중요한 영향 그리고 정신분석이 20세기 문화에 가져다 준 무수히 많은 발견들에 주의를 집중해야 한다. 21세기 사고는 지난 세기에 정신분석이 발견했던 많은 것들을 암묵적으로 통합하고 있다. 정신분석적 체계의 단점을 찾아내려고 하거나 혹은 심지어 정신분석을 무너뜨리고자 비평하는 사람들은 정신분석적 틀을 공격하곤 한다. 정신역동 접근에 대한 인지행동치료자들의 최근 공격이 그 예이다. 이러한 공격에도 불구하고 그들은 인지치료이론과 기법에 영향을 미친 정신분석의 기여에 대해 인정해야 한다. 하지만, 이러한 접근의 저자들은 고전적 사상으로부터 발전시켜 온 자신들의 진보에 대해서는 인정하지만 정신역동 접근이 진보한 부분에 대해서는 거의 인정하지 않는다. 그러한 논란에서 안타까운 점은 종종 정신분석에 대한 그들의 공격이 50년 전 심지어 75년 전 정신분석의 원칙에 대한 비평이라는 것이다.

정신분석의 인식론과 개념적, 임상적 주장 모두는 종종 강하게 논쟁이 되어 왔다. 정신분석이 도전하고 유발해 내는 능력에서 독특한 점이 있다는 신호로 이해할 수 있다. 왜 그러한가? 인간 동기에 관해 의문을 갖는 깊이에 있어서 정신분석과 경쟁자는 사실상 없다. 정신분석의 답이 옳든 옳지 않든 정신분석의 인식론은 인간 경험에서 가장 어려운 문제에 직면할 수 있도록 했다. 성적 학대의 희생자와 가해자 모두의 동기를 함께 고려했던 또 다른 시대가 있었는가? 신생아 혹은 사실상 태아의 주관성을 연구주제로 진지하게 고려한 다른 접근이 있는가? 꿈에서 의미를 발견했던 정신분석은 계속해서 가장 인간적인 그리고 가장 비인간적인 행동에 대해 이해를 지속하고 있다. 정신분석적 원칙은 두 개인 사이에서 일어날 수 있는 상호주관적 상호작용의 가장 미묘한 측면을 이해하기 위해 계속 노력하고 있다. 이 상호주관적 상호작용 속에서 한 사람은 다른 사람이 자신들만의 발달과정에서 만들어 낸 장벽을 극복하려고 고군분투한다. 역설적으로 인간 존재의 신체적 기초—유전자, 신경체계 그리고 내분비 기능—에 대한 새로운 이해는 정신분석을 대체하는 것이 아니다. 그보다는 인간 적응에 영향을 미치는 것으로 이해되기 시작한 기억, 소망 그리고 의미를 고려하는 생물학적 수준의 보완적인 접근이 필요하다는 강한 요구를 형성하고 있다. 사회적 환경 안에서 개인의 생물학적 운명의 표현을 이해하기 위해 주관적 경험의 연구를 통해서가 아닌 다른 방법이 과연 있는가?

정신분석이 우리 문화에서 가장 활발한 지식인들을 지속적으로 끌어들이고 있는 것은 놀라운 일이 아니다. 이들이 모두 정신분석 임상가들 혹은 심리치료자들은 아니다. 이 지식인들은 생물학적 결정요인을 가지고 있는 정신장애를 탐구하는 연구자에서부터 문학, 예술, 역사 분야까지 상당히 다양한 접근의 학자들이 있다. 항상 경험의 의미를 설명할 필요가 있다. 정신분석은 주관성을 이해하는데 전념하면서 이 지적 운명을 완수하는 선도적인 위치에 있다. 여러 나라의 여러 대학에서 정신분석에 대한 연구가 급증하고 있다는 것은 놀라운 일이 아니다. 이것은 현대 사회과학을 포함해 현대 과학이 가지고 있는 이해의 한계로 인해 야기되는 것이다. 정신분석자들의 용기 있는 설명은 행동 뒤의 의미를 발견하고자 하는 근본적인 인간의 욕구를 직접적으로 만족시킨다. 누군가는 정신분석적 설명이 상당히 추론적이라고 볼 수 있겠지만 행동, 느낌 그리고 인지와 관련해 치료실에서 얻은 탐색은 심오하며 쉽게 일반화될 수 있다는 것을 잊지 않아야 한다. 누구도 아동기 성성 (sexuality)의 현실을 의심하지 않는다. 아무도 어떤 의미에서 의식이 주관성의 영역을 대표한다고 믿지 않는다. 의식 밖의 갈등, 방어 그리고 초기 대인관계 특성이 이후 대인관계 기능으로 나타나도록 하는 정신구조 그리고 애착을 형성하고 돌보려는 동기는 21세기 문화의 양도할 수 없는 부분이 된 정신분석적 발견이다.

우리가 기획한 시리즈의 과제는 정신분석의 진보에 초점을 맞추는 것이기에 주제를 '정신분석의 발전'이라고 정하였다. 영광스러운 풍부한 역사를 가지고 있는 정신분석은 과학적·철학적 그리고 문학적 탐구로 인해 마음에 대한 이해가 더해지면서 극적인 변화와 전환을 보이는 흥미로운 미래 또한 갖게 될 것이다. 우리의 활동에 어떤 구체적 지향이 있는 것은 아니며 어떤 구체적인 전문가 집단을 향해 있는 것도 아니다. 하지만 학문적 방식으로 체계적으로 의미와 해석의 의문점들을 탐색하는 지적인 도전이 될 것이다. 그럼에도 우리는 이러한 시리즈가 고통 속에 있는 누구가를 돕기 위해, 특히 마음과 인간애를 가진 개인들이나 심리치료자들에게 알릴 수 있다는 것이 기쁘다.

이 책이 이러한 과제의 발자취가 되어온 다른 많은 책들의 본보기가 되는 것으로서 인정받는다면 가장 기쁠 것이다. Jon Allen은 탁월하고 창의적인 사상의 통합자이다. 그는 수년 동안 정신역동적 숙고자들에게 애착이론과 임상적, 경험적 그리고 신경과학적 관찰의 강력한 통합을 제공해 왔다. 외상에 관한 그의 책은 심각한 역경의 역사를 가지고 있는 개인을 치료하는 많은 사람들에게 사고의 변화를 이끌었다. 그는 기술과 이론적 사고의 조화를 찾아왔으며, 이러한 조화는 그의 헌신적인 학문, 사려 깊은 해석, 명쾌한 의사소통의 가치를 강력하게 입증해 준다. Allen은 애착관계의 신경과학적 이해에 대한 탁월한 진보에 모든 임상가들이 접근하도록 했으며 이러한 진보가 우리 내담자들에게 가장 도움이 되는 방식인 치료적 기법으로 어떻게 변환될 수 있는지 알도록 했다. 그는 지난 수십 년 동안 정신적 외상을 입은 개인들에게 취해진 다양하고 성공적인 접근법의 정수를 뽑아내는 데 성공했다. Jon Allen이 이 주제에 있어 세기의 작업인 그의 책에 신중했던 만큼 우리가 이 책을 주의 깊게 읽는다면 이 책을 처음 읽을 때에 비해 마지막 장을 읽을 때는 우리는 더 나은 임상가가 되어 있을 것이다.

이 시리즈의 목표는 정신역동적 사상을 가르치고 실습하는데 편집자들이 느꼈던 흥분을 전달하는 것이었다. 이 책이 이 목표를 충분히 수행했으며 더 나아가 전 세계적으로 더 많은 학생들, 학자들 그리고 임상가들에게 정신분석적 사고를 접할 수 있게 하고 싶다는 우리의 열망을 충실히 수행했다고 본다.

Peter Fonagy, Mary Target, 그리고 Liz Allison

University College London

서 문

    나는 1980년대 후반과 1990년대 초반에 운 좋게도 외상(trauma)의 전문적 치료를 발전시키는 작업에서 Menninger 클리닉의 동료들과 함께 작업을 할 수 있었다. 우리는 이 프로젝트를 '외상 회복 프로그램'이라고 불렀다. 우리는 초기 애착관계에서 외상이 상당한 기여를 했던, 복잡하고 만성적인 정신 장애의 치료로 입원을 했던 많은 내담자들과 작업을 했다. 이 프로그램의 핵심적 요소로 심리교육집단을 발전시켰는데 세미나 같은 형태를 띠면서 일주일에 2번 정도 만났다. 치료진과 수련생이 함께 실시했으며 내가 교육을 했지만 우리 모두는 함께 브레인스토밍을 했다. 내담자에게 교육을 하는 것은, 물론 처음에는 그렇게 할 마음이 없었지만 학습하기에 가장 좋은 방법이라는 것을 알았다. 많은 동료들의 열정으로 이 외상 교육 프로그램을 클리닉 전체로 보급할 수 있었는데 이 점에 대해 대단히 만족한다. 청소년 치료 프로그램과 성인 병원프로그램뿐만 아니라 부분 입원과 퇴원 프로그램까지 확대될 수 있었다.

    교육 프로그램이라는 모험을 시작하면서 나는 우연히 애착이론을 만났다. 나는 그때까지 교육 혹은 훈련에서 Bowlby의 이론을 배운 적이 없었다. 우연한 기회로 나는 그의 간결한 책인 「안전 기지(A Secure Base)」를 접했다. 그 당시, 나는 심각한 해리 증상을 보이는 내담자와 힘겨운 치료를 진행하고 있었다. 나는 그 내담자의 어려움을 정확히 이해할 수 있는 어떤 것도 찾기 어려웠다. 나는 그 책에 빠져들 었다. 그리고 애착이론을 기초로 해서 첫 번째 책인 「외상에 대처하기(Coping with trauma)」를 출간했다.

내가 계속해서 외상을 이해하는 작업을 진행하면서 두 번째 행운을 만날 수 있 었다. 나의 첫 번째 책을 출간할 쯤에 발달 정신병리에 초점을 둔 연구를 다시 검토 하기 위해 Peter Fonagy를 클리닉에 초대했었다. 그 후 수년 동안 Peter와 그의 가 까운 동료들과 함께 작업을 하면서 나는 점차 애착이론을 잘 이해할 수 있었다. 이 과정에서 나는 또한 Peter의 주된 관심사인 정신화(mentalizing)에 매료되었다. 정 신화는 정신상태와 관련된 행동을 이해하고 해석하는 인간의 타고난 능력이다. 그 마음이 어떻게 애착관계에서 형성되는지를 이해하는 것보다 더 흥미로운 작업이 있 을까? 정신화가 애착관계에서 탈선되는 과정보다 임상 작업에서 더 중요한 것이 있 을까? 이것을 풍부하게 이해하면서 나는 탈선된 정신화가 애착외상의 핵심임을 알 게 되었다.

여러 이전의 책에서 나는 애착이론과 정신화가 외상과 관련된 장애를 이해하는 데 기초라는 점을 계속해서 포함시켰다. Peter의 격려로 이 책 전체에 그 기초에 대 해 기술했고 치료 부분을 추가했다. 나의 열정(자기중심적일 수 있음)은 끝이 없다. 나는 애착에 대해 우리 모두가 알아야 한다고 생각하는 것을 명확히 설명하고 싶다. 이것은 정신화의 철저한 이해를 포함한다. 내가 생각하는 독자는 전문가로 국한되 어 있지 않다. 내담자 또한 애착이론과 연구를 간절히 배우고 싶어 한다는 것을 알 았다. 내가 처음 Bowlby의 책을 읽었을 때 느꼈던 것과 같이 그들은 쉽게 그들의 힘겨운 고투에 이것이 얼마나 유용한지 금방 이해하기 시작했다. 내담자 교육을 배 경으로 삼아 의문이 많은 초보자들에게도 쉽게 다가갈 수 있도록 대화의 형태로 이 책을 집필했다.

그리고 Menninger 클리닉의 시스템에 기반해 이 책을 기술했다. Menninger 클 리닉은 임상 작업과 학문 활동을 겸비할 수 있는 드문 곳이며 임상 활동에서는 장기 입원 치료 그리고 외래 치료가 가능한 환경이다. 야심찬 그리고 전면적인 교육 집단을 내담자와 수행하는데 장기 치료 환경은 매우 중요했다. 이 작업을 통해 우리 모두가 이해할 수 있는 공통적인 언어—정신화를 포함하여—를 발전시키는 데 기반이 되었다.

과거 수년 내에 우리의 임상 패턴이 변화해가면서 나의 임상 작업 또한 여러 주 동안 진행되는 집중적 입원 치료에 초점을 두고 있다. 미국에서 수일 동안 이루어지는 일반적인 입원 기간과는 비교가 되는 긴 기간이다. 우리는 더 이상 전문 프로그램을 유지하지 않으며 그보다는 입원을 통한 외상치료를 한다. 나는 과거 십년 동안 이루어진 이러한 더 최근 임상으로부터 여러 사례를 선택하였다. 내담자의 익명성을 보호하기 위해 세부정보들을 수정하였고 다른 개인 정보를 혼합하여 작성하였다.

나는 우리의 전 치료 실장이었던 Dick Munich에게 특히 감사하다. 그는 클리닉이 Baylor 의과대학과 연계를 맺기 위해 Kansas Topeka에서 Kansas Texas로 이전을 했을 때 내게 함께 옮길 것을 적극적으로 권유해 주었다. Dick는 내가 이 책을 잘 마칠 수 있도록 나를 위해 자리를 마련해 주었다. 또한 Ian Aitken, Sue Hardesty 그리고 Tom Ellis뿐만 아니라 현재 치료실장인 John Oldham에게 특히 감사함을 전하고 싶다. 이들은 내가 이 책을 지속하는데 공간을 허락해 주었는데 이들의 행정적 지원이 너무나 중요했다. 또한 내가 이 책을 집필하도록 내용을 읽고 평가해준 여러 동료들에게 감사함을 표한다. Chris Fowler, Tom Lllis, John Hart, Liz Newlin, Ramiro Salas, Lane Strathearn 그리고 Roger Verdondle이다. 참고문헌을 수집하는 데 도움을 준 Steve Herrera에 대해 고마움을 전한다. 마지막으로 나의 부인, Susan은 이 책을 쓰느라 몰입해 있는 나를 잘 견디어 주었고 좀 더 쉽게 읽힐 수 있도록 전체 문장을 읽어주었다.

서 론

    나는 외상치료의 핵심에 이해가 있다고 믿는다. 치료자는 내담자의 경험을 이해해야 한다. 내담자는 이해받았다고 느껴야 한다. 그리고 이해받았다는 경험이 정서적인 수준에서 일어나야 한다. 나는 치료자와 내담자가 애착관계에서 외상에 대해더 잘 이해할 수 있도록 하기 위해 이 책을 집필하였다. 원형적인 형태를 살펴보면 애착외상은 아동기 학대와 방임으로 이루어져 있다. 하지만 애착관계에서 정서적 조율의 미묘하고 만연된 실패 또한 발달에 장기적으로 부정적인 효과를 일으킨다. 우리 모두가 이러한 외상 경험의 포괄적인 스펙트럼을 이해하는 것은 매우 중요하다.

    애착이론과 연구는 긍정적인 의미로 아동기 학대에 관한 방대한 문헌에서 확실한 위치를 형성해 왔다. 학대가 애착관계에서 일어난다면 애착이론은 바로 그 문제의 핵심을 다룬다. 학대와 심각하게 불안정한 유아애착 그리고 이어지는 발달적 정신병리 사이의 강한 관계를 발견하면서 외상은 지난 20여 년 동안 애착 연구자들에게 중요한 연구주제였다. 치료자와 내담자는 이러한 연구들로부터 많은 것을 배워왔는데 이 연구들이 직접적으로 회복의 수단을 가리키기 때문이다. 이는 신뢰로운 관계에서 심리적이고 정서적인 연결감을 회복하는 것이다. 신뢰로운 관계는 고통스러운 정서 경험에 대해 안전함과 안정감을 제공하게 된다. 앞으로 자세히 설명하겠지만 고통스러운 경험에서 심리적 연결감의 부족은 애착외상의 핵심이다.

나는 심리치료에 더 넓게 적용하기 위해 이 책을 집필하고자 하였다. 치료에 대한 나의 접근은 광범위한 정신장애에 적용할 수 있으며 다른 이론적 관점을 가진 치료자들이 응용할 수 있다. 또한, 나의 주된 주제가 애착외상이지만 애착이론과 연구의 지식은 심리적 스트레스의 전체 범위와 관련이 있다. John Bowlby가 요람에서 무덤까지라고 설명했듯이, 안정적 애착관계가 정서적 고통을 완화시키는 가장 좋은 수단을 제공하기 때문이다. 더 넓게는 이 책이 애착이론과 관련된 연구가 치료관계를 이해하는 가장 좋은 방식을 제공한다는 나의 대담한 주장을 정당화해줄 것이라고 희망한다. 치료관계의 전신인 부모-자녀관계에서 그것의 깊은 뿌리를 고려한다면 그러하다.

애착이론에 많이 익숙하지 않은 독자들이라면 이 책을 통해 애착이론에 대한 포괄적인 이해를 할 수 있을 것이다. 이것을 이해하는데 어떠한 전문적인 지식이 필요하지 않다. 한편 이미 애착이론에 대한 지식을 가지고 있는 경우라면 이 책은 외상에 대해 최신 정보를 알려줄 것이다. 애착분야에 전문가들이라고 해도 애착에 관한 많은 문헌을 그때그때 따라잡는다는 것은 쉬운 일이 아니다. 예를 들어, 2008년에 출간된 Jude Cassidy와 Phil Shaver의 「애착 핸드북(Handbook of attachment) 2판」은 무려 1,000페이지에 걸쳐 40개의 장(chapter)으로 기술되어 있다. 각 장은 방대한 양의 문헌을 정리하고 있고 그러한 문헌들은 계속해서 출간되고 있다. 나는 광범위하게 언급되는 외상치료와 관련하여 임상가와 내담자 모두에게 유용한 문헌들의 통합을 제공하고 싶다. 이 책이 다소 길 수 있지만 빠르게 진화하는 이 분야에 당신이 뒤떨어지지 않도록 간단한 스냅사진을 제공할 것이다.

개 관

1장은 아동기 애착을 다루었는데 애착이론에 대한 견고한 기초를 제공한다. 이론의 언어와 개념뿐만 아니라 이론의 기원에서부터 시작한다. 이 책의 핵심적 주제에 걸맞게 나는 계속해서 정서적 고통을 조절하는데 애착관계의 역할을 강조할 것이다. 12개월이면 분명하게 나타나는 안정 그리고 불안정 애착의 기본 유형을 기술할 것이다. 이러한 애착 유형에 영향을 미치는 많은 것들을 고려할 것이다. 양육뿐만 아니라 아동의 기질 그리고 광범위한 환경적 맥락을 포함한다. 이러한 영향은 발달의 과정을 거쳐 애착 패턴의 '안정성과 변화'의 균형에 기여한다. 애착 안정성의 발달적 이점은 어린 시절부터 잘 확인된다. 이러한 이점은 삶을 통해 심리치료와 다른 애착관계에서 애착 안정성을 촉진하도록 한다.

2장에서는 성인기 애착을 다루었는데 애착을 연인관계로 연결시키면서 시작한다. 연인관계는 아동기 애착과 가장 가까운 관계이다. 놀랍게도, 거듭되는 변화에도 불구하고 생후 첫 1년 안에 형성된 안정 그리고 불안정 애착이 성인애착관계와 현저한 유사점을 보인다는 것이다. 유사한 이유로 이러한 성인애착 유형은 안정성과 변화의 균형을 보인다. 아동기와 성인애착 연구의 결합은 상당히 중요한 발견을 낳았다. 바로 애착 안정성과 불안정성의 세대 간 전수이다. 세대 간 전수 과정을 이해하는 것은 개입을 향한 방향을 가리킨다. 애착 연구가 가장 용기를 주는 이야기 중

하나는 세대 간 전수 과정을 차단할 수 있다는 가능성이다.

3장은 애착관계의 발전을 이해하는데 내가 버팀목으로 고려하는 것으로, 치료적 노력으로서 애착 안정과 정서조절을 개선하도록 하는 수단을 소개한다. 바로, 정신화이다. 정신화는 자기와 타인의 정신상태에 대한 조율이다. 간단히 말해, 관계에서 정신화는 마음의 접촉을 수반한다. 더 시적으로 표현하면 심장과 심장의 만남이다. 정신화는 애착관계를 확립하는 수단이다. 또한, 정신화는 인간의 애착관계를 동물의 애착관계와 구별하도록 한다. 3장에서, 나는 마음챙김과 정신화 사이에 복잡한 관계를 설명하는 데 어려움을 겪었다. 마음챙김은 정신화와 부분적으로 유사하고 둘 사이에 헷갈리는 부분이 있기 때문이다. 나는 연구와 임상 실제의 두 부분을 함께 끌어모아 정신 상태에 대한 마음을 집중하는 것이 정신화의 필요한 기초라고 제안하였다.

1, 2, 3장을 통해 필요한 배경을 전달했다면, 4장은 외상적 애착관계를 직접적으로 다루었다. 애착외상은 어쨌든 뒤늦게 애착 연구에서 발견되었는데 *혼란* 애착으로 분류되었던 이례적인 유아의 애착 행동에서 확인되었다. 이 발견은 외상의 세대 간 전수에 관한 연구를 이끌었고 연구들은 부모의 애착외상의 역사와 그들 유아의 혼란된 애착을 연결시켰다. 혼란된 애착과 함께 우리는 애착외상의 세대 간 전수에서 정신화 손상의 중요한 역할을 이해하기 시작했다. 4장에서는 정신화 손상이 아동기의 여러 다른 학대와 어떻게 연관되는지를 고려할 것이고 어린 시절과 성인기 애착외상 사이에 유사성에 주목할 것이다.

5장에서는 신경과학의 현 추세와 이 책에서 다루는 핵심 주제(애착, 마음챙김, 정신화) 사이에 관계를 설명하기 위해서 신경생물학적 관점을 다루었다. 나는 심리적 현상을 '진짜' 보기 위해서 우리에게 반드시 뇌 이미지가 필요하다고 생각하지는 않는다. 앞의 장에서 검토한 바와 같이 애착 혼란의 완전한 실체는 내담자와 치료자들에게 너무나 명백하다. 하지만 애착외상의 생리적 기초자료를 통해 우리는 발달 연구를 진지하게 받아들일 수 있다. 그러나 그렇게 하는 것은 양날의 검과 같다.

애착외상에서 나온 정서조절의 지속적인 문제가 변화된 생리학에 기초를 두고 있다는 드러나는 증거들은 이러한 문제의 현실뿐만 아니라 그것을 극복하는 것이 쉽지 않다는 것을 강조하기도 한다. 대체로 나는 현실을 직면하는 것이 최선이라고 본다. 이상적으로 내담자는 외상을 극복하는데 그들이 경험하는 어려움에 대해 스스로에게 연민을 가질 수 있다. 그리고 치료자는 힘겨운 치료적 노력에 대해 역시 스스로에 대해 연민심을 가질 수 있다. 무엇보다 우리는 희망을 유지해야 한다. 그리고 희망은 희망적인 생각에서가 아니라 현실적인 기대를 통해 예측되어야 한다. 5장은 이 장의 규칙에서 다소 벗어나 있다. 나는 보다 넓은 독자에게 다가갈 수 있는 책을 쓰려고 했다. 하지만 5장은 어쨌든 이런 면에서 매우 한계가 있다. 뇌 해부학의 기초 지식이 있다면 좀 더 수월하게 읽힐 것이다. 힘들겠지만 뇌를 이해하는 것은 우리가 우리 마음을 좀 더 잘 이해할 수 있도록 도울 수 있다. 나는 이러한 목적을 염두에 두고 5장을 썼다.

당신은 이 책에서 어떤 불균형을 감지했을 수 있다. 문제를 이해하는데 여러 장을 할애하고 치료는 단지 하나의 장에서 다루었다. 내가 서론에서 말한 바와 같이 이해하는 치료이다. 당연히 나는 독자들이 내내 치료를 마음에 간직하도록 하기 위해 각각의 장에서 치료에 대한 함의점을 연결시키며 언급했다. 마지막 장에서 더 풍부하게 그 연결을 설명하려고 했다. 나는 외상치료가 다루어야 하는 정신 장애의 범위를 요약하였고 기존에 존재하는 치료 방법을 간략하게 소개하였다. 정신병리와 치료의 논의를 통해 탁월한 치료 형태로서 정신화 접근에 대한 나의 입장을 전달하였고 이러한 치료의 형태가 애착외상의 치료에 어떻게 적용될 수 있는지를 보여주는 단계로 구성하였다. 나는 유일한 하나의 기법을 제안하는데, 그것은 바로 대화이다. 나는 단지 하나의 열망이 있는데 바로 순간순간의 정신화를 하는 것 그리고 동시에 그렇게 하면서 내담자에게 관여하는 것이다. 그리고 나는 하나의 주된 치료 성과를 목표로 삼는다. 안정적 애착관계를 확립하고 계속해서 이를 유지하는 내담자의 능력을 증가시키는 것이다. 이것이 물론 내 마음에 있는 모든 것은 아니다. 거의 그렇지 않다. 하지만 이러한 중요한 목표는 내가 이해하는 치료 과정의 핵심을 구성한다. 나는 애착 연구에서 이러한 광범위한 초점에 대해 포괄적인 지지를 발견했다. 그러고 싶지는 않지만, 나의 입장을 잃기가 너무 쉬운, 불가피하게 정서적으로 도전적인 과정에 나를 집중시키고 기반을 두기 위한 탄탄한 토대가 필요하다.

차 례

1장

─────

아동기 애착

CHAPTER

1

아동기 애착

　　성인 내담자에게 정신 장애에 대해 교육할 때, 나는 발달적 관점을 지지하는 스트레스 누적 모델(stress pileup model)을 설명한다. 이 모델은 유전적 위험과 기질의 역할을 인정하면서도 성인이 되어 스트레스에 직면했을 때 아동기 외상이 장애에 대한 취약성을 촉진한다고 주장한다. 그러나 나는 일부러 반대 입장에서 다음과 같은 질문을 던짐으로써 이 글을 시작하고자 한다. 왜 당신이 어떻게 어려움에 빠졌는지에 대해 신경 써야만 하는가? 왜 단지 거기에서 그냥 빠져나오는 데에만 집중하지 않는가? 이에 대해 내담자들은 어떻게 어려움에 빠졌는지 아는 것이 빠져나가는 데 도움이 될 수 있다고 선뜻 말한다. 발달과 치료에 있어 애착과 정신화에 초점을 두면, 그들의 주장에 대한 실체를 제공할 수 있게 된다. 덧붙여, 발달적 관점을 채택하면, 특히 고통의 역사와 그것이 발달에 미치는 영향을 인정하지 못하는 내담자들을 연민어린 마음으로 이해할 수 있다. 그러면 그들은 (가족들이 그런 것처럼) 자기 자신을 다음과 같이 질책한다. "나는 할 일이 너무 많아서 불안하고 우울해할 수가 없어요!" 그런 내담자들은 병의 심각성과 초기 경험의 중요성을 축소시킨다.

　　나는 애착이론과 연구가 외상을 치료할 수 있는 가장 견고한 기초를 제공한다고 보는 입장이며, 아동기에 그 원인을 부여함으로써 이 책을 시작하도록 하겠다. 발달로부터 치료까지의 연결은 매우 직접적이어서 군데군데 약간의 설명만 제공하며 따로 정리할 필요는 없다.

Sydney Blatt(2008)의 성격 조직 이론을 기초로 하는 성격 발달 영역에 애착이론의 닻을 내림으로써 이 발달 프로젝트를 출범하도록 하겠다. Blatt의 이론은 관계성과 자기정의라는 두 가지 근본적인 발달 노선을 중심으로 한다. 성격 발달에 대한 Blatt의 접근 방식은 애착이론과 잘 들어맞는다. 이 중요한 틀은 상식적이고 정교하며, 연구에 철저히 근거하고 있다. 나는 이 책 전반에 걸쳐 이 두 가지 관점을 엮어 나갈 것이다.

애착이론과 연구는 오랜 발달적 역사를 가지고 있다. 이 역사에 대한 인식은 애착관계가 아동기에 어떻게 진화해 가는지에 대한 기본 개념과 개관을 요약할 수 있는 토대를 마련한다. 이 모든 토대작업은 안정 애착과 불안정 애착의 전형적인 패턴을 검토하기 위한 단계를 설정하며, 이 패턴은 심리치료 수행에 방향을 제공해준다. 애착외상을 다루는 여러 가지 방식이 있지만, 일반적인 안정 애착과 불안정 애착 유형을 다루는 것은 매우 중요하다. 왜냐하면 애착외상은 이들 유형과 불가피하게 뒤섞이거나 그 유형들 위에 겹치기 때문이다. 더욱이, 안정 애착에 대한 견고한 이해는 보다 더 탄탄한 안정에 도달하는 것이 가장 중요한 외상치료에 지침을 제공해준다.

애착이론은 정신분석과 마찬가지로 심리적 문제와 정신 장애에 대해 엄마 (뿐만 아니라 아버지와 기타 양육자)를 비난하는 위험을 유발한다. 의심할 여지없이, 일부 심각한 양육 관행은 비난받아 마땅하며, 외상에 중점을 둘 경우 이러한 행동들을 주목하게 된다. 그럼에도 불구하고, 발달적 관점에서 나의 목표는 연민어린 이해이며, 여기에는 부모가 그들의 발달사와 성인으로서의 삶의 맥락에서 그들이 직면하는 도전들에 대한 연민어린 이해를 포함한다. 비난의 시각은 부모에 대한 가혹한 행위일 뿐만 아니라 문제를 지나치게 단순화하는 것이다(Sroufe, Egeland, Carlson

& Collins, 2005). 애착은 상호관계에서 발달한다. 나는 안정유형과 불안정유형에 대한 검토 후에 애착관계에 미치는 아동의 기여—연구들에 따르면 아동의 기질적 특성은 놀랄 만치 제한적인 역할을 수행함에도 불구하고—에 대해 생각해보고자 한다. 대조적으로 확장된 가족 및 사회적 맥락은 발달 과정 전반에 걸쳐 애착 유형의 안정성 및 변화에 기여하는 강력한 방식으로 애착관계에 영향을 미친다. 이 장은 안정 애착과 불안정 애착이 아동기 적응에 미치는 영향을 요약하며 끝맺을 것이다.

□ 성격발달의 두 노선

초기 애착관계를 심리적 성숙을 위한 평생의 과제에 포함된 것으로 간주할 때 우리는 초기 애착관계의 심오한 의미를 가장 잘 이해할 수 있다. 수십 년에 걸친 임상 경험과 학술 연구를 기반으로 저술한 「경험의 양극성(Polarities of Experience)」에서, Blatt(2008)는 우리 각자가 평생에 걸쳐 관계성과 자기정의라는 경험의 근본적인 양 극을 개발하고 통합해야 할 필요성에 대해 규명한다. 자기정의는 자율성과 관련이 있으며, 나는 이 두 용어를 다소 상호교환적으로 사용할 것이다. Blatt은 다음과 같이 요약한다.

일생 동안 모든 사람은 다음과 같은 두 가지의 근본적인 심리적 발달 문제에 직면한다. (a) 상호적이고 의미 있으며 개인적으로 만족스러운 대인 관계를 확립하고 유지하는 것과 (b) 일관되고 현실적이며 분화되면서도 통합된, 본질적으로 긍정적인 자기감(sense of self)을 확립하고 유지하는 것이다. 가장 근본적인 두 가지 심리적 차원—대인관계성과 자기정의의 발달—에 대한 명료한 설명은 성격 발달, 성격 조직, 정신 병리 및 치료적 변화의 기제와 같은 개념의 통합을 촉진하여 단일한 모델로 만들기 위한 포괄적인 이론적 매트릭스를 제공한다(p. 3).

나는 이 책 전반에서 애착이론과 함께 Blatt의 틀을 사용하여 숲을 볼 수 있도록 할 것이다. 우리 모두는 관계성과 자기정의 욕구의 균형을 잡으며 통합해 나가야 하지만, 기본적인 기질과 삶의 경험으로 인해 특정 방향으로 기울어지는 경향이 있다. Blatt이 설명하듯 이 양 극은 문화마다 다른 방식으로 장려되며 성별 차이도 뚜렷하다. 서구 산업사회는 전형적으로 남성적 과제인 자기정의에 더 중점을 둔다. 자기정의에 대한 강조와 일치하는 특성으로는 독립성, 자율성, 자립, 주도(agency), 경쟁, 성취, 지배, 권력 및 분리 등이 있다. 자기 정의에 대한 강조가 관계성을 배제하고 방어적으로 과장되면 질투, 권리감(entitlement), 자기애, 자기 비판적 완벽주의, 공격성, 고립 및 소외 등의 부적응적 특성이 분명해진다. 그러한 불균형적 개인은 냉담하고 군림하며 비판적, 판단적, 적대적이 되어 자신의 관계를 악화시키기 쉽다.

이와 대조적으로, 동양의 집단주의 사회는 전형적인 여성 과제인 관계성을 더 많이 강조한다. 관계성에 대한 강조와 일치하는 특성으로는 의존성, 협동, 협력, 친교, 상호성, 이타주의, 공감, 애정, 친밀감 등이 있다. 관계성에 대한 강조가 자기정의를 배제하고 방어적으로 과장되면 과도한 의존성이나 애정결핍, 순응성, 수동성, 자기희생, 무시나 유기에 대한 강렬한 민감성 등의 부적응적 특성이 분명해진다.

발달 과정 전반에 걸쳐 관계성과 자기정의의 역량을 조율하고 통합해가며 배양할 필요가 있다. Blatt이 말했듯이, '정상적인 성격 발달은 초기 발달의 두 차원인 대인관계성과 자기정의 간의 변증법적 상호작용을 동시적으로 또 상호적으로 촉진하는 것을 포함한다.'(p. 104). 이 양 극은 시너지 효과가 있다. 그들이 합리적인 균형을 이룰 때, 각각의 발달은 서로의 발전을 촉진한다. 우리는 타인에 의해 알게 되는 존재의 맥락에서 우리 자신에 대해 알고 정의하게 된다. 또한, 우리의 정체성과 자기가치는 개인의 경계와 자율성을 유지하면서 타인과 친밀한 관계를 맺을 수 있도록 한다. 이 통합은 일반적으로 청소년기에 강화된다.

이러한 두 발달 노선은 인생주기 전반에 걸쳐 상호작용하지만, 청소년기까지의 초기 발달 기간 동안에는 비교적 독자적으로 발달한다. 이 시기의 발달 과제는 두 발달 차원의 보다 성숙한 표현을 포괄적 구조로 통합하는 것이다. Erikson은 이러한 포괄적 구조를 '자아정체성(self-iden-tity)'이라고 불렀다(p. 104).

이어지는 논의를 암시하자면, 안정 애착은 관계성과 자기정의 간의 균형을 예로 보여준다. 이 균형은 자신과 관련된 내적 안정감을 개발할 뿐 아니라 안정 애착을 안식처(safe haven)와 안전기지(secure base)로서 활용하는 데도 분명하게 나타난 것이다. 양 극 중 하나에 대한 과장된 의존은 두 가지 주요 불안정 애착 유형에서 분명하게 나타난다. 회피 애착은 친밀한 관계를 배제하고 자기정의 및 자율성에 더 큰 관심이 있는 반면, 양가 애착은 자기 정체감의 발달을 배제하고 친밀한 관계를 유지하기 위한 과장된 노력과 연합이 된다. 발달과 치료의 도전을 이해하기 위한 이 이론적 틀은 너무 명백해서 이 이론의 완성을 이끌었던 훌륭한 임상 관찰과 연구를 간과해도 될 정도이다. 다음의 역사적 개요에서, 선구자적 애착이론가들을 자유롭게 인용하여 선구자들의 독창적인 통찰력이 지금 시기에 갖는 관련성을 강조하고자 한다.

❏ 애착이론과 연구의 초기 발달

다음 네 개의 연구 결과에 근거하여 애착이론에 대한 일반적인 오리엔테이션을 제공하면 다음과 같다(van Ijzendoorn & Sagi-Schwartz, 2008). (1) 심각한 신경 생물학적 손상이 없다면, 모든 유아는 한 명 이상의 양육자(학대적이고 방임하는 양육자를 포함하여)와 애착을 형성한다. (2) 유아의 대다수는 안정적으로 애착된다. (3) 유아는 유아의 필요에 민감하고 반응적인 양육자에게 더 안정적으로 애착될 가능성이 높다. (4) 애착 안정성(attachment security)은 아동의 정서적, 대인관계적,

인지적 능력에 긍정적으로 기여한다. 이러한 연구결과는 다음과 같은 최종 원칙과 결합될 때 애착에 대한 우리의 관심은 정당화된다.

> 애착행동은… 요람에서 무덤까지 평생에 걸친 인간 본성의 특징이다. 물론 청소년과 성인의 경우에는 대개 이전의 초기 시기에서보다 덜 강렬하고 덜 요구적이다. 그러나 사랑과 보살핌에 대한 시급한 욕구는 사람이 불안하고 고통받을 때 매우 당연한 것이다(Bowlby, 1988, p. 82).

애착이론과 연구에는 아버지 John Bowlby와 어머니 Mary Ainsworth가 있다. 매력적인 저서, 『애착 형성하기(Becoming Attached)』에서 Robert Karen(Karen, 1998)은 그들의 선구적인 연구, 사회적 논쟁, 논쟁과 관련된 정치, 그리고 애착연구의 발전에 대해 요약했다. 나는 여기에 몇 가지 주요 내용을 담았다.

John Bowlby

아동기 외상 분야는 지난 한 세기 반 동안 논쟁으로 가득 차 있었다(Dorahy, van der Hart & Middleton, 2010). 런던의 정신과 의사이자 정신분석가인 Bowlby는 논란에 자신의 방식대로 임하였고 이에 기여했다. 정신분석가이자 애착이론가인 Peter Fonagy(Fonagy, 2001)는 이 두 분야를 통합하는 다음과 같은 선언으로 자신의 책을 시작했었다. '정신분석과 애착이론 사이에는 나쁜 피가 있다.'(p. 1). 그러나 이 선언 이후 수년 동안 Fonagy와 다른 사람들의 화해 노력(Fonagy, Gergely & Target, 2008) 덕분에 나쁜 피는 상당히 줄었다(Eagle & Wolitzky, 2009). 긴 논쟁적인 이야기를 지나치게 단순화하자면, Bowlby는 외상에 대해 다른 맥락을 가진 Freud와 달랐다. 이 이야기의 개요는 잘 알려져 있지만, Bowlby의 급진주의를 강조하기 위해 반복할 가치가 있다.

Freud는 치료자로서 초기에 성인 내담자가 보이는 광범위한 증상의 아동기 기원에 대해 이해하기를 열망했다. 이러한 증상에는 불안, 우울증, 자살 시도, 고통스러운 신체 감각 및 생생한 환각 이미지와 연합된 강렬한 감정의 폭발이 포함된다. 이는 우리가 아동기의 외상적 관계와 관련하여 지속적으로 직면하는 증상이다. 1896년에 Freud는 18명의 내담자와 작업한 후 결론을 내렸다. '모든 사례의 밑바닥에는… 한번 이상의 조숙한 성적 경험이 발생한다. 그 발생은 가장 초기 아동기에 속하지만 그 사이에 몇십 년을 두고도 정신분석 작업을 통해 재생산될 수 있다.'(Freud, 1896/1962, p. 203). 그는 1897년에 마음을 바꿔 동료인 William Fleiss에게 편지를 썼다. "모든 사례에는 놀랄 만한 것이 있었다… 아버지의 비뚤어진 행위에 책임이 있다." 그러나 그리고 나서 "아동에 대한 비뚤어진 행위가 매우 일반적이라는 것은 믿기 어렵다."고 결론지었다(Freud, 1954, pp. 215-216). 수십 년 후인 1933년에 그는 이 초기 전환점에 대해 다음과 같이 썼다. '거의 모든 여성 내담자들은 아버지로부터 유혹을 받았다고 말했다. 나는 결국 이 보고들이 사실이 아님을 인식하게 되었고… 증상은 현실에서 일어난 것이 아니라 공상에서 비롯된 것임을 알게 되었다.'(Freud, 1964, p. 120). Freud는 초기 아동기 외상, 특히 성적 학대와 외상이 잠재적으로 손상시키는 영향에 대해 결코 의심하지 않았다. 그러나 그는 외상의 침투성을 의심하게 되었다. 따라서 그는 내담자의 증상을 실제 외상 경험보다는 금지된 아동기의 성적 욕구와 갈등에서 비롯된 것으로 해석하기 시작했다. 이에 따라, 그는 외상적인 현실의 충격을 부정하지 않으면서 외부 현실로부터 내적 무의식적 갈등—강력하고 금지된 성적 및 공격적인 추동에서 비롯된—으로 강조점을 전환했다.

치료를 시작하던 1930년대에, Bowlby는 정신분석 훈련을 받으면서 모성 박탈과 심리적 장애의 관계에 관심을 갖게 되었다. 그는 주로 엄마와 헤어지는 아동의 경험에 중점을 두었지만 엄마의 정서적 태도가 아동에게 미치는 영향에 대해서도 관심을 가졌다. 따라서 아동의 외부 세계에 대한 Bowlby의 관심은 내적 세계에 초점을 둔 정신분석적 동료들에게 기이했다. Bowlby의 이론적 지향과 다음과 같이 썼던 정신분석가 Joan Riviere의 이론적 지향 사이의 극적인 대조를 보자.

정신분석은… 현실 세계에 관심이 없으며, 아동이나 성인의 현실 세계에의 적응에 관심이 없으며, 병이나 건강에 관심이 없으며, 미덕이나 악에도 관심이 없다. 그것은 단지 또 유일하게 유치한 마음의 상상이나 환상의 즐거움, 그리고 끔찍한 보복에만 관심이 있다(Fonagy, 2001, p. 90에서 인용).

Bowlby의 연구를 지나치게 단순화한 정신분석가들은 Fonagy가 언급한 '나쁜 피'를 부채질하였고, 그 반대로도 마찬가지였다(Fonagy, 2001). 정신분석과 애착이론의 통합은 여전히 진행 중인 작업이지만(Fonagy, Gergely & Target, 2008), 원칙적으로는 모순되지 않는다. 즉, 외상 사건은 주관적으로 경험되는 방식에 따라 영향을 미친다. 외상을 이해할 때, 우리는 항상 외부현실과 내부현실을 함께 고려해야 한다. 더욱이 외상 분야에서 논쟁은 고질적인 것이지만(van der Kolk, 2007), 이제 우리는 다양한 형태의 아동기 외상의 발생 빈도(Koenen et al., 2008)와 그것의 장기적인 부작용에 대해 폭넓은 증거를 가지고 있다(Felitti & Anda, 2010).

이 책 전체에 걸쳐 이루어지는 발달에 대한 검토에서 심리치료에 대한 논의에 이르기까지, 나는 Bowlby의 분리에 중점을 두고 있다. Bowlby가 Freud(1936)의 발자취를 따르는 것은 분명했다. 「불안의 문제(The Problem of Anxiety)」에서 Freud는 유아가 어두운 곳에 혼자 남겨지거나 낯선 사람과 함께 있게 될 때의 근본적인 위험은 "모두 한 가지 상황, 즉 사랑하는(갈망하는) 사람을 상실한 느낌으로 환원할 수 있다."(p. 75)고 단언하였다. Freud는 충족되지 않은 욕구에 직면한 유아의 무력감을 강조했다. Freud는 '유아가 위험으로 평가하고, 안심하기를 갈망하는 상황, 그렇기 때문에 만족하지 못하고, *욕구의 미충족에서 생기는 긴장의 증가*, 즉 갈망이 무력해지는 상황'(p. 76)임을 강조했다. Bowlby를 따르고 Freud에 반대하는 나는 *심리적 연결감*을 근본적인 욕구로 강조할 것이다. 안전감과 다른 욕구의 충족은 엄밀히 말하면 심리적 연결, 즉 정신화에 달려있다. 따라서 나는 아이를 심리적으로 극심한 고통 가운데 혼자 내버려두는 지속적인 분리와 영구적인 상실로부터 반복적이고 일시적인 —심지어 순간적인— 분리로 시간을 축소한다는 단서를 가지고 분리에 대한 Bowlby의 독창적인 관심을 따를 것이다. 그러한 상태들이 Freud, Bowlby, Fonagy에 의해 수십 년 동안 더 명료해진 외상의 본질을 구성한다.

1940년대에, Bowlby(1944)는 그의 첫 번째 연구 프로젝트 결과를 발표했는데, 이것은 특히 청소년 범죄의 초기 기원에 대한 집중적인 연구였다. Bowlby는 특히 '애정이 없는 성격'으로 명명된 비행 아동들의 하위집단에서 생후 12개월 이후 엄마와의 긴 이별 경험의 역할에 충격을 받았다. 그의 말에 따르면, 이 아이들은 비정하고 무관심했으며 애정 어린 관계를 형성할 수 없었다. 그는 관계에 대한 그들의 태도를 자기 보호 전략으로 보았다. '누군가를 매우 원했으나 얻지 못했던 실망, 분노, 갈망을 다시는 시도하지 말라. 만약 우리가 다른 사람들에게 무관심하거나 그들을 싫어한다면, 우리는 그들이 상처 줄 수 있는 어떤 힘으로부터 그들을 무장해제 시키는 것이다.'(p. 20). Bowlby는 이들의 삶에 있어 일어났던 오랜 분리를 강조했지만, 이 아이들은 또한 다양한 형태의 학대를 받았으며 이는 그가 제시한 그들의 개인사에서 명백하게 드러나 있다(Follan & Minnis, 2010). 세계보건기구(WHO)는 그의 전문성을 감안하여, 집이 없다는 것이 어린이들에게 미치는 영향에 대한 세계적인 전문지식을 집약하기 위해 Bowlby를 고용했다. Bowlby(1951)는 모성돌봄과 정신건강에 관한 영향력 있는 논문을 썼고, 그 주제에 관한 세계적인 전문가로 인정받게 되었다.

장기간의 시설 거주, 장기 입원, 자녀들이 한 위탁가정에서 다른 위탁가정으로 쫓겨나는 등 모성 박탈에는 여러 가지 이유가 있었다. 이 모든 분리는 아이들의 정신 건강에 해로울 가능성이 있었다. 1950년대, Bowlby는 사회 복지사 James Robertson과 팀을 이루었는데, 그는 장기 입원으로 부모와 떨어져 있는 아주 어린 아동에게 미치는 정서적 영향을 주의 깊게 관찰했다. Robertson은 전형적인 반응 순서—처음엔 저항하고(예: 울고 매달림), 그 뒤에 절망하며(예: 무기력과 부모가 돌아올 것에 대한 희망의 상실), 결국엔 거리두기(예: 재회 시 부모에 대한 명백한 무관심)로 이어지는——를 관찰했다. 전문가들은 Bowlby와 Robertson의 활동이 상당한 저항에 부딪힐 정도로 아동이 겪는 분리의 정서적 영향을 최소화했다. Bowlby의 협력으로 Robertson은 아동의 이별에 대한 반응을 묘사한 가슴 아픈 영화를 만들었지만, Bowlby와 Robertson은 그들이 관찰한 바의 중요성을 무시하는 소아과 의사, 간호사, 병원 관리자들과 힘겨운 싸움을 계속해야 했다. 물론 그들의 발견은 궁극적으로 우리가 지금은 당연하게 여기는, 병원에 부모가 방문할 수 있도록 하는 데 크게 기여했다.

Bowlby는 초기에 외부 세계에 우선순위를 부여하면서 정신분석과 결별하였다. 곧이어 그는 진화론과 동물 행동에 대한 과학적 연구인 동물행동학과 애착을 결부시킴으로써 정신분석과 또 다른 결별을 선언했다. 우리 중 많은 사람들이 관찰한 바와 같이, 예를 들어, 새끼 오리들은 그들이 보는 첫 번째 움직이는 물체(일반적으로 어미)에 애착을 갖게 되고, 그 후에는 그 물체를 따라다닌다. Bowlby(1958)는 광범위한 종에서 엄마-유아 유대 과정이 특히 포식자로부터의 안전을 목적으로 새끼가 어미와 가까이 있는 것을 보장하도록 진화했다고 제안했다. 그래서 엄마는 본성적으로 유아가 가까이 있도록 동기화되며, 유아는 엄마에게 가깝게 머물도록 동기화된다. 예를 들어, 분리되는 것은 많은 종의 새끼들로 하여금 조난 울음소리를 내도록 유도하는데, 이는 어미에게 자신의 새끼와 다시 접촉하는 신호의 역할을 한다. 모성-유아 관계의 생물학적 근거로서 수유(그리고 구순기)에 대한 정신분석적 강조를 비판한 것과 더불어 동물행동학에 대한 Bowlby의 관심은, 정신분석 동료들의 적개심을 얻었다. 그 중 한 명은 "아기는 엄마를 따라갈 수 없다. 아기는 오리 새끼가 아니다."라며 "거위를 정신분석하는 것이 무슨 소용이 있는가?"라고 짤막하게 말했다(Karen, 1998, p. 107).

진화의 기능과 동물행동학자들의 관찰을 주시하면서 Bowlby는 물리적 보호를 위한 물리적 근접성을 애착의 가장 중요한 기능으로 이해했다.

다른 종들의 어린 시절과 마찬가지로 인간 유아들의 생후 초창기에도 본능적인 반응의 복잡하고 잘 균형 잡힌 장치가 있으며 이것이 성숙한다는 것이 나의 논문인데, 그 장치의 기능은 유아가 생존을 위해 충분한 부모의 보살핌을 받도록 하는 것이다. 이를 위해 이 장치에는 부모와의 친밀한 관계를 촉진하는 반응과 부모 활동을 유발하는 반응이 포함된다(Bowlby, 1958, p. 364).

그러나 Bowlby(1958)도 인간에 대한 애착의 정서적 기능을 인정했다. 즉, 겁먹었을 때, 유아는 양육자에게 '안식처'(p. 370)로서 근접을 추구한다. 우리는 이 기본 원칙을 명심해야 한다. 위협을 받거나, 위험에 처하거나, 괴로워하거나, 아플 때, 아동은 안전감, 안정, 그리고 웰빙을 회복하기 위해 엄마와 접촉하려고 한다. 엄마는 유아를 위험으로부터 보호하고 유아의 고통을 덜어주기 위해 보완적인 방법으로 동기부여 된다. 그러나 Bowlby는 또한 우리의 애착 안정성에 대한 욕구는 유아기와 아동기를 훨씬 넘어서는 것이라고 제안했다. 그것은 동일한 이유로, 즉 위험과 고통에 직면했을 때 안정을 회복하고 편안함을 제공하기 때문에 평생에 걸쳐 중요하다.

Mary Ainsworth

Bowlby가 모성 박탈에 관심을 갖기 시작한 무렵, Mary Ainsworth는 Toronto 대학에서 '안정이론(security theory)'에 관한 심리학 박사 논문을 수행하고 있었다. 10년 후, 심리적 진단 및 연구 전문가로 자리매김한 Ainsworth는 남편과 함께 런던으로 이사했고, 공교롭게도 애착연구로 Bowlby를 보좌하는 직책을 맡게 되었다. 몇년 후, Bowlby와 직접 일하다가 그녀는 Uganda에서 교편을 잡은 남편을 따라 이사를 간다. 그곳에서 그녀는 가정환경에서의 엄마-유아애착관계를 연구하면서(Ainsworth, 1963), 애착 연구의 근간으로 후에 입증된 것들을 기록하기 시작했다. 그렇게 함으로써, 그녀는 시간 틀(time frames)에서 기념비적인 변화를 이루었다. Bowlby가 주요한 (즉, 장기간의) 분리의 영향을 조사했던 것과 달리, Ainsworth는 일상생활에서 흔히 볼 수 있는 짧은 분리와 재회를 연구하기 시작했다. 결정적으로, 그녀는 엄마-유아 관계의 정서적 질과 관련된 애착행동도 조사했다. 그녀는 애착 상호작용의 맥락에서 심리적 단절의 시간을 만들었는데 이것이 나의 주된 관심사이다.

Uganda에서, Ainsworth(1963)와 연구보조원들은 9개월 동안 28명의 유아를 대상으로 오랜 시간동안 가정 관찰을 수행하였다. 이 초기 연구에서, 그녀는 안정 애착과 서로 다른 불안정 애착 유형을 구별할 수 있었다. Toronto 대학에서의 안정이론 연구를 상기하면서, Ainsworth는 (Bowlby의 안식처에 대한 아이디어와 결합된) 애착의 또 다른 초석을 관찰했다. 바로 애착은 탐색을 위한 안전기지를 제공한다는 사실이다. 예를 들어, 그녀는 유아들이 엄마가 어디에 있는지 주기적으로 체크하면서 또 엄마의 가용성을 확인하기 위해 짧게 접촉하며 엄마로부터 멀어지는 짧은 탐색적 여행을 한다는 점에 주목하였다.

Ainsworth는 1956년 Johns Hopkins 대학의 교수진에 합류하기 위해 미국으로 돌아왔고 1960년대에 Bowlby와의 협력을 재개하며 Blatimore에서 엄마-유아 상호작용과 관련된 일련의 가정 관찰을 수행하였다. 그곳에서 그녀는 Uganda에서 관찰했던 것과 본질적으로 같은 안정 및 불안정 애착 유형을 발견했다. Ainsworth는 그녀의 자연주의적인 가정 관찰로 애착 연구의 근간을 확립했지만, 천재적인 일격으로, 그녀는 애착 안정성을 측정하기 위한 간단한 실험절차인 소위 "낯선상황"을 고안함으로써 큰 걸음을 내딛었다. 이 장 후반부에서 유아의 안정 및 불안정 애착 유형과 함께 논의될 이 절차는 Bowlby의 초기 관심, 즉 엄마와 분리되었던 것의 영향과 안정을 회복하기 위해 엄마와 다시 접촉하는 것의 중요성을 다룬다(Ainsworth, Blehar, Waters & Wall, 1978). 그러면서 Ainsworth가 분리시간에 있어 가져온 변화는 평범하지 않은 것(오랜 분리와 상실)에서 평범한 것으로 관심을 돌렸다. 그리고 보다 최근의 애착 연구는 일상에 편재해 있는 심리적 단절이 외상적일 수 있다는 것을 보여주었다.

이 장 후반부에서 명백히 나타나듯이, 애착이론뿐만 아니라 아동발달에 대한 광범위한 이해에 있어서도 Ainsworth의 연구는 헤아릴 수 없는 공헌을 했다. Bowlby의 선도에 따라, 그녀는 정신분석적 아이디어를 체계적인 테스트에 투입하고 있었다. 정신분석이론은 처음에 어린 시절 애착관계에 대한 어른들의 기억력에 기초했으며, 어른들의 어린 시절에 대한 기억은 애착연구에 중요한 부분으로 남아 있다. 그러나 직접 관찰을 대신할 수 있는 재료는 없다. 의심할 바 없이, 많은 아동 정신분석학자들—특히, Sigmund Freud의 딸 Anna—은 매우 중요한 관찰을 했는데, 그 중 많은 것들이 Bowlby의 견해와 일치하였다(Fonagy, 2001). 또한, 정신분석학에서 발달적 사고에 대한 경험적 토대를 확립한 Daniel Stern(1985년)의 기념비적인 공헌은 인정되어야 한다.(나는 수십 년 전 동료인 Marty Leichtman이 그가 읽은 책 중 가장 중요한 책 중 하나인 「유아의 대인 세계(The interpersonal world of the infant)」를 읽어야 한다고 선언하면서 교실에 불쑥 들어섰던 순간을 아직도 기억하고 있다. 매우 적극적인 제안이어서 나는 Stern의 책을 바로 읽었고, 그렇게 함으로써 Bowlby를 따르는 길을 닦았다. 그러나 Ainsworth의 체계적인 가정 및 실험실 관찰은 애착이론을 견고한 발달 연구의 기반 위에 놓을 수 있게 하였고(Cassidy & Shaver, 2008), 이 발달연구의 기반을 통해 이후 수십 년간 정교한 체계의 구축이 이어졌다.

□ 기본 개념

비록 이 책에 담지 않았지만, 삶에는 애착 그 이상의 훨씬 많은 것들이 있다. 애착이론은 애착을 여러 가지 '행동 체계' 중 하나인 것으로 설명하고, 나머지는 두려움, 돌봄, 탐구, 그리고 사회적인 것이라고 본다. 이 절에서 나는 이러한 시스템이 어떻게 얽혀 있는지 전달하고, 또 다른 두 가지 핵심 개념인 애정적 유대감과 내적 작동모델에 대해 논하고자 한다. 이 절에는 외상에 있어 애착이 핵심인 주요한 이유가 포함되어 있는데, 그것은 바로 정서조절에 있어 애착관계의 역할이다. 그리고 이 절은 외상을 경험한 내담자를 위한 열망인 심리적 안정의 확립으로 마무리된다.

애착-돌봄 동반자 관계(attachment-caregiving partnerships)

우리는 마치 유아가 엄마에게 애착되는 것처럼 한 개인이 다른 개인에게 안정적으로 혹은 불안정적으로 애착되었다고 말한다. 그러나 애착은 관계의 전 과정에 걸쳐 관계의 도가니에서 상호작용에 의한 상호작용을 형성한다. 모든 애착에는 역사가 있다.

유아는 애착행동을 나타내는 경향이 있고 엄마는 상보적인 돌봄 행동을 발달시키는 경향이 있다. 이 관계는 궁극적으로 Bowlby(1982)가 목표수정적 동반자 관계(goal-corrected partnership)라고 말했던 것으로 발전하는데, 이 동반자 관계는 각 개인이 상대방의 목표를 감지하고 있고 이런 두 사람이 서로에 적응하는 것으로서, 결국 그들의 결합 요구를 충족시키기 위해 타협한다. 이상적으로, 이러한 것들은 다음과 같이 수렴될 필요가 있다. 즉, '정신 건강에 필수적인 것으로 여겨지는 것은 유아와 어린 아이가 만족감과 즐거움을 찾는 따뜻하고 친밀하며 지속적인 엄마 대체물을 경험해야 한다는 것이다.'(Bowlby, 1982, pp. xi-xiii). 생리학적 관점에서 보면, 이러한 만족스러운 동반자 관계는 상호 항상성에 기여한다(Churchland, 2011). 물론, 유아와 엄마의 요구는 상당 시간은 아닐지라도 어느 정도는 항상 서로 충돌할 것이다. 극단적인 경우 그러한 갈등이 외상의 원천이 된다.

다른 동물들에 비해 우리 인간들은 예외적으로 매우 오랜 기간 동안 돌봄을 필요로 한다. 유아들은 의존도가 높지만 수동적이지는 않다. 오히려 반대로, 그들은 그들의 요구를 충족시키는 데 적극적이다. Ainsworth(1963)는 Uganda에서의 그녀의 가정 관찰에 대해 다음과 같이 논평했다.

> 특히 나를 놀라게 한 애착행동의 한 가지 특징은 유아 자신이 주도적으로 상호작용을 모색하는 그 범위였다. 적어도 생후 2개월 이후부터, 그리고 생후 1년 동안 유아들은 상호작용을 추구하는 데 있어서 수동적이지 않고 적극적이었다(p.101).

Bowlby(1958)의 표현대로, 인간의 유아에게는 '자신의 생존에 충분한 부모의 보살핌을 획득하도록 하는 복잡하고 잘 균형 잡힌 본능적인 반응 장치'가 갖추어져 있다(p. 364). 보다 구체적으로, Bowlby는 부모와의 친밀감을 촉진하고 보살핌을 유발하는 다섯 가지 본능적인 애착행동을 확인했다. 즉, 빨고 웃고 울고 매달리고 따르는 것이다. Bowlby는 우리가 빨기를 단순히 영양 공급의 경로로 보아서는 안 된다는 것을 분명히 했다. 즉, 이상적으로, 양육은 서로 위안을 주고 즐거운 접촉과 상호작용을 하는 형태로서 사회적인 것이다. 본질적으로 사회적인 행동인 미소 또한 애착을 굳히는 역할을 한다. Bowlby가 언급했듯이, '아기가 더 잘 웃는다면, 그가 사랑 받고 보살핌을 받는다는 것을 의심할 수 있을까? 아기들이 엄마를 구슬리고 노예로 만들도록 자연에 의해 설계되었다는 점은 그들의 생존에 행운이다.' 보다 최근에, Sarah Hrdy(2009)는 공동 돌봄이라는 진화적인 맥락에서 유아의 구슬리는 능력의 중요성을 상세히 설명했다. Bowlby가 관찰한 바와 같이, 괴로울 때, 우는 것은 양육자를 가까이 끌어들이고, 매달리는 것은 근접성 유지에 도움이 된다. 유아는 기동성이 높아짐에 따라 분리를 미연에 방지할 수 있으며, 기어 다니고 아장아장 걸으면서 근접성을 유지할 수 있다. Bowlby는 이 5중주의 애착행동들이 유아기에 절정에 이르렀다가 쇠퇴한다고 인정했다. 그러나 사라지는 것은 아니며, 일부 행동 특히, 울고 매달리기는 위험, 병, 무능의 상황에서 어린 시절의 상태로 되돌아간다. 이러한 역할로 그들은 자연스럽고 건강한 기능을 수행하고 있다.'(p. 371)고 했다.

애착은 몇 가지 행동 체계 중 하나이며, 돌봄은 상보적인 행동 체계다(George & Solomon, 2008). 양육자가 된다는 것은 유의미한 발달적 전환, 즉 "보호를 추구하는 것과 애착인물로부터의 근접 돌봄을 받는 것에서 멀어져서... 아동을 위한 보호, 편안함, 돌봄을 제공하는 것으로의 전환"(George & Solomon, 2008, p. 834)하는 것을 포함한다. Jude Cassidy는 돌봄 체계를 다음과 같이 정의했다.

부모 행동의 일부 행동들은 아이가 실제 또는 잠재적인 위험에 처해있다는 것을 부모가 인식할 때 근접성과 편안함을 촉진하도록 고안되어 있다. 이 체계 안에 있는 주요 행동은 되돌려주기이다. ... 다른 것들로는 요청하기, 가까이 가기, 붙잡기, 제지하기, 따라가기, 달래기, 흔들기 등이 포함된다(Cassidy, 2008, p.10).

애착 및 돌봄 행동 체계는 돌봄이 활성화될 때 애착이 비활성화될 수도 있고, 반대일 수도 있다는 점에서 상보적이다. 즉, 엄마가 친밀함을 유지하기 위해 노력하면 유아는 그렇게 할 필요가 없고, 엄마의 돌봄 체계가 적극적이지 않으면서 유아가 스트레스 상황에 처하면, 유아는 돌봄을 불러일으키기 위해 애착행동을 활성화하게 된다. 이런 이유로, Bowlby(1973)가 분명히 말했듯이, 분리는 고통과 애착행동을 가져오는 주요한 동력이다. 게다가, 아동의 두려움이 애착을 활성화하는 것처럼, 엄마의 두려움은 돌봄을 활성화시킨다(예: 아이가 위험에 처했을 경우). Ainsworth는 유아의 애착체계를 활성화시키는 조건을 다음과 같이 간결하게 요약했다.

특정 인물에 이미 애착을 형성한 어린 아동에게 있어서 애착행동을 활성화시키는 여러 환경적 조건에는 애착인물의 부재나 애착인물과 분리되는 것, 애착인물이 떠나거나 부재 후 돌아오는 것, 애착인물이나 다른 사람의 거절반응이나 반응의 결핍, 낯선상황과 낯선 사람을 포함한 모든 종류의 놀랄만한 사건이 있다. 여러 가지 내적 조건 중에는 병, 배고픔, 고통, 추위 등이 있다. 덧붙여 유아기 초기든 후기든, 애착행동은 여러 가지 강력하지 않은 조건들에 의해 활성화되고 지속되며 강화될 수 있다는 것은 명백해 보인다(Ainsworth, Blehar, Waters & Wall, 1978, p. 7).

애착을 돌봄과 별도로 고려할 수 없다는 점은 너무나 명백하다. 애착이 요람에서 무덤까지 중요한 것으로 남아 있듯이, 돌봄에서 뿐만 아니라 성인인 우리에게 정서적 편안함과 안정을 제공하는 예를 들어, 연애 관계, 가까운 우정, 치료 관계에서와 같은 돌봄도 그러하다. 따라서 이 책에서는 애착과 함께 돌봄의 질에 대해 전반적으로 관심을 갖고 있다.

정서적 유대

Bowlby가 근접성에 초점을 맞춘 것을 볼 때, 유대라는 개념이 애착과 함께 사용되었다는 것은 놀라운 일이 아니다. 유대의 의미는 부착성과 서로 묶이는 것으로부터 속박상태에서 사슬로 채워지는 것에 이르기까지 다양하다. 슬프게도, 후자는 외상적인 유대(traumatic bonding)로 예시되는 애착관계에 적용된다.

애착이론의 맥락에서, '유대'는 감정적 유대, 즉 '심리적 묶임(tether)'을 지칭하기 위해 은유적으로 사용된다(Sroufe & Waters, 1977, p. 3). Ainsworth(1989, p. 711)는 애정적 유대를 '파트너가 독특한 개인으로서 중요하고 다른 어떤 개인과도 바꿀 수 없는 상대적으로 오래 지속되는 연결'이라고 정의했다. 나아가 애정적 유대는 '근접성을 유지해야 할 필요성, 설명할 수 없는 이별에 대한 괴로움, 재회의 기쁨이나 상실감에 대한 슬픔'으로 특징지어진다. 애정적 유대가 애착관계와 배타적인 것은 아니다. 즉, 애착에 대한 기준은 '파트너와의 관계로부터 얻은 안정과 편안함의 경험'이다. Ainsworth는 모든 애착이 안정적인 것은 아니라고 하며, 애착이 '안정과 편안함을 느낄 수 있는 친밀감을 추구하는 것'을 의미한다고 덧붙였다. 그녀는 또한 엄마와 아버지가 자녀와의 유대관계를 발전시키지만 이것은 애착이 아니라고 덧붙였다. 왜냐하면 부모는 보통 자녀와 아이의 안전을 위해 아이와의 관계에 의존하지 않기 때문이다. 간단히 말해서, 아이들은 부모에게 애착을 갖는 반면, 부모들은 자식들과 유대감을 갖는다. 이러한 맥락에서, Bowlby(1982)는 아이들이 부모에게 애착인물로 기여하는 역할 전도가 '대부분 항상 부모에 대한 병리 증상의 표시일 뿐만 아니라 아이에게도 병리 증상의 표시'라는 점을 관찰하였다(p. 377). 물론 이러한 역할 전도는 노화된 부모와 자식 간의 관계에서는 자연스럽고 적절하다(Magai, 2008).

내적작동모델

동물행동학에 대한 Bowlby의 관심이 보여주었듯이 애착행동과 상호 돌봄 행동은 광범위한 종에서 분명하게 나타난다. 그러나 애착은 인간의 근본적인 심리적 성향을 필요로 하며, 이는 이 책 전체를 관통하는 관심사이다. Bowlby는 동료 정신분석가들과 어느 정도 거리를 두고 아동의 외부 세계에 보다 더 중점을 두었지만, 아동의 내부 세계에 적절한 비중을 둠으로써 정신분석에도 충실하게 남아 있었다. 세상에서의 경험을 바탕으로 아동은 다른 경험 모델과 함께 애착관계의 내적작동모델을 발달시킨다. 다음은 Bowlby(1982)가 작동모델의 발달이 갖는 특징에 대해 말한 것이다.

> 우리가 추측하기론, 1세 끝 무렵 시작해서 아마도 언어라는 강력하고 특별한 선물을 얻는 시기인 2세와 3세 동안 특히 아동은 활발하게 작동모델을 구축하느라 바쁘다. 이 작동모델을 통해 아동은 심리적 세계가 어떻게 움직일 것인지, 엄마와 주요 인물들이 어떻게 행동할 것인지, 자신이 어떻게 행동할지, 또 모든 타인과 각각의 상호작용이 어떠할지 예상하게 된다. 이러한 작동모델의 틀 안에서, 아동은 자신의 상황을 평가하고 계획을 세운다. 그리고 엄마와 자신에 대한 이 작동모델의 틀 안에서 아동은 자신의 상황의 특별한 측면을 평가하고 자신의 애착 계획을 세운다(p. 354).

Bowlby는 마치 지도가 실제 지형의 표상인 것처럼, 내적작동모델이 현실의 정신적 표상이라고 제안했다. 지도와 마찬가지로, 정신적 표상은 어느 정도는 정확하고 어느 정도는 타당하고 혹은 왜곡될 수 있다. 아마도 현대 회화가 지도 제작보다 더 나은 비유인 것 같다. 화가들은 회화와 주제 사이의 일치도에서 서로 차이가 있다. Edward Hopper의 그림은 직접적으로 표현되지만 기발한 왜곡으로 강조되어 있으며 이것이 불러일으키는 분위기로 유명하다. Vincent Van Gogh의 소용돌이치는 색상은 풍경에 감정을 섞는다. Salvador Dali의 초현실적인 왜곡은 일반 물체의 모양을 틀어지게 한다. 화가나 우리 성인처럼, 아동은 자신의 경험을 적극적으로 해석하고 그것을 어느 정도는 정확하게 자신의 마음, 말, 그림, 놀이에 표상한다. 외부 세계와 내부 세계, 주관성과 객관성이 뒤섞인다. 그러나 초기 정신분석가들이 환상에 끌리는 반면, Bowlby(1973)는 현실을 주시했다. '많은 개인들이 미성숙한 여러 해 동안 발달시킨 애착인물을 향한 접근성 및 반응성에 대한 다양한 기대는 그 개인들이 실제로 가졌던 경험에 대한 상당히 정확한 반영이다.'(p. 202).

상당한 정확성에 대한 Bowlby의 주장을 인정한다면, 과거의 렌즈를 통해 보여지는 현재 관계에 대한 왜곡된 인식과 해석에 우리 모두는 취약하다. 과거에 대해서는 꽤 정확한 모델이 현재 관계에는 적합하지 않을 수 있다. 이러한 왜곡에 대한 잠재성은 초기나 이후에 타인 모델뿐 아니라 애착관계의 맥락에서 발달한 자기 모델에도 적용된다. Bowlby(1973)는 "모든 사람이 세우는 자기에 대한 작동모델에서 중요한 특징은 자신이 자신의 애착 인물의 눈에 얼마나 수용 가능한지 혹은 수용 불가능한지에 대한 자신의 개념이다.'(p. 203)라고 하였다. 지도와 마찬가지로 자신과 다른 사람의 내적작동모델을 현재 지형에 맞게 지속적으로 업데이트해야 한다. 외상적인 초기 애착관계는 현재 관계에 맞도록 옛 작동모델을 업데이트하는데 필수적인 역량을 방해한다.

Mary Ainsworth가 가르쳤던 발달 심리학 과정을 학부 교육에 포함시킨 Inge Bretherton은 내적작동모델에 대해 광범위하게 저술하였다(Bretherton, 2005; Bretherton & Munholland, 2008). 그녀는 암묵적 모델과 명시적 모델 간에 중요한 구별을 한다. 우리는 암묵적 모델을 습관적, 무의식적으로, 즉 그것들이 우리의 경험을 형성하고 있다는 것을 자각하지 못한 채 사용한다. 이 암묵적 모델은 우리의 행동을 안내하는 기억, 상호 작용을 위한 자동적 절차가 되는 기억을 기반으로 한다. 자전거를 타는 것을 생각해 보면, 우리는 자전거 타는 방법을 의식적으로 기억할 필요가 없다. 일단 배운 후에는 그냥 뛰어 올라 타는 것이다. 물론 이러한 암묵적 모델은 세발 자전거에서 이륜차로 이동한 다음 경주용 자전거로 이동할 때 업데이트해야 한다. 암묵적 작동모델의 예를 들기 위해, 아무리 사소할지라도 틀렸다고 판명된 모든 결정(예를 들어, 흐린 날에 비옷을 입지 않는 것 같은)에 대해 끊임없이 비판을 받은 아동을 생각해 보라. 무능하다고 가혹한 비판을 받는 이 암묵적 모델을 적용함으로써, 그 아이가 성인이 되었을 때 그에게 결정한 이유를 묻는 질문(예: "네 차 대신 내 차를 오늘 가져갔던 건 어떻게 된 거지?")에 반사적으로 화를 내며 방어적인 태도로 반응할 수 있다.

이에 비해 명시적 작동모델은 의식적이므로 생각하고 이야기 할 수 있다. 이상적으로, 이러한 설명 과정은 "감정에 대한 열린 대화를 하는 부모가 아동이 작동모델을 구성하고 수정하도록 돕는데 긍정적인 역할을 수행"하는 초기 단계부터 시작된다(Bretherton & Munholland, 2008, p. 107). 우리가 심리치료에서 하는 것처럼, 그러한 설명은 자신과 타인의 옛 작동모델을 업데이트하는 데 필수적이다. 예를 들어, 시간이 지남에 따라 내담자는 그의 이해하기 어려운 행동의 이유에 대한 치료자의 질문을 가혹한 비난의 전조가 아닌 관심의 표시로 경험하게 될 수 있다. 우리는 애착관계가 자신의 작동모델과 다른 사람의 작동모델을 형성한다는 사실을 놓치지 말아야 한다. 결정적으로 사랑받는 아동은 사랑스럽다. 돌봄받는 아동은 가치가 있다고 느낀다. 따라서 안정적으로 애착이 형성된 아동이 높은 자부심을 보이는 것은 놀라운 일이 아니다(Thompson, 2008).

우리의 발달과 지속적인 적응이 암묵적(절차적) 및 명시적(설명적) 내적작동모델의 구축과 재건에 달려 있음이 명백해졌기를 바란다. 요약하면, Bretherton (2005)의 말에 따르면, 애착에 대한 내적작동모델은 '관계의 세계를 보다 예측 가능하고 공유 가능하며 의미 있게'(p. 36) 만드는 데 사용된다. 그러나 우리는 표상으로서 이러한 작동모델이 더 나은 또는 더 나쁜 세상 경험을 심오하게 형성한다는 사실을 놓치지 말아야 한다. '이는 현실을 반영하기 때문일 뿐만 아니라 자기 및 관계 파트너에게 다른 현실을 만들어주기 때문이다.'(p. 39). 우리가 생각하는 세상은 바깥 세상에 영향을 미친다. 집에서 끝없이 비판을 받았던 아동은 타인을 적대적으로 보고, 학교에서 동료와 교사를 소외시키는 방식으로 불만을 표현하고 다닌다. 그러면 외부 세계는 내부 세계를 반영하게 된다. 악의적인 내적작동모델에서 탄생한 이러한 자기충족적 예언은 마치 심리치료라는 방앗간에 필요한 곡식과 같다.

정서조절

Bowlby(1982)는 진화와 동물 행동을 염두에 두면서, '포식자로부터의 보호가 애착행동의 가장 그럴법한 기능'(p. 229)이라고 말했다. 그런 이유로 그는 애착의 중요성에 대해 다음과 같이 직설적으로 말했다. '유아에게 모성 돌봄을 불러일으키고 어린 시절 동안 엄마와 아주 가까운 곳에 머물게 하는 강력한 내재된 반응이 없다면 유아는 죽을 것이다.'(Bowlby, 1958, p. 369).

우리는 최소한 호랑이에 의해 잡혀 먹히는 유아가 거의 없다는 점에서 문명에 감사할 수 있다. 물론 우리 인간들 사이에 포식자에 대해 갖는 일생의 취약성을 고려하면 여전히 포식자로부터의 보호의 의미가 있지만, 애착의 기능을 포식자로부터의 보호에만 국한한다면 애착을 심리적 외상에 적용할 가능성은 제한적이 된다. 그러나 앞선 논의에서의 요점을 반복하며, Bowlby(1958)는 애착 인물에 대한 근접성이 보호를 보장할 뿐만 아니라 유아에게 *정서적 안식처*를 제공한다는 점 또한 인식하였다.

> 감기, 굶주림, 두려움 또는 평범한 외로움 등 울고 있는 이유가 무엇이든 유아의 울음은 대개 엄마라는 주체를 통해 종결된다. 다시, 유아가 매달리고 따라다니고 싶을 때 혹은 유아가 두려울 때 *안식처*(haven of safety)를 찾으려고 할 때, 엄마는 일반적으로 필요로 하는 대상을 제공하는 인물이다. 이런 이유로 엄마는 유아의 삶에서 매우 중심적인 인물이 된다(pp. 369-370).

안식처는 포식을 넘어 모든 종류의 위험으로부터 보호를 제공한다. 따라서 애착 시스템은 다른 행동 시스템인 공포 시스템과 연계하여 활성화된다. 마찬가지로, 엄마가 유아에 대해 걱정스러워지면 그녀는 유아를 되찾아온다. 접촉과 안전이 다시회복되면 엄마와 유아의 공포 시스템이 비활성화 된다.

보다 일반적으로는 애착 인물의 가용성은 유아의 두려움에 대한 *예민함*(*susceptibility*)을 감소시킨다. Ainsworth(Ainsworth, Blehar, Waters & Wall, 1978)는 Bowlby의 다음과 같은 강조를 되풀이함으로써 우리 모두가 쉽게 상상할 수 있는 방식으로 이 점을 간단히 표현했다. Bowlby의 강조는 '두려움을 야기할 만한 상황에서 신뢰할 수 있는 동반자와 함께 한다는 것은 얼마나 중요한가! 함께 하면 두려움은 사라지지지만 홀로 있을 때 두려움은 거대해진다.'(p. 20)이다. 반복해서 강조하겠지만, 외상 경험의 원형은 두려우면서 심리적으로 홀로인 것이다.

Bowlby(1982)는 '어떤 형태의 행동도 애착인물의 행동보다 더 강렬한 느낌을 동반하지 않는다'(p. 209)고 주장했다. 따라서 애착이 잘 작동할 때, 애착 인물에 대한 근접성은 안정감을 제공한다. 우리는 애착행동의 목표로 물리적 근접성보다 안정감을 우선시하는 Alan Sroufe와 Everett Waters(1977)의 의견을 따르는 것이 현명하다. 근접성은 안정감을 확립하는 하나의 방법이다. 애착 인물의 가용성에 대한 신뢰를 확립하는 것도 또 하나의 방법이다. 물론, 어떤 연령대라도 극심한 고통을 겪는 경우, 신체 접촉은 안정감에 가장 강력한 경로일 가능성이 높다(Ainsworth, Blehar, Waters & Wall, 1978). 따라서 애착의 일차적 역할을 정서적 안정 상태에 두는 동안, 평생 동안 이 목표에 대한 수단인 근접성의 중요성에 대해서도 대충 처리해서는 안 된다.

어린아이나 어른이 애착 인물을 상실한 경우, 내적 표상이 근접성과 접촉을 전적으로 대체할 수는 없으며, 최소한의 편안함을 제공할 수도 없다. 이것은 어린 아이나 어른 모두에게 해당한다. 사람들이 다른 사람에게 애착될 때, 그들은 사랑하는 사람과 함께 있기를 원한다. 그들은 다른 관심사와 활동을 추구하는 데 있어 잠시 떨어져 있을 수 있지만, *애착 인물과 함께 상당한 시간을 보내고 싶지 않다면, 다시 말해 근접성과 상호작용이 없다면 애착은 그 이름에 걸맞지 않는*

다. 실제로, 큰 아이나 성인조차도 때때로 사랑하는 사람과 신체적으로 가깝게 접촉하기를 원하는데, 이는 재난이나 심한 불안 또는 심한 병으로 인해 애착행동이 강하게 활성화되는 경우에는 더욱 확실하다(Ainsworth, Blehar, Waters & Wall, 1978, p. 14).

그러나 물리적 근접성이 안정감을 보장하지는 않는다. 정서적으로 먼 양육자와의 접촉은 편안함을 제공하지 않을 것이다. 그에 따라, Bowlby와 Ainsworth가 그들의 작업을 통해 예시해 주었던 것처럼, *관계의 질*은 근접성이나 가용성과 관련된 안정감의 핵심이다. 학대적이거나 무관심한 양육자에 대한 근접성은 진정한 안정감을 제공하지 않는다. 외상과 관련하여 애착 인물에 그렇게 많은 비중을 두는 주된 이유가 여기에 있다. 즉, *안정 애착은 정서조절의 중추*이며 따라서 안정 애착은 고통, 극단적인 경우로 외상성 스트레스에 대처하는 법을 배우는 일차적 수단이다. 동물과 인간 영아에 대한 광범위한 발달 연구 덕분에 이제 우리는 애착관계가 감정조절과 함께 생리적 조절과 발달을 매개하는 방법에 대해 많은 것을 알고 있다. 이 연구의 대부분은 애착과 스트레스 호르몬 분비의 관계에 중점을 두고 있다(Polan & Hofer, 2008; Suomi, 2008).

애착에 대한 나의 초점은 그 이점뿐만 아니라 명백한 단점, 즉 애착관계가 외상성 스트레스의 거대한 원천이 된다는 점도 강조한다. Bowlby의 전조라 할 수 있는 Freud(1929/1961)는 '우리가 사랑할 때만큼 고통에 그렇게 무방비한 상태도 없으며, 사랑의 대상이나 사랑을 잃어 버렸을 때만큼 그렇게 절망적이거나 불행한 때도 없다.'(p. 33)고 단언했다. 불행히도 상실은 문제의 일부일 뿐이다. 즉, 애착관계가 철저히 공포스러워짐으로써 외상적이 될 수 있다. 그렇지만 우리는 애착관계에 의해 야기되는 두려움을 조절하기 위해 애착이 필요하다는 역설에 직면하게 된다.

이 장 뒷부분에서 나는 감정의 변화를 다루기 시작할 것이다. 보다 전형적인 안정 애착과 불안정 애착 유형과 연결된 다양한 정서조절에 대해 설명할 것이다. 이 책의 후반부에서는 애착관계가 어떻게 정서조절을 방해하고 두려움을 유발할 수 있는지에 대해 설명할 것이다. 그러나 다음으로, 나는 애착과 철저하게 엮여있는 돌봄 외에 다른 행동 시스템인 탐색적 행동 시스템에 대해서도 살펴볼 것이다.

탐색과 심리적 안정

애착을 생각할 때 안식처가 떠오른다. 다시 말해, 고통을 겪는 한 아이가 엄마와 접촉하여 위로와 안정감을 얻는다. Ainsworth(1963)는 Uganda 가정에서 엄마-유아의 상호 작용을 관찰했었기 때문에, 유아가 탐색을 위한 안전기지로 엄마를 사용하는 것을 강조했다.

> 기어 다닐 수 있게 되면 아기가 항상 엄마에게 가까이 있는 것이 아니라 오히려 엄마로부터 작은 여행을 떠나 다른 물건과 사람들을 탐색한다. 그러나 아기는 때때로 엄마에게 돌아온다. 또 허락이 되면 아기는 방 밖으로 나가기도 한다. 안전기지를 떠날 때 유아의 자신감은 안전기지(엄마)가 이동하여 마음대로 떠날 경우 겪게 되는 유아의 고통과 현저한 대조를 이룬다(pp. 78-79).

안식처와 안전기지의 짝은 관계를 형성하고 발달 과정에 영향을 미치는 애착관계에 거대한 힘을 제공한다. 나는 정서조절에 있어서 안식처의 분명한 역할을 검토해 왔다. 안전기지는 세계를 탐험할 때 똑같이 중요한 기능인 자율성과 안정감을 높히는 기능을 수행한다. Bowlby(1988)의 관점으로 보면, '심리발달에 있어 애착이론 내 어떠한 개념도 안전기지보다 더 중요하지 않다.'(pp. 163-164). Ainsworth (1963)는 아이들이 '세계를 탐험하고, 기술과 지식을 개발하고, 대인 관계를 확장하여 엄마 이외의 인물에 대한 애착을 포함하도록' 하는 데 있어 안전기지의 발달적 중요성을 강조했다(p. 104). 따라서 결정적으로 안전기지는 물리적 세계뿐만 아니라 사회적 세계에서도 탐색과 학습을 촉진한다. 따라서 탐색 시스템은 애정적인 유대와 동료와의 연합을 촉진하는 사회적 시스템과 연계하여 활성화 될 수 있다. 이에 따라 탐색 시스템은 심리치료에서 그러하듯이 외부 세계뿐만 아니라 마음이라는 내부 세계에 대한 학습을 촉진한다.

Klaus, Karen Grossman과 그 동료들은 탐색 시스템에 대한 우리의 이해에 의미있는 기여를 했다(K. Grossman, Grossman, Kindler & Zimmerman, 2008). 그들은 '안정적인 탐색이란 특히 좌절에 직면했을 때 재료나 과제에 대해 자신감 있고 주의 깊으며 열성적이고 지략이 풍부한 탐색을 하는 것이며 특히, 도움이 필요할 때 사회적 지향성을 갖는 것을 내포한다'(p. 873)고 정의한다. 애착, 공포, 탐색 시스템은 서로 상호작용한다. 즉, 두려움은 애착 욕구를 활성화시키고 탐색을 비활성시킨다. 이러한 균형은 '안정의 원'(Circle of Security, Cooper, Hoffman & Powell, 2002)이라는 개념에서 정교하게 포착된다. 놀이터에 있는 유아를 그려보라. 애착을 느끼면서 아장아장 걷는 아기는 엄마, 아버지, 유모 또는 언니와 주기적으로 접촉하며 운동장을 돌아본다. 그러다 유아가 넘어져서 무릎을 긁히고 무서워하며 울기 시작한다. 안정감을 회복하기 위해 애착이라는 안식처로 돌아갈 시간이다. 적절하게 보살핌과 위로를 받은 유아는 놀이로 돌아갈 수 있으며, 필요에 따라 양육자에게 접근하기도 하고 멀어지기도 한다.

애착연구는 둘 다 돌봄에 참여하는 한, 엄마뿐 아니라 아버지도 애착인물로 기여한다는 것을 보여준다. 다시 말해, 엄마뿐만 아니라 아버지도 안식처를 제공하고 안전기지를 제공함으로써 탐색을 촉진한다. 그러나, 비록 정도의 문제일지라도, Grossman과 동료들은 중요한 역할 분화를 관찰했다. 아버지들은 애착의 안전기지 측면에서 일정 정도 전문성을 갖고 자녀들과 함께 탐색적인 놀이를 하는 경향이 더 강하다. 따라서, 엄마가 편안함과 휴식을 제공하는 반면, '아버지는 아이의 탐색 시스템이 자극될 때 민감하고 도전적인 지지를 통해 감독과 통제 하에 일어나는 흥분의 맥락에서 안정을 제공한다'(K. Grossman, Grossman, Grossman, Kindler & Zimmerman, 2008, p. 861).

'안정의 원'은 이중 안전감, 즉 애착에 있어서의 안전과 탐색에 있어서 안전의 중요성을 강조한다. Grossman과 동료들은 이러한 이상적인 상태를 *심리적 안정*이라는 개념으로 깔끔하게 정리한다.

> 우리는 안정이 결국 애착안정과 현실세계와의 안전한 친숙함 둘 다에 달려있다고 제안한다. 이러한 광범위한 관점을 뒷받침하는 수많은 연구들을 찾았으며, 우리는 엄마와 아버지 모두의 민감한 지지로부터 출현하는 애착 안정과 탐색 안정 둘 다를 포함하는 '심리적 안정'이라는 개념을 지지한다.

Blatt의 발달적 양극성을 다시 상기시키며 이러한 심리적 안정의 개념은 관계성과 자율성 간에 상호적으로 촉진하는 균형을 보여준 예이다.

□ 애착의 발달

당신은 복잡한 행동들의 조직과 통합을 통해 애착을 유지하며, 당신이 채택하는 행동은 상황에 따라, 발달 시기마다 달라진다(Sroufe & Waters, 1977). 유아기는 엄마의 치맛자락에 매달리지만 청소년기는 문자메시지를 보낸다.

당신은 날 때부터 사회적 참여를 위한 존재로 준비되었지만, 애착은 생후 1년에 걸쳐 단계적으로 나타난다. Bowlby(1982)는 점진적인 발전을 염두에 두며 애착발달의 4단계를 확인하였고, 물론 '아이가 어느 단계에 애착이 생겼다고 말하는 것은 전적으로 자의적이다. 그러나 아이는 1단계에서는 확실히 애착을 느끼지 못하는 반면, 3단계에서는 확실히 애착을 가지고 있다.'라고 결론지었다. 따라서 Bowlby의 사고에서 2단계는 과도기적 단계이고, 4단계(일반적으로 4세 무렵 도달함)는 애착의 황금표준이다. 4세 이상에서 당신의 근본적인 애착 능력은, 비록 그것이 성인기에는 광범위하게 정제되고 정교해짐에도 불구하고 변하지 않는다. 이 절에서 나는 4단계에 대해 각각 개괄하고, 아동 중기와 청소년기의 발달을 요약할 것이다. 나의 개관은 Robert Marvin과 Preston Britner(2008)의 연구에 크게 기반하고 있다. 이들의 연구는 후속연구에 기반하여 Bowlby의 초기 연구를 훌륭하게 확장한 것들이다.

1단계: 0개월에서 3개월

만삭이 되면 태아는 엄마의 목소리에 대한 선호도를 보이고, 생후 몇 주 동안에 신생아는 인간의 얼굴을 선호한다. 신생아들은 사회적 자극에 적응하고 보살핌을 이끌어내는 데 능숙하다. 양육자의 반응이 아기의 행동과 잘 맞아떨어지고 두 사람이 일치할 때, 안정된 상호작용 패턴이 발달한다. 이러한 동기화된 상호작용은 점차 울음을 최소화하고 시각적인 지향과 미소를 이끌어낸다.

2단계: 3개월에서 6~9개월

애착으로 전환되는 2단계의 특징은 양육자와 다른 사람을 구별하는 유아의 능력이다. Bowlby가 말하기로는(Bowlby, 1982), '이 단계 동안 유아는 1단계에서와 같은 친근한 방식으로 사람들에게 계속 행동하지만, 그는 다른 사람들보다 그의 엄마 인물(mother figure)에게 더 두드러진 방식으로 행동한다.'(p. 266). Marvin과 Britner(2008)는 올라타고 탐색하는 것 뿐 아니라 양육자가 떠날 때 우는 것, 양육자가 돌아왔을 때 울음을 멈추는 것, 미소짓기, 소리내기, 방향틀기, 인사하기 등 한두 명의 주요 양육자와의 관계에서 뚜렷이 드러난 몇 가지 유아 행동을 규명하였다. Ainsworth가 충분히 인정하고 이 행동 목록이 증명하듯이, 두 번째 단계는 유아의 활동성과 주도성이 애착-양육자 동반자 관계에 있어 증가하는 것이 특징이다.

3단계: 6~9개월부터 2~3세

이동(locomotion)과 신호 보내기라는 신생아의 새롭게 발견된 능력과 함께 3단계에서는 명백한 안식처와 안전기지 행동이 뚜렷하다. 유아는 낯선 사람에게 조심성을 보이고, 어떤 이유에서든 두려울 때 엄마와 접촉하려고 한다. 유아는 엄마가 떠나면 그녀를 따라가고, 엄마가 돌아오면 인사를 한다. 유아는 또한 주기적인 접촉을 유지하면서 엄마 옆에서 멀어지는 탐색을 한다. 참고로 18개월이 되면 대부분의 유아들은 작은 규모의 애착 인물 네트워크를 갖지만, 한 명의 인물(흔히 엄마)이 일차적이다. 즉, '애착행동은 특히 유아가 괴롭거나, 배고프거나, 피곤할 때, 또는 아플 때, 그 사람과 다른 애착 인물이 모두 가용할 때, 특정 사람에게 집중되는 경향이 있다.'(Marvin & Britner, 2008, p. 280). 종종, 이는 성인기에도 한 명의 애착인물, 주로는 연인이 전형적으로 1차적이 된다는 점에서 여전히 유효하다.

4단계: 걷는 유아와 학령전기 아동

걷는 유아는 점점 엄마로부터 멀어지는 탐색을 하지만 더 어린 유아와 똑같은 강도와 빈도로 애착행동을 보이며, 이들은 분리될 때 울기보다는 부르거나 찾는데 더 의존하는 경향이 있다. 그러나 3~4살 사이에 시작된 애착관계의 급격한 변화는 어린 아동의 심리적 발달과 병행하여 발달한다. 이러한 변화의 핵심은 행동을 열망, 사고, 감정과 같은 정신 상태에 근거한 것으로 이해할 수 있는 능력, 즉 그들의 정신화 능력의 급성장에 있다.

아동이 양육자의 목표와 의도를 이해할 수 있고, 자신의 목표와 의도를 전달할 수 있으며, 자신과 양육자의 목표와 의도에서의 차이점을 인식할 수 있을 때, 충분히 발달한 목표수정적 동반자 관계가 형성된다. 이 발달 시기에서는, 자신과 양육자에 대한 감정과 생각이 말로 표현될 수 있기 때문에 아동의 정신적 표상은 보다 명시적이 된다. 따라서 이 동반자 관계에서 아동과 양육자는 그들의 목표가 충돌할 때 서로에게 적응하며 협상할 수 있다. Ainsworth가 관찰한 바와 같이, 애착 인물의 정신적 표상이 견고해질 때, '아동은 분리가 기꺼이 합의되고 그 이유가 이해되면, 점점 더 긴 부재의 시간 동안 별 어려움 없이 애착 인물과의 관계를 지속할 수 있게 된다.'(Ainsworth, Blehar, Waters & Wall, 1978, p. 13). 4세 무렵 확립되는 이 원칙은 평생에 걸쳐 진실로 남아 있다. 그러므로 네 살짜리 아동은 "아이스크림을 좀 사가지고 바로 돌아올 거야. 내가 없는 동안 Jane은 여기 있어, 알았지?"라고 양육자가 계획을 공유해 줄 때 잠깐의 분리에 덜 괴로워할 것이다.

Marvin과 Britner(2008)는 점점 더 정교해지는 애착의 내적작동모델과 연합된 다섯 가지 기술, 즉 감정이나 목표와 같은 애착인물의 내적 정신 상태를 인식하는 능력, 아동과 애착인물 간의 정신적 상태를 구별하는 능력(예: 바람들), 애착인물의 목표와 계획에 영향을 미치는 요소를 유추하는 능력(예: 형제들의 욕구), 목표에 있어 합의 대 갈등 정도를 평가하는 능력, 그리고 애착인물의 목표, 계획 및 행동에 영향력을 행사하는 능력에 대해 열거하였다. 분명히, 이 모든 능력은 4세 전후에 뿌리를 내리는 기본적인 심리 기술의 정교함에 기초하여 성인기 애착관계에 영향을 미친다.

아동 중기

학령 전, 후기 유아기에 유연한 정신적 표상에 의존하게 되면서 큰 아동과 어른들은 신체적 근접성에 대한 의존도가 훨씬 낮아지고 필요할 때 찾을 수 있는 가용성을 더 기대하게 된다. 내담자에게 애착 안정성에 대해 설명할 때, 나는 애착인물의 가용성과 반응성에 대한 그들의 확신을 강조한다. 그러한 확신은 심리적 안정의 기초가 되며, 확신은 끊임없이 확인하는 접촉의 필요성을 감소시킨다. Ainsworth(1989)가 말했듯이, '타인과의 관계에 있어 타인과 그들 자신에 대한 표상적 모델을 형성하는 것이 인간의 능력이며, 이 표상적 모델이 시간과 거리를 가로질러 타인과의 유대감을 형성할 수 있게 해준다.'(p. 714). 따라서 심리적인 연결은 무엇보다 중요해지고, 이 연결은 개방된 의사소통에 의존하게 되는데, 이는 평생 동안의 애착 안정성에 있어 결정적이다. 물론, 개방적인 의사소통의 핵심 기능은 필요할 때 신체적 근접성과 접촉이 이루어질 수 있다는 보장이다. 다시 말해 큰 아이도 청소년도 어른들도 극심한 고통에 직면했을 때 대면 접촉과 신체적 위안의 필요를 절대 무시하지 못한다.

정신 능력, 나이, 보다 광범위한 대인관계 지지 등에 의해 지탱되면서 아이들은 보호를 위한 일차적 애착관계에 덜 의존한다. 부모와의 신체적인 분리가 커지면서, 그들은 자신의 보호에 더 큰 책임을 지고, 손위 형제, 확장된 가족 구성원, 이웃, 교사, 코치를 포함하는 다른 아동과 어른들에게 의존한다. 그러한 많은 관계는 정서적인 유대를 수반하며, Ainsworth(1989)의 기준에 따르면 위안과 안정감을 제공하는 정도에 따라 애착관계는 달라진다.

청소년기

청소년은 어른과 마찬가지로 부모에게 애착을 가지고 있다. 그러나 Joseph Allen(Allen, 2008)은 청소년기에 발생하는 애착의 주요 전환을 강조하였다. '청소년기는 그들이 보살핌을 받는 사람에서 자급자족하는 어른이자 또래나 연인, 그리고 자손에 대한 잠재적인 양육자가 되는 것으로 발전하면서, 애착관계를 둘러싼 정서적, 인지적, 행동적 체계에 심오한 변형이 일어나는 기간이다.'(p. 419).

Allen은 청소년기에 애착의 몇 가지 더 구체적인 변형을 열거했다. 청소년들이 심각한 고통 속에서 부모라는 안식처로 계속 돌아옴에도 불구하고, 청소년기에는 애착과 탐색 사이의 균형이 극적으로 변화한다. 공간과 객관성이 증가되고 인지능력이 증가함에 따라 청소년들은 그들의 다양한 애착관계를 되돌아보고 이러한 관계를 서로 비교할 수 있는 더 큰 능력을 갖게 된다. 이에 따라, 그들은 자신의 내적작동모델(예: 부모에 대한 이상화된 견해에서 보다 현실적인 견해로 옮겨가거나, 다른 한편으로는 부모의 결함과 실패에 더 관대해지고 용서하게 됨)을 재평가하고, 애착에 대한 통합적이고 일반화된 태도(예: 보다 일반적으로 신뢰하거나 불신하는)를 발달시킨다. 아마도 가장 중요한 것은 청소년들이 친밀감과 지지에 대한 능력을 향상시키면서 부모로부터 또래로 그들의 주된 애착을 이전하기 시작한다는 것이다. 그렇기 때문에 또래 관계(예: 연애 관계)는 성숙한 애착관계의 방향으로 발달한다.

☐ 안정 애착

태어나서부터 청소년기에 이르기까지 애착행동과 관계에서 일어나는 몇 가지 근본적인 변화를 검토하면서, 나는 안정 애착을 염두에 두고 정상적인 발달에 초점을 두어왔다. 이 절과 다음 절에서, 나는 불안정 애착의 서로 다른 유형과 안정 애착을 구별하면서 애착 안정성의 개인차에 초점을 맞추기 시작할 것이다. 이러한 아동기 원형에 대응하는 성인기 원형은 다음 장에서 할애하겠지만, 여러분이 유아기에 관한 부분을 읽을 때 어른 버전을 상상하면서 유사점을 예상해 보길 권한다.

안정 애착 모델은 치료작업을 유의미하게 안내해 주는데, 특히 애착관계에서 외상경험을 한 내담자들이 보다 안정적인 애착, 이상적으로는 치료관계를 포함하는 관계망을 개발하도록 돕고자 할 때 그렇다. 이 절에서는, 생생한 원형으로서의 유아기에 계속 초점을 두면서 안정 애착의 개념을 확장해 나갈 것이다. 이 글은 가정과 실험실(Ainsworth가 설계한 낯선상황 실험)에서 모성-유아 상호작용에 대한 관찰을 한 광범위한 연구를 활용한다. 나는 우선 유아들의 애착행동을 고려한 다음, 양육자의 연합된 행동 패턴을 기술할 것이다. 정상적 발달에 대한 명확한 사진은 불안정 애착 행동과 불안정 애착 전략을 습득하도록 하는 양육 방식을 인식하는 데 도움이 되는 단계를 설정해준다. 이 연구는 유아들이 생후 1년 양육자의 다양한 변화에 자신의 애착행동을 적응해 가면서 사회 학습에 조숙해진다는 점을 입증해준다.

Ainsworth는 익숙하지 않은 환경에서 엄마와 짧은 이별을 하도록 함으로써 유아에게 적당히 스트레스를 줄 수 있는 낯선상황을 설계했다. 8개의 에피소드로 구성된 시나리오는 다음과 같다.

1. 유아와 엄마는 낯설지만 장난감으로 가득 찬 편안한 방으로 안내된다.
2. 유아는 필요하다면 엄마의 도움을 받아 장난감을 가지고 놀 수 있는 기회를 갖게 된다.

3. 낯선 사람이 방에 들어와 유아와 함께 놀이를 한다.

4. 엄마는 낯선 사람과 장난감을 두고 유아 곁을 떠난다.

5. 엄마가 다시 돌아와서 잠시 멈춰 유아에게 자신이 돌아온 것에 반응할 기회를 주고, 낯선 사람은 방을 떠난다.

6. 엄마는 유아를 방에 혼자 있게 한다.

7. 낯선 사람이 방으로 돌아와 필요에 따라 유아와 상호작용한다.

8. 그때 엄마가 돌아오고, 낯선 사람이 방을 떠난다.

엄마의 두 번의 떠남에 대한 유아 반응이 유아의 안정을 평가하는 데 중요하지만, 가장 핵심적인 관찰 결과는 두 번의 재회와 관련이 있다. 엄마가 돌아왔을 때 엄마와 괴로워하는 유아가 어떻게 상호작용을 하며, 이러한 상호작용이 유아의 괴로움에 어떻게 영향을 미치는가? 가정과 실험실에서의 관찰에서 안정 애착과 불안정 애착 사이의 차이점은 바로 다음과 같다.

유아 행동

Ainsworth(Ainsworth, 1963; Ainsworth, Blehar, Waters & Wall, 1978)는 가정에서 불안정한 유아와 비교했을 때, 안정적인 유아들의 행동을 다음의 몇 가지 특징으로 특징지었다. 안정적으로 애착된 유아는 상대적으로 적게 울며, 애착에 확신이 있고, 짧은 분리에 상대적으로 덜 괴로워하며, 덜 불안해하고, 엄마와 가까운 신체 접촉을 즐기며, 엄마의 요구에 보다 협조적이고 엄마의 요구에 순응적인 편이다. 일상적인 분리에 상대적으로 동요하지 않은, Uganda에서 가장 애착이 잘 되어 있던 영유아 중 일부는 거의 분리불안을 보이지 않았다. '오히려 그들은 세상을 탐험하는 동시에 다른 애착을 포함하여 지평을 넓힐 수 있는 안전기지로 엄마를 기꺼이 활용할 준비를 함으로써 엄마에 대한 애착의 강도를 보여주었다.'(Ainsworth, 1963, p. 103). 이에 따라 안정적인 유아는 놀이와 문제 해결과제에 있어 보다 열정적이고 덜 좌절하며 다른 어른들에게 보다 사교적이고 편안하다.

앞서 기술한 바와 같이 두 번의 분리와 재회를 포함하는 낯선상황 실험에서도 똑같은 행동 패턴이 뚜렷하다. 첫 번째 분리에서 유아는 장난감으로 가득 찬 놀이방에 낯선 사람과 남겨진다. 그 다음 유아는 혼자 남겨진다. 이 기발하게 조작된 실험실 상황은 몇 가지 행동 시스템, 즉 애착, 두려움, 탐색, 사회성, 그리고 부모의 돌봄 등을 활성화시킨다. 엄마와 함께 놀이방으로 안내된 안정적인 유아는 상대적으로 애착행동을 보이지 않고 장난감을 탐색하며 놀기 시작하고, 필요한 경우 엄마의 도움을 받아 때로는 낯선 사람과 상호작용한다. 엄마를 신뢰한다면, 비록 감소된 놀이에서 유아애착 시스템의 활성화가 명백하더라도, 유아는 엄마의 첫 번째 떠남에 저항하지 않을 수도 있다. 그는 어느 정도 위안을 얻기 위해 낯선 사람에게 의지할 수도 있지만, 선택권이 있을 때는 변함없이 엄마의 위안을 더 선호한다. 유아가 방에 홀로 남겨지는 엄마의 두 번째 떠남은 애착을 더욱 강하게 활성화시켜 저항을 불러일으키고 따라가서 울기 쉽다. 분리에 반응하는 유아의 행동과 상관없이 재회는 애착의 활성화를 분명하게 보여준다. 안정적인 유아는 엄마에게 가까이 다가가려고 하고, 친밀한 신체 접촉을 원하는 경향이 있다. 위안이 되고 달래주는 엄마의 행동은 안정적인 유아를 빨리 진정시키고, 진정하고 나면 탐색과 놀이로 돌아가게 된다. Blatt의 말을 빌면, 안정 애착으로 그들은 두 세계, 즉 관계성과 자율성의 최선의 장점을 모두 누릴 수 있다.

양육자 행동

Ainsworth(1963)는 유아 안정을 촉진하는 모성 행동에 대한 초기 결론을 다음과 같이 요약했다.

엄마가 함께 대부분의 시간을 보내주고, 엄마가 유아의 행동과 발달의 세부사항에 가장 관심이 있으며, 아이에게 모유 수유를 즐기는 엄마의 유아들이 엄마에게 강한 애착을 가장 잘 발달시키는 것 같다. 여기에서의 강한 애착이란 기술과 지식을 발달시키며 세계를 탐색해가는 기반으로 사용할 수 있을 만큼 충분한, 또 엄마 이외의 인물에 대한 애착을 포함하여 대인관계의 지평을 넓혀갈 수 있을 만큼의 충분한 애착이다.

안정 애착을 촉진하는 돌봄의 특징으로 Ainsworth가 말하는 것은 민감한 반응성(sensitive responsiveness)으로 요약될 수 있으며, 광범위한 연구가 이 연관성을 확인해 왔다(Belsky & Fearon, 2008; Sroufe, Egeland, Carlson & Collins, 2005; Weinfield, Sroufe, Egeland & Carson, 2008). 자세히 설명하자면, 이렇게 민감하게 반응하는 양육자 행동에는 따뜻함과 애정이 포함된다. 특히 유아의 고통 상태와 관련하여 유아의 신호에 대한 민감하고, 유아의 신호를 정확하게 해석하고 신속하고 적절하게 반응한다. 그리고, 유아의 목표지향적 행동을 방해하지 않으면서 엄마 자신의 행동을 유아의 관심, 활동, 분위기에 부드럽게 맞추는 면에서 협력과 조화를 이루는 방식으로 유아의 활동에 적극적으로 참여하고 관여한다. 민감한 반응성을 위한 이 능력은 유아에 대한 부모의 심리적 이해에 달려 있다는 점이 중요하다. Sroufe와 동료들(Sroufe, Egeland, Carlson & Collins, 2005)은 이러한 부모의 심리적 이해를 '유아를 자율적인 존재로서 분리하지만 또한 매우 보살핌이 필요한 존재로 보는 양육자의 이해'가 수반된 '심리적 복잡성'으로 이해한다. 이는 '유아기 돌봄의 질에 대한 우리의 모든 분석에서 강력한 것으로 입증된'(p. 91) 요인이다. 나는 이 책 후반부에서 정신화의 틀 아래 이에 대해 더 많이 이야기할 것이다. 특히, 유아에 대한 엄마의 심리적 적응은 안식처 뿐 아니라 탐색과 놀이에 대한 민감한 격려가 수반되는 안전기지를 제공하는 데 필수적이다.

잘 설계된 한 실험은 애착의 암묵적인 내적작동모델이 양육자 반응성에 대한 12개월 된 유아들의 기대를 어떻게 반영하는지 보여준다(S. M. Johnson, Dweck & Chen, 2007). 유아들은 어리둥절하고 무슨 일이 일어나고 있는지 이해하려고 노력하는 것처럼 그들의 기대를 저버리는 시각적 장면을 더 오래 바라볼 것이다. 이 실험은 낯선상황에서 애착 안정성이 평가된 유아들을 대상으로 실시되었다. 한 집단은 안정 애착이고, 다른 집단은 불안정 애착이다. 이 유아들에게 만화로 된 기하학적인 캐릭터들이 나오는 장면으로 두 개의 타원, 하나는 크고(유아에게 직관적으로 '엄마') 하나는 작은('아이') 장면들을 보여 주었다. 둘 다 경사진 바닥에서 나타나고, 그 다음에 '엄마'는 경사를 반쯤 올라가서 작은 고원으로 가서 거기서 쉬게 되고, 밑에 있는 '아이'는 아이 울음소리와 함께 진동하며 튀어오른다. 그 다음 두 가지 일 중 하나가 발생한다. 한 쪽은 엄마가 밑으로 내려가 아이와 근접성을 회복하고('반응하는 엄마'), 다른 쪽은 아이로부터 멀어지며 계속 여행을 하며 경사를 올라간다('반응하지 않는 엄마'). 여기 흥미로운 결과가 있다. 불안정 애착 유아들과 대조적으로, 안정 애착 유아들은 언덕을 계속 올라가는 '무반응의 엄마'를 더 오래 바라보았다. 이러한 행동은 (낯선상황 실험에서 그들의 안정을 바탕으로 유추했던) 민감한 반응성에 대한 그들의 초기 경험에 근거한 기대에 반하는 것이었다. 그들은 그녀의 무반응이 완전히 당혹스럽다고 생각한다.

이 점은 민감한 돌봄이 특별히 매우 높은 수준의 양육자-유아 조화나 이에 수반된 반응성이라는 오해를 피할 수 있는 적절한 지점이다. 오히려 반대로, Beatrice Beebe와 동료들(Beebe et al., 2010)이 기술한 바와 같이, 보통 수준의 반응성(moderate level)이 안정 애착을 촉진한다. '이제 많은 거시연구와 미시연구들은 애착과 사회적 성과를 위한 상호작용적 수반성(contingency)에서 '최적의 중간범위 모델'로 수렴되고 있다. 이 모델에서는 높은 수준과 낮은 수준의 조화 모두 문제가 된다.'(p. 23). 과도하게 높은 수준의 반응적인 참여는 거슬리고 지나치게 자극적일 수 있는 반면, 지나치게 낮은 참여 수준은 박탈적이다. 적당한 수준의 반응성은 관계성과 자율성에 대한 욕구의 균형을 맞추며 심리적 연결을 제공하는 동시에 자율성 및 자율성을 촉진하는 심리적 공간을 허용한다. 심리적 연결의 붕괴와 수리는 안전한 관계를 특징짓는다. 육아나 심리치료에 있어서 완벽한 조율은 실현 불가능한 열망일 뿐만 아니라 발달에 완전히 해롭다.

❑ 양가-저항 애착

양가 애착 유아는 불안정을 겉으로 드러낸다. 그들은 안정의 원 안에서 순환하지 못한다. 그들은 (그리 안전하지 않은) 안식처에 달라붙어 있다. 양가성은 한편으로는 친밀함과 편안함에 대한 열망과 다른 한편으로는 보살핌과 편안함에 대한 좌절된 저항으로 동시에 나타난다. Blatt의 용어로 하면, 양가 애착에서 관계성은 자기 정의와 자율성을 능가하며, 이러한 불균형은 또한 성인기에도 미묘하게 남아있다. 양가적 유아와 마찬가지로 양가적 내담자들은 돕기 어렵다.

유아 행동

Ainsworth(1963)는 Uganda 연구에서 엄마와 함께 있는 유아의 행동을 다음과 같이 기술했다. '유아는 엄마의 품에 안길 것을 요구했고, 엄마가 자기를 내려놓는 순간 유아는 엄마가 다시 안을 때까지 울부짖었다. 엄마는 아이가 잠들 때까지 안고 있다가 아이를 눕혔지만, 아이는 즉시 일어나 울곤 했다.'(p. 90). 불안정한 유아들은 불안한 듯 엄마에게 매달리며 탐색하지 않는 경향이 있다. 이 유아들의 엄마는 안전기지 역할을 하지 못한다. 게다가, 이 유아들은 엄마에게 양가성을 가지고 있으며 엄마의 위로에 저항한다. 그들은 접촉을 추구하다가 화를 내며 저항한다. 예를 들어, 안아주기를 요구하다가 밀어낸다. 이 때문에 이러한 양가적 유아들은 높은 수준의 고통 속에서도 위로받을 길이 없다.

이후의 가정 및 실험실 연구에서 Ainsworth는 안정 유아에 비해 양가적 유아가 더 많이 울고, 더 많은 분리 불안을 보이며, 엄마의 접근성과 반응성에 자신감이 없어 보인다는 점을 관찰했다. 낯선상황 실험에서, 그들은 엄마가 있는데도 익숙하지 않은 상황으로 괴로워한다는 점에서 독특했다. 그들은 엄마에게 가까이 있으며 놀이에 관여하지 않았다. 그들은 특히 낯선 사람이 들어갈 때 엄마에게 가까이 있으려고 하면서 낯선 사람을 경계하였다. 그들은 엄마가 떠날 때 즉각적이고 강렬한 고통으로 반응하였다. Ainsworth가 지적했듯이, '그들의 애착행동은 고강도의 활성화에 대해 낮은 역치를 가지고 있다.'(Ainsworth, Blehar, Waters & Wall, 1978, p. 315).

이러한 불안정한 유아들의 분노하는 양가성은 가정과 낯선상황 속에서 아주 쉽게 관찰할 수 있다. Ainsworth가 관찰한 바와 같이, 그들은 화내며 저항한다. '엄마가 안아주는 시점이 잘못 되면, 즉 자신이 원할 때 안아주지 않거나 계속 안아주길 원하는데 내려지면 특히 저항한다.'(p. 315). 그들은 탐색을 거부하면서, 만약 엄마가 그들을 안아주지 않고 그들과 놀려고 한다면 화를 낸다. 그러나 동시에 달래지는 데 오래 걸리며, '분리로 인해 고활성화된 애착행동의 누적된 좌절감 때문에 안아줄 때조차 분노의 저항과 매달리는 것이 뒤섞여 나타날 수 있다.'(p. 315). 낯선상황 실험에서 애착행동을 분류하기 위해 Ainsworth는 다음과 같은 설명을 제공했다.

이 변인은 아기에게 접촉하거나 가까이 다가오거나 상호작용을 시작하거나 그를 놀이에 참여시키려고 하는 사람에 의해 유발되는 저항 행동의 강도와 빈도 혹은 지속시간을 고려한다. 기분은 뿌루퉁해있거나, 심통을 부리거나, 짜증내거나, 성나 있거나, 발끈해하는 식으로 화가 나 있다. 관련 행동으로는 밀어내기, 던지기, 내동댕이치기, 때리기, 치기, 발길질하기, 쿵쾅거리기, 안아주거나 제지하는데 저항하기 등이 있다. 보다 만연한 징후로는 분노의 비명, 몸을 던지는 것, 짜증내는 것, 심술부리는 것 등이 있다. 이러한 행동은 거부당한 사람과의 접촉 혹은 거부당한 사람에게 가까이 가려는 근접성을 달성하거나 유지하기 위한 적극적인 노력과 번갈아 나타날 수 있다(Ainsworth, Blehar, Waters & Wall, 1978, p. 350).

양육자 행동

Ainsworth(Ainsworth, Blehar, Waters & Wall, 1978)는 고강도의 애착 활성화와 애착 욕구를 완화시키는 것의 좌절이 함께 나타나는 것이 양가 애착의 핵심문제임을 확인하였다. 그러한 좌절은 양육자의 만성적인 무반응이나 비일관되게 반응하는 행동에서 비롯된다. 유아의 분노에 찬 저항은 더 많은 반응을 이끌어내기 위한 전략으로 양육자를 처벌하는 것으로 볼 수 있다. Uganda 연구에서 Ainsworth(1963, pp. 88-89)는 한 양가적인 유아 Muhamidi의 엄마에 대한 가슴 아픈 기술을 하였다. '그녀는 심각한 걱정거리를 가진 불행한 여자였다. 그녀는 우리에게 많은 문제를 잔뜩 가지고 있는 듯한 인상을 주었다.' 그녀의 네 살짜리 아이는 죽었고 다섯 살짜리 아이는 겸상적혈구 빈혈로 고생했다. 게다가 그녀의 결혼 생활은 불행했다. 그녀의 남편은 '그녀가 식량을 재배할 뿐만 아니라 커피를 수확하는 것을 돕기를 원했다. 그녀는 완전히 무력한 두 자녀를 도울 수 없었다.' 즉, "그녀는 자신의 세계가 무너지고 있다고 느끼는 것 같았다."

엎친 데 덮친 격으로, Muhamidi가 생후 7개월이 되었을 때 그녀는 남편을 떠나 일부다처제 가정에서 여러 명의 젊은 아내들과 수많은 아이들이 있는 아버지와 함께 살았다. '그녀의 친엄마는 다른 곳에 살고 있었고, 아버지의 애정을 느꼈지만 그는 바빴고, 그의 아내들은 그녀를 질투했으며, 그녀는 이 집에 자신을 위한 장소가 전혀 없다고 느꼈다.'

분명히, 이 냉혹한 양육 조건은 엄마의 민감한 반응성을 이끌지 못했다. 이 예는 민감한 반응성에 대한 환경적 맥락의 기여를 강조한다. Muhamidi의 엄마는 괴로웠고 불행했으며 그녀가 느끼는 과중한 부담감은 무시되었다. '그곳에는 그녀를 도울 수 있는 다른 사람들이 있었지만 아무도 도와주지 않았다. 대체로 양가 애착은 '돌봄에 대한 무반응 및 비관여적인 접근'과 관련이 있다(Belsky & Fearon, 2008). 또한 양가성은 일관적이지 않은 반응성과 관련하여 발전하는데, 유아의 자율성을 방해하는 엄마의 침입성을 포함한다. 엄마의 접촉 욕구가 유아에게 아기 공간을 비집고 들어가도록 하고, 유아는 이러한 엄마로부터 멀어져 가는 것(예: 시선 피하기)을 통해 대처하는 추격-회피 패턴이 나타난다. 따라서 유아는 엄마의 침입을 피하면서 엄마의 행동을 경계해야 하는 양가성에 사로잡힌다(Beebe et al., 2010). 이러한 무반응과 침입의 상호 작용과 일관되게, Sroufe와 동료들은 이러한 불안정한 유형을 보이는 유아들이 '심리적으로 가장 적게 알아차리는 엄마 집단'을 가지고 있다는 것을 관찰했다(Sroufe, Egeland, Carlson & Collins, 2005, p. 98).

양가성과 연합된 변덕스러운 양육 방식은 유아 행동에 또 다른 영향을 미친다. Ainsworth는 이 양가적인 유아 집단 내에 유의미한 개인차가 있다는 점에 주목했다. 가장 두드러지게는 성난 저항이 아닌 만연하고 뿌리 깊은 소극성으로 구별되는 집단이다. 그녀는 민감한 반응성의 결핍과 수동성 사이를 다음과 같이 연관지었다. '엄마가 자신의 신호에 따라 거의 반응하지 않는 신생아는 자신에게 일어나는 일에 대해 효과적인 통제력을 할 수 있는 자신의 능력에 대해 자신감이 깊이 결여되어 있다.'(Ainsworth, Blehar, Waters & Wall, 1978, pp. 315-316).

❑ 회피 애착

양가적 저항을 가진 유아의 불안정은 투명하게 드러나는데, 이는 지나치게 독립적인 것으로 보일 수 있는 회피적 유아의 불안정 애착과 대조적이다. Uganda 연구에서, Ainsworth(1963)는 이 유아 집단을 '애착이 형성되지 않은' 것으로 간주했고, 그녀의 후속 연구에 따라 역설적이게도 그들이 회피적인 방식으로 애착이 형성되었다고 보게 되었다. Blatt의 표현에 따르면, 회피 애착을 가지면 성인기에 잠재적으로 자율성이 관계성을 능가한다. 회피 애착 유아와 마찬가지로 회피적인 성인도 다가가기 어렵다.

유아 행동

다음은 Uganda에서 확인한 '애착이 형성되지 않은' 유아에 대한 Ainsworth (1963)의 설명이다. '기어다닐 수 있자마자, 아이는 세계를 탐색하기 위해 떠나고 싶어했고, 아이가 가장 마지막으로 원하는 것이 엄마나 다른 누군가에게 가까와지는 것 같았다.'(p. 92). 낯선상황 실험에서 회피적 유아의 행동은 양가적 유아와 정반대인데, 특히 엄마가 돌아와 유아에게 분리의 괴로움을 덜어 줄 기회를 제공하는 재회 에피소드에서 회피적인 유아는 엄마를 무시한다. 실험 절차 내내, 유아들은 엄마보다 장난감을 더 선호한다. 즉, 탐색이 애착보다 우선하였다. 그러나, 종종 엄마와 즐거운 상호작용을 수반하는 안정적인 유아의 탐색 참여와는 대조적으로, 회피적인 유아는 혼자 놀이에 몰두한다. 재회 장면이 회피적 유아 행동을 잘 설명해준다. Ainsworth는 회피의 전형을 다음과 같이 보여주었다.

> 그 아기는 재회 에피소드에서 돌아온 엄마에게 인사하지 않는다. 어떤 미소도 저항도 없다. 엄마가 관심을 끌려고 노력하지만, 아기는 오랫동안 엄마에게 거의 관심을 주지 않는다. 아기는 엄마를 무시하고, 엄마에게 등을 돌리기도 한다. 그럼에도 불구하고 엄마가 그를 안으면, 아기는 엄마가 자신을 안고 있는 동안, 주위를 둘러보거나 다른 것에 관심을 가지고 있는 것처럼 보이며 엄마에게 반응하지 않는다(Ainsworth, Blehar, Waters & Wall, 1978, pp. 353-354).

이러한 회피적 유아가 예외적으로 안정적으로 애착되기도 하지만 대부분 불안정하게 애착되어 있다는 사실은 가정에서의 행동과 낯선상황 실험에서의 행동에서 분명하게 나타난다. 안정적인 유아와 대조적으로, 회피적인 유아는 가정에서 일상적 분리에 반응하여 더 많이 울고 더 많은 고통을 보인다. 명백히, 그들은 불안하고 불안정하다. 그럼에도 불구하고, 낯선상황 실험에서 그들은 엄마를 안식처로 사용하지 않고 반대로 접촉을 피한다. Ainsworth는 낯선상황 실험에서의 그들의 행동이 이 장의 앞부분에서 설명한 바와 같이 Robertson과 Bowlby가 엄마와 재회한 유아들에게서 관찰한 거리두기(detachment)를 연상케 한다는 것을 알았다. Ainsworth는 이러한 애착의 모순적 패턴이 양육자의 다소 미묘한 감정적 거부, 실제 더 짧은 시간 단위로 일어나는 지속적인 심리적 분리에 대해 방어적 기능을 제공하는 것으로 점차 이해하게 되었다.

양육자 행동

Ainsworth(1963)는 Uganda에서의 두 명의 비애착 유아의 엄마에 대해 다음과 같이 기술하였다.

> 이 두 여성들은... 그들이 받아들일 만한 유럽식 유아 양육법이라 믿고 있는 것을 실천했다. 두 아기에게 모두 일정대로 젖을 먹였다. 엄마의 방에는 아기 침대가 따로 있었고, 아기는 하루 대부분을 그곳에서 지내며, 먹을 때와 목욕할 때 밖으로 나갔고, 방문자들이 왔을 때 가장 좋은 옷을 입었다. 엄마들은 아기가 울 때 안아주면 안 된다고 믿었고, 아기들은 오랫동안 방치된 채 울다가 결국 울음을 그쳤다. 이 엄마들은 둘 다 매우 사교적이고 어딘가 방문하기를 좋아했다... 우리가 방문했을 때, 엄마들은 아기들을 특별하게 차려 입히고 아기를 자신의 무릎 위에 앉혀서 아기들에게 따뜻하고 다정한 것처럼 보였다. 그러나 그들은 유럽 손님에 대한 안주인의 역할에 가장 신경을 썼다(pp. 91-92).

낯선상황 실험에서, 회피하는 것으로 관찰된 유아의 엄마에 대한 후속 관찰에서, Ainsworth(Ainsworth, Blehar, Waters & Wall, 1978)는 가까운 신체적 접촉에 대한 혐오와 그러한 접촉을 향한 유아의 욕구를 거부하는 성향에 대해 언급했다. 그러한 거부감은 당연히 유아의 애착 욕구를 고조시킨다. Ainsworth는 또한 이 엄마들이 아이에게 짜증이 났지만 자신의 분노를 억누르려고 애쓰는 것을 발견했다. 그들은 감정이 결여된 경향이 있었는데, 실제 '성격적으로 엄격하고 강박적인' 특성을 보였다. 이 특성은 '아기의 요구가 엄마의 지속적인 활동을 방해하거나 엄마가 원하는 것을 아기가 즉시 하지 않을 때 화가 나기 쉬운' 특성이다(p. 317). 마찬가지로 Sroufe와 동료들(Sroufe, Egeland, Carlson & Collins, 2005)은 회피성 유아의 엄마들이 갖는 몇 가지 특징을 열거했다. 그들은 모성에 대해 부정적인 감정을 가지고 있었고, 긴장되어 있었고 자주 짜증냈다. 유아 울음에 덜 반응했으며, 신체적인 접촉을 피했다. 그리고 관심 부족을 보였으며 형식적인 태도로 보살핌을 제공했다. Belsky(Belsky, 2005; Belsky & Fearon, 2008)는 회피 애착을 유도하는 또 다른 양육 방식을 관찰했다. 이러한 방식에는 아이가 부모로부터 돌아서도록 자극하는 침입적이고 지나치게 자극하며 통제하는 행동이 있다. 따라서 그러한 침입성은 거리를 두는 맥락에서 회피를 더욱 강화할 수 있다.

안정 애착과 불안정 애착: 요약

민감하게 반응하는 양육은 심리적 안정, 즉 애착에 대한 안정감과 세상을 탐색하는 것에 대한 안정감을 촉진한다. 안정 애착 아동은 그들의 변덕스러운 욕구와 관심에 따라 '안정의 원'을 자신감 있게 횡단한다. 그리고 이와는 대조적으로, 양가 저항 유아는 양육자의 반응성을 확신하지 못하여, 세계를 탐색하는 것을 (잠재적으로) 희생하고 안식처에 매달린다. 스펙트럼의 반대쪽 끝에 있는 회피적인 유아들은 애착이 거부될 것으로 예상하면서, 안정 애착 아동의 자신감과 열정이 없음에도 불구하고, 탐색에 고착되어 '안정의 원'의 바깥 가장자리에 머무른다. 정신증 증상으로 나와 심리치료 작업을 했던 한 젊은 여성이 '안정의 원'에 대한 나의 강의를 들었다. 그녀는 자신의 평생 패턴을 인식했고 그녀가 너무 회피적이어서 원 밖에 남아 있었다고 선언했다.

양가 애착과 회피 애착은 정서적 고통을 조절하기 위한 정반대의 전략이다. 양가적 유아들은 그들의 애착 욕구를 지나치게 활성화하는 것을 학습하였다. 양육자에게 가까이 머무르며 정서적 고통에 대한 다이얼을 돌리는 한편, 일관성이 없는 돌봄에 저항하여 반응을 불러일으킬 가능성을 극대화한다. 그러나 갈등으로 가득찬 애착의 표현은 계속적으로 좌절되고 감정적으로 격앙된 상호작용으로 이어져 불안감을 지속시킨다. 이와는 대조적으로, 지속적인 정서적 거부감을 예상하면서, 회피적인 유아들은 사실상 그들의 애착 욕구를 비활성화하는 법을 배웠고, 위로할 기회가 주어졌을 때 그들의 고통스러운 감정 표현을 줄인다. 회피적인 유아는 원의 바

깔 가장자리에 머무르면서 엄마에게 "신경쓰지 말라"는 것을 배웠다. 양가성과 마찬가지로 이 전략은 스스로 지속된다. 감정적인 거리를 유지하는 것은 위안을 줄 수 없다. 역설적으로 엄마를 너무 괴롭히지 않으며 멀리 떨어져서 분노와 거부감을 더 부추기는 것으로 애착을 유지하는 역할을 한다.

이 애착 연구는 유아들의 사회적 총명함을 증명한다. 생후 12개월까지 그들은 애착-돌봄 동반자 관계에 적응하는 법을 배웠다. Sroufe와 동료들은 아동의 직관적인 지혜에 대해 존경을 표하는 동시에 초기 적응적 행동이 잠재적으로 나중에는 부적응적일 수 있다는 것을 인식하였다.

> 우리의 견해로는 각 연령의 모든 아동은 가용한 개인 자원, 환경 자원, 그리고 그들이 직면하고 있는 도전에 비추어 가능한 최상의 적응을 한다. 어떤 상황에서는 부모에게 긴밀한 접촉을 요구하지 않거나, 혹은 매우 까다롭게 하는 것이 아동이 당면한 욕구를 충족시키기 위해 할 수 있는 가장 기능적인 일이 될 수 있다. 때로는 부모로부터 멀리 떨어져 있는 것이 필요하다. 어떤 때는 요구적이 되는 것만이 관심을 끌 수 있는 유일한 방법이다. 그러나 만약 이러한 것들이 핵심 패턴으로 확정된다면 그들은 당시에 타협한 경험과 나중에 다른 사람들로부터 얻은 반응 때문에 장기적으로는 부적응적일 수 있다(Sroufe, Egeland, Carlson & Collins, 2005, p. 17).

❑ 아동의 기질

한 명 이상의 아이를 키운 부모라면 누구나 발달에 있어서 아이의 '본성'이 갖는 역할을 증명할 수 있다. 유전적·환경적으로 많은 공통점이 있음에도 불구하고, 형제들은 종종 서로 극적인 차이를 보인다. 물론, 같은 가족이지만 형제들은 각각 차별적인 경험, 엄밀히 말하면 공유되지 않은 환경을 갖는다. 이러한 비공유 환경은 부모-자녀 관계를 포함하며, 끊임없이 변화하는 가정 환경으로 인해 각 자녀마다 다양한 정도로 달라진다. 그리고 각 아동의 선천적 성격 또한 이러한 개별적 차이에 기여한다. 여기서 나는 우리 모두가 당연하게 여기는 것, 즉 발달에서 '본성'과 '돌봄'(또는 돌봄의 부족)의 결합적 역할을 언급하고 있다. 종종 반항심이나 친근감 같은 개인의 행동을 생각하면서 우리는 본성이나 돌봄 어느 한 쪽에 더 비중을 두는 경향이 있다. 우리는 또한 우리 자신의 성격에 대해 생각할 때 그렇게 할 수도 있다.

Aaron은 대학 3학년 때 불안, 우울증, 알코올 남용 등으로 점점 더 무력해진 후 집중적인 병원 치료를 찾았다. 그는 평생 동안의 침울함에도 불구하고, 부모님의 변함없는 이해와 성원에 대해 재빨리 감사의 뜻을 표했다. 이것은 Aaron의 경우 발달에 있어서 양육보다 본성이 우위라는 주목할 만한 사례이다. 그는 아기였을 때 달래기가 극도로 힘들었다는 이야기를 부모로부터 들었다. 그는 쉽게 잠들거나 잠들지 않았고, 입맛이 까다로웠으며, 많이 울었다. 그는 어린 시절에 부모님이 다루기 힘들었던 반복적인 짜증을 부리는 "미운 두 살"이었다. 학교에 입학했을 때, 그의 '나쁜 성미'는 또래나 선생님들과 갈등을 일으켰다. 그는 왕따가 된 기분을 느끼게 되었다. 비록 Aaron의 가정과 지지적인 부모는 중요한 안식처를 제공했지만, 그는 부모의 고통과 반복적인 좌절감을 예민하게 감지하고 있었다. 그것은 애착에 상당한 정도의 불안정을 가져왔는데, 특히 그의 아버지와의 애착이 그러했다. Aaron이 기억하기에 아버지는 자주 화를 내고 가끔은 "분노로 폭발하는" 사람이었다. 그럴 때, 엄마는 극도로 제정신이 아니었고 아버지와 다퉜다. 그동안 Aaron은 "밖에 내놓아진 듯한" 기분을 느끼며 공포 속에 이를 지켜보았다. 일반적으로는 안정적이고 지지적인 가정이었지만, 이러한 붕괴의 역사는 Aaron 자신과 그의 관계에 불안정의 유산을 남겼다. 그는 자신에게, 즉 자신의 정서적 안정에 의지할 수 없다고 말했다. 그 결과 그의 인간관계 또한 정서적으로 폭풍우가 불었다. 예를 들어, 그는 초기 학창시절에 한 가지 지속적인 우정을 유지했다. 그러나 우정을 불안정하게 하는 분노폭발을 반복하였다. 그는 가족안에서조차 최악의 경우 완전히 혼자라고 느꼈고 감정적 폭풍의 여파 속에서 외로웠다. 심리치료에서 Aaron은 자신이 "감정적 허리케인"과 분투했다고 묘사했다. 나이가 들면서 그는 그 허리케인과 싸우기 위해 술에 의지했지만 술은 그의 감정적인 조절력을 더욱 약화시키고 우울증을 악화시킬 뿐이었다.

내가 이 장에서 살펴본 애착 연구는 문자 그대로 본성보다 양육, 즉 아동의 애착 안정성에 대한 엄마(또는 다른 양육자)의 기여를 강조한다. 직관적으로 보면, Aaron이 자신의 발달을 기술한 방식과 일치하는, 유아의 개별적 특성 또한 애착 안정성에 중요한 역할을 하는 것이 분명하다. 많은 부모들이 너무나 잘 알고 있듯이, 어떤 유아는 다른 유아보다 달래기가 훨씬 더 어렵다. 중대한 의학적 장애와는 별도로, 초기 애착관계에 대한 유아의 잠재적 기여는 기질이라는 이름 아래에 있는데, 기질은 대체로 생물학적으로 기반한 다양한 성격 특성을 가리키며, 이 모든 것은 부분적으로 유전적 구성에 뿌리를 두고 있다. 충동성, 활동 수준, 그리고 사회성에서의 기질적 차이는 우리 인간뿐만 아니라 비인간 영장류와 다른 포유류에서도 분명히 나타난다(Buss, 1992). 불안 경향의 지표인 행동 억제는 애착과 높은 관련이 있는 기질의 또 다른 측면이다. Jerome Kagan(2003)은 약 20%의 아동이 상대적으로 불안하고 억제적인 반면, 40%는 스펙트럼의 반대쪽 끝, 즉 억제되지 않는다고 관찰했다. 예를 들어, 어린이집 첫날 억제적인 아이는 혼자 앉아서 참여하기 전에 조심스럽게 관찰할 가능성이 있는 반면, 억제적이지 않은 아동은 다른 아동과 열심히 놀기 위해 뛰어들 것이다. 고통을 쉽게 느끼고 억제적인 유아나 아동이 불안정 애착을 가질 가능성이 더 높을 것이라는 점은 타당하다.

애착 안정성은 양육보다 기질에 의해 결정될 수 있는가? 불안정 애착은 단지 선천적인 불안 경향성이나 '어려운' 기질, 즉 정서적 허리케인에 대한 유전적 소인에 기반한 징후일 뿐인가? 그런 질문들은 한가한 호기심으로 제기된 것이 아니다. 애착 관계에서 기질의 역할은 애착 연구자들과 좀 더 생물학 지향적인 발달학자 사이의 주요 논쟁거리가 되었다(Karen, 1998). 이러한 논쟁은 부분적으로 애착이론이 아동의 문제에 대해 엄마(및 다른 양육자)를 비난한다는 지속적인 우려에 의해 계속되었다. 그렇다고 물론 아동을 비난하는 것이 바람직한 대안은 아니다.

Bowlby(1982)는 애착-돌봄 동반자 관계에 초점을 맞추고 이 동반자 관계에서 양육의 주요 역할을 주장하는 동시에 아동 기질의 잠재적 중요성을 명시적으로 인정함으로써 이 논쟁을 가중시켰다.

> 쉬운 갓난아기는 확신이 없는 엄마가 우호적인 양육 방식을 발달시키도록 도울 수 있다. 반대로 까다롭고 예측하기 어려운 갓난아기는 다른 방식으로 균형이 기울어지게 할 수도 있다. 그러나 모든 증거는 잠재적으로 쉬운 아기가 비우호적인 돌봄을 받으면 비우호적으로 발달되며, 다행히도 거의 예외 없이 잠재적으로 까다로운 아기가 민감한 돌봄을 받으면 우호적으로 성장할 수 있다는 것을 보여준다. 예측이 안 되는 까다로운 아기에게 적응하는 민감한 엄마의 능력과 그로 인해 아기를 우호적으로 발달시킬 수 있다는 점은 아마도 이 분야에서 최근 연구결과 중 가장 고무적인 부분이다(p. 368).

나는 Bowlby의 마지막 포인트에 더하여 고무적인 다음의 연구결과를 추가한다. 까다로운 아기들과 씨름하고 있는 엄마들은 부모-유아 치료를 통해 보다 민감해지는 데 도움을 받을 수 있다. 그 결과 유아의 애착 안정성이 향상될 수 있다(Berlin, Zeanah & Lieberman, 2008).

이에 대한 논쟁에 힘입어, 유아의 기질이 안정에 미치는 기여가 애착 연구자들에 의해 광범위하게 연구되었다는 점은 그리 놀랍지 않다. 유아와 아동 특성이 안정에 주요한 역할을 할 것이라는 직관적으로 합리적인 개념과 더불어 기질에 있어서 개인차가 잘 입증된 다음의 연구 결과는 놀랍다. 양육 환경은 아동 기질이나 유전적 요인보다 애착 안정성의 발달에 훨씬 더 강한 영향을 미친다. 그러나 우리는 발달에 있어서 기질과 애착의 상호작용 뿐 아니라 이 둘의 결합적 역할을 충분히 인정하는 이 광범위한 결론을 넘어설 필요가 있다. Brian Vaughn과 그의 동료들이 이 복잡한 연구들을 요약하였고(Vaughn, Bost & van Ijzendoorn, 2008), 여기서 나는 몇 가지 핵심 결론만 강조할 것이다.

출발점으로 돌아가 보면, 기질은 생물학적 구성에 근거한 개인차, 즉 유전적 신경해부학적 생리학적 특성을 말한다. 기질은 이 책 전반의 관심인 정서성(emotionality)의 두 측면, 즉 정서적 반응성과 정서조절에 중요한 역할을 한다. 비록 정서적 반응성이 흥분과 쾌락 성향을 포함하지만, 나는 일차적으로 괴로운 감정에 관심을 갖는다. Aaron의 경험은 높은 정서적 반응성과 빈약한 정서조절의 조합을 보여준다. 청소년기 무렵 그는 자신의 기분을 조절하기 위해 알코올에 의존했고 이는 자신도 모르는 사이에 이미 한계가 있는 정서관리 능력을 더 약화시켰다. 나는 이 장 앞부분에서 유아기와 그 이후에 애착의 일차적 기능이 어떻게 정서조절인가에 대해 설명했다. 방금 인용되었듯이, Bowlby는 애착관계가 기질과 함께 아이의 정서성에 좋든 나쁘든 영향을 미친다는 점을 지적했다. 이상적으로 안정 애착은 정서적 반응성을 완화시키고, 심리적 안정성의 발달은 고통을 감소시킨다.

기질과 애착이론은 정서에 대한 관심을 공유하지만 둘은 근본적으로 다르다. 기질은 아동의 내적 특성에 초점을 맞추는 반면, 애착은 대인관계에 내재되어 있기 때문에 본질적으로 환경의 영향을 받는다. 그러나 우리는 기질은 변하지 않는 선천적인 특성이라는 점에 대해 오도되어서는 안 된다. 분명히 신경해부학과 생리학은 일생에 걸쳐 발달하고 변화하며, 변화는 특히 인생 초기에 급격하고 심오하다. 기질적 반응성은 생후 처음 몇 년 동안은 보통의 안정을 보여주고, 그 후에는 보다 안정적이 된다. 이러한 변화의 근거는 무엇인가? 중요한 것은 기질이 애착의 영향을 포함하여 환경적 영향을 받는다는 점이다. 우리는 이제 외상성 스트레스를 포함하는 환경이 유전자 발현에 영향을 미친다는 것을 알고 있다. 예를 들어, 유전자 활동에 미치는 영향을 통해, 돌봄은 신경해부학 및 생리학적 수준에서 발달에 영향을 미친다(Weaver et al., 2004). 따라서, 내가 줄곧 생각해왔던 것처럼, 애착은 기질의 핵심 측면인 정서적 반응성과 조절에 영향을 미친다. Bowlby는 시대에 앞서 애착의 생물학적 기초를 인식했다. 우리는 이제 Bowlby가 할 수 없었던 것을 알 수 있다. 애착의 영향은 분자생물학의 수준까지 확장된다.

낯선상황 실험으로 돌아가 보자. 정서적 반응성에 대한 기여를 고려할 때, 기질은 분리, 즉 엄마가 놀이방을 나가는 것에 대한 반응으로 아기가 보이는 고통의 정도에서 역할을 할 것이다. 고통에 대한 기질적 반응성은 울거나 짜증을 내는 것 등으로 나타난다. 그러나 애착의 안정에 있어서 결정적인 요인은 유아의 고통이 아니라 재회했을 때 엄마-유아 상호작용이 유아의 고통을 진정시키는 정도에 있다. 애착이 고통을 조절하지 못할 때, 유아의 기질은 불안정 유형에 영향을 미칠 수 있다. 예를 들어, 불안하고 억제적인 기질을 가진 아이들은 회피적인 애착보다는 양가성을 드러내기 쉽다. 즉, 놀이방을 탐색하기보다는 엄마에게 매달리는 경향을 보인다. 더욱이 안정 애착과는 대조적으로 양가 애착은 불안과 고통을 부채질할 가능성이 높아, 나중에 불안 문제의 가능성을 높이는 악순환을 만들어 낸다(Stevenson-Hinde, 2005). Sroufe와 동료들(Sroufe, Egeland, Carlson & Collins, 2005)도 이러한 기질과 애착의 상호작용이 후일의 불안 문제에 대한 소인이라고 말했다. 가장 큰 위험에 있는 건 12~18개월 사이에 양가 저항 애착으로 분류된 신생아들이다.

요약하자면, 양육자가 애착에 다른 무엇보다 중요한 영향을 행사하지만, Bowlby나 다른 이들이 인식한 것처럼, 아동 기질은 양육 행동에 영향을 미친다. 여기 이 복잡한 관계에서 기질이 돌봄에 대한 아동의 반응에 역시 영향을 줄 수 있다는 새로운 측면이 생겼다. 애착 연구는 양육 행동과 유아의 애착 유형 사이의 관계를 일관되게 보여준다. 그러나 이러한 부모의 영향력은 정도의 문제다. 민감하게 반응하는 돌봄과 애착 안정성 사이에는 유의하지만 보통의 상관관계가 있다. Jay Belsky와 Pasco Fearon(2008)은 이러한 보통의 상관관계에 대해 흥미로운 근거를 제시했는데, 기질적으로 어떤 아동은 다른 아동보다 부모의 영향력에 더 민감하다. 즉, 모든 아동이 영향을 받기 쉽다면 모성 민감성과 애착 안정성 사이의 관계는 훨씬 더 강해질 것이고, 아동이 취약하지 않다면 아무런 상관관계가 없을 것이다. 현재 상태로는 두 집단이 연구에 섞여 있다. 구체적으로 이들 저자는 아동을 주로 생물학적 구성에 의해 발달이 일차적으로 결정된 고정된 전략가와 돌봄이라는 환경적 영향력에 개방되어 있는 가소성이 좋은 전략가로 구별한다. 따라서, 좋든 나쁘든 간에, 돌봄에 더 잘 반응할 수 있는 유전적 경향이 있는 아이들(즉, 가소성이 좋은 전략가)의 돌봄과 애착 안정성 사이에는 더 큰 상관이 있을 것이다. 부모의 영향에 대한 이러한 서로 다른 민감성은 유전자-환경 상호작용, 즉 환경에 대한 민감성을 유전이 통제하는 것에 대한 일반적 원칙의 한 예다(Flint, Greenspan & Kendler, 2010).

요컨대, 우리는 이제 아동의 기질이 돌봄에 영향을 미치고, 거꾸로 돌봄이 기질에 영향을 미친다는 것을 알고 있다. 기질에 의해 어떤 아동은 민감하게 반응하는 방식으로 부모에게 더 도전적일 것이고, 어떤 아동은 민감하든 둔감하든 돌봄에 덜 반응적일 것이다. 보다 반응적인 아동의 경우, 돌봄은 좋든 나쁘든 기질에 영향을 미칠 것이다. Vaughn과 동료들이 결론지은 것처럼 '기질적 차이의 저변에 흐르는 애착과 생리적 메커니즘 둘 다 중요한 양육자의 행동 방식과 연합된 사회적 환경에 의해 조정된다.'(Vaughn, Bost & van Ijzendoorn, 2008, p. 210). 마지막으로 기질과 애착은 둘 다 생리적 반응성, 정서성, 관계 질에 영향을 미치는 것으로 발달에 중요한 역할을 한다.

나는 이 장의 끝에서 적응에 미치는 애착 안정성의 영향에 대해 더 말할 것이다. 그러나 지금은 돌봄에 영향을 미치는 기질을 넘어서는 요인들에 대해 고려할 것이다. 이 요인들은 많다. 민감한 반응성은 양육자에게 고정된 행동 패턴이 아니며, 애착 안정성은 아동의 고정된 특성이 아니다. 둘은 모두 외부의 영향을 많이 받는다.

양육자의 환경적 맥락

돌봄은 진공상태에서 발생하는 것이 아니라 양육자의 돌봄능력, 즉 Ainsworth(1963)의 말에 따르면 아이의 신호와 요구에 민감하게 반응할 수 있는 능력에 영향을 미치는 환경적 맥락에서 발생한다. 극단적인 예를 들자면, 엄마는 집에 불이 났을 때 유아의 짜증에 민감하게 반응할 것인가? 좀 더 일상적인 예로, 엄마가 남편과 싸우거나 아버지가 돌아가신 후라면 민감하게 반응할 것인가? 아니면 우울하거나 술에 취했거나 아니면 해리적으로 거리를 두고 있을 때는? Muhamidi의 엄마가 처했던 어려웠던 환경에 대해 Ainsworth가 기술했던 내용을 떠올려 보라. Muhamidi 형의 죽음, 만성적으로 아픈 또 다른 아이 돌보기, 부부 갈등, 복잡한 가정 구성원들 간의 질투, 가족 구성원들로부터 소홀히 여겨지는 느낌 등이 그것이다. 분명히 말하자면, 부모들은 가용성과 반응성에 대한 무수히 많은 장애물에 직면한다. 모든 부모는 그러한 장애물에 직면한다. 그리고 많은 부모들이 상당한 시간 동안 그것에 직면한다. 부모 나이, 교육, 사회경제적 지위, 부모의 정신건강, 고통스러운 생활 사건들, 한 부모, 부부관계의 질, 그리고 엄마에 대한 사회적 지지 자원 등과 같은 많은 요인들이 애착과 돌봄에 영향을 미친다(Belsky & Fearon, 2008; Bibeco & Thomas, 2012; Sroufe, Egeland, Carlson & Collins, 2005).

　시야를 넓혀보면 Belsky(2005)는 애착에 대한 생태학적 관점을 주장하며, '부모 아동 쌍은 가족 체계 안에 내재되어 있다는 사실... 가족체계 자체가 공동체적, 문화적, 그리고 심지어 역사적 맥락에 내재되어 있다.'(p. 80)는 점에 대한 관심을 이끌었다. 그가 말한 대로 우리는 모성돌봄과 기질을 초월해야 한다. 그는 부부 갈등에 휘말린 엄마에 의해 양육되는 어려운 기질을 가진 유아와 같이 여러 가지 취약함이 누적된 경우, 돌봄을 해칠 가능성이 가장 높다고 판단했다. 유아 안정은 애착-양육자 동반자 관계에 내재되어 있으며, 이상적으로는 돌봄 또한 동반자 관계에 내재되어 있다. Carol George와 Judith Solomon(2008)은 양육 시스템에 대한 리뷰에서 '엄마의 배우자는 엄마의 능력이나 양육자가 되고자 하는 열망을 향상시키거나 이것과 직접 경쟁할 수 있다.'고 지적하며, '공동 양육 관계에서 각 부모의 협력하는 능력과 아동을 다른 부모의 둔감성으로부터 완충하는 능력'을 강조한다(p. 840).

　넓은 관점에서 Belsky(2005)와 그의 동료들은 한살 때의 애착 안정성에 영향을 줄 수 있는 여러 요소들을 연구했다. 그것은 엄마 자신이 돌봄 받은 이력, 성격, 3~9개월 사이의 유아 기질의 변화, 임신과 산후 9개월 사이의 결혼생활의 질 변화, 그리고 이웃의 우호성과 도움과 같은 엄마에 대한 사회적 지지 등이다. 결과는 명백하다. '가족 생태계 자원이 풍부하다고 평가될수록(즉, 긍정적인 엄마의 성격, 유아 기질의 긍정적인 변화, 결혼 생활이 별로 악화되지 않음), 아동은 엄마에 대한 안정적인 애착을 더 잘 발달시킨다.'(p. 81). 게다가, 이 연구자들은 아버지-유아애착에 대해서도 비슷한 결과를 발견했다. Belsky의 전체적인 결론은 부모 성격, 유아 기질, 환경적 맥락의 상호 작용적인 영향을 깔끔하게 엮어낸다.

> 안정적인 유아-부모 관계는 부모들이 민감한 양육을 하기 쉬운 성격을 가지고 있을 때, 유아들
> 이 민감한 돌봄을 잘 유발하거나 민감한 돌봄에 의해 양육되기 쉬운 기질을 가지고 있을 때, 그
> 리고 부모의 민감성을 향상시킬 수 있는 방식으로 작용하는 가족 외의 지지 원천이 있을 때 더
> 발달할 가능성이 있었다(p. 82).

훨씬 폭넓은 생태학적 관점을 가진 Belsky(Belsky, 2005; Simpson & Belsky, 2008)는 진화론적 관점에서 불안정 애착의 적응적 기능을 설명하는 이론을 제안했다. Bowlby(1958)가 포식자로부터의 보호를 제공하는 유아-양육자 근접성을 촉진한다는 것에서 애착의 생존 가치를 처음으로 강조했다는 점을 기억하라. 그러나 Bowlby 등은 위험과 스트레스에 직면했을 때 안정감을 촉진한다는 점에서 애착의 정서적 가치를 높이 인정하게 되었다. 따라서 Belsky(2005)는 안정 애착의 진화적 가치와 정신 건강상의 이점을 구별하였다. 이에 따라, 그는 불안정 애착이 제한된 자원을 가진 가혹한 환경에 개인을 적응시키기 위해 진화되었을 수 있다고 주장한다. 사실상 가혹한 어린 시절의 환경(아이들이 나중에 가족에서 그것을 경험하는 것처럼)은 가혹한 성인기 환경을 예측하고, 불안정한 애착은 미래에 아동에게 도움이 되는 적응적 대처 전략이 될 것이다. Belsky(2005)는 자원이 풍부한 환경에 잘 적응한 안정 애착과 대조적으로 불안정 애착에 대해 다음과 같은 추측성 의문을 제기한다.

> 대조적으로, 불안정 애착은 유사하게 진화된 심리적 메커니즘을 대변하는가? 역시 돌봄 조건에
> 반응적인 이 메커니즘은 타인을 신뢰할 수 없으며, 친밀하고 애정어린 유대가 지속되지 않으며,

상호 이익의 관계보다 기회주의적이고 자기중심적인 관계에 참여하는 것이 더 이치에 맞다고 보는 발달적 이해를 아동에게 전달하는 심리적 메커니즘이다. 결과적으로 자신이 받았던 돌봄에 반응하여 그러한 심리적 성향─그 자체는 아동의 부모가 직면했던 지지적인 조건보다 덜 지지적인 조건에서 양육된다─을 발달시킨 아동은 성인이 되어 더 일찍, 더 자주 짝을 맺어 어쩌면 빈약하게 양육되는 더 많은 자식을 낳는 경향이 있는 것인가? 왜냐하면 생식 적합성을 최적화하는 이러한 방식이 안정 애착을 발달시킨 사람들의 특징적인 전략을 채택하는 것에 의한 것보다 세상의 이치에 더 맞는 것으로 이해되기 때문이다(pp. 91-92).

나는 안정 애착과 불안정 애착 유형은 양육에 적응적이며, 그 다음으로 양육은 결국 더 넓은 사회적, 환경적 맥락에 적응한다는 사실을 강조하는 생태학적 관점을 가진다. 이 점을 이해하는 것은 애착 안정성에 있어서 안정과 변화를 평가하는 데 중요하며, 이는 결국 돌봄과 나아가 넓은 맥락에서의 일관성과 변화를 반영한다.

❏ 애착 안정성의 지속과 변화

이쯤 되면 애착 유형이 유아기에 영원히 고정된다거나, 생후 12개월에 엄마에게 안정적으로 애착되었다면 당연히 성공적이거나, 불안정하게 애착되면 불안정한 삶을 살아갈 운명이라는 등의 신념이 갖는 부조리를 인정해야 한다. 유아애착에 관한 두 개의 기본적인 연구 결과는 이 단순한 견해의 오류를 보여준다. 같은 유아가 한 부모와 안정적일 수 있고 다른 부모와는 불안정적일 수 있다(Steele, Steele & Fonagy, 1996). 그리고 일부 유아는 12~18개월 사이의 짧은 기간 동안 좋은 쪽으로든 나쁜 쪽으로든 그들의 안정 유형이 변화한다(Sroufe, Eroufe, Carlson & Collins, 2005). 연구는 지속과 변화 사이에 중간지대가 있음을 보여준다. 만약 애착에 지속성이 없이 상호작용마다 매우 다양하다면, 우리는 심리치료를 연구하거나 고심할 필요가 없을 것이다. 반면 변화의 가능성이 없다면, 양육 관행을 개선하거나 심리치료를 하는 일은 무의미하다.

이러한 애착 안정성의 지속과 단절의 혼합에는 두 가지 광범위한 이유가 있다. 첫째, 마지막 절에서 검토한 바와 같이 애착은 돌봄에 내재되어 있고, 돌봄은 더 넓은 환경적 맥락에 내재되어 있다. 환경과 돌봄이 일정하면, 애착도 좋든 나쁘든 안정될 것이다. 한편, 돌봄에 영향을 미치는 환경적 맥락의 변화는 애착에 변화를 가져올 것이다(예: 안정적으로 애착된 유아의 엄마가 이혼할 경우, 정규직 일자리를 찾아야 하며 적절한 보육을 찾을 수 없다). 둘째, 연속성과 불연속성의 조합은 애착관계의 내적작동모델과 관련하여 이해할 수 있는데, 이 모델은 안정에도 기여하지만 새로운 경험에 근거해 수정해 가는 데도 개방되어 있다(Bretherton & Munholland, 2008). 앞에서 지적한 바와 같이, 이러한 모델은 누적된 상호작용의 역사로부터 구축되며, 과거를 통해 미래를 예측하는 역할을 한다. 이러한 모델들은 대인관계 학습의 역사에서 나온 산물로서 이 모델이 없다면 우리는 서로 어떻게 상호작용하는지 몰랐을 것이다. 그러나 이 모델은 새로운 경험에 기초하여 수정해 가는 작동모델이다. 이때 수정은 자기 알아차림과 열린 마음가짐에 달려 있다.

이 절에서는 지속과 변화에 대한 증거를 요약하며 중간지대에 대해 검토하고자 한다. 다행히, 예측 가능한 불연속성(Sroufe, Egeland, Carlson & Collins, 2005; Thompson, 2008)뿐만 아니라 인상적인 연속성을 보여주는 다양한 장기 종단 연구(K. E. Grossman, Grossman & Waters, 2005)가 있다. 애착 분류의 지속성에 대한 종단 연구는 다양한 연령 범위(예: 유아기부터 청소년기 및 조기 성인기까지 뿐 아니라 12~18개월, 24개월, 60개월 등)에 걸쳐 이루어졌다. 앞의 논의에서 알 수 있듯이, 결과는 최소의 안정에서 높은 안정까지 "혼합된" 것으로 가장 잘 설명된다(Solomon & George, 2008).

지속성의 증거

심리학자가 12개월 된 아기를 20분 동안 실험실 상황에서 관찰하여 유아의 미래 초기 성인기 때의 관계에 대해 예견할 거라고 당신에게 말하는 장면을 상상해 보라. 만약 당신이 심리학자라면, 당신은 그녀가 잘못 생각하고 있다고 말할 것이다. 심리학자인 나에게 유아기 애착과 성인기 애착 사이에 아무리 작을지언정 어떤 관계가 있다는 것은 전혀 놀랍지 않다. 실제로, 관련된 노력으로 연구자들이 20년 이상 참여자들을 야심찬 연구에 참여하도록 할 수 있었다는 것은 놀라운 일이다. 애착에 대한 몇 가지 훌륭한 종단 연구가 수행되었다(Grossman, Grossman & Waters, 2005). 이 연구들 중 다수가 낯선상황 실험에서의 유아 행동과 성인애착면접(AAI, Adult Attachment Interveiw; Hesse, 2008)을 연관지었다. AAI에서는 성인애착의 성인기 분류가 유아 분류와 평행을 이룬다는 점에서 참여자들에게 초기 애착관계에 대한 질문이 이루어진다. 이러한 인터뷰는 후기 청소년들에게도 적합하다.

유아애착과 성인애착 간의 관계에 대한 연구에서 불안정의 세부적인 하위 유형보다 일반적인 안정 대 불안정 분류에서 더 많은 합의가 이루어지고 있다는 점은 별로 놀랄 만한 일이 아니다(Bretherton & Munholland, 2008). 몇 가지 연구들이 이를 예증하고 있다. Mary Main과 동료들(Main, Hesse & Kaplan, 2005)은 12개월에서의 낯선상황 분류와 19세 때의 AAI 분류 사이에 유의미한 일치를 발견했다. 특히 불안정 유아가 19세 때 안정적으로 분류될 확률은 극히 낮았다. 게다가, 우리가 예상할 수 있듯이 크면서 외상이 있었던 참여자를 표본에서 제거했을 때 연령 간의 합의는 더 높았다. 이와 유사하게 Judith Crowell과 Everett Waters(2005)는 유아애착과 21~22세(예: 64%)에 수행된 AAI 사이에서 유의미한 세 가지 방식의 합의(즉, 안정, 양가, 회피)를 발견하였고, 두 가지 방식(즉, 안정 대 불안정) 분류(즉, 72%) 사이에서는 훨씬 더 큰 합의를 발견하였다. 이와는 대조적으로, Sroufe와 동료들(Sroufe, Egeland, Carlson & Collins, 2005)은 유아애착과 19세에 수행된 AAI 간에 유의미한 상관을 발견하지 못했다. 그러나 유아와 26세에 측정한 성인애착 간의 상관은 더 컸으며, 이는 일차적으로 유아와 성인 안정 간의 상관에서 비롯되었다. 주목할 만한 점은 유아 안정이 부모 양육의 질, 지속적인 부모 지지 및 긍정적인 또래 관계와 결합될 때 초기 성인기 연애 관계의 질 또한 예측했다는 것이다.

변화의 증거

앞에서 지적한 바와 같이 규칙이라기보다 예외이긴 하지만, Sroufe와 동료들(Sroufe, Egeland, Carlson & Collins, 2005)은 12~18개월 사이에 낯선상황 애착 분류에 있어서의 변화를 관찰했다. 이 발견은 애착에 있어서의 타당한 불연속성(discontinuity)이라고 불리는 것을 보여준다. 변화는 광범위한 환경 변화(예: 생활 스트레스와 엄마의 관계 상태)와 함께 모성 기술을 포함하는 돌봄의 질에 있어서의 변화와 관련이 있었다. 이 저자들은 또한 유아기부터 어린 시절까지의 변화가 좋든 나쁘든 양육의 질적 변화와 관련이 있다는 것을 발견했다. 본 연구와 다른 연구들(Crowell & Waters, 2005; Main, Hesse & Kaplan, 2005; Weinfield, Sroufe, Egeland & Carlson, 2008)은 유아기부터 성인기까지 안정의 변화와 관련된 많은 방해 요소들, 예를 들어 가족 기능, 스트레스 생활사건, 사회적 지지, 이혼, 부모의 죽음, 부모나 자녀의 중병 등을 발견했다.

발달 전반에 걸친 불연속성은 전문적 개입의 잠재적 가치뿐만 아니라 애착(및 작동모델)의 유연성을 입증한다. 치료는 평생에 걸친 변화 능력에 근거한다(Mikulincer & Shaver, 2007a). Sroufe와 동료들(Sroufe, Egeland, Carlson & Collins, 2005)은 심리치료가 아동기에서 부모로 이어지는 학대의 주기를 끊는 것과 관련이 있을 뿐만 아니라 긍정적인 변화의 한 요인이 된다는 것을 발견했다. 보다 민감한 돌봄을 촉진하기 위해 고안된 부모-유아 개입의 효과성은 모성 민감성과 유아애착 안정성 간의 관계에 대한 설득력 있는 실험적 실증을 제공한다(Belsky & Fearon, 2008).

이 장은 애착과 적응 간의 관계에 대한 폭넓은 시각으로 결론을 맺는다. 애착에 기여하는 돌봄 그 이상의 많은 요소들이 또한 적응에 영향을 미친다는 것을 유념해야 한다. 이에 따라, 이러한 요인들에 있어서 지속과 변화는 발달 과정에 걸쳐 애착과 적응 사이의 관계에 영향을 미칠 것이다.

❒ 애착 안정성과 적응

안정 애착과 관련된 안식처 및 안전기지는 유아기와 그 이후에서의 더 나은 적응에 도움이 된다. Blatt(2008)의 말을 빌면, 애착 안정성은 관계성과 자율성 사이의 시너지를 수반하는 최적의 발달의 일부분이다. 그러나, 방금 논의한 바와 같이, 안정 애착은 그것에 기여하는 다수의 긍정적인 환경 상황과 뒤섞이며 이러한 우호적인 환경 또한 적응에 기여한다는 것을 명심해야 한다. 대체로 안정 애착은 환경 위험 요인의 맥락에서 보면 보호 요인이다. 예를 들어, 안정 애착은 아동이 받는 가족 스트레스의 나쁜 영향을 완충시킬 수 있다.

불안정 애착의 회피적 유형과 양가적 유형은 이상과는 거리가 멀다. 그러나, 그 것들은 외상적인 관계의 맥락에서 논할 더 심각한 불안정 애착과는 대조적으로 정상적인 기능 범위 안에 있다. 따라서 외상적인 초기 애착과는 달리 회피적 양가 애착은 일반적으로 아동기나 성인기의 정신 장애를 예측하지 못한다. 그럼에도 불구하고, 이러한 불안정한 적응은 아동기의 적응 문제와 관련이 있으며 최악의 경우, 결국에는 정신 장애를 초래할 수 있는 복잡한 발달 궤적을 만들 수 있다. 즉, 유아기나 그 이후에 불안정 애착은 부적응의 위험을 높이지만 그것은 장애를 이끄는 그 아동의 누적된 역사다. Sroufe와 동료들(Sroufe, Egeland, Carlson & Collins, 2005)은 다음과 같이 요약한다. '심리적 장애는 적절한 지지가 없는 상태에서 진행 중인 도전적 상황과 상호작용하는 부적응 패턴에서 발생한다.'(p. 239). 여기서 나는 우리의 관심을 애착에 집중시키면서 더 넓은 가정과 환경적 맥락을 놓쳐서는 안 된다는 점을 반복하고 있다. 유아기 부적응은 위험 요인의 누적이 있을 때, 예를 들어 불안정 애착이 어려운 기질, 비효율적인 양육, 높은 가족 스트레스와 결합될 때 가장 가능성이 커진다(Deklyen & Greenberg, 2008).

다음으로 나는 불안정 애착과 연합하여 발생하는 공통의 아동기 적응 문제를 인식하는데 필요한 단계 설정을 위해 아동기 안정 애착과 적응 사이의 관계에 대한 연구를 요약할 것이다.

안정 애착의 초기 발달적 이점

아동기에 안정 애착의 이점은 아주 많다(Berlin, Cassidy & Appleyard, 2008; Sroufe, Egeland, Carlson & Collins, 2005; Thompson, 2008; Weinfield, Sroufe, Egeland & Carlson, 2008). 불안정한 상대와 비교했을 때, 안정 애착을 가진 아동은 양육자의 도움을 받아 감정을 조절할 수 있다. 따라서 그들은 비교적 느긋하고 긍정적인 감정을 드러낸다. 그들은 사회적으로 더 유능하고, 공감적이며, 지지적이다. 게다가 사회 문제 해결에 비교적 능숙하며, 또한 더 양심적이다. 모호한 사회적 상황에서 또래를 적대적이기보다 선량하다고 보는 경향이 강하다. 따라서 그들은 친밀한 관계를 유지하는 데 더 성공적이며, 보다 일반적으로 그들은 형제자매, 동료, 친구, 교사들과 비교적 긍정적인 관계를 형성한다. 그들의 광범위한 심리적 안정, 즉 애착 안정성과 탐색 안정성을 고려한다면, 그들은 상대적으로 문제 해결에 있어서 보다 끈질기고 유능할 뿐 아니라 호기심이 많고 열정적이다. 그러나 그들은 또한 자율성과 관계성의 균형을 맞추어 필요할 때 도움을 구할 수 있다. 이에 따라 그들의 자신감과 사회적 역량은 학교에서의 인지 발달과 학습을 촉진한다.

Sroufe와 동료들의 Minnesota 종단 연구(Sroufe, Egeland, Carlson & Collins, 2005)의 몇 가지 예는 유아기에 안정적인 양육 환경의 맥락에 수반된 안정 애착의 역사를 갖고 있는 아동에게 나타나는 이점을 보여준다.

- 유아(2세)와 그 양육자(일반적으로 그들의 엄마)들이 실험에 참여하였는데, 여기서 유아에게 일련의 문제 해결 과제(예를 들어, 막대기를 사용하여 튜브에서 보상얻기)가 제시되었다. 엄마는 도움을 주기 전에 먼저 유아가 독립적으로 문제를 해결하도록 하라는 지시를 받았다. 안

정 애착 유아들이 문제를 가지고 작업하는 데 있어서 더 많은 열정과 긍정적인 감정을 보였다. 그들은 또한 좌절을 참을 수 있었다. 그들은 어려움에 직면하여 자신의 힘으로 인내할 뿐 아니라 그들이 필요할 때 엄마의 도움도 받을 수 있었다. 이에 따라 그들은 자신감을 보이며 그 실험에서 성공의 느낌을 즐겼다.

- 학령전기 아동들은 여러 가지 방법으로 평가되었다. (a) 3살 반 때 엄마 없이, 그들은 장애물 상자를 선물 받았다. 이 상자는 매력적인 장난감들로 가득했지만, 사실상 열 수 없었다. 10분 후에 실험자가 그들을 위해 상자를 열어 주었다. 안정 애착 아동들은 상자를 열려고 상당한 노력을 했고 여러 다른 방법을 시도했다. 그들은 집중력을 유지했고 포기하지 않았으며, 감정적으로 통제되었고, 전체적으로 관여적이며 목적지향적이고 자신감이 있었다. (b) 4살에서 5살 때, 아이들은 원하는 대로 탐색하고 놀 수 있는 복잡한 장치(호기심 상자)를 받았다. 안정 애착 아동들은 좌절과 분노를 덜 느낄 뿐만 아니라 더 긍정적인 감정과 관여를 보여주었다. (c) 유치원 교사들도 사회적 역량과 사회적 기술에 대해 아동을 평가하였다. 안정 애착 아동은 더 긍정적인 감정을 보였다. 그들은 또래들과 접촉을 시작했고, 다른 사람들의 주도에 긍정적인 감정을 가지고 반응했다. 그들은 또한 불안정한 상대들보다 덜 공격적이고 덜 까다롭게 굴면서 다른 아이들에 대한 높은 공감과 배려를 보여주었다.

- 아동 중기에 대한 광범위한 평가에는 매년 초등학교 교사의 평가뿐 아니라 여름캠프 상담자의 평가(9~10세 아동 대상)도 포함되었다. (a) 종단 연구 프로젝트에 참여하는 캠프 상담자들은 아동 중기에 사회적 기능의 지표인 아동의 친밀한 우정을 주의 깊게 관찰했다. 안정 애착 아동은 불안정 애착 아동보다 그러한 우정을 더 잘 발달시키는 것 같다. 또 그들은 가장 친한 친구와 함께 캠프에서 더 많은 시간을 보냈다. (b) 초등학교 교사들에 의한 몇 가지 연구 변인에 대한 두 가지 광범위한 평가는 안정 애착 및 자기 정의와 관계성이라는 양극과 연관되어 있었다. 안정 애착 아동은 정서적 건강과 자아존중감에서 높은 평가를 받았다. 따라서 그들은 도전하는데 열심일 뿐 아니라 확신 있고 자신감 있는 것으로 평가되었다. 그들은 또한 사회적 기술, 인기, 리더십 자질 등을 반영하는 또래와의 역량에서 높은 평가를 받았다. 특히, 안정 애착 아동은 사회적 적응뿐 아니라 동기부여, 끈기, 자신감으로 인해 몇몇 영역에서 더 나은 학업성적도 보였다.

이러한 발견들이 증명하듯이, 유아기에 안정 애착의 이점은 인상적이다. 그러나 우리는 애착 안정성이 진공상태에서는 작동하지 않는다는 사실을 명심해야 한다. 유아애착 안정성만으로 이러한 긍정적인 기능의 광범위한 패턴을 예측할 수 있음에도 불구하고, 초기 양육의 질뿐만 아니라 후기 양육의 일관성과 지속적인 가족 지지와 안정이 아동기 전체 적응에 복합적인 기여를 한다.

의존

애착 안정성의 핵심은 타인에게 의존하는 것에 대한 편안함에 있다. 많은 내담자들이 이 점을 이해하기 위해서는 가치관의 변화와 유사한 무언가가 필요하다. 교육집단을 운영할 때 나는 종종 의존이 좋은 것이라고 주장하여 내담자들을 놀라게 한다. 이 주장은 독립성이 바람직한 것이라는 우리 문화권의 지배적인 견해와 배치된다. 그러나 즉각적으로 나는 이 주장에 다음과 같이 힘을 실어준다. 안정 애착은 효과적인 의존과 관련이 있으며, 게다가 효과적인 의존은 효과적인 독립성을 촉진한다(Weinfield, Sroufe, Egeland & Carlson, 2008). 여기서 나는 단지 '안정의 원'의 원리를 다시 설명할 뿐이다. 즉, 안정 애착 아동은 필요할 때 정서적 지지와 보호라는 안식처에 의존할 수 있으며, 따라서 안전기지의 이익을 얻었을 때 독립적인 탐색과 문제 해결에 참여할 수 있다. 요컨대 심리적 안정은 의존과 자립성, 관계성, 자기 정의의 최적의 균형과 연관되어 있다.

회피 애착 유아들은 낯선상황 실험에서 독립적인 모습을 보이는데, 왜냐하면 그들은 괴로울 때 양육자에게 의존하지 않기 때문이다. 이와는 대조적으로 양가적 유아는 위로에 대한 분노의 저항을 하기는 해도 노골적으로 엄마에게 매달리는 것에 의존한다. 그러나 안정적인 유아들의 효과적인 의존과는 대조적으로, 회피적 아동과 양가적 아동 모두 의존에 문제를 보인다. 회피 아동은 비효과적으로 독립적이다 보니 안정적인 아동보다 자동으로 다소 더 의존적이다. 반대로 양가적 아동은 비효과적으로 의존한다. 그들은 특히 문제에 대한 도움을 얻기 위한 좌절스러운 노력으로 엄마와 얽히는 경향이 있다. 따라서, 학교에서 두 집단은 또래 관계를 희생시키면서 교사들에게 더 의존한다(Sroufe, Egeland, Carlson & Collins, 2005; Weinfield, Sroufe, Egeland & Carlson, 2008).

방금 설명한 차이점을 감안할 때, Sroufe와 동료들의 Minnesota 연구는 양가-저항적이고 회피적인 아동이 교사에 대한 의존을 다른 방식으로 나타낸다는 것을 발견했다. 아래 예시에서 회피 아동인 ET의 행동은 교사에게 의존하는 간접적인 전략의 실패뿐만 아니라 스트레스 상황에서 붕괴되는 회피전략의 실패를 보여준다.

> 회피적 아동은 저항적 아동만큼이나 그들의 의존 욕구를 직접적으로 표현하지 못했다. 따라서 이들 두 집단의 구성원은 모두 자립적이지 못한 반면, 서로 다른 방식으로 그들의 의존성을 보여주었다. 저항적 집단의 아동은 화가 나거나 실망하거나 불안할 때마다―이런 일들은 쉽게 자주 일어났다― 교사에게 곧바로 갔다. 그들은 자기의 마음을 적나라하게 내보인다. 교실에 들어갈 때 ET가 그랬던 것처럼, 회피 아동은 간접적으로 접촉을 추구하는 경향이 있었다. 그는 돛단배가 바람을 맞으며 나아가는 것처럼 비스듬한 각도로 걸었다. 그는 결국 아주 가깝게 교사 가까이 가게 되었다. 그리고 교사를 향해 등을 돌리면서 그녀가 접촉하기를 기다리곤 했다. 그들은 필요할 때 거절 받았던 이력을 기억하며, 이 아동들은 일반적으로 그들이 다치거나 심하게 화가 났을 때 분명하게 교사에게 가지 않을 것이다. 예를 들어, 어느 날 ET가 부딪쳐 분명히 머리를 다쳤는데 그는 혼자 구석으로 가버렸다. 또 다른 아동은 수업 마지막 날에 교사가 와서 그에게 팔을 둘러줄 때까지 혼자 앉아 있었다. 그리고 그는 기분이 나빴다고 말하며 울음을 터뜨렸다(Sroufe, Egeland, Carlson & Collins, 2005, p. 138).

사회 · 정서적 기능

애착관계는 감정에 대한 사회적 조절을 제공한다. Sroufe와 동료들(Sroufe, Egeland, Carlson & Collins, 2005)이 요약한 바와 같이, '애착에 있어서의 변주는 정서와 행동이라는 쌍 조절의 변주로 생각할 수 있다. 그러한 조절방식은 특정 양육자와의 친밀감을 가능한 정도까지 촉진하며, 그러한 의미에서 가능한 최선의 적응이다.'(p. 245). 그러나 그들은 '초기에는 도움이 되는 중요한 방법이지만, 이러한 불안 애착 집단의 조절 방식이 나중의 기능을 심각하게 위태롭게 한다.'고 지적하며 두 불안정 집단을 대조하며 자세히 설명했다. 회피유형에 대해서는 '필요를 표현하지 않도록 감정을 무디게 하고, 자신을 고립시키며 타인으로부터 떨어져 있다고 느끼며, 스트레스를 받을 때 의지하지 않는 것 등은 삶을 매우 어렵게 만드는데 특히 사회적 무대에서 그러하다.'. 이와는 대조적으로 양가적 유형에 대해 그들은 다음과 같이 지적한다. '만성적인 경계심, 불안, 그리고 욕구 충족에 대한 걱정이 피해를 가져 온다.'(p. 245).

정서조절 전략에서 이러한 대비가 시사하듯이, 또래관계의 질에 있어서 불안정 애착 아동은 안정 애착 아동과 다를 뿐만 아니라, 회피적·양가적 애착 아동들 또한 서로 현저하게 다르다(Berlin, Cassidy & Appleyard, 2008; Sroufe, Egeland, Carlson & Collins, 2005; Weinfield, Sroufe, Egeland & Carlson, 2008). 비록 나는 여기에서 부적응에 초점을 맞출 것이지만, 우리는 또한 Sroufe와 동료들(Sroufe, Egeland, Carlson & Collins, 2005)이 이러한 불안정한 유형들이 적절한 맥락에서는 긍정적인 적응이 될 수 있다고 지적한 점을 명심해야 한다. '예를 들어, 사람들은 레고를 가지고 일정 시간 동안 만족스럽게 놀이하는 회피적 아동이나 교사의 무릎 위에 조용히 앉아서 책을 보고 있는 저항적 아동을 관찰할 수 있다.'(p. 137). 그러나 Minnesota 연구(Sroufe, Egeland, Carlson & Collins, 2005)에서는 또한 각 적응 유형에 따라 유치원에서 중요한 문제가 생기는 것을 발견했다.

양가적(저항적) 아동은 다음의 특성을 보여주었다. 정서적으로는 과민하고 긴장하고 불안하며 쉽게 좌절하는 경향이 있었으며, 사회적으로는 또래 지향보다 수동적이고 무력하고 의존적이며 교사 지향적이었다. 그들의 비효율적인 독립성은 인지적 도전과 숙달을 요구하는 매우 자극적이고 새로운 상황에서 두드러졌다. 그러한 상황에서 그들은 안정 아동뿐 아니라 회피 아동보다도 더 빈약한 수행을 했다. 부가적으로, 그들의 상대적인 미숙함과 수동성은 비록 회피 아동만큼 사회적으로 고립되지는 않았지만 그들의 사회적 기능을 방해했다. 그들은 다소 또래지향적이면서도 예를 들어, 완전히 참여하지 않은 채 집단 근처에서 맴돌며 일대일 상호작용을 유지하는 데 어려움을 겪었다. 또래 인기투표에서 양가적 아동들은 또래들로부터 좋아하는 것도 싫어하는 것도 아닌 무시당하는 경향이 있었다.

회피 아동은 다음과 같은 특징을 보였다. 정서적으로 단절될 뿐 아니라 적대적이고 공격적인 경향이 있고, 사회적으로는 고립되어 있으며 몇몇은 공격성을 넘어서는 행동 문제, 예를 들어, 정직하지 못하고 거짓말하며 훔치는 행동을 보였다. 이에 따라 회피 아동은 가해자일 가능성이 높고 괴롭힘에 관여하기 쉬운 반면, 양가적 아동은 피해자가 되고 회피 아동에 의해 괴롭힘을 당하기 쉽다. 인기투표에서 또래들에게 무시되었던 양가적 아동과는 대조적으로, 회피 아동은 비열하거나 공격적이기 때문에 또래들이 싫어하는 사람으로 지목되었다. 그들은 또한 교사들에게 '찍힐' 위험에 있었다. 불행히도 회피 아동이 집에서 겪었던 거절의 패턴이 교실에서 재연되었다.

> 이 집단의 아동은 분노를 이끌어내는 것으로 관찰된 유일한 아이들이다. 어떤 교사가 아동에게 너무 화가 나서 아동을 교실에서 나가게 하려는 것을 보았을 때, 그 아동(예외없이, 다른 아이에게 매우 상처를 주는 짓을 한)은 회피적 아동이었다. 교사들이 믿을 수 없을 정도로 인정 많은 사람임에도 불구하고 이 아이들이 경험한 거절의 역사는 교사에 의해 어느 정도 재연되고 있었다(Sroufe, Egeland, Carlson & Collins, 2005, p. 145).

마지막으로, 안정 애착 아동과 대조적으로, 불안정 애착 아동들은 비록 이유는 다르지만 실패한 사회적 참여의 결과로 외로움과 우울증에 취약하다. 양가적 아동은 그들의 수동성과 무력함 때문에 다소 고립되고 방치되는 반면, 회피적 아동은 그들의 감정적 분리와 적대감 때문에 고립되고 소외된다.

전문적인 도움을 포함하여 환경적 상황과 양육 방식에 유의한 변화가 없다면, 이러한 불안정한 적응은 아동기와 청소년기 내내 계속되기 쉽다(Sroufe, Egeland,

Carlson & Collins, 2005). 다음 장에서 설명하겠지만, 이러한 모든 안정 유형과 불안정 유형은 정서조절과 성인 상대(counterpart)와의 사회적 관계를 위한 원형이 된다.

□ 임상적 함의

나는 아동기 애착 문헌의 풍부함을 어느 정도 전달하여 애착외상을 이해하고 그 이해를 치료에 적용하는 데 도움이 되는 견고한 기초를 제공하기를 바란다. 이상적으로, 애착-돌봄 동반자 관계는 정서조절을 제공하고 촉진한다. 내가 계속해서 상세히 설명하겠지만 안정 애착은 외상치료의 핵심인 자기조절 능력을 조절하고 또한 조성한다. 심리치료에서의 애착행동에 대한 개념적 틀과 돌봄 잠재성을 강화하기 위해 나는 안정 애착과 불안정 애착 유형에 대한 기초연구를 활용해 왔다.

외상 내담자들은 전형적으로 양가적 성향과 회피적 성향이 혼합된 상태로 치료를 시작한다. 아동기 애착연구는 좋든 나쁘든 변화를 위한 지렛대로서의 이후 애착관계의 영향뿐 아니라 애착전략의 변화에 있어 안정성과 개방성의 병렬적 혼합을 입증한다. 관계성과 자기 정의 능력의 발달에 내재되어 있는 것을 감안할 때, 애착 안정성의 발달적 이점은 다양하다. 유아기부터 성인기에 이르기까지 개입에 대한 우리의 요점과 상관없이, 심리치료자들은 더 큰 안정을 증진시키기 위해 양가성과 회피성을 다루는데 수반되는 발달적 노력을 촉진하는 성장에 관여하고 있다. 우리가 이 목적을 달성하는 방법은 아동기에 양육자들이 그렇게 하는 것과 유사하며 이것이 이 장의 존재이유이다. 이 장은 아동기 애착의 성인 상대를 염두에 두는 길을 열어준다.

2장

성인기 애착

CHAPTER

2

성인기 애착

나는 Bowlby와 Ainsworth의 의견에 따라 애착이 유아기에 적용되는 것만큼 성인에게도 적용된다는 것을 당연하게 여겨왔다. 그러나 모든 연구자들이 동의하는 것은 아니다. 애착이론가들은 어린 시절부터 성인기까지 애착이 이어진다는 것을 뒷받침하는 사례를 찾아야 했고, 나는 여기서부터 시작하고자 한다. 친밀한 우정 같은 다른 관계가 어느 정도 애착욕구를 충족시킬 수 있음에도 불구하고, 가장 강력한 사례는 친밀한 관계나 연애 관계에서의 완전한 애착에 대한 것이다.

이러한 배경은 연애 관계에서 명백하게 나타나는 주요 애착 유형의 성인 버전 단계로 안정, 양가성, 회피성을 설정한다. 나는 또한 성인애착에서의 지속과 변화 간 균형뿐만 아니라 두 성인 파트너의 애착 유형 간의 다양한 조화와 부조화를 고려할 것이다. 애착 연구의 가장 중요한 발견 중 하나인 부모로부터 유아로의 애착의 안정과 불안정 전수에 대한 근거를 전체적인 리뷰를 통해 마련한다. 세대 간 전수에 대한 연구는 세 가지 원형의 애착 유형에 대한 우리의 이해를 증진시킨다. 이 원형의 애착 유형은 아동기 애착 경험에 대한 성인들의 담화에서 나타난다. 냉혹한 유아애착 원형 이후에, 성인기 애착 유형에 대한 두 가지 관점(회상된 아동기 애착과 현재의 연애 관계)은 심리치료 작업에서 쉽게 식별할 수 있는 패턴으로 표현되는 화려한 태피스트리(tapestry)*를 제공한다.

　나는 주요 애착 원형을 설명하기 위해 고심하며, 범주적 사고방식의 한계에 대해 다룰 것이다. 그리고 다음 두 장에서 다룰 애착외상으로 손상된 정신화의 심오한 역할에 대한 서곡으로서, 처음 두 장에서 다룬 애착에 대한 임상적 함의를 고려하여 결론을 내릴 것이다.

☐ 연애 관계에서의 애착

　당신의 애착관계 네트워크는 유아기 이후 극적으로 확장되어 다양한 관계가 애착의 주요 기능을 할 수 있다. 즉, 당신이 위협받고 괴로움을 느낄 때 애착은 당신에게 안정감을 제공한다. 그럼에도 불구하고, 평생 동안 당신은 일차적인 애착인물에게 가장 의존할 가능성이 높다. 아동기에 보통은 부모인데 특히 엄마인 일차적인 양육자가 전형적으로 당신의 주요 애착 인물로 기여한다. 청소년기부터 당신은 부모로부터 또래로, 그리고 일반적으로는 연인으로 일차 애착을 이전한다(Zeifman & Hazan, 2008). 비록 당신의 삶을 통하여 애착인물은 변하지만, 이 관계의 본질적인 성격은 유아기부터 성인기까지 지속된다. 유아기, 아동기, 청소년기 및 성인기를 모두 염두에 두면서 애착관계 특징에 대한 Ainsworth(1989)의 기술을 고려하라.

　다른 애정적 유대에서처럼 애착에는 근접성을 유지할 필요가 있고, 설명할 수 없는 분리에 대한 고통, 재회의 기쁨이나 즐거움, 상실에 대한 슬픔이 있다. 그러나, 다른 애정적 유대에는 필연적으로 존재하지는 않는 애착의 기준이 하나 있다. 이것은 파트너와의 관계에서 얻은 안정과 편안함의 경험이며, 그럼에도 불구하고 다른 활동에 참여하기 위해 자신감을 가지고 파트너가 제공하는 안전기지에서 벗어날 수 있는 능력이다(p. 711).

---

* 다채로운 색실로 그림을 짜넣은 직물

이 절에서 나는 일생에 걸친 애착의 핵심적인 역할을 계속 주장하려 한다. 성인 애착은 정말 애착인가? 이 질문에 답하기 위해 나는 성인기 애착의 진화적인 기능으로 시작할 것이다. 즉, 애착은 생존을 위해 신체적인 보호를 제공하는 것 이상의 역할을 한다. 그리고 나서 나는 아동기 애착의 핵심 특징들이 성인기 애착에 어떻게 관련되어 있는지 보여줄 것이다. 애착은 아동기에 그런 것처럼 성인기에도 발달하는데 시간이 걸린다는 점을 감안할 것이다. 연애 관계의 복잡성을 인정하면서 나는 애착이 사랑, 성, 돌봄으로 얽히는 방식에 대해 논할 것이다. 이러한 문제들은 아동기 애착의 안정과 불안정에 대한 성인 상대에게서 분명히 알 수 있듯이 우리의 일차적인 임상적 관심인 성인애착의 개인차에 대한 검토의 토대가 된다.

진화적 기능

아동기와 성인기 애착 사이의 유사성은 진화론적인 근거로 비판받아 왔다 (Zeifman & Hazan, 2008). Bowlby(1958)는 처음에 양육자에 대한 근접성이 포식자 및 다른 위험으로부터 유아를 보호함으로써 생존을 촉진시켰다고 강조하였다. 감사하게도, 비록 때때로 그렇긴 하지만, 일반적으로 성인애착은 유아애착과 동일한 생존 가치를 가지지 않는다. 성인애착 인물은 실제로 여러분을 포식자, 다른 것보다 인간일 가능성이 높은 포식자로부터 당신을 보호할 수 있다. 아동기 애착의 적응적 가치는 신체 보호를 훨씬 넘어서서 정서적 행복(안식처)과 발달적 역량(안전기지)을 제공한다. 따라서 애착은 성인기에 생존과 생식 적합성에 중요한 기여를 하는데, 이 두 가지 모두 진화에 필수적이다.

유아와 아동이 생존하고 번성하기 위해서는 애착이 필수적일 뿐만 아니라 또한 양육자가 최적의 돌봄을 제공하는 것이 필수적이다. 예를 들어, 유아를 돌보는 엄마의 능력은 남편과의 안정 애착관계의 지지를 받을 때 강화된다. 다른 동물들과 대조적으로, 인간의 유아들은 매우 오랜 기간 동안 보살핌을 필요로 한다. 따라서 돌봄을 지탱하는 장기간의 유대가 필수적이다. Debra Zeifman과 Cindy Hazan(2008)

은 "인간은 이미 잘 설계되어 있고, 전문화되어 있고 유연하지만, 믿을 만한 메커니즘을 통해 두 개인이 높은 동기로 함께 있으려 하고, 분리되는 것에 강력하게 저항하는데, 그 메커니즘이 애착이다."라고 지적했다(p. 446).   따라서, 그들은 진화론적 관점에서, 애착은 성인기에도 유아기에서와 똑같은 기본적 기능을 한다고 결론지었다. 다시 말하면, '이것은 차별적인 생존과 생식의 성공으로 옮겨지는 두 사람 사이의 지속적인 감정적 유대를 결속시킨다.'(p. 447).

성인애착의 핵심 특징

Ainsworth(1989)는 많은 관계가 애정적인 유대감을 가지고 있다고 관찰했으며, 이 사실은 애착관계와 다른 가까운 관계 사이의 경계가 다소 흐릿하다는 것을 암시한다. 그녀가 말했듯이, 애착관계는 괴로울 때 편안함과 안정감을 제공함으로써 다른 애정 어린 관계와 구별된다. 분명히, 친밀한 우정과 감정적 교감이 수반되는 다른 관계들은 어느 정도 애착욕구를 충족해준다. 우리는 그러한 관계를 이차 애착관계라고 생각할 수 있다. 이차 애착은 가장 흔히 부모와 연인과 맺는 일차 애착에 버금가는 것이다.

Zeifman과 Hazan(2008)은 애착관계의 네 가지 핵심적 특성—괴로울 때 근접성을 추구하는 것, 분리되었을 때 괴로움을 느끼는 것, 위안을 얻는 안식처로 관계에 의지하는 것, 관계를 안전한 탐색의 기지로 삼는 것–을 평가하기 위한 인터뷰를 개발하였다. 이 연구자들은 6~17세 사이의 아동과 청소년들을 인터뷰했다. 아동들은 부모에 대한 분명한 애착을 보인 반면, 청소년 집단(15~17세)은 또래에 대한 완전한 애착, 즉 네 가지 특성을 모두 갖는 완전한 애착을 보였다. 게다가, 이러한 완전한 애착은 거의 변함없이 남자친구나 여자친구를 포함했다. Zeifman과 Hazan은 18~82세까지의 성인들을 세 집단으로 나누어 인터뷰하면서 이 연구를 더 심화하여 수행하였다. 세 집단은 (a) 연애하지 않은 사람들, (b) 2년 이하의 연애관계가 있는 사람들, 그리고 (c) 2년 이상 연애관계에 있는 사람들 집단이다. 이러한 성인들에게 완전한 애착은 2년 이상 지속되는 연애관계의 가장 큰 특징이었다. 따라서, 이 네 가지 애착 기준을 모두 충족해야 하는 엄밀한 의미에서 보면, 대부분의 청소년과 성인은 친구에게 (완전히) 애착을 가지지 못했다. 그러므로 가장 일반적으로 애착은 아동기 부모와의 애정 어린 유대관계와 성인기 연인과의 장기적인 관계에서 발생한다.

성인의 연애 관계가 진정한 애착관계라는 사실이 아동기 애착관계와의 몇 가지 주요 차이점을 모호하게 해서는 안 된다(Zeifman & Hazan, 2008). 첫째, 이러한 성인의 관계는 상호적이다. 각 파트너는 서로를 의지하여 애착욕구를 충족시키고, 따라서 각 파트너는 또한 서로에게 양육자 역할을 한다. 둘째, 근접성 추구는 애착 욕구뿐 아니라 성욕에 의해서도 동기 부여된다. 셋째, 친부모나 그들의 자녀와는 달리, 성인 연애 관계는 유전적으로 관련이 없다. 따라서 이러한 관계는 필연적으로 부모-자녀 애착만큼 지속되는 것은 아니다.

성인애착관계의 발달

애착관계는 태어나는 순간부터 본격화되지는 않는다. 이러한 관계는 유아기에 사회적 참여가 싹트기 시작하는 데서부터 초기 아동기에 각 개인이 상대방의 요구와 목표를 고려하는 진정한 동반자 관계에 이르기까지 생후 1년에 걸쳐 예측 가능한 발달 과정을 가지고 있다. 이와 유사하게, 앞서 말한 바와 같이, 완전한 애착관계는 일반적으로 성인이 되었을 때 2년에 걸쳐 발달한다.

Zeifman과 Hazan(2008)은 애착 발달의 네 가지 단계를 제안하면서 아동기와 성인기 사이의 직접적인 유사성을 발견한다.

1. 아는 사람(acquaintanceship)이라는 첫 단계는 장난스럽고 잠재적으로 추파를 던지며 성적으로 흥분되는 상호작용을 포함한다. 이 초기 단계는 사회성 행동 체계에 관여하는 탐색적인 모험이다. 여기서 잠재적 짝 선택이 작용하기 시작하며, 표면적으로 남성들은 신체적 매력에 초점을 맞추는 경향이 있는 반면, 여성들은 사회적 지위와 권력 획득에 초점을 맞추는 경향

이 있다는 비교 문화적인 증거가 있다. 그러나 Ziefman과 Hazan은 잠재적인 생식 파트너를 선택할 때 남성과 여성이 모두 친절하고 반응적이며 유능하고 친숙한 짝을 찾는데 일차적인 가치를 두고 있다는 증거를 검토한다. 주목할 만한 점은 이러한 특징들이 정확히 유아기에 안정 애착을 유도하는 부모의 특징이라는 것이다.

2. 2단계 로맨틱한 매력에는 아기처럼 말하기뿐 아니라 상호간의 긴 응시, 껴안기, 코 비비기, 키스 등이 포함된다. 다시 말하지만, 이 모든 것들은 유아기의 특징이기도 하다. "시간, 함께 하기, 만지기"의 깔끔한 조합은 정서적 유대의 발달에 중심이다(L. Diamond, 2003, p. 174).

3. 유아기의 명확한 3단계 애착에 해당하는 성인은 애착의 네 가지 핵심 측면(즉, 근접성 추구, 분리 고통, 안식처, 안전기지)을 모두 일차 애착 인물인 파트너와의 관계로 가져온다.

4. Zeifman과 Hazan이 해석하듯이, 성인애착의 목표 수정적 동반자 관계는 "개인이 더 큰 안정감을 가지고 자신의 환경을 담대하게 탐색하도록 하는"(p. 449) 안전기지를 활용한다. 핵심을 반복하면, 아동기 애착과 마찬가지로 성인기 애착은 심리적 안정을 강화시킨다. 심리적 안정이란 애착에서의 안정과 탐색에서의 안정을 의미하며, 이는 다른 말로 자립과 타인에 대한 효과적인 의지의 균형이며 Blatt의 말을 빌면 관계성과 자율성을 의미한다.

이 절의 시작점으로 돌아가 보면, 심리적인 안정 역시 돌봄에서 중요한 역할을 한다. 이후 나는 이 장의 마지막 절에서 애착의 세대 간 전수라는 결정적인 과정에 대해 다룰 것이다.

사랑, 성, 돌봄, 그리고 애착

우리 모두가 알고 있듯이, 연애관계에는 애착보다 훨씬 더 많은 것이 있다. 동물 행동학에 대한 기호와 함께, 애착이론가들은 이러한 관계를 '쌍 유대', 엄밀히 말하면 '성적 행동과 돌봄을 포함하며 생식 행동을 위해 사회적 매트릭스를 제공하는 남녀 간의 선별적인 사회적 애착'이라고 언급한다(Carter et al., 1999, p. 169). 애착이론 관점에서 그러한 쌍 유대나 지속적인 사랑 관계는 성적 짝짓기, 애착, 보살핌의 세 가지 행동 체계를 통합한다(Hazan &Shaver, 1987; Zeifman & Hazan, 2008). 아동기 애착관계와 대조적으로, 성인애착은 잠재적으로 두 가지 의미에서의 보살핌, 즉 성인 파트너에 대한 보살핌과 자녀에 대한 보살핌을 수반한다. 분명하게 말하면, 이러한 관계들은 사회성과 소속, 즉 교제와 우정뿐 아니라 낭만적인 사랑 또한 포함한다.

잠시 진화로 돌아가면, 행동 체계는 '불가피한 환경적 위험과 요구에도 불구하고 개인의 생존과 번식의 기회를 높이는 방식으로 행동을 조직화하는 종-보편적인, 생물학적으로 진화한 신경 프로그램'(Mikulincer & Shaver, 2007a, p. 10)이다. 쌍유대의 개념이 암시하듯이, 이러한 모든 행동 체계는 낭만적 사랑으로 특징지어지는 성인 관계에 서로 얽혀 있는 경우가 많다. 그러나 행동체계의 개념은 동물행동학에서 차용된 것으로 독자성(distinctness)을 내포하고 있다. 즉, 그러한 체계들은 독립적으로 작동할 수 있다. 분명한 예를 들자면, 당신은 애착과 보살핌 없이, 그리고 사랑이나 심지어 교제 없이 섹스를 할 수 있다. 이러한 분리됨(separateness)이 한 가지 함축하는 바는 일반적으로 우리 종족의 특징이지만, 일부일처제가 정도의 문제라는 것이다. 분명히 일부일처제에는 개개의 차이가 매우 크며, 이러한 일부일처제의 변화는 애착 안정성의 개인차와 부분적으로 관련이 있다.

사랑, 섹스, 돌봄, 애착을 구별하는 것은 우리가 고정관념에서 벗어나서 이성 관계뿐 아니라 동성 관계를 포함한 성인 연애 관계의 엄청난 다양성을 인정하고 이해할 수 있게 해준다. Lisa Diamond(2003)가 유익하게 하였듯이, 우리는 사랑의 열병(infatuation, 열정적 사랑)을 정의하는 것으로 시작할 수 있다.

근접성과 육체적 접촉에 대한 강렬한 열망, 분리에 대한 저항, 파트너로부터 관심과 애정을 받을 때의 흥분과 행복감, 파트너의 행동과 외모에 대한 매혹, 파트너의 기분과 관심 표시에 대한 극도의 민감성, 파트너에 대한 침범적 사고(p. 176).

Diamond가 말하듯이, 관계의 시작 단계에서는 열병과 잦은 신체 접촉이 눈에 띈다. 만약 관계가 이 시작 단계를 넘어서 지속되면, 열병은 약해지는 반면 정서적 안정과 편안함(즉, 애착)을 제공하는 것이 더욱 두드러지게 된다. 열병과 섹스는 흔히 함께 가지만 꼭 그런 것만은 아니다. 모든 연령대의 아동들은 강렬한 열병을 일으킨다고 보고한다. 게다가 대다수의 여성과 상당한 소수의 남성들은 아무런 성적 열망 없이 열병을 경험한다고 보고한다. 우리는 성적 지향과 무관하게 어느 한쪽 성별의 파트너에게 빠져들 수 있다. 예를 들어, Diamond는 '이성애자 사이의 흔치 않은 친밀하고, 열정적이며, 플라토닉한 동성 우정'(p. 177)의 예를 제시한다. 그런 관계는 남성보다 여성들 사이에서 더 흔한데, 아마도 애정 어린 유대감의 확립을 억제하는 이성애적 남성성과 관련된 문화적 규범 때문일 것이다.

시간, 함께함, 그리고 접촉의 중요성을 고려하면, Diamond는 그러한 열병은 장기간에 걸친 높은 근접성이나 신체적 접촉의 맥락—성별이 구분된 환경, 기숙 학교, 전쟁터, 그리고 동성의 조직과 같은—에서 가장 많이 발달할 수 있다고 제안한다. 물론 시간이 흐르면서 그와 같은 열정적인 우정 또한 애착관계로 발달할 수 있다.

기존의 통념은 성적 열망과 사랑이 한 방향으로 발달한다는 것이다. 즉, 우리는 성욕을 느끼고 나서 사랑에 빠진다는 것이다. Diamond는 이러한 통념에 반대한다. 육체적 친밀감이 발달하고, 그 안에서 정서적 열병을 발달시키는 것은 흔치 않다. 즉, 시간, 함께함, 접촉이 섹스로 이어질 수 있는 것이다. 결과적으로 성적 욕구는 개인의 지배적인 성적 지향과 모순되는 방식으로 특정한 관계(즉, 가까운 우정)에서 진화할 수 있다. 예를 들어, Diamond가 관찰한 바와 같이, 일부 여성들은 "동성애 욕망의 첫 번째 (때로는 유일한) 경험은 그들이 흔치않게 강렬한 정서적 유대를 발달시켰던 특정 여성 친구들에 국한되어 있다."(p. 183).

Betsy는 고등학교 때부터 이성교제를 시작했지만, 그녀의 관계는 결코 진지하지 않았다. 그녀는 데이트의 대부분을 '자기중심적인 장난'으로 여겼다. 그러나 그녀는 대학 1학년 때 자신의 예술적 관심사를 공유하는 한 청년을 만났을 때 사랑에 빠졌다. 그녀의 말에 의하면 그녀는 그

청년에게 '꽂혔다'. 그러나 그녀는 그가 다른 여자와 잤다는 것을 알고는 망연자실했다. 비록 그가 술을 너무 많이 마셨을 때의 하룻밤 관계라고 변명하려 했음에도 불구하고, Betsy는 배신감을 느끼고 그와 다시 만나기를 거부했다.

Betsy는 그와 헤어진 후에 '독신주의자'로 남겠다고 다짐하고 위안을 받기 위해 가장 친한 친구인 Christie에게 갔다. 외로움을 느낀 그녀는 Christie의 아파트에서 소파에서 빈둥거리고, 포도주를 마시고, 음악을 듣고, 영화를 보며 많은 저녁 시간을 보냈다. 그들은 또한 주말을 함께 보내고, 공부하며 그냥 시간을 보냈다.

Betsy는 Christie와 가장 깊은 감정과 비밀을 나눌 수 있으며, Christie와 함께 살면서 누구보다 편안하고 안전하게 느꼈다고 말했다. 때때로 그들이 소파에 함께 있을 때, Betsy는 Christie 무릎에 머리를 올려놓았고, Christie는 그녀의 머리카락을 쓰다듬었다. 때때로 함께 걸을 때 그들은 손을 잡았다. 이 '강렬한 함께함'을 몇 달 보낸 후에 Betsy는 밤에 기숙사로 돌아가고 싶지 않았다. 가끔 Christie의 아파트에서 소파에서 잠을 자면서 밤을 보냈다. 어느 날 밤, 평소보다 많은 술을 마신 Christie는 Betsy를 자기의 침대에서 자도록 초대했고 그들은 성관계를 시작했다.

Betsy는 그들 관계의 이러한 변화로 인해 극도로 혼란스러워졌다. 그녀는 죄책감과 부끄러움을 느꼈지만 그녀가 소중히 여기는 일종의 부드러움을 경험했다. Christie는 Betsy를 안심시켰지만, Betsy는 자신은 '게이'가 아니며 결혼해서 아이 갖기를 항상 원했다고 말했다. 몇 달간의 내적 갈등 끝에 Betsy는 남자들과 데이트하기 시작했고 Christie와 보내는 시간을 줄였다. 슬프고 속상한 언쟁을 하며 많은 우여곡절이 있었고 결국 Betsy는 Christie와의 육체적 관계를 끝냈으며 그들은 다소 껄끄러웠지만 우정을 재개했다.

Dan과 안정된 연애관계를 구축한 뒤 Christie와의 관계를 돌아보며 Betsy는 자신의 성생활(sexuality)과 화해했다. 그녀는 Christie와 함께 겪었던 '특별한 친밀감'을 소중히 여겼으며 Dan과 편안하게 친해질 수 있는 방식으로 관계를 성장시켰다고 믿었다.

Betsy의 경험이 보여주듯이, Diamond는 레즈비언 관계를 맺었던 일부 여성들이 자신을 이성애자로 확인하며 되돌아가는 것을 관찰했다. Diamond는 또한 몇몇 레즈비언들이 사랑에 빠졌던 가까운 남자 친구들과 성관계를 맺었다고 보고했다고 말했다. 자연스럽게 이렇게 지속적인 유대는 애착관계로 발전할 수 있다.

생존과 생식 적합성을 극대화한다는 진화론적 관점에서 보면, 지속적인 성인 연애 관계에서 사랑, 성, 애착, 돌봄의 통합은 큰 의미가 있다. 그러나 누가 진화를 염두에 두고 행동하는가? 진화는 우리에게 구속이 아니며 다양성이 그 규준이다. 즉, 성인 관계는 완전한 패키지의 일부분만을 포함한다. 예를 들어, 동성연애를 지속하는 것은 애착관계가 되며, 이 점에서 이성관계를 지속시키는 것과 유사하다. Jonathan Mohr(2008)가 말했듯이, '동성애적 로맨틱한 애착이 이성애적 애착에서 작용하는 것과는 다른 원리에 따라 작용한다고 가정할 이유는 없다.'. 그는 또한 '아마도 현대의 동성 연애 동반자 관계에서 가장 주목할 만한 특징은 광범위한 사회적 비난에 직면했을 때의 회복력이다.'라고 논평했다(p. 487).

Mohr가 리뷰한 바와 같이 동성 연애의 파트너들은 이성애자 관계에서처럼 일반적으로 만족하고 잘 적응한다. 동성 관계는 이성 관계를 맺는 사람들과 동일한 안정, 양가, 회피 애착 유형을 동일한 비율로 보여준다. 동성 관계에 있는 많은 사람들은 자녀를 가지고 있고 이성애자 커플에서와 같이 파트너 지지가 양육 능력에 중요한 역할을 한다. 물론 동성 관계는 애착을 침해하는 도전을 받게 된다. 즉, 사회적 차별, 부모의 불만, 부정적 태도의 내면화, 비밀상태는 모두 불안정 애착을 증폭시키는 동시에 편안함과 안정에 대한 애착욕구를 고조시키는 잠재성을 가지고 있다. 커밍아웃 과정은 더 낫든(수용과 친밀감의 증진이란 맥락에서) 또는 더 나쁘든(거절의 맥락에서) 부모와의 애착 안정성에 변화를 가져올 수 있다. 게다가, 많은 동성 파트너들은 에이즈의 영향을 받으며, 가장 극단적으로는 파트너의 죽음을 맞이할 뿐만 아니라 HIV$^+$와 자신의 죽음에 직면한다. 슬프게도, 이러한 어려움은 상실의 후유증으로 애착욕구를 더욱 가중시킬 뿐이다.

나는 애착욕구가 발달하는 관계 맥락의 다양성을 설명하기 위해 주로 성인 관계의 비애착 측면에 대해 검토해 왔다. 이 검토는 또한 정서적으로 가까운 관계조차 단순히 관계의 한 측면으로서 애착의 뚜렷한 특성을 강조한다. 그러나 외상은 참을 수 없는 감정 상태를 불러일으키고 애착은 고통을 조절하는 역할을 하기 때문에,

애착은 우리의 일차적 관심사에 도움이 된다. 그러나 이러한 고통-조절 과정의 효과는 애착의 질에 따라 달라진다.

애착 안정성의 개인차

Cindy Hazan과 Phil Shaver(Hazan & Shaver, 1987; Hazan & Shaver, 1994)는 애착에 관한 낭만적인 사랑을 개념화하고 Ainsworth(Ainsworth, Blehar, Waters & Wall, 1978)의 애착 안정성에 대한 개인차 분류를 적용하여 다수의 연구를 시작했다. 그들은 지역 신문에 '러브 퀴즈'를 발행하고 독자들에게 답안을 우편으로 보내 달라고 요청하는 것으로 연구를 시작했다(Hazan & Shaver, 1987). 러브 퀴즈에는 세 가지 기본적인 애착 유형(안정, 양가, 회피)에 대한 간략한 설명과 독자가 가장 중요하게 생각하는 한 가지 관계에 대한 수많은 질문이 포함되었다. 사실상, 이 퀴즈의 첫 번째 부분은 자가 애착 분류 방법이었다. 당신이 Ainsworth의 유아 원형에 대해 알고 있다는 점을 고려하면, 성인 상대에 대한 이러한 기술은 친숙해야 하며 이제 당신은 당신의 연애 관계에 가장 잘 맞는 기술을 선택함으로써 퀴즈의 주요 부분에 참여할 수 있다.

- *안정* : "상대적으로 다른 사람과 친해지기 쉽고, 내가 그들에게 의지하거나, 그들이 나에게 의지하는 것이 편한 편이다. 나는 버림받거나 누군가 내게 너무 가까이 다가오는 것에 대해 자주 걱정하지는 않는다."
- *양가* : "다른 사람들이 내가 원하는 만큼 가까이 오는 것을 꺼린다는 것을 알고 있다. 나는 종종 내 파트너가 나를 진정으로 사랑하지 않거나 나와 함께 있고 싶어하지 않을까 걱정한다. 다른 사람과 완전히 합쳐지고 싶으며, 이런 열망은 때때로 사람들을 겁나게 해서 떠나게 만든다."
- *회피*: "나는 다른 사람들과 친해지는 것이 다소 불편하다. 나는 그들을 완전히 신뢰하는 것이 어렵다는 것을 알고 있고, 그들에게 의지하는 것이 어렵다. 누가 너무 가까이 오면 불안하고, 종종 연인들은 내가 편안하다고 느끼는 것보다 더 친밀해지길 원한다."(Hazan & Shaver, 1987, p. 515)

동료인 Mario Mikulincer와 함께 Phil Shaver는 이 세 가지 애착 유형을 다음의 애착행동 모델(Mikulincer & Shaver, 2007a)에 통합했다. 위협을 느끼거나 괴로움을 느낄 때, 그 감정으로 애착 시스템이 활성화될 때, 당신에게 자동으로 일어나는 본능적 반응은 애착인물에 대한 근접성을 추구하는 것이다(예를 들어, 사랑하는 누군가에게 가기). 이는 진화에 의해 굳어진 당신의 일차적인 애착 전략이다. 당신이 가용하고 반응적인 파트너와 안정 애착관계를 맺고 있을 때, 근접성은 편안함과 안정감을 제공한다. 이와 대조적으로, 만약 당신의 관계가 안정적이지 않다면 당신은 두 가지 이차 전략—(a) 당신의 애착 욕구를 애타게 표현하고 관심을 끄는 양가 전략 또는 (2) 당신의 애착 욕구를 억제하고 가능한 혼자 힘으로 관리하는 회피 전략— 중 하나에 다시 빠질 것이다.

성인 연애에서의 애착에 대한 초기 연구는 유아기와 동일한 애착 유형뿐 아니라 아동기와 동일한 성인기의 비율인 55% 안정, 20% 양가, 25% 회피 유형(Hazan & Shaver, 1994년)을 보여주었다. 그러나 동일한 비율로 같은 유형을 발견한다는 것이 단지 유아기부터 성인기까지 동일한 애착 유형을 지속했다는 것을 의미하지는 않는다는 점을 유념해야 한다. 반대로 아동기에 발달은 지속성과 변화의 균형으로 두드러진다. 지속성과 변화는 둘 다 다수의 환경적 상황에 따라 달라지는 것이다. 성인기에서도 마찬가지다.

이 장의 다음 몇 절에서 세 가지 주요 원형 각각에 대한 성인애착 연구의 주요 결과를 요약하고자 한다. 이 세 가지 원형들은 아동기와 마찬가지로 성인기의 친밀한 관계를 설명하는 강력한 모델이다. 나는 원형적 특성에 대한 개요를 제공하면서 강조할 것이며 독자들에게는 세부적인 내용에 대해 보다 광범위한 리뷰를 제공할 것이다(Feeney, 2008; Hazan & Shaver, 1994; Mikulincer & Shaver, 2007a, 2008). 주의해야 할 점은 다음과 같다. 원형을 설명하면 고정관념의 위험이 따르며, 이러한 이상화에서 개개인의 다양성을 잃게 된다. 그러나 충분한 연구가 이러한 일반화를 지지하고 있으며, 일단 완전히 이해하게 되면 그 유형은 임상 실제에서 두드러지게 나타나는데, 거기에서 우리는 유형학을 넘어 개별성을 설명해야 한다.

안정 애착과 불안정 애착에 대한 이 절의 상당 부분에서 나는 내담자와 치료자를 구별하지 않고, 이 책의 독자들을 직접 '당신'이라고 말하면서 설명하려 한다. 나는 우리 모두가 내담자나 치료자나 똑같이 불안정과 싸우고 있다고 확신한다. 완벽한 안정은 이상적이지만 적절한 안정은 확실히 달성 가능하다. 나는 내가 오랜 불안정과 계속 씨름하는 것이 치료자들 사이에서 그렇게 독특하다고 생각하지 않으며, 이 책을 위해 연구를 하는 것이 내가 불안정을 더 잘 인식하도록 만드는 겸손한 행동이라고 생각한다. 내 자신의 경험이 어떤 지침이라면, 함께 작업하는 내담자들에게 그렇듯 안정은 항상 진행 중인 작업이다. 안정과 불안정의 정도가 다르다는 것을 인정하면서, 나는 독자들이 안정과 불안정의 모든 유형을 규명하도록 격려하기 위해 '당신'을 사용하려 한다. 달리 말하면, 나는 우리 모두가 안정적, 양가적, 회피적 방식에 관련된 능력, 적어도 관련될 수 있는 잠재성을 가지고 있다고 생각한다. 전체에서 '당신'이라는 용어를 사용함으로써, 나는 적어도 상상으로라도 모든 애착방식을 취해보도록 격려할 것이다.

☐ 안정 애착

아동기와 마찬가지로 성인기에 있어 안정 애착의 본질은, 당신이 괴로운 상태에 있을 때 당신이 애착을 느끼는 사람이 가용(available)하고 당신의 필요에 정서적으로 반응적일 거라는 확신이다. 이 절에서 안정 애착관계의 질을 좀 더 자세히 검토한 다음, 안정 애착을 지지하는 내적작동모델, 즉 과거 경험에 근거한 관계에 대한 기대에 대해 논할 것이다. 외상을 염두에 두고 이 책의 초점인 성인기 정서조절에 있어서 애착의 확실한 역할에 대해 논하면서 결론짓고자 한다.

따라서 비록 근사치로 이해되겠지만, 치료자와 내담자가 하나의 이상으로서 안정 애착에 대한 명확한 이미지를 마음에 갖는 것은 중요하다. 내가 보기에, 정서적으로 가까운 관계에서 애착의 안정성을 높이는 것이 외상치료의 일차적인 목표이다. 이는 단순히 외상이 그러한 극단적인 정서적 고통을 수반하기 때문이다. 심리치료는 내담자-치료자 관계에서 안정을 강화하는 발달이 다른 관계로 확장할 수 있는 안정 애착의 모델을 제공할 수 있을 정도로 상당한 도움이 될 수 있다. 그러나 다음에서 나는 안정적인 연애관계—안식처와 안전기지를 제공하는, 이상적으로, 정서적으로 가깝고 친밀한 동반자 관계의 모델—에 초점을 둘 것이다.

관계성

성인기 안정 애착관계의 질에 대한 연구 결과에는 놀랄 만한 것이 없다. 당신이 안정 애착일 때, 당신의 관계는 신뢰와 헌신, 개방적인 의사소통을 위한 높은 수준의 자기 공개와 감정의 표현, 그리고 협력과 상호의존을 촉진하는 평등함과 주고받음으로 특징지어진다. 이에 따라 결혼하면 결혼 만족도가 높다고 보고할 가능성이 높다. 비교적 높은 수준의 안정은 비교적 낮은 이혼 가능성과 같은 증거를 보이며 당신의 관계를 특징지을 것이다.

이러한 안정은 당신과 파트너가 정서적으로 서로를 신뢰하는 것을 의미하며 당신이 문제와 갈등을 터놓고 말하고 그것들을 해결하기 위해 함께 작업할 수 있게 해준다. 이것이 결정적인 요점이다. 비록 안정 애착관계는 비교적 긍정적이고 안정적이지만, 그들은 갈등으로부터 자유롭지 않다. 어떤 가까운 관계도 갈등이 없는 것은 아니다. 그러나 정서적인 신뢰는 당신이 문제를 해결하고 해결할 수 있는 복구 과정을 촉진한다. 따라서 나는 안정을 설명하는 것은 갈등이 없는 상태가 아니라 갈등을 해소할 수 있다는 자신감이라고 믿는다. 당신의 자신감은 당신과 파트너가 서로의 의도를 긍정적으로 추측하는 경향이 있으며, 또한 당신이 용서할 수 있다는 사실에 의해 뒷받침된다. 물론 안정 애착이 분리와 상실에 절대적인 면역력을 제공하지는 않는다. 그럼에도 불구하고, 이런 일이 일어났을 때 당신은 더 잘 회복할 수 있다. 안정 애착은 당신이 감정적인 스트레스를 완화시키는 데 도움이 되며 또한 여러분이 다른 관계에서 정서적인 지지를 더 잘 활용할 수 있게 해준다.

이 장의 시작 부분에서 논했듯이, 연애관계는 성과 애착이 분리될 수 있다는 점에서 다면적이다. 그러나 방금 설명한 안정적인 관계의 질은 애착 안정성이 건강한 성을 촉진할 것이라는 점을 암시하며, 연구는 이러한 기대와 일치한다. 안정 애착은 성적 탐색을 포함해 탐색을 위한 안전기지를 제공한다. 그러므로 당신이 안정 애착이라면 비교적 쉽게 당신의 성욕과 선호에 대해 의사소통하고 상호 간의 성적인 친밀감과 즐거움을 유지한다는 것을 알게 될 것이다. 안정적인 것이 탐색에 대한 편안함을 수반하는 한 반드시 일부일처제를 수반하는 것은 아니다. 그러나 성관계는 안정 애착의 맥락에서 더 지속될 가능성이 있다.

성과 애착이 분리될 수 있는 것처럼, 돌봄과 애착도 분리될 수 있다. 성인기에 돌봄은 아이들을 기르는 것뿐 아니라 당신의 성인 파트너를 위한 안식처와 안전기지를 제공하는 것과도 관련이 있다. 아동기와 마찬가지로 성인기에 안정 애착이면 공감적이며, 감정을 이해할 수 있고, 고통스러운 감정에 대한 인내심이 비교적 높다. 당신의 공감은 당신의 정서적 가용성과 돌봄을 촉진한다. 이는 타인의 복지에 대한 관심과 고통 받는 사람들에 대한 돌봄을 제공하려는 의지에 있어 분명하게 나타난다. 연애관계를 넘어 보다 일반적으로 당신은 동정적이고 이타적일 가능성이 높다. 요컨대, 만약 당신이 그러한 돌봄을 받았다면, 당신은 이러한 안정 애착-돌봄 동반자 관계에 있어서 당신이 가졌던 모델과 당신의 정서적 학습에 기초하여 더 쉽게 그것을 제공할 수 있다.

말했듯이 애착이론은 성, 사랑, 탐색, 돌봄, 애착을 구분한다. 하지만, 이 모든 것들과 마찬가지로, 당신의 애착 안정성은 사랑을 성, 돌봄, 탐색에 대한 지지와 통합하여 그것들을 접착시키는 데 도움을 준다. 그러나 애착의 접착제는 앞서 언급한 바와 같이, 적어도 2년 이상의 기간 동안 성인기에 걸쳐 점차 강해진다. 인생의 어느 시점에서도 믿을 수 있는 파트너와의 광범위한 경험으로부터만 견고한 신뢰를 쌓을 수 있을 것이다.

내적작동모델

만약 당신이 애착관계에서 외상을 입었다면, 당신은 근본적인 모순에 직면하게 된다. 당신은 치유와 성공을 위해 신뢰관계를 발전시켜야 하지만, 당신의 근거 있는 불신은 그렇게 하는 데 큰 장애가 된다. 신뢰와 불신은 관계에 대한 내적작동모델에서 비롯된다. 이러한 작동모델은 두 가지 측면, 즉 돌봄을 받을 가치가 있는(또는 그렇지 않은) 자신의 모델과 정서적으로 의존할 만한(또는 그렇지 않은) 타인에 대한 모델을 가지고 있다. 작동모델의 개념은 지속과 변화에 대한 개방성 간의 균형을 잘 포착한다. 당신은 관계에서 기대를 형성하여 당신의 행동을 안내하는 작동모델을 사용하며, 새로운 기대에 근거하여 이 모델을 수정하고 업데이트 할 수 있다. 아동기의 진실은 성인기에도 진실로 남아 있다. 즉, 당신의 경험에 따라, 예를 들어, 신뢰 대 배신으로 당신은 당신의 모델을 다소 안정적인 방향으로 수정할 수 있다.

만약 당신이 안정 애착이면 당신은 타인에 대한 작동모델을 신뢰할 만한 것으로 유지하게 되며, 이 모델은 비교적 일반화된 인간성에 대한 긍정적인 시각에 내재되어 당신의 가까운 관계에도 적용될 가능성이 높다. 당신은 타인을 자애롭고 좋은 의도를 가진 사람으로 본다. 당신은 파트너를 신뢰할 만하고 지지적인 사람으로 본다. 파트너의 행동이 이러한 기대를 위반할 때, 당신은 그것에 대한 명확한 증거를 가지고 있을 때만 적대적인 의도에 귀인하면서, 설명을 듣고 용서하는 일에 대해 개방적인 편이다. 따라서 앞에서 언급한 바와 같이, 문제가 발생할 때 당신과 파트너는 그 문제에 대해 소통하고 해결할 수 있다는 가정 하에 행동한다. 이러한 타인에 대한 긍정적인 작동모델은 초기 모델에 바탕을 두고 있다. 안정 애착인 당신은 부모를 따뜻하고, 다정하고, 반응적이며, 존경하고, 돌보며, 수용적이고, 서로 따뜻한 관계였다고 특징지을 가능성이 높다.

아동기와 그 이후, 안정 애착관계는 스스로에 대해 소중하고 가치가 있으며 사랑받을 만하다는 작동모델을 조성한다. 자신에 대한 긍정적인 느낌의 이 토대는 자기 비판뿐만 아니라 타인으로부터의 비판에 여유를 갖게 하는 이점이 있다. 요점은 명백하다. 즉, 당신은 전반적인 수용적 분위기에서 비판에 대해 더 관대하고 혜택을 받을 가능성이 더 높으며, 만약 당신이 일반적으로 자기수용적이면 자기 비판을 더 잘 활용할 것이다. 따라서 안정 애착은 자신에 대한 균형 잡힌 견해, 즉 긍정적인 것뿐만 아니라 부정적인 것을 견딜 수 있는 능력과 관련이 있다. 이에 따라, 당신은 타인의 영향력에 개방적이고 그에 따라 변화할 수 있는 가능성이 높다. 그것은 당신이 보다 불안정하면 방어적이고 경직되어 변화에 덜 개방적이 되는 것과 대조적이다.

또한 애착 안전기지는 당신의 유능감과 자립·자율능력, 즉 탐색안정을 뒷받침한다(J. Holmes, 2010). 따라서 안정 애착이면 일이 어떻게 흘러가는지에 영향을 미치고 영향력을 발휘하기 위해 적극적인 노력을 기울이는 데 있어 효과적인 느낌인 자기효능감을 유지한다. 이는 불안정 애착이면 겪게 되는 무력감, 통제할 수 없다는 느낌, 수동적인 느낌과 대조된다. 당신의 자기효능감에는 도전과 대인관계 문제해결을 포함한 문제를 다룰 수 있는 능력이 포함되어 있다. 즉, 당신은 다른 사람의 생각과 행동에 영향을 줄 수 있다는 유능감을 느낀다. 그리고 이것은 당신이 필요할 때 다른 사람의 도움과 돌봄을 받을 수 있다는 확신을 뜻한다. 당신의 자신감은 호기심과 새로운 경험에 대한 개방성을 뒷받침한다. 진실로 그것은 당신이 걱정과 두려움에 직면하여 앞으로 나아갈 수 있도록 하는 용기를 뒷받침해준다.

정서조절

이제 외상과 관련된 애착의 핵심으로 가서, 안정은 정서적인 확신 및 유능성과 관련이 있다. 즉, 안정을 갖고 있는 당신은 고통스러운 감정을 어느 정도 혼자 그리고 다른 사람의 도움을 받아 다룰 수 있다는 자신감이 있을 뿐 아니라 자신의 감정에 개방되어 있다. 당신은 자신의 감정을 알아차리고 자신의 감정을 파악하며 그것을 이해하고 그 속에서 의미를 찾을 수 있을 것이다. 이는 만약 당신이 더 불안정했다면 감정들에 대한 알아차림을 차단함으로써 감정에 의해 맹목적이고 혼란스러워지는 것과는 대조적이다. 타인과 자신에 대한 일반적인 긍정적 감정을 고려할 때, 당신은 흥미, 흥분, 즐거움, 기쁨, 만족 등 긍정적인 감정과 기분을 경험할 가능성이 더 높다. 당신은 대인관계를 포함하여 이 세계가 위협적이거나 위험하기보다는 대체로 안전하다고 본다. 따라서 당신은 도전과 위협에 직면할 때 비교적 침착하고 자신감이 있다. 자신의 감정에 압도되는 것을 두려워하지 않고, 타인의 정서적인 지지에 자신감을 가지면, 자신을 정서적으로 취약한 상태에 놓는 것, 즉 타인의 도움과 위안을 얻기 위해 자신의 고통을 경험하고 표현하는 것을 허용한다. 이런 의미에서 당신이 정서적으로 취약할 수 있는 능력은 약점이 아니라 오히려 강인함이며, 일종의 성장을 촉진시키는 감정적 자원이다.

내적 안전기지

나는 가끔 내담자들에게 이상적인 관계의 특성을 열거해 달라고 요청하면서 심리 교육 집단을 시작한다. 자연스럽게, 그들은 안정 애착의 여러 속성, 즉 신뢰, 돌봄, 연민, 공감, 수용, 믿음, 사랑, 우정, 정직 등으로 반응한다. 그러면 나는 이렇게 묻는다. "이런 관계를 당신 자신과 맺으면 어떨까요?" 자기 자신과의 관계에 대한 생각은 처음에는 다소 충격적인 것 같지만, 다음을 고려해보자. 만약 당신이 나와 그리고 내가 묻는 대부분의 사람들과 같다면, 당신은 자신과 비교적 지속적인 대화를 하고 있는 것이다. 또한 때때로 스스로에게 큰 소리로 말하기도 한다. 나는 기진 맥진해서 내 컨디션을 유지해야 할 때 그렇게 한다. 종종, 이 대화는 감정적이다. 종종, 그것은 부정적인 감정들로 가득 차 있다. 당신이 우울증이나 습관적인 문제로 고통 받을 때 스스로를 비판하며 질책할 수도 있다. 최악의 경우, 자신과의 관계가 자기비하적이거나 자기혐오적일 수도 있다.

뉴질랜드의 철학자 Christine Swanton(2003)이 쓴 「덕성 윤리학」이라는 책을 읽다가 문득 안정 애착이 자신과의 이상적인 관계에 대한 모델을 제공한다는 사실을 깨달았다(Allen, 2005). Swanton은 자기애가 미덕이며 자신과의 유대를 수반하는 미덕이라는 주장을 폈다. '유대(bonding)'는 자연스럽게 애착을 생각하게 했다. Jeremy Holmes(2001)는 이런 종류의 자신과의 안정 애착관계에 대해 내적인 안전기지를 가지고 있는 것이라 말했다. 내적 안전기지에서는 안정의 두 측면을 모두 포함하는 보살핌의 정신적 대화를 통해 자신과 관계를 맺는다. 당신의 내적 대화에서 분명히 알 수 있듯이 자신의 고통에 대해 "다툼이 일어날 때 불안감을 느끼는 건 당연해."라고 연민 어리게 공감할 때, 자신에 대한 안식처를 제공하게 된다. 그리고 당신은 도전에 직면했을 때 탐색을 위한 안전기지를 제공하고 자신에게 "어려웠지만 전에 그것을 해본 적이 있고, 나는 그것을 다시 할 수 있다."고 말하며 격려한다.

　　Holmes가 제안하는 것처럼, 견고한 내적 안전기지는 위로와 지지적인 정신적 대화를 하는 것 뿐만 아니라, 공원을 산책하거나 뜨거운 목욕을 하거나 음악을 듣거나 다른 긴장을 푸는 활동처럼 고통스러운 상황에서 자신을 달래기 위한 무언가를 하는 자기 돌봄 활동에서도 분명하게 나타난다. 이러한 예에서 알 수 있듯이, 당신은 안정 애착관계로부터 내적 안전기지를 개발한다. 당신은 대화와 행동에서 타인이 당신을 위해 했던 일을 스스로를 위해 하는 법을 배운다.

　　Mikulincer와 Shaver(2004, 2007a)는 내적 안전기지의 잠재력을 실험으로 보여주었다. 그들은 안정 애착관계의 정신적 표상을 활성화하는 것—그것들에 대해 단지 기억하거나, 상상하거나, 생각하는 것—이 애착인물과의 상호작용과 유사한 기능, 즉 스트레스로부터 완충을 제공해주는 안정감을 가져오는데 도움을 줄 수 있다고 제안한다. 그들의 연구(Mikulincer & Shaver, 2004)는 위협을 받았을 때 안정 애착의 사람들이 이러한 관계와 관련된 긍정적인 자기 특성과 함께 그들의 애착인물과의 관계를 기억한다는 것을 보여주었다. 결과적으로 위협받을 때(예: 실험 상황에서, 잘 수행하지 못하는 것에 직면하는 경우처럼) 그들은 정서적으로 덜 고통스러워하였다. 이 저자들이 말하듯이, 안정 애착 경향이 있는 사람들을 다음과 같이 기술한다.

안정 애착 경향이 있는 사람들이 필요한 시기에 애착 시스템을 활성화하면 (1) 과거에 가용적이었고 반응적인 애착인물(애착을 강화하는 안정과 관련된 자기)과의 상호작용에서 도출된 자신에 대한 정신적 표상(특성과 감정을 포함하는)과 (2) 한 명 이상의 돌봄적이고 지지적인 애착인물의 특성을 확인하는 데서 얻어진 자신에 대한 정신적 표상(자기돌봄 표상)을 떠올릴 수 있다(Mikulincer & Shaver, 2007a, p. 35).

특히 안정 애착 표상은 자기도 모르는 사이에 안정성의 촉발을 통해 무의식적으로 자극될 수 있다(예: 유아를 안고 있는 엄마의 그림이나 '돌봄'이나 '사랑'과 같은 단어에 참가자들을 약 1/50초 동안 노출시킴으로). 게다가 그러한 무의식적 안정성의 촉발은 불안정 애착인 사람들이 최소한 일시적으로라도 안정 애착인 사람들처럼 행동하도록 영향을 미친다(Cassidy, Shaver, Mikulincer & Lavy, 2009). 심리치료는 본질적으로 불안을 유발함에도 불구하고, 치료적 관계는 또한 의식적이고 무의식적인 수준에서 확장된 안정성을 촉발하는 풍부한 기회를 제공한다.

반복하자면, 당신은 다른 사람들이 당신을 위해 했던 일을 당신 자신을 위해 하는 것을 마음속으로 배운다. 내 생각에 Mikulincer와 Shaver(2004)의 연구는 안정 애착이 어떻게 탐색과 자립을 촉진시키는가에 대한 이해에 상당한 기여를 했다. 그들이 말하듯이, '치료를 잘 받은 아동은 원래 안정을 강화시키는 애착인물에 의해 수행되었던 보호, 진정, 인정, 격려, 지도 기능을 자신의 정신 과정에 통합한다.'(Mikulincer & Shaver, 2007a, p. 152). 따라서 당신이 안정 애착 인물에 대해 생각하거나 시각적 이미지를 떠올리거나, 이 사람과의 편안한 상호작용을 기억하는 것은 당신에게 안정감을 주고 당신의 가치감과 유능감을 강화한다. 따라서 우리 치료자들은 내담자들의 어려운 관계뿐 아니라 긍정적인 관계도 기억하도록 노력해야 한다. Alicia Lieberman과 동료들(Lieberman, Padron, Van Horn & Harris, 2005)이 말했듯이, 우리는 유아원의 유령뿐 아니라 천사도 염두에 두어야 한다.

내적 안전기지에 대한 개념을 어느 정도 확장하면, 나는 자기가치감과 자존감은 당신이 가지고 있는 것이 아니라 오히려 당신이 행하는 것이라고 생각한다. 즉, 당신은 가치롭게 여겨지고 존중받는 경험을 바탕으로 자신을 가치롭게 여기거나 존중하게 된다. 내적 안전기지가 있으면, 자존감이 위협받을 때에도 자신을 소중히 여길 수 있다(Mikulincer & Shaver, 2004). 그러나 안정감을 증진시키는 데 있어서 자신을 수용하고 연민 어리게 대하는 것이 자신을 존중하는 것보다 더 소중한 것 같다(Neff, 2009). 다른 모든 것과 마찬가지로, 당신은 보다 온전히 그리고 보다 자주 자신에게 더 주의를 기울이고 자애로워지는 법을 배울 수 있다. Mikulincer와 Shaver(2007a)가 정리한 바와 같이, '안정적인 개인은 자신 안에서 돌보는 자질을 동원할 수 있는데, 그 자질은 애착인물들에 의해 사랑받고 가치롭게 여겨진 존재의 표상뿐 아니라 애착인물의 표상을 본받은 것이다. 이러한 표상들은 스트레스를 겪는 시간 동안 진정한 위안과 안도감을 제공한다.'(p. 162). 그들의 실험 연구는 이러한 가설을 입증한다. 즉, 이러한 안정적인 정신적 이미지를 활성화하면 긍정적인 감정을 가져오고 스트레스를 완화시킬 수 있다. 나아가, 이 연구는 당신의 내적 안전기지를 활성화하는 것이 당신이 타인을 더 돌보도록 한다는 것 또한 보여주었다.

내가 교육 집단에서 당신의 정서적 고통을 자애롭게 연관시킬 가능성을 제기하면, 많은 내담자들은 그들이 경험과 연관지을 수 없으며 어떻게 해야 할지 전혀 모른다는 것을 드러낸다. 평범한 치료 전략은 당신이 고통스러워하는 친구를 어떻게 위로하고 그리고 나서 이런 식으로 당신 자신에게 위로하는 법을 상상하게 하는 것을 수반한다. 어떤 치료자들은 친구에게 보내는 편지에 따라 자신에게 돌봄 편지 쓰는 것을 주장한다. 어느 교육 집단의 한 내담자는 그런 편지를 쓰는 데 큰 어려움을 겪었지만, 일단 쓴 후에는 비교적 읽기 쉽고 궁극적으로는 내면화하기 쉽다는 것을 알게 되었다고 말했다.

나는 광범위한 심리적 안정 개념을 개정하여(K. Grossman, Grossman, Kindler & Zimmerman, 2008) 애착과 탐색의 안정성뿐 아니라 자기 자신에 대한 안정감인 내적 안전기지를 포함해야 한다고 주장한다. 불행히도 그것이 공식적으로 제안된 것을 보지는 못했지만, 나는 불안정 애착 표상들의 활성화에 기반된, 대응하는 내적 불안전 기지를 쉽게 상상한다. 상처를 입었을 때 자신을 돌볼 수 있는 것처럼, 스스로를 비난하고 처벌할 수도 있다. 도전받을 때 자신을 격려할 수 있는 것처럼, 스스로를 낙담시킬 수도 있다. 최악의 경우 특히 벗어나기 어려운 관계인 당신 자신과 감정적으로 학대하는 관계를 유지할 수 있다. 게다가, 당신이 자신의 정서적인 고통에 주의를 기울일 수 있는 것처럼 당신은 자신을 무시하거나 자신의 고통을 경시함으로써("애기처럼 굴지마!") 정서적으로 방치할 수 있다. 가차없는 내적 학대나 방치에 직면하여, 당신은 자기 자신과 함께 있는 것을 원치 않을지도 모른다. 이는 다소 견딜 수 없는 절망이다. 불안, 분개, 죄책감, 수치심을 부채질하는 내적 불안정 기지를 가지고 술이나 마약을 통해 탈출을 시도하는 사람도 있다. 최악의 경우 자살은 자기 자신과의 끝없는 고통스러운 관계에서 벗어날 수 있는 궁극적인 방법으로 여겨질 수 있다(Baumeister, 1990).

내적 안전기지 개념은 안정 애착이 자립을 촉진한다는 애착이론의 외견상 모순을 지지한다. 고통을 조절하기 위해 내적 안전기지에 의지할 수 있을 때, 당신은 외부 안정 자원에 덜 의존하게 된다. 물론, 안정 애착은 편안함과 안정을 위해, 그렇게 하는 것이 필요할 때—양쪽 세계에 최선으로—다른 사람에게 의지할 수 있게도 해준다. 그리고 내적 안정은 당신이 타인에게 과도하게 의존하지 않으면서 적절한 방식으로 의지할 수 있게 해준다. 따라서 내적 안전기지는 관계성과 자율성이 서로를 강화하는 방법을 보여주는 좋은 예다(Blatt, 2008). 안정 애착에서 비롯되는 내적 안전기지와 자립은 파트너의 탐색을 위한 안전기지를 당신이 제공할 수 있도록 하여, 그로 인해 당신의 파트너의 자립과 자율성을 촉진할 수 있게 해준다. 따라서 안정 애착은 서로의 효과적인 의존과 효과적인 독립을 지지하는 안정의 원 안에서 두 사람이 안식처와 안전기지의 균형을 맞추는 것을 수반한다.

☐ 양가 애착

자폐증으로 진단받았고 여러 가지 소아병을 앓은 오빠 Matthew가 18개월 때, Charlene은 태어났다. 그녀가 초기 성인기의 관점에서 아동기를 돌아보았을 때, Charlene은 Matthew를 돌봤던 방식에서 엄마를 성자이자 순교자로 보았으며, 쓰러지기 직전에 있는 지친 세상으로 엄마를 묘사했다. 그녀는 자신이 아버지에게 귀중했다고 느끼며 아버지와의 관계를 소중히 여겼다. 그러나, 그는 거의 곁에 있지 않는 고위급 임원 유형이었다. 아버지가 있을 때 그녀는 자신에게 태양이 비치는 것을 느꼈고, 그가 없는 더 많은 시간에는 세상이 어두워졌다고 느꼈다.

Charlene은 초기 학창시절에 Matthew에 대한 질투심뿐만 아니라 무시당함과 원망스러움을 기억했다. 그녀는 학교에서 뚱했고, 이웃에 사는 소년으로 똑같이 왕따였던 Nate를 제외하고는 또래들은 그녀를 '피했다'고 말했다. 그녀는 그를 위로하고 그가 자신을 필요하다고 느끼는 데서 만족을 찾았다. 그녀는 주기적인 질병 에피소드를 기억했는데 아플 때는 학교에 안가고 집에 있었다. 그러면 그녀는 사면초가에 빠진 엄마에 의해 Matthew처럼 애지중지되었다. 그녀는 어떤 중대한 사건을 가장 생생하게 떠올렸는데, 그것은 자살했던 급우의 장례식이었다. 그녀는 이 급우의 고통에 더 신경을 쓰지 않았던 것에 대해 조문객 중 몇몇이 표현했던 죄책감을 흥미롭게 고백했다.

그녀의 후기 학창시절과 그 후 대학시절, Charlene은 그녀와 '공동의존' 되었던 남자들에게 끌렸다. Nate와 그랬던 것처럼, 자신의 표면적인 돌봄이 남자들이 그녀에게 의존하고 그녀를 떠나지 않도록 하는 데 도움이 된다는 것을 인식하면서 그녀는 모성적 돌봄에서 만족감을 추구했다. 당연히, 그녀가 궁핍하고 불안정한 존재로 묘사했던 남자들과의 일련의 갈등 관계 속에서 그 반대적인 일이 일어났다. 그녀의 가장 최근이자 오랜 남자친구인 Oscar는 무력하고 자신의 삶을 잘 꾸려 나갈 수 없는 것처럼 보였다. Charlene은 그를 떠맡았고, 그는 그녀의 질식시키는 행동에 대해 분개하며 거부했고, 그녀는 그가 은혜를 모른다고 분개했다. Oscar의 감사 부족에 대한 Charlene의 질책하는 반응은 그를 더욱 멀어지게 만들었을 뿐이며, 그가 다른 여자들에게 관심을 보이자 그녀는 '격분하게' 되었다.

Charlene은 자신을 위험에 빠뜨림으로써 Oscar를 되찾을 수 있다는 것을 발견했다. 그녀는 무분별한 음주를 하며 술집을 전전했고, 이는 심야 폭음 후에 강간당하는 것으로 절정을 이루었다. 그녀가 강간을 당한 후 Oscar는 믿을 수 없을 정도로 돌봐주었지만, 이 정서적인 재회는 오래가지 못했고 그녀는 금방 소홀히 여겨지고 인정받지 못했으며 이에 분개했다. Charlene은 그녀가 말한 대로 '자살로 유혹하는' 약물 과다복용 패턴을 시작했다. 처음에 Oscar는 더 관심을 보이는 것으로 반응했는데, Charlene이 깨달은 것은, 그의 억울함과 그녀 자신의 삶을 관리할 수 있는 그녀의 능력이 악화되고 있다는 사실에도 불구하고, 그가 갖는 관심은 자신의 삶을 관리해주는 그녀의 역할을 잃을지도 모른다는 불안이 원동력이라는 점이었다. 결국, 그 관계는 깨졌고, Charlene은 비탄에 빠졌다. 엎친 데 덮친 격으로 Charlene은 부모로부터 소외되었는데, 엄마의 방임에 대한 만성적인 원망뿐 아니라 그녀의 행동이 악화되자 아버지가 비판적이고 통제적이 되었기 때문이다. 그녀는 아버지를 실망시키는 게 수치스러웠고 두려웠다.

Charlene은 심해지는 우울증과 약물 남용에 직면하였고, 부모가 개입해서 그녀를 구하러 오면서 병원 치료를 찾게 되었다. 그녀는 점검이 필요하다고 말하면서 심리치료를 시작했다. 그녀는 또래들의 지지로 잘 지냈는데, 연애관계에서 실패했던 젊은 남자들의 관점을 듣게 되었고 비슷한 문제를 가진 두 여자에게 털어놓으면서 도움을 얻었다. 그녀는 동료에게 자신의 잘 확립되어 있는 분개하며 질식시키는 패턴을 나타내기 시작했고, 심리치료를 활용하여 그 전개패턴을 확인하고 건강한 경계를 배우고 확립해 나갔다. 그녀는 또한 만성적으로 고통스러운 외로움과 수치심—이것으로부터 벗어나 좌절스럽고 박탈된 연애관계 속에서 도피처를 찾았던—을 경험하고 표현했다. 더구나 그녀는 무력한 남자친구를 대신하여 잘못된 방식으로 싸웠던 그녀 자신의 심오한 무력감을 인정했다.

가족치료를 통해 Charlene은 단순히 순간적인 관심을 주었던, 과거에 이상화했던 아버지를 향한 오랜 분노를 인정하고 위기 시 엄마에게 의지할 수 있었다는 것을 인식하면서 부모와의 관계에서 더 많은 균형을 이룰 수 있었다. 그녀는 엄마의 헌신하는 능력(비록 주로 오빠를 향해 있었지만)을 인정하게 되었고, 또래들과의 관계에서 명백하게 드러난 헌신과 돌봄에 대한 그녀 자신의 능력 또한 자신의 말대로 적당히 최선임을 인정하였다. 술에 취하지 않고 맨 정신이 되는 것도 자기존중을 회복하는데 의미 있게 기여했다. 그녀는 이제 더 이상 완전한 점검을 필요로 하지 않았고 오히려 세밀한 조율을 위한 긴 과정을 밟고 있다고 결론지었다.

Charlene의 경험과 동일시하는 것은 그리 어렵지 않은 것이다. 당신이 이러한 불안정한 형태에 완전히 낯선 사람이 아니라는 가정하에, 글을 쓸 때 '당신'을 계속 사용함으로 공감대를 갖고자 한다.

아동기에서처럼 성인기에 당신의 양가 애착은 명백한 불안정과 관련이 있다. 반복하자면, 양가성은 과활성화 패턴으로 이는 그렇게 하는 것이 반응성과 돌봄을 이끌어내는 가장 그럴듯한 방법이라는 희망과 함께, 당신의 애착 욕구로 다이얼을 돌려 당신의 고통을 노골적으로 분명하게 만드는 패턴이다. 불행하게도 Charlene의 경험이 보여주듯이, 이러한 패턴은 단기적으로는 반응성과 돌봄을 이끌어내기 쉽지만 장기적으로는 그것들을 약화시킨다. 안정 애착이 효과적인 의존의 본보기가 되는 반면에, 양가 애착은 비효과적인(또는 비일관적으로 효과적인) 의존성의 본보기가 된다. '안정의 원' 모델에서 안전기지 없이 안식처를 움켜잡으면 탐색을 희생하고 애착 쪽을 향해 균형이 기울어진다.

관계성

만약 당신이 양가 애착이라면 빠른 속도로 친밀한 관계를 맺기 쉽다. 즉, 빠르고 열정적으로 사랑에 빠지며, 최악의 경우 무분별하게 사랑에 빠진다. 열정적인 사랑을 특징짓는 강박관념은 특히 양가 애착 맥락에서 뚜렷이 드러난다. 예를 들어, 당신은 파트너를 완벽한 사랑으로 이상화하는데, 이는 환멸에 빠지기 쉽다. 당신은 파트너와의 차이를 간과하거나 최소화하면서 유사성을 과대평가한다. 예를 들어, 당신은 파트너를 제한된 경험에 근거하여 상처받은 동료영혼으로 볼 수 있다. 또 친밀한 자기 공개로 당신은 너무 많은 것을 너무 빨리 말하기도 한다.

양가 애착에서 당신의 불안정은 분리, 버려짐, 상실에 대한 두려움뿐 아니라 거절에 대한 민감성과 연관된 높은 수준의 불안에서 분명하게 나타난다. 불안해지면 과도한 불안에 대한 안심을 추구하지만 쉽게 안심하지 못한다. 당신의 안심추구는 파트너의 노력을 좌절시킴으로써 역효과를 낸다. 즉, 자신도 모르게 당신은 스스로 추구하는 안심을 거부하고 있는 것이다. 거절당하고 무력감을 느끼면서, 당신의 파트너는 아마도 당신을 안심시키기 위해 힘든 노력을 한 후 철수할 수 있다. 당신의 성인 행동은 유아기 패턴을 반영한다. 즉, 당신의 애착 전략은 파트너를 가깝게 하기 위해 고안되었지만, 당신은 파트너를 밀어내기 쉬운 행동에 관여하고 있는 것이다. 더구나 버려짐을 두려워하는 당신은 파트너에게 적당한 공간을 주지 않고 자율성 부여를 꺼린다. 따라서 한편으로는 버려짐에 대한 두려움 때문에 갈등을 피하려고 순종적이며 순응적일 수 있다. 하지만, 다른 한편으로는 당신의 두려움 때문에 파트너가 더 애정적이길 요구하거나 바깥으로 많이 나가지 않도록 요구하는 것과 같은 통제적인 행동을 할 수 있다. 게다가, 지속적인 지지를 보장하기 위한 노력으로 당신은 무력함을 선언하면서 당신의 유능함과 문제 해결 능력을 경시할 수 있다. 즉, 이 전략은 당신이 능력을 보여주면, 파트너가 지지를 철회할 것이라는 두려움에 근거한다. 최악의 경우, 이 전략은 더 큰 역량과 자립을 키우지 못하게 하고, 이것은 당신을 의존적인 위치에 있게 한다.

유아기에서처럼 양가성은 갈등을 만드는 방식이다. 우리 교육집단에서, 내 동료인 Helen Stein은 양가성을 '발로 차고 매달리는' 애착 유형으로 언급했는데, 이는 관계에 분노를 주입하기 때문에 적대적 의존이라고도 부르는 것을 보여주는 생생한 방식이다. 양가성의 화난 면에 공감해보면 좌절감이라 할 수 있다. 좌절은 박탈감, 즉 보다 신뢰할 만한 주의 깊고 애정 어린 돌봄에 대한 만족스럽지 못한 갈망에서 비롯된다. 당신의 분노는 큰 갈등으로 싸여 있다. 이를 표현하는 것이 거절과 포기로 이어질까봐 두려워하여 분노를 억누른다. 그러나 좌절과 원한은 쌓였다가 일시적인 폭발로 이어진다. 따라서 당신의 관계는 정서적으로 불안정하고 극단적으로 불안정한 경향이 있는데, 이는 반복되는 헤어짐과 화해의 노력으로 특징지어진다.

양가 애착의 맥락에서 당신은 성을 사랑 및 안정의 욕구를 충족하는, 즉 잠재적으로 당신의 파트너를 더 많이 이용할 수 있고(available) 사랑하도록 유도하는 하나의 방편으로 삼을 수 있다. 당신은 성보다 안고 애무하는 것—이것은 성보다 애착과 연합되어 있다—에 가치를 둘 지도 모른다. 실제로 당신은 애정 어린 육체적 접촉을 위해 섹스를 참을지도 모른다. 또한 당신은 관계의 질을 가늠하는 척도로 섹스를 사용할 수도 있다. 따라서 당신은 섹스에 불안—자신의 매력에 대한 불안, 수행에 대한 걱정, 거부와 반감에 대한 걱정 등—을 유입할 수 있다. 당신은 이러한 불안감을 완화시키기 위해 약과 알코올에 의존할지도 모른다. 거절에 대한 두려움은 또한 당신이 파트너의 선호를 따르며 굴복하고 자신의 정서적인 욕구를 희생하도록 이끌 수도 있다. 이러한 순종과 공손함은 안전하지 않은 섹스와 연관될 수 있다. 당신의 질투가 성적인 부정보다 정서적인 부정에 더 초점을 맞추었을 수도 있지만, 그럼에도 성적 관심 또한 질투를 위한 지렛목이 될 수 있다. 요컨대, 다양한 욕구의 균형을 맞추는 맥락에서 성적 만족을 지지하는 안정 애착과는 대조적으로, 양가 애착은 성관계를 우선시하여 섹스에 대한 자신감 있는 탐색과 즐거움을 갉아먹는 경향이 있다.

양가 애착은 또한 돌봄을 방해하기도 한다. 높은 수준의 불안과 고통은 정서적인 전염을 초래하여 당신이 파트너의 고통에 의해 압도당할 수 있다. 확신이 부족하면, 당신은 돕고자 하는 자신의 노력에 대해 불안하고 자기 비판적이 될 수 있다. 게다가, Charlene의 행동이 보여주듯이 당신의 돌봄은 방해가 될 수 있다. 당신은 인정받고 파트너를 가까이 있게 하기 위해 도와야 한다는 강박적인 욕구에 휘말릴 수도 있다. 당신의 불안과 갈등은 과잉 개입과 거리의 상실을 초래할 수 있고, 따라서 당신의 공감을 해치기 쉽다. 공감에는 파트너의 분리성을 인정하는 능력과 정서적 관여의 균형이 필요하다.

내적작동모델

당신의 양가 애착은 잠재적으로는 정서적 반응을 할 수 있지만 그것을 제공하는 것에서 신뢰할 수 없는 양육자의 작동모델을 기반으로 한다. 이 모델에는 신뢰와 불신, 실망과 높은 희망이 뒤섞여 있다. 당신의 좌절과 박탈감은 파트너를 사랑과 거절로 번갈아 보는 데서 오는 변덕스럽고 모순된 기대에서 비롯된다. 당신의 불안은 과잉 경계와 관련이 있다. 즉, 당신은 항상 비일관성이나 배신의 징후를 찾으려고 애쓴다. 아마도, 당신은 당신이 찾고 있는 것을 보게 될 것이다. 불가피한 실망이 일어날 때, 당신은 "이렇게 될 줄 알았다!"라며 불신에 대한 확신을 확인한다. 이에 따라 안정적이라고 느끼는 관계와는 달리, 당신은 양가적 관계에서의 갈등과 파열을 더 고치기 어렵다는 것을 알게 될 것이다.

또한 안정 애착과 대조적으로, 양가 애착에서 당신 자신에 대한 작동모델은 매우 부정적이다. 즉, 사랑받지도 사랑하지도 못하고, 약하고, 무력한 자기 비판적인 느낌이다. 당신의 자기 비판적 성향은 타인의 비판에 예민한 민감성과도 연관될 수 있다. 그러한 부정적이고 자기 비판적인 감정을 극복하기 위한 노력으로 당신은 인정을 얻기 위해 극단적으로 갈 수도 있다. 이것은 당신의 의존과 나약함에 대한 느낌을 강화시킬 뿐이다. 따라서 당신의 자존감은 타인의 반응에 따라 달라진다는 점에서 극도로 불안정하다. 슬프게도, 유아기 때처럼 애착의 안식처에 가까이 머물고자 하는 욕구와 안전기지의 결핍은 탐색을 방해한다. 당신은 자신에 대한 보다 긍정적인 작동모델을 발달시키기 위해 필요한 유능성과 자립감을 발달시키는 데 방해를 받게 된다.

정서조절

양가 애착은 뚜렷하게 정서조절 문제와 관련이 있다. 끈질기게 활성화되는 애착 욕구에 의해 고통이 야기되고 이러한 고통에 대한 높은 경향성으로 정서조절 문제가 명백하게 나타난다. 양가 애착관계에서, 당신은 고통에 주파수를 맞추므로 그 신호가 안 들릴 수가 없다. 당신은 불안 때문에 잠재적 위협, 즉 파트너의 의심스러운 불성실성과 같은 외부 위협뿐만 아니라 불안을 나타내는 신체 감각과 같은 내적 위협을 향해서도 주의를 기울인다. 이 불안 민감성은 당신의 고통을 증가시키는 경향이 있다. 불안의 징조에 신경을 쓰면 쓸수록 더 불안해진다. 최악의 경우 불안 민감성은 공황으로 확대될 수 있다.

양가 애착에서는 고통스러운 감정이 유쾌한 정서보다 지배적이다. 높은 수준의 정서적 반응성은 혼자 힘으로든 타인의 도움을 받아서든 정서적 고통을 조절하지 못하는 낮은 수준의 능력과 결합될 수 있다. 결과적으로, 당신은 압도당하거나 감정에 휩싸이기 쉽다. 감정에 휩싸이면 감정을 파악하거나 그 이유를 이해하는데 어려움을 겪게 된다. 당신은 왜 그런지 모른 채 일반적으로 속상한 기분을 느낄지도 모른다. 파트너의 존재만으로도 정서적인 고통을 달래줄 수 있는 안정 애착과는 대조적으로, 당신의 양가적 관계 갈등은 정반대로 이어질 수 있다. 즉, 파트너의 존재는 당신의 감정적인 스트레스를 감소시키기보다 증가시키며, 좌절과 박탈감이 위안보다 훨씬 크다.

나는 양가성의 부정적인 면을 과장하고 싶지 않다. 긍정적인 측면은 중요한 점에서 적응적이다. 즉, 당신은 편안함과 안전성을 제공하는 방법으로 애착관계를 포기하지 않는다. 과거나 현재에 애착에 대한 좌절스러운 경험뿐만 아니라 긍정적인 경험을 가지고 있기 때문에 당신은 애착을 지속한다. 그렇기 때문에 당신의 양가성은 희망의 표현이다. 실제로 저항은 희망의 표식으로, Bowlby(1973)는 이를 '희망의 분노'(p. 246)라고 칭했다. 따라서 당신은 양가성이 안정으로 가는 통로가 될 수 있도록 계속해서 애착을 작동한다.

❏ 회피 애착

회피 애착은 적어도 표면상으로는 양가 애착의 반대 극이다. 회피 애착은 안정의 원 모델에서 애착을 희생하여 탐색 쪽에 가깝게 균형을 기울였다. 과잉활성화 패턴과 대조적으로, 당신은 애착 욕구에 대한 신호를 끔으로써 비활성화 패턴을 채택한다.

Doug는 주말에 코카인 흡입으로 절정에 달한 심각한 우울 에피소드로 인해 입원을 신청했다. Doug는 아동기의 격렬한 독립을 자랑했다. 그는 부전자전이라고 말했다. 그의 아버지는 공장 장이었는데, Doug는 아버지의 특징을 "터프하고 존경스럽다"고 했다. 그의 아버지는 직장에서 뿐만 아니라 집에서도 사장이었다. 만약 가정이 잘 돌아가는 공장처럼 운영되지 않으면, 치러야 할 대가가 있었다. 아버지가 자신과 엄마에게 무자비한 폭군처럼 행동했다는 것을 인정하면서도 Doug는 그를 존경했다. Doug는 어렸을 때 많이 거칠었는데 아버지의 훈육으로 도움을 얻었다고 말했다. 엄마는 "구제불능으로 체계적이지 못하다"고 말했고, 아버지가 그녀를 감독하지 않았다면 살림이 완전히 엉망이었을 것이라고 말했다. 아버지의 업무 방식을 묘사하다가, Doug는 사랑하는 가족견의 죽음에 대해 이야기했다. 그 개는 고관절 장애로 고통 받았고 점점 더 불구가 되었다. 그의 아버지는 어느 토요일 그 개를 고통에서 벗어나게 하기 위해 수의사에게 데려간다고 간단하게 발표했다. Doug가 울음을 터뜨리자 아버지는 "빌어먹을 소리 그만해. 이럴 줄 알았잖아. 다음 주말에 다른 개를 데리러 갈 거야."라며 비웃었다. Doug는 "그래요. 그냥 개 공장에 가서 다른 걸 가져온단 말이죠!"라며 자신과 어울리지 않게 항의했던 것을 기억했다. 아버지는 그냥 화를 내며 나가버렸다.

Doug의 결혼은 모든 것이 예상가능했다. 그는 Penny가 매력적이고 흠모할 만했기 때문에 Penny를 골랐다. 그녀는 아버지에 대한 경멸을 표현하며 '강한 남자'에게 끌린다는 사실을 그에게 직설적으로 알려주었다. 그녀는 '술을 참을 수 없는 감상적인 바보'라며 아버지를 조롱했다. Penny는 또한 야망 있는 남자들을 특히 좋아한다는 것도 분명히 했는데 그래서 의대에 진학하려는 Doug가 끌렸다. Doug는 외과의사가 되었고 기름을 잘 친 기계처럼 수술실을 운영하는 것에 자부심을 느꼈다. 그는 동료들에게 심하다는 말을 들으면서도 간호사들이 자기를 무서워하고, 오만한 사람이라고 여기는 것을 싫어하지 않았다.

Doug는 놀랍게도 딸에 대해서는 자상하였다. 딸에게는 다정했고 극도로 보호적이었다. 그는 딸이 폐렴으로 입원했다가 거의 죽을 뻔했던 끔찍했던 일을 떠올렸다. 엄마가 된 후, Penny는 놀랍게도 자신이 강하고 성공적인 남자 이상의 더 많은 것을 필요로 한다는 것을 발견했다. 그녀는 지지적인 파트너가 필요했다. 그녀는 일에 대한 Doug의 외골수적 집중에 분개했고, 특히 그들이 함께 했던 제한된 시간에 비추어 볼 때, 딸에 대한 애정과 자신에 대한 감정적인 무관심에 분개했다. Doug는 Penny의 항의를 일축하고 그들의 관계에 정서적인 거리를 두었다. 아버지처럼 그는 가정과 일이 만족스럽게 이루어지는 공장처럼 돌아가기를 원했다. Penny는 모든 것이 질서정연하고 모든 과제가 정밀한 수술처럼 되어야 한다는 그의 요구에 반대했으며, 특히 딸을 키우는 일에 대해서는 더욱 그랬다.

부부 상담을 해보자고 Penny가 종종 요청했을 때조차 Doug는 그녀가 항의하는 것의 정서적인 의미를 인식하지 못하고 있다가, Penny가 이혼을 요구하자 충격을 받았다. 그는 그녀가 딸을 데리고 이사를 간 후 "망했다"고 말했다. 그는 그들이 차를 몰고 떠났을 때 슬픔으로 무너졌다. 그는 수술을 계속하려고 애썼지만, 몇 주에 걸쳐 점점 더 우울해졌고 결국 휴직을 했다. 그는 소파에 앉아 몇 시간이고 허공을 응시했다. 대학 다닐 때 폭음했던 것처럼 다시 술을 마시기 시작했다. 그는 또한 의과대학에서 코카인의 유혹을 받았던 적이 있었는데, 실의에서 벗어나기 위해 코카인에 손을 대었다. 도움이 필요하다는 것을 알고 동료에게 전화를 걸었다. 동료 세 명이 그의 집에 와서 그를 병원으로 데려갔다.

급성 우울증 및 술과 코카인에 대한 폭음에서 회복되기 시작했을 때, Doug는 다시 일어서서 병원을 향한 비판적인 자세를 취하면서 모든 결점과 일부 직원들의 태만한 태도를 지적했다. 그는 동료들 중 몇몇이 징징거리고 피해자처럼 행동하는 것에 대해서도 똑같이 비판적이었다. 시간이 흐르면서, 그는 유능하고 성공적인 동료들이 그를 참아주었고 "봐 주었다"는 것을 인정하게 되었다. 비록 그렇게 함으로써 취약한 자리에 처하게 되기도 했지만, 그는 자신의 부드러운 면을 인정할 수 있었다. 그의 부드러움은 가족견에 대한 애정과 개를 상실한 고통에서, 그리고 딸에 대한 사랑과 딸이 급성질병을 앓았던 끔찍했던 일에서, 그리고 아내가 차를 몰고 떠났을 때의 상실감에서 뚜렷이 나타났다. 또한 아버지에 대한 존경과 감탄이 두려움에 물들어 있음을 인정했고, 아버지가 엄마를 울리고 엄마가 슬픔에 빠졌을 때 Doug가 속수무책으로 위로하려 했던 오랫동안 잊고 있던 어린 시절의 사건을 기억했다. 그는 Penny가 충족되지 않은 애정 욕구를 직면했을 때 자신의 무감각에서 방어적인 태도를 볼 수 있었다. 비록 그는 이혼 절차를 멈출 수는 없었지만, Doug의 정서적인 개방성은 그가 Penny와 보다 우호적인 관계를 발달시킬 수 있도록 해주었고, 이는 딸과 사랑하는 관계를 유지하려는 그의 희망을 북돋아주었다.

관계성

회피 애착에 대한 이야기는 간단하다. 친밀감, 가까움, 애정, 헌신, 정서적 의존성이 낮은 수준이라는 것을 고려하면 할 말이 거의 없다. 회피 애착의 원형은 자급

자족 외톨이다. 회피적인 사람들은 관계보다는 활동에 더 많이 투자한다. 아동기에도 그렇듯이, 이러한 애착 유형은 애착관계를 포함하여 관계를 배제하는 것이 아니라 그러한 관계에서 가까워지는 것을 배제한다. 그럼에도 불구하고 회피적인 당신은 매우 사교적이며 외향적일 수 있고, 아마도 완전히 매력적이고 재치가 있을 수도 있다. 그러나 그러한 사회성은 당신의 관계에서 친밀감이 부족하고, 특히 정서적으로 다른 사람에게 의존하기 어렵다는 점에서 피상적이다. 이러한 대조는 사회성과 애착 간의 차이를 보여준다. 이러한 맥락에서 사회성은, 애착을 배제하고 탐색에 집중하는 것에 부합한다.

안정 애착은 갈등을 해결하기 위한 건설적인 시도를 하며, 양가 애착은 친밀함을 회복하기 위한 고통스러운 노력을 한다. 이와는 대조적으로, 회피 애착은 관계 문제에서 거리를 두기 쉽다. 회피적이기 때문에, 당신은 파트너의 정서적 의존이나 문제를 다루기 위한 노력의 표현에 대해 담을 쌓거나 심지어 경멸을 표현함으로써 반응하기도 한다. 따라서 아동기에서처럼 성인기의 회피 애착은 적대감에서 뚜렷이 드러난다.

낮은 수준의 정서적 친밀감으로 인해, 안정 애착과 대조적으로 섹스는 비교적 사랑과 단절된다. 즉, 회피적이기 때문에 당신은 가벼운 섹스에 긍정적인 태도를 가지며 상대적으로 정서가 없는 낯선 사람과의 하룻밤 섹스에 관심을 가질 가능성이 더 높다. 예를 들어, 당신은 성적인 정복에 대해 허풍을 떨면서 자기 이미지나 사회적 위신을 높이기 위한 수단으로 섹스를 이용할 수도 있다. 당신은 파트너의 욕구와 열망보다는 자신의 욕구와 열망에 더 초점을 맞추어 성관계에서 강압적이 되기 쉽다. 당신은 또한 관계에서 힘과 통제를 얻기 위해 섹스를 사용할 수도 있다. 양가 애착과는 대조적으로, 당신은 껴안고 키스하는 것보다 섹스가 더 매력적이라고 생각한다. 마찬가지로 질투심은 타인과 파트너의 정서적인 친밀감보다 성적인 친밀감에 더 초점을 두는 것 같다. 또한, 당신의 연애 관계는 예를 들어, 성적 활동의 낮은 빈도로 분명히 나타나는 성적 회피로 특징지어질 수 있다.

회피 애착은 돌봄과 상대적으로 양립할 수 없다. 당신의 정서적 거리로 인해 파트너가 고통스러워할 때 제한된 반응을 하게 되며, 최악의 경우 당신은 정서적으로 방임할 수 있다. 게다가, 파트너가 가장 필요로 할 때 당신이 지지를 철회한다는 점에서 파트너의 고통과 위로받고 싶은 욕구는 분노와 적대감을 불러일으킬 수도 있다. 유아기의 회피 애착은 지속적인 정서적 불가용성에 직면하여 관계를 유지하기 위한 전략이었다는 점을 기억해야 한다. 성인기에 이러한 아동기 경험은 타인의 요구를 거절하는 양육 방식으로 반영된다. 당신은 보고 배운 것을 되풀이하는 경향이 있으며, 당신은 이 패턴을 생후 1년만큼 오래 전에 학습했을 수 있다.

내적작동모델

분명한 것은, 회피 애착은 타인의 정서적 반응성에 대한 부정적인 기대와 관련이 있지만, 부정적 성향은 최악의 경우를 가정하면 의심의 눈으로 타인을 보는 보다 일반적인 성향으로 확대된다. 예를 들어, 회피적이기 때문에 당신은 타인을 적대적으로 보거나 그들이 상처주는 행동에 대한 반성이 부족하다고 보기 쉽다. 물론 그러한 속성은 당신 자신에 대한 부정적 특성을 타인에게 투사하는 것에 기반할 수 있다. 때때로, 그러한 투사는 자신의 부정적인 특성을 부인하는 것과 연관될 수 있다. 당신은 자기 비판적인 입장을 취하는 대신 타인에게로 비난을 외재화한다. 반면에 양가 애착은 자신과 타인 간의 유사성을 과대평가하는 것(가까움을 과장함)과 관련 있으며, 회피 애착은 차이를 과대평가하고 자신을 특별하게 지각하는 것(거리를 과장함)과 관련이 있다.

회피 애착은 자기 보호적이라는 면에서 분명히 방어적이다. 즉, 거절할 것으로 예상하는 타인에게 의존하지 않는다. 또한 회피 애착은 당신 자신에 대한 왜곡된 작동모델인 방어적인 자기 팽창과 연관되어 방어적일 수 있다. 요컨대, 안정 애착은 긍정적인 특성뿐만 아니라 부정적인 특성도 허용하는 균형 잡힌 자기 이미지와 연관되어 있다. 양가 애착은 자기 비판의 방향으로 불균형적인(당신은 하나 아래인 것으로 느낀다) 반면, 회피 애착은 타인을 비판하는 것으로 강화된 자기 증대의 방향으로 불균형하다(당신은 하나 위인 것으로 느낀다).

정서조절

반복하자면, 회피적이기 때문에 당신은 애착 욕구를 비활성화시키려고 애쓰고 정서적인 고통을 경시하려고 한다. 당신은 위협과 취약성을 경시하고, 걱정과 욕구를 억누르며, 지지와 위안에 대한 열망을 무시한다. 당신은 고통을 경험하고 인정하는 것을 자립이라는 자기 이미지를 위협하는 약점으로 본다. 따라서, 파트너와 함께 병원을 방문하게 되면, 당신은 위안을 주는 대화를 찾기보다 산만해질(예를 들어, 잡지읽기) 가능성이 더 높다. 당신은 불안, 두려움, 분노, 수치심, 죄책감, 외로움, 그리고 슬픔 등의 모든 고통스러운 감정들에 대한 알아차림을 차단하는 경향이 있다. 물론 이것이 당신이 감정에 영향을 받지 않음을 의미하는 것은 아니다. 반대로, 당신의 억압된 감정들은 심리학자가 당신의 생리적 각성 수준을 측정할 때 분명히 나타날 뿐 아니라 얼굴 표정에서도 그대로 보인다.

회피는 어느 지점까지는 당신의 고통을 관리하기 위해 실행할 수 있는 전략이다. 그리고 당신은 부분적으로 강점과 자원에 근거하여 회피적 유형을 발달시켰을 수 있다. 즉, 당신은 혼자 힘으로 관리하는데 매우 성공했을지도 모른다. 그러나 심한 스트레스를 받으면 당신의 회피적 방어는 무너지기 쉽다. 그러면 혼자 힘으로 해낸 당신의 성공 이력은 아킬레스건이 될 수 있다. 그 지점에서, 양가 애착인 사람들처럼 당신은 심각한 갈등에 직면하게 된다. 즉, 필요한 정서적 도움을 찾는 것은 거절당할 위험에 처하게 한다. 따라서, 스트레스가 고조되는 상황에서 당신은 통제할 수 없는 감정을 조절하기 위해 비인격적인 전략, 가장 흔하게는 술과 약물 혹은 다른 중독 행동에 의존할 수 있다. 그러나 이러한 전략들은 당신의 정서조절을 더욱 잠식하고 결국 당신이 필사적으로 도움을 청할 필요가 있게 한다. 하지만, 도움을 구해야만 할 때 당신의 회피적 유형은 당신을 돕기 어렵게 만든다. 당신이 위안을 추구할 때조차 필요한 위안을 받아들이기 어렵기 때문이다. 물론 도움을 청하도록 스스로에게 허용하는 것이 안정의 유일한 길이다. 당신은 감정적 욕구가 거부당했다고 느끼는 과거의 경험에 근거하여 회피하는 것이기 때문에 이 길이 위험하다고 느끼지 않을 수 없다. 그렇기 때문에 안정을 추구하는 것은 용기가 필요하다.

☐ 파트너 조합

나는 개인이 관계를 맺는 특징으로서 안정 애착과 불안정 애착에 대해 논해 왔으며, 이 장에서 검토한 연구는 이러한 개인 특성의 중요성을 입증한다. 그러나 애착은 한쌍이다. 즉, 한 파트너의 애착 유형이 다른 파트너의 애착 유형과 어떻게 상호작용하는지 궁금해하는 것은 당연하다. 애착 연구자들은 파트너 간의 조합 및 부조합을 탐구하였다(Feeny, 2008; Mikulincer & Shaver, 2007a). 그 결과는 두 가지 이유로 복잡하다. 첫째, 이들 유형에 여섯 가지 가능한 조합이 있다. 둘째, 성별은 서로 다른 유형의 조합과 상호 작용할 수 있다(예: 회피적 남자와 함께 하는 양가적 여성은 회피적 여성과 함께 하는 양가적 남성과 다를 수 있다.). 나는 한 쌍을 강조하기 위해 몇 가지 공통적이고 직접적인 결과만 단순하게 기술할 것이다.

안정적인 개인들이 서로 협력하는 경향이 있고 두 파트너의 안전한 관계가 더 큰 만족 및 더 나은 적응과 연관되어 있다는 점은 별로 놀랍지 않다. 다른 유형으로 조합된 커플 사이에서, 한 안정적인 파트너가 다른 사람의 불안정으로 인한 부정적인 영향을 완충시킬 수 있다는 연구도 있다. 실제로, 불안정 애착에서 안정 애착으로 변화하는 한 가지 경로는 애착 안정성을 가진 사람과 애착을 형성하는 것이다. 이상적으로, 두 파트너는 시간이 지남에 따라 관계에서 안정 수준을 높이기 위해 각자가 보유하는 안정의 수준을 모두 사용할 수 있다. 각자 타인의 정서적 반응성을 시험할 것이다. 우리는 서로를 시험하는 것에 대해 부끄러워해서는 안 된다. 우리는 생후 첫 해에 시험하는 것을 배우기 시작했고, 마침내 우리의 애착 유형은 무수히 많은 일일 퀴즈의 결과를 보여준다.

안정적인 개인과 불안정한 개인 모두 안정적인 사람들에게 더 끌리는 것은 사실이지만, 양가적인 사람들이 양가성이 있는 다른 사람에게 상대적으로 끌린다는 증거도 있다. 양다리를 걸치는 사람들이 그들의 관계에 대해 상대적으로 불만족스러워 한다는 점은 그리 놀랍지 않다. 쉽게 상상할 수 있듯이 양가-회피적 쌍은 문제를 만드는 비법이며, 양가적인 아내들은 특히 회피적인 남편에 대해 불만이다. 이렇게 어울리지 않는 관계는 종종 오래 지속되지만 불행하다. 남편의 회피성은 애착관계가 지지부진하다는 아내의 견해를 확인시켜 주고, 아내의 요구는 남편의 견해를 확인시켜 준다. 애착관계가 비지지적이라는 아내의 요구는 너무 가까이 가는 것은 현명하지 못하다는 남편의 견해를 확인시켜 준다. 따라서 그 관계는 권력 투쟁 및 증가하는 쫓아가기-거리두기 주기에 의해 특징지어진다. 최악의 경우 그러한 갈등은 관계에서 폭력으로 이어질 수 있다. 나의 설명이 담고 있듯이, 불안정 애착은 성역할 고정관념을 보여주는 행동과 관련이 있는 경향이 있다. 그러나 이러한 불일치한 조합으로 특징지어지는 동성 관계에서 뿐만 아니라 양가적 남자와 회피적 여자의 관계에서도 비슷한 갈등이 뒤따르는 것 같다. 최악의 경우 불안정 애착 유형을 가진 두 파트너의 불안정성이 잔인한 순환 속에서 서로를 집어삼킬 수 있다.

Earl과 Earline은 둘 다 안정을 위해 다투고 서로 상대방의 안정을 갉아먹으며, 서로의 모습을 거울처럼 비추었다. Earl은 Earline이 다른 남자 때문에 자기를 떠날까 봐 두려워하였고 극도로 집착적이었다. 그의 집착적이고 통제적인 행동에 분개하면서, Earline은 늦게까지 밖에 있으면서 Earl 앞에서 때때로 다른 남자에게 추파를 던지는 것으로 보복했다. Earl은 이어서 음주로 보복했다. 술을 마시면 질투심에 불타는 분노에서 풀려날 수 있었다. 또 술에 취한 상태에서 난폭 운전을 하였고 Earline에게 그 사실을 알렸다. 놀란 그녀는 그가 자살할까 봐 걱정된다고 말했다. 그는 "그래서 뭐? 너는 괜찮을 거야"라고 반응했다. 당황한 Earline은 자기 혐오에 부채질하며 분노를 가라앉히려고 애쓰고, 폭음하며 나쁜 감정을 몰아내기 시작했다. 그녀는 부분적으로는 자신의 수치심 때문에 더 고립되고 철수하였다. 그녀는 점점 더 외로움을 느끼며 우울증에 빠져들고 있었다.

　Earl과 Earline은 자기도 모르게 교대로 서로의 불안정에 기름을 부으며 불안정을 증가시키는 방식으로 그 문제를 다뤘다. 각자는 두려움과 분노, 무력감, 걷잡을 수 없는 감정을 느꼈다. Earl은 Earline을 가까이 하기 원했으나 그녀를 멀리 몰아냈다. 그의 무모한 행동은 도와달라는 필사적인 표현이었지만, 그의 행동은 Earline이 어떠한 지지와 위안도 제공할 수 없을 정도로 Earline을 두렵고 분노하게 만들었다. 마찬가지로 Earl은 폭음, 몰아내기, 우울에 점점 빠져들면서 정서적으로 Earline과 멀어졌다.

❏ 애착안정성에 있어서의 지속과 변화

　Bowlby(1973)는 성인기 애착 안정성에 대해 다음과 같이 강력하게 주장했다. '애착 인물의 가용성에 대한 확신, 혹은 그 부족에 대한 확신은 유아기, 아동기, 청소년기의 미성숙한 세월 동안 천천히 쌓이고… 그 세월 동안 발달된 어떤 기대감들은 남은 인생 내내 비교적 변하지 않고 지속되는 경향이 있다.'(p. 202).

　Bowlby의 주장은 성인애착 관련 후속 연구에 의해 어느 정도 타당화되었다. 애착 안정성의 개인차는 아동기에서보다 성인기에서 더 지속적이며, 생후 1주일에서 25세의 기간에 걸친 애착 유형 안정성에 대한 연구는 평균적으로 약 70%의 사람들이 일관된 유형을 갖는다는 것을 보여준다(Mikulincer & Shaver, 2007a). 내적작동모델은 안정성을 강화하는 경향이 있다(Feeny, 2008). 즉, 개인은 자신의 신념과 일치하는 파트너를 선택하고, 이러한 믿음과 일치하는 관계에 관심을 기울이며, 작동모델을 확인하는 방식으로 행동한다. 요컨대, 애착 유형은 스스로 지속되는 경향이 있다. 안정 애착에서 신뢰는 신뢰를 낳고, 갈등은 표현되고 해결된다. 양가 애착은 상대의 둔감함에 매우 예민하고 파트너를 철수하게 만드는 밀고 당기는 패턴을 보이면서 불안정을 악화시킨다. 회피는 타인이 의존할 만하고 반응적일 수 있다는 것을 배우지 못하게 하는 정서적 거리감이 상대적으로 경직된 유형이라는 점에서 자기영속적이다.

안정 애착에 있어서는 상대적인 안정성에 반가워해야 하고, 불안정 애착과 관련된 안정성에 대해서는 관심을 가져야 한다. 그러나 성인기에서의 안정성은 정도의 문제이며 변화가 가능하다. 아동기에서처럼 안정은 삶의 경험에 의해 수정될 수 있다. 반복해서 말하면, 내적 모델은 어느 정도 수정될 수 있는 *작동하는* 모델이다. Mikulincer와 Shaver(2007a)는 다음과 같이 요약한다.

> 소수의 연구들이 성인애착 유형에서의 변화가 기존의 작동모델에 도전하는 애착 관련 경험에 의해 설명될 수 있는지 탐구했다. 안정 애착 유형으로 성인 세계에 진입한 사람들에게, 불안정한 경험으로는 거절, 반감, 혹은 비판당하는 경험, 애착유대의 깨짐, 애착인물의 분리 또는 상실 등이 포함된다. 불안정한 사람들에게 있어 연인과의 지속적이고 안정적인 애착 유대의 형성, 긍정적인 대인 상호작용, 좋은 결혼, 성공적인 심리치료, 사랑해주고 보살펴주는 부모가 되는 것, 그리고 가용하며 민감하고 지지적인 관계 파트너와의 만남 등은 자기와 타인에 대한 그들의 부정적인 모델을 반박할 수 있게 한다. 아동기와 청소년기에서처럼 이러한 변화하는 생활환경은 사람들이 자신의 애착행동과 작동모델을 성찰하고 재평가하도록 격려할 수 있다(p. 143).

심리학에서 모든 연구가 이 점에 있어 일치하는 것은 아니다. 저자들은 주요 관계 사건과는 무관해 보이는 안정성의 변동 중 일부는 핵심적인 불안정과 관련된 비지속성의 반영일 수 있다는 점에 주목한다. 조사 결과가 증명하듯이, 안정과 지속성이 안정과 지속성을 얻는 경향이 있으며, 치료 관계는 이 목적을 향한 하나의 통로일 뿐 결코 유일한 길은 아니다.

아동학대, 애착 안정성, 그리고 성인기 정신장애 사이의 관계에 대한 발달적 연구에서, Antonia Bifulco와 Geraldine Thomas(2012)는 학대와 성인기 장애 사이의 직접적인 연관성을 발견하지 못했다. 오히려 장애는 계속되는 애착의 불안정과 관련이 있었다. 학대받은 경험이 있는 사람들 중 상당수는 이후에 가정 밖에서 비교적 안정 애착관계를 발달시켰다. 특히 청소년기는 또래 관계를 통해서 뿐만 아니라

학교에서의 자존감 세우기 성공을 통해 종종 변화의 경로로 작용했다. 이 연구는 우리의 치료적 노력이 지향하는, 즉 좋은 관계가 치유한다는 상식을 뒷받침한다.

❑ 애착안정성의 세대 간 전수

아동기 애착을 리뷰하면서 나는 놀랄 만한 연구결과를 분명하게 보여주었다. 그것은 20분간의 실험실 상황(Ainsworth의 낯선상황)에서 양육자와 관련한 유아의 애착행동을 관찰하는 것이 성인기의 애착과 적응을 (완벽하게는 아니지만) 예측한다는 점이다. 똑같이 놀라운 결과가 여기에 있다. 그것은 아동기 애착관계에 대한 임산부와의 인터뷰가 출산 후 1년 후 20분간의 실험실 상황에서 그녀에 대한 자녀의 애착 안정성을 예측한다는 점이다(Fonagy, Steele & Steele, 1991).

낯선상황 실험에서 애착과 돌봄을 관찰하고 분류한 폭넓은 경험을 바탕으로, Mary Main과 동료들은 부모의 애착 유형과 유아자녀의 애착 유형을 조합할 목적으로 참여자들의 반응을 코드화하는 방식과 성인애착면접을 개발했다(Main & Goldwyn, 1994; Main, Hesse & Kaplan, 2005; Main, Kaplan & Cassidy, 1985). 이 절에서 성인애착면접에 대해 설명한 다음 유아의 안정 애착, 양가 애착, 회피 애착에 상응하는 부모 애착의 유형을 요약할 것이다. Main과 동료들이 부모의 애착 안정성과 유아의 애착 안정성 간의 조합을 찾는 데 성공했다는 사실은 우리로 하여금 세대 간 전수에 대해 말할 수 있게 해준다. 즉, 애착 안정성은 좋든 나쁘든 한 세대에서 다음 세대로 전해지는 경향이 있다. 따라서 애착 유형은 유전적 메커니즘에 의해서가 아니라 경험을 통해, 즉 수많은 애착-돌봄 상호작용에서 발달한 내적작동모델에 기초하여 다음 세대로 이어질 수 있다.

이 절에서 나는 성인애착에 더 초점을 둘 것이다. 이 장 초반에, 나는 성인기 연애 관계에서의 돌봄뿐 아니라 애착에 집중했다. 이제 나는 부모의 성인애착에 초점을 맞출 것이다. 왜냐하면 그것은 그들의 유아자녀가 갖는 애착과 관련이 있기 때문이다. 따라서 나는 안정 애착 및 불안정 애착이라는 동일한 기본 유형을 서로 다른 관계(예: 부모와 자녀 vs. 연인)의 맥락에서 고려하려고 한다. 더욱이, 이러한 관계를 평가하는 방법은 성인의 연애 관계에 대한 자기 보고 질문지 vs. 아동기 경험에 대한 인터뷰로 매우 다양하다. 하지만 모든 것이 깔끔하게 정돈되기를 좋아하는 나 같은 심리학자들이 좌절스럽게도, 다양한 평가들 간의 애착 분류에는 이견이 존재한다(Crowell, Fraley & Shaver, 2008; Mikulincer & Shaver, 2007a). 그러나 이러한 애착연구 분야는 부모의 아동기 애착이—성인의 마음속에서 표상되기 때문에—그들에 대한 자녀의 애착에 강하게 영향을 미친다는 완전한 사실 덕분에 우리의 관심을 끌고 있다.

성인애착면접(Adult Attachment Interview)

Main과 동료들의 AAI는 두 가지 의미에서 Ainsworth의 낯선상황 실험에 대응한다. 첫째, 이 두 가지 평가는 애착 연구의 공동 기초가 되었고, 함께 사용되어 몇 가지 주목할 만한 결과를 낳았다. 둘째, 낯선상황처럼 AAI는 애착이 포함되는 정서적 스트레스 상황에서 애착 안정성을 평가하도록 설계되었다. 즉, 인터뷰 질문은 아픈 기억과 강한 감정을 불러일으킬 수 있는 가능성이 있다. 나는 매우 민감한 전문가(Mary Target)에게 인터뷰를 받아 본 적이 있기 때문에 이를 입증할 수 있다. 나는 인터뷰하는 동안 슬픔에 휩싸였었다. 따라서 참여자는 정서적 각성의 와중에서 복잡한 경험에 대해 의미 있는 설명을 하도록 도전받는다. 그렇게 할 수 있는 능력은 안정 애착의 징표이다.

인터뷰는 당신에게 애착과 관련된 인생사에 대해 묻는다. 20개의 질문으로 구성되어 있으며 평균적으로 1시간 정도 소요된다(Hesse, 2008; Main, Hesse & Goldwyn, 2008). 다음은 인터뷰 질문의 개요다. 면접자가 성장기 동안의 가족 관계에 방향성을 맞추면, 당신은 가능한 예전으로 거슬러 올라가서 기억나는 대로 당신의 부모님과의 관계를 설명하도록 요청받는다. 구체적으로 당신은 엄마와 아버지를 특징짓는 다섯 가지 형용사(예: 사랑하는, 산만한, 가혹한, 애정 어린, 혼란스러운 등)를 제공한다. 그리고 나서, 각각의 형용사와 각 부모에 대해, 구체적 기억을 예시하도록 요청받는다. 예를 들어, 당신은 아버지가 혼란스러웠던 특정한 어린 시절의 사건을 묘사한다. 특히 애착 경험을 조사하기 위해, 당신은 부모에 대한 친밀감, 당신이 화가 나거나 다쳤거나 아플 때 부모님이 어떻게 반응했는지, 부모님과 떨어져 있던 경험, 그리고 당신이 부모로부터 거부당하거나 위협을 느낀 적이 있는지 등의 질문을 받는다. 당신은 또한 다른 어른들과의 애착관계뿐 아니라 당신의 일생 동안 가까운 애착 인물들의 상실에 대해서도 질문을 받는다. 이 모든 경험들은 구체적인 사건들에 대한 기억을 가져오면서 구체적으로 탐색된다.

또한 인터뷰는 초기 경험의 의미와 이러한 초기 애착관계의 장기적인 영향에 대한 이해를 반영하도록 당신을 초대한다. 예를 들어, 당신은 그 경험들이 자신의 인격 발달에 어떤 영향을 미쳤는지, 부모님이 그렇게 행동한 이유는 무엇이라고 이해하는지, 부모와의 관계가 아동기에서 성인기로 어떻게 변했는지, 그리고 그들이 아직 살아있다면 현재 관계의 성격은 어떠할지 등에 대해 질문을 받는다. 또한 자녀와의 관계(혹은 자녀가 없을 경우 이러한 관계를 어떻게 상상하는지)에 대해서도 질문을 받게 된다. 당신은 자녀들과 떨어져 지낸 경험과 부모와의 관계가 자녀들과의 관계에 어떤 영향을 끼쳤는지에 대해 질문을 받는다. 당신은 또한 자녀들의 미래에 대한 당신의 소망에 대해 질문을 받는다.

여러 가지 면에서, 한 시간 동안 이루어지는 AAI는 잠재적으로 고통스러운 어린 시절의 애착관계를 탐색하기에 심리치료 회기와 유사하다. 인터뷰는 정서적 표현과 정서적 경험의 의미에 대한 성찰을 장려한다. 따라서 AAI는 평가지만 심리치료 과정에 비교적 매끄럽게 포함될 수 있다. 이러한 질문은 '현재 문제들이 아마도 아동기 경험, 그리고 아동기 경험의 결과로서 생각하고, 느끼고 행동하는 방식에 기초할 수 있다는 사실을 내담자에게 환기시키는 역할을 한다.'(Steele & Steele, 2008, p. 12). 따라서 AAI는 탐색적 치료 과정에 대한 내담자의 적합성을 측정하는데, 치료적 동맹을 구축하는 데, 핵심 관계 문제를 설명하는 데, 그리고 치료로부터 받을 이점을 평가하는 데 채택될 수 있다(Jacobvitz, 2008; Jones, 2008).

분명히, 애착 연구에 AAI가 상당한 기여를 한 주된 이유는 임상적 관련성에 있다. 내적작동모델이 양육자와의 실제 경험에 대한 충분히 정확한 표상이라는 Bowlby의 견해에 따라, 면접자는 초기 관계의 질에 대해 판단을 내린다. 유의한 상실을 기록하는 것 외에도, 면접자들은 부모가 당신의 애착 요구를 거부하거나, 학대하거나 방임하거나, 성취하도록 압력을 가하거나, 역할을 뒤바꾸는(즉, 당신을 친구나 양육자의 역할에 놓는) 등의 부정적 경험을 평가한다. 그리고 나서 면접관들은 당신의 부모 각자가 사랑이 많았는지 아닌지에 대한 전반적인 판단을 내린다. 실제 경험에 대한 당신의 기억은 중요하지만, 그것이 애착 안정성을 결정하는 주요 근거는 아니다. 그 기억들 속의 긍정적인 아동기 경험이 반드시 안정 애착으로 이전되는 것도 아니고, 부정적인 경험이 불안정 애착으로 꼭 이전되는 것도 아니다.

당신이 아동기에서 기술하는 실제 경험보다 더 중요한 것은 애착에 대한 태도로 애착과 관련된 현재 마음 상태와 그들의 경험을 이야기하는 방식이다. 인터뷰의 형태가 내용보다 더 중요하다. Main과 동료들(Main, Hesse & Goldwyn, 2008)이 말하는 것처럼, 인터뷰에서 당신은 다음의 두 가지 과제를 다루어야 한다. '(1) 애착 이력과 관련된 관계와 경험을 말하고 성찰하는 동시에 (2) 면접자와 일관된 대화를 유지한다."(p. 35). 따라서 당신은 감정이 있는 경험에 대해 효과적으로 기억하고 성찰하며 소통해야 하는 도전을 받는다. 이에 따라 인터뷰는 '애착에 대해 이야기하는 것에 대한 반응으로 정서와 주의를 조절하는 깊이 내재된 전략에 있어서의 개인차를 뚜렷하게 하기 위해 설계되고 구조화된다.'(p. 37). 언어학에서의 배경을 활용하여 Main은 "이상적으로 합리적이고 협력적인 대화를 위한 필수요건"을 구성하는 다음과 같은 4개의 금언(pp. 39−40)을 바탕으로 인터뷰에서 이루어진 의사소통의 질을 평가했다.

질: "진정성 있어라, 그리고 말한 것에 대한 증거를 가져라."

양: "간결하지만 완전하라."

관계: "제시된 주제와 관련이 있어라."

자세: "분명하고 질서정연하라."

AAI에서 이러한 의사소통의 금언을 따를 수 있는 능력이 안정 애착의 지표이며, 놀랍게도 이런 방식으로 면접자와 애착에 대해 말하는 부모의 능력이 유아의 애착 안정성을 예측한다. 이러한 금언을 일관되게 따르는 것은 어떤 대화에서도 어려울 수 있다. 고통스럽거나 무서운 애착 경험에 대해 이야기할 때 그렇게 하는 것은 특히 어려운 일이다.

애착 원형에 있어 부모-유아 유형의 조합을 나타내는 용어는 성인애착 문헌에 따라 약간씩 차이가 있다. 이러한 차이점들은 우리가 부모나 유아를 다음과 같이 언급하고 있는지 여부를 염두에 두도록 한다.

- 유아 "안정" 애착은 부모의 "안정-자율" 애착과 같이 간다.
- 유아 "양가-저항" 애착은 부모의 "몰두형" 애착과 같이 간다.
- 유아 "회피" 애착은 부모의 "무시형" 애착과 같이 간다.

안정-자율 애착

방금 설명한 바와 같이, AAI에서 안정-자율 애착 유형의 지표는 담화의 일관성(narrative coherence)으로, 이는 당신의 초기 애착관계에 대해 이해할 만하고 정서적으로 관여되어 있으며 신뢰할 만한 이야기를 예를 들어 묘사한 기억과 경험으로 채워 말할 수 있는 것이다. 그러한 담화의 일관성은 정확히 심리치료에서 성취하기 위해 노력하는 것에 해당한다. AAI의 모든 특징 중에서 부모의 서사적 일관성은 유아자녀의 애착 안정성을 가장 잘 예측해주는 것이다. 서사적 일관성은 앞에서 논의된 내적 안전기지를 포함하여 애착과 관련된 정신의 일관성을 의미한다. '안정'이 시사하는 바와 같이, 참여자들은 그들의 애착 이력과 관계에 대해 편안해 한다.

Main과 동료들(Main, Hesse & Goldwyn, 2008)은 담화에 나타나는 일관성의 특징을 다음과 같이 말했다.

화자는 애착에 대해 꾸준히 발전하고 있는 생각의 흐름을 보여준다. 그 사람은 어떤 일시적 정지나 주저함을 보이며 성찰적이며 느리게 말할 수 있다. 혹은 생각의 빠른 흐름을 가지고 신속하게 말할 수도 있다. 그러나 전반적으로 그 사람은 주제에 대해 마음이 편한 것 같고, 토론은 흔히 신선함을 갖는다(p. 53).

서사적 일관성의 결정적인 측면은 부모에 대한 일반적인 기술(즉, 형용사)과 정서적으로 진실하고 설득력 있는 구체적인 기억 간의 조합이다. Main과 동료들은 엄마를 "사랑이 많은" 것으로 기술하는 예를 다음과 같이 제시한다.

반   응: 아... 당연히 내가 정말 어려서 악몽을 꿨을 때, 엄마는 내 방에 들어와 두려움이 거의 없어질 때까지 나에게 말을 건네고, 내 기분이 나아질 때까지 함께 앉아 있곤 했어요. 내가 아프면 엄마는 항상 거기에 있었고, 내가 제대로 한다면 엄마는 나를 조금 애지중지했던 것 같아요.

면접자: 좋아요, 글쎄... 나는 당신이 엄마의 사랑을 알았던 구체적인 시간이나 사건을 기억하는지 궁금해요.

반   응: 그거 어렵네요... 아, 내가 우리 반에서 몹시 화를 냈던 다른 애한테 무조건 비열했던 적이 기억나요. 그 아이의 화학실험을 망가뜨려서 선생님이 나를 혼냈어요. 엄마가 역시 옳았어요. 음, 내가 집에 갔을 때 엄마는 나에게 무슨 일이 있었는지 물어보셨고 나는 그 일에 대해 얘기했어요. 엄마는 내가 다른 아이에게 사과해야 한다고 말했어요. 엄마는 나를 대신해 그 애 부모님께 전화를 걸었고, 어쨌든 엄마가 옆에 있으면서 사과하는 일은 그리 어렵지 않았어요(Main, Hesse & Goldwyn, 2008, pp. 42-43).

그러한 안정-자율 인터뷰의 신선함(freshness)은 참여자들이 종종 새로운 관점과 통찰력을 떠올리며 스스로에 대해 생각하고 있다는 것을 보여준다. 신선함의 반대말은 거의 생각이나 정서적 관여를 필요로 하지 않는 진부하고 상투적인 표현이다. 성찰능력은 신선함과 일치한다. 참여자들은 모순을 인식하고 이에 대해 논평하며 기억의 오류성에 대해서도 인식하고 있다. 그들은 또한 형제가 관계를 다르게 보는 것과 같은 그들의 편향과 서로 다른 관점을 인식하고 있다. 사실상, 애착이론에 대해 교육을 받지 않은 채 그들은 애착의 작동모델에 대해 이야기하고 있으며, 이러한 모델들은 거의 정확하지만 항상 수정될 수 있는 정신적 표상이라는 점을 인식한다. 실제로, AAI 과정에서조차 참여자들은 자신의 생각을 재평가할 수 있었다 (예를 들어, "내가 지금 이 기억들에 대해 생각해보면, 아마도 아버지는 내가 인식하는 것보다 나에게 훨씬 더 중요할지 모르겠다."). 이렇게 성찰적인 양질의 안정-자율적 인터뷰는 애착 안전기지, 즉 관계를 탐색하는 심리적 자유의 예가 된다.

마지막으로 안정-자율적 인터뷰의 특징은 애착을 향한 긍정적인 태도, 즉 애착 관계에 가치를 부여하는 태도이다. 이러한 태도는 타인을 필요로 하고 그들에게 의지하는 것뿐 아니라 타인을 그리워한다는 점에서 분명하게 나타나는 의존성의 수용을 포함한다. 이러한 긍정적인 태도에는 부모뿐만 아니라 자신에 대한 관용, 용서, 수용, 연민도 포함된다. 따라서 안정-자율적인 사람들은 균형 있고 현실적인 관점을 취하면서 그들 자신과 부모의 불완전함을 쉽게 이야기한다.

양친이 모두 사랑이 많았던 것으로 면접자에게 평가받은 참여자는 안정-자율적 애착(Main, Hesse & Goldwyn, 2008)으로 분류될 가능성이 높다. 그러나, 앞서 말한 바와 같이 그것은 당신의 실제 경험이 아니라 현재 당신이 자신의 안정을 결정하는 경험(즉, 애착과 관련된 현재의 마음 상태)과 관계 맺는 방식이다. 당신은 외상적인 애착 이력을 포함하여 역경의 이력을 제공할 수도 있지만 면접자에게 당신이 이러한 경험들을 받아들이게 되었다는 것을 보여줄 수도 있다. 즉, 역경에도 불구하고 당신은 현재의 애착관계에 높은 가치를 둘 뿐 아니라 부모와의 관계에 대한 일관성 있는 이야기를 제공할 수도 있다. 만약 당신이 일관성 있는 이야기를 제공하고 면접자가 당신의 부모가 어린 시절에 사랑하지 않았다고 결론을 내린다면, 당신은 '획득된(earned)' 안정을 보여주는 것으로 간주된다. 이 경우에 (상대적으로 검증되지 않은) 당신은 아동기에 불안정했을 가능성이 높지만 그럼에도 불구하고 살면서 나중에 애착 안정성을 달성하는 데 어떻게든 성공했다는 것이다(Hesse, 2008). 심리치료는 그러한 안정을 "획득할 수 있는", 즉 애착 안정성을 향해 작업함으로써 획득할 수 있는 하나의 방법이다(Levy et al., 2006). 앞서 설명한 바와 같이, 다른 안정 관계 또한 당신이 안정을 달성할 수 있도록 해준다(Bifulco & Thomas, 2012).

안정의 획득은 애착의 세대 간 전수를 방해하는 한 가지 방식이다. 부모와의 외상적 관계 이력이 있으면, 안정은 다른 관계를 통해 얻어져야 한다. Jacobvitz (2008)가 보고한 바와 같이,

> 아동기 동안 양친과 애정 없는 관계를 가졌던 것을 상기한 여성들 가운데, 다른 애착 인물로부터 더 높은 수준의 정서적 지지를 받았던 사람들은 AAI에서 안정-자율 유형으로 분류되는 경우가 더 많았고, 그들의 유아는 낯선상황 실험에서 평가될 때, 안정 애착으로 분류되었다(p. 480).

이러한 부수적인 관계에는 교사, 이웃, 치료자가 포함된다. 따라서 Sroufe와 동료들이 지적하듯이 역경에 직면했을 때의 회복력은 애착이론과 일치한다. 부모와의 부정적인 경험을 기술했던 사람들이 성인애착면접에서 안정-자율 애착으로 부호화되었다.

> 수집된 정보를 보면, 이 사람들은 유아 때 불안정 애착이었던 것 같지 않았다. 그들의 관찰된 부모의 지지는 자율적 상태를 달성하는 다른 사람들의 부모 지지와 비슷했다. 역경을 극복한 사람들은 이후 가용했던 긍정적인 플랫폼이나 균형 잡힌 지지로 인하여 그렇게 되었다(Sroufe, Egeland, Carlson & Collins, 2005, p. 227).

몰두 애착

유아의 양가-저항 애착의 성인 상대는 몰두 애착으로, 이는 '초기 애착이나 애착 관련 경험에 의해 사로잡혀 있는' 애착이다(Hesse, 2008, p. 552). 따라서 애착을 논하는 데 있어서 몰두는 편안함의 명백한 결여를 반영한다.

몰두형의 인터뷰에서 참여자들은 관련 없는 주제로 헤매면서 횡설수설하고 모호하며 지나치게 상세하다. 일관성이 결여된 인터뷰의 특징은 문법적으로 얽힌 문장으로 이루어지며, 따라서 다음 예제와 같이 따라가기가 어렵다.

> 면접자: 당신이 그 관계를 설명하기 위해 왜 그 단어를 사용했는지 좀더 말해 주시겠어요?
>
> 응　답: 음, 우리 엄마, 당신도 알다시피 엄마가 나를 그늘에 가렸던 것 같아요. 그리고 나는 엄마와 함께 산책하기 위해 달려갔던 아침들을 기억해요... 글쎄, 개가 엄마를 잡아당기고 있었고, 그런 목줄을 여전히 구할 수 있는지 잘 모르겠는... 이 정도로 커다랗고 긴 가죽 같았어요. 나는 어릴 때부터 그렇게 긴 것을 본 적이 없었어요. 하지만 그 때 이후로 많은 것이 변했어요. 당신도 알다시피 시내로 가는 걸 생각할 때조차 상점과 물건들을 볼 때도, 그리고 간판들이 있는 방식과 불빛과 이것저것을 볼 때도... 지금은 다른 세상 같아요...(Main, Hesse & Goldwyn, 2008, p. 53).

횡설수설하고 주제에서 벗어난 것 외에도, 몰두형의 인터뷰는 모순될 수 있다. 그 모순을 조화시키려는 노력이 전혀 없다. 예를 들어, "훌륭한 엄마, 사실은 그렇지 않아요. 엄마 노릇은 그녀의 분야가 아니었어요. 아니, 정말 내가 의미하는 건 그녀에게 감사하다는 거예요..."(Main, Hesse & Goldwyn, 2008, p. 58). 이렇게 말하는 것이다.

몰두형의 인터뷰는 또한 계속되는 분노, 부모에 대한 불만, 사소한 공격에 대한 장시간의 토론, 그리고 자기비난뿐 아니라 부모에 대한 비난으로 가득 차기 쉽다.

만약 당신이 몰두형이라면, 정서적으로 과거를 현재로 가져오는 기억에 빠져들기 때문에 과거를 제대로 성찰하기 어렵다. 당신의 몰두에는 부재중인 부모에게 마치 그들이 있는 것처럼 말하는 것이 포함될 수 있다. 엄마를 '골칫거리'로 기술한 데 대해 이를 뒷받침하는 예를 들어달라는 요청을 받은 한 인터뷰 참여자는 다음과 같이 대답했다.

> 엄마는 절제된 표현을 했는데도 고함, 고함, 고함소리였죠. "왜 이걸 하지 않았지? 왜 그렇게 하지 않았어?" 음, 엄마, 그건 당신이 항상 내 옆에 있기 때문이었어. 우리가 저녁을 먹었을 때 당신의 유일한 손자에게 소리 지르기 시작했던 지난주처럼. 그리고 화? 엄마는 나에게 화가 나 있고, 그녀의 가장 최근 남편에게 화가 나 있으며, 시야를 가리는 나무로 인해 이웃에게 화가 나 있어요 등등... 그녀는 골칫거리 이상이에요. 지난주 저녁 식사 때 말했던 것처럼 사소한 것들을 트집잡아요. 그리고...(Hesse, 2008, p. 560).

이 응답은 이 장의 앞부분에서 설명한 양가 애착의 발로 차고 매달리는 특성의 예가 된다. 면접 참여자는 관계를 놓을 수 없지만 원망스럽고 화가 난다. 이는 애착과 관련하여 감정적인 다이얼을 계속 켜두는 과잉 활성 패턴이다. 자신의 애착 이력에 대한 그러한 감정적 몰두는 적어도 간헐적으로 다른 사람의 애착 욕구에 대한 당신의 민감성을 방해할 수 있다. 당신은 이러한 방식으로 부모의 몰두애착과 유아 자녀의 양가-저항 애착 간의 상응을 이해할 수 있을 것이다. 몰두형 양육자는 유아의 애착 욕구에 반응하지 않거나 비일관적으로 반응하기 쉽다. 이는 유아로 하여금 이러한 욕구에 대한 양육자의 관심을 이끌어내려는 과잉활성화 전략을 채택하도록 한다. 몰두형 양육자를 정서적으로 계속 관여시키기 위해서 유아는 아마 화가 난 저항의 형태로 상당히 노력을 해야 할 것이다.

무시 애착

유아 회피 애착의 성인 상대는 무시 애착으로, 이는 '애착관계나 경험으로부터 무시당하고 평가절하되며 단절된' 애착이다(Hesse, 2008, p. 552). 몰두형의 인터뷰와는 극명하게 대조적으로, 무시형 인터뷰는 너무도 간단하다. 만약 당신이 무시형이라면, 형용사를 증거로 뒷받침할 수 없는 추상적인 기술을 할 것이다. 당신의 반응은 세부적으로 부족할 것이고, 그렇지 않으면 당신은 단순히 어린 시절 그 어느 것도 기억할 수 없다고 주장할 지도 모른다. 당신의 인터뷰 반응은 관계의 감정적 특성보다 사실을 강조한다. 예를 들어, 당신의 생일에 아버지가 많은 선물을 주었던 것으로 아버지가 사랑했다고 정당화 할 수도 있다. 여기 엄마가 사랑했다고 한 무시형 참여자의 설명이 있다. "내 생각엔, 글쎄, 엄마는 정말 예뻤고, 외모에 많은 신경을 썼어요. 엄마가 나를 학교에 태워다 줄 때마다, 운동장에 차를 세울 때 나는 항상 그것을 정말 자랑스러워 했어요."(Hesse, 2008, p. 558).

무시형이면 당신은 부모를 이상화하거나 평가 절하할 수 있다. 예를 들어, 면접자에게 당신의 엄마가 사랑하지 않았다는 것을 말해주는 이력을 이야기했음에도 불구하고, 당신은 그녀를 '멋진' 혹은 '최고의 엄마'로 특징지을지 모른다. 예를 들어, 한 청소년은 엄마가 반복적으로 그를 집 밖으로 쫓아내겠다고 위협했고, 결국 그렇게 했다고 보고했다. 그러나 그는 부모가 자신을 밀쳐낸 적이 없다고 주장했고, 엄마를 "뛰어난 사람"이라고 했는데 이에 대해 그는 다음과 같이 설명했다.

면접자: 뛰어나다는 게 뭐죠? 엄마와의 관계를 설명하기 위해 그 단어를 사용했잖아요.

응　답: 음, 우리 엄마는 뛰어난 사람이에요. 그녀는 내 머릿속에서 무슨 일이 일어나고 있는지 알고 있고 이 세상 누구보다 나를 잘 이해할 수 있어요. 그리고 그녀는 그냥, 아, 어떻게 설명할 수 있을까? 그녀는 항상 나를 위해 거기에 있었고 그래서 엄마가 뛰어나다고 생각해요(Main, Hesse & Goldwyn, 2008, p. 50).

그렇지 않다면, 당신은 애착관계에 대해 폄하하는 태도로—즉, 그 관계는 당신의 생각이나 관심에 합당하지 않고 사실상 시간 낭비인 것처럼 냉정하고 경멸적으로 일축하며— 말할 지도 모른다. 한 인터뷰 참여자가 "엄마? 아무도 아니에요. 아무 관계도 없어요. 다음 질문은요?"라고 대답했다(Hesse, 2008, p. 565). 또 다른 인터뷰 참여자는 엄마와의 관계에서 가장 만족스러운 것이 무엇인지를 묻는 질문에 "내 앞에서 사라질 때"라고 답했다(Main, Hesse & Goldwyn, 2008, p. 51). 아니면 경멸은 더욱 노골적일 수도 있다. [엄마와 관련해서] "음, 나는 그녀를 아기 때부터 단지 젖소(cow)라고 생각했고 증오했어요."(Main, Hesse & Goldwyn, 2008, p. 51).

애착과 돌봄에 대한 욕구가 없다고 말한다면, 당신은 스스로를 강하고 독립적인 존재로 제시할 가능성이 높다. 당신은 심지어 부정적인 경험을 긍정적인 시각으로 해석할 정도로 고통스러운 감정이나 부정적인 경험을 경시한다. 예를 들면, 다음과 같다.

> 부모님은 나를 엄하게 키웠어요. 그들은 혼을 낼 때 나에게 벨트를 사용했고, 남동생에게는 사용하지 않았죠. 나는, 그것 때문에 남동생보다 훨씬 힘이 셉니다. 직장에서의 스트레스를 동생보다 훨씬 더 잘 처리하고 있고, 내가 보기에 내가 더 독립적입니다(Main, Hesse & Goldwyn, 2008, p. 57).

앞서 기술한 바와 같이, 성인기 무시 애착은 *비활성* 패턴으로 애착욕구와 고통스러운 경험에 대해 다이얼을 끈다. 따라서 무시형 부모의 유아가 회피적이 되는 것은 그리 놀랍지 않다. 부모는 그들 자신에게처럼 유아의 욕구와 정서적 고통을 거부하기 쉽다. 이런 이유로 낯선상황 실험에서 분명하게 나타난 것처럼 유아는 고통스러울 때 위안을 얻기 위해 부모에게 가지 않는다.

❒ 애착 원형: 특징과 한계

지금까지 애착 분류의 가치를 옹호해왔기 때문에, 나는 지금 몇 가지 요건을 소개하고자 한다. 첫째, 정도가 문제지만 범주로서 유용할 수 있다. Hazan과 Shaver(1987)의 선구적 연구에 이어 성인애착을 측정하기 위해 보다 정교한 질문지가 다수 개발되었다(Crowell, Fraley & Shaver, 2008). 참여자가 직접 고르는 방식(즉, 애착 성향에 가장 잘 맞는 단락 설명을 선택하는 것)과 달리, 질문지는 안정과 다양한 형태의 불안정의 정도가 평가되도록 차원적 관점에서 애착 안정성을 평가한다. 이러한 다중 항목 평가에서 다음의 두 가지 광범위한 차원이 두드러진다. 근접성 vs 거리, 편안함 vs 불안이다(Brennan, Clark & Shaver, 1998). 안정성에는 친밀함이 수반되고, 양가성은 친밀함과 함께 불안정을 수반하며 회피성은 거리에 대한 (상대적인) 편안함을 수반한다.

둘째, 개인을 하나의 애착 분류에 할당하는 숱한 연구결과에도 불구하고, 애착 유형은 또한 관계마다 다르다(Bretherton & Munholland, 2008). 아동기와 성인기에는 한 부모에게 상대적으로 안정적일 수 있고 다른 부모에게는 상대적으로 불안정할(양가적 또는 회피적) 수 있다. 마찬가지로 한 연애에서는 비교적 안정적이지만, 다른 연애에서는 불안정할 수 있다. 친구 사이에서도 애착을 수반하는 정도에 따라 유사한 변화가 발생할 수 있다.

셋째로 관련된 특징은 주어진 관계 내에서, 서로 다른 형태의 불안정이 섞일 수 있다는 것이다. 예를 들어, 일반적으로 회피는 거부에 대한 두려움과 짝지어져 위로를 갈망하는 양가성을 숨긴다. 이러한 혼합은 놀랄 만한 일이 아니다. 마지막 장에서 검토한 바와 같이, 두 가지 형태의 유아 불안정은 돌봄에 있어 무반응뿐만 아니라 침해와도 연관될 수 있다. 결론적으로, 부모나 연인과의 관계에서 애착은 어느 정도 유동적이다. 예를 들어, 배신은 불안정을 조성할 것이고, 화해는 관계를 안정의 방향으로 되돌릴 것이다. 게다가 회피적 유형에서 보다 안정적인 유형으로 이동하기를 열망하는 것은 회피가 과거의 거부에서 생겨나고 친밀함을 향한 움직임은 필연적으로 불안을 자극한다는 양가성을 통해 전환을 수반할 수 있다.

넷째, 지금까지 나는 세 가지 전형적이고 조직적인 애착 전략에 집중해 왔는데 뒤늦게, 애착 연구자들은 유아기의 네 번째 유형인 혼란(disorganized) 애착 방식을 발견했다. 유아 혼란 애착은 학대뿐만 아니라 부모의 미해결 외상 및 상실과도 연관되었다. 유아기와 성인기의 그러한 외상성 애착 유형은 세 가지 조직적인 애착 유형을 능가하는 것이 아니라, 이러한 조직된 유형(잠재적으로 안정 애착을 포함) 위에 외상성 애착의 징후가 겹쳐진다. 이 네 번째 유형은 애착외상에 관한 장의 주제이다.

다섯째, 나는 Mario Mikulincer(Shaver & Mikulincer, 2011)가 강연에서 소개했던 '안정의 섬'(islands of security) 개념을 몹시 좋아한다. 이 생각은 심오하게 희망적이며 진실된 것으로서, 외상적 관계로부터 태동한 상당한 불안정과 싸우는 사람들조차도 안정의 섬을 제공하는 긍정적인 애착 경험을 가지고 있다. 안정의 기초를 강화하기 위해 우리는 반드시 이 섬들 위에 건설해야 한다. 그것이 작을지라도 안정의 섬이 없다면, 내담자들은 결코 치료자의 문 앞에 오지 않을 것이며, 비록 강압적으로 문에 올지라도 치료 과정을 시작하지 않을 것이다. 외상성 애착에 대해 내담자에게 교육할 때, 나는 매번 안정의 섬들을 신뢰의 기초로 강조한다. Mikulincer와 동료들의 안정성 촉진에 대한 연구는 이 섬에 발을 들여놓는 것을 수반한다. 특히, 내가 교육집단에서 이 생각을 이야기했을 때, 한 내담자는 일반적으로 안정적인 관계에서 불안정의 섬이 있을 가능성에 대해 잠재적으로 제기하였다. 이상적인 안정에 나쁜 영향을 주는 갈등이나 수치심의 영역을 강조하는 이 생각 또한 진실처럼 들린다. 안정과 불안정한 섬들의 존재는 안정이 정도의 문제고 서로 다른 애착 유형이 관계 속에서 섞일 수 있다는 원칙을 강화한다. 요컨대, 분류는 유용하지만 이상적인 모습을 대표하며, 현실에서는 그에 비해서 혼동스럽다.

여섯째, 이 장의 구성이 증명하듯이, 성인애착 연구 분야는 다소 두 진영으로 나뉘는데, 그것은 연애 관계의 질문지 평가에 중점을 둔 사회심리학적 전통과 아동기 애착과 관련한 성인의 심리 상태에 초점을 맞춘 구조화 인터뷰를 채택한 임상심리학적 전통이다. 이 장에서 입증하듯이, 두 연구의 줄기 모두 임상 실제에 주는 많은 정보를 담고 있다. 그러나 내 견해로는 현재의 애착 네트워크 속에서 내담자가 갖는 정서적 지지에 대해 철저한 평가가 이루어지는 것이 임상적으로 우선순위가 되어야 한다. Bifulco와 동료들의 애착 유형 면접이 대표적인 사례다(Bifulco, Jacobs, Bunn, Thomas & Irving, 2008; Bifulco, Moran, Ball & Bernazani, 2002; Bifulco & Thomas, 2002). 인터뷰는 파트너 뿐 아니라 부모와의 애착 이력을 포함하여 한 두 개의 추가적인 '매우 가까운 타인'과의 애착의 질을 평가한다. 따라서 인터뷰는 넓은 맥락의 사회적 지지를 구성하는 관계 네트워크 뿐 아니라 관계 전반에 걸친 애착 유형의 일반성을 평가한다. 인터뷰는 전체적인 애착 분류에 도달하도록 설계되었지만, 평가는 (a) 관계 전반에 걸쳐 다른 유형이 명백하게 나타나거나 (2) 다른 관계에서 서로 다른 유형이 분명하게 나타날 때 이중 분류의 가능성을 허용한다.

Bifulco의 분류 틀은 내가 논했던 다른 것들과 상당한 정도로 겹친다. 그녀는 안정, 얽힌(양가-몰두), 그리고 두려운 애착 양식으로 구분했으며, 마지막 양식은 애착 외상과 가장 현저하게 연관되어 있다. 그러나, 회피 애착 내에서 그녀는 분노-무시 애착 양식과 철회 애착양식을 유용하게 구별하는데, 이 두 양식 모두 높은 수준의 자립을 요구한다. 분노-무시 양식은 다른 사람에 대한 적대감, 불신, 배척으로 특징지어지는 분노의 회피성을 반영한다. 이와 대조적으로, 철회 양식은 상대적으로 냉정하고 합리적이며 실용적인 관계 맺기와 함께 정서적 거리에 대한 선호와 개인 사생활에 대한 선호를 반영한다. 이러한 구별은 주의를 기울일 가치가 있는데, 왜냐하면 분노-무시 양식은 임상적 장애와 관련이 있는 반면, 철회 양식은 그렇지 않기 때문이다. 이러한 발견은 분노-무시 양식이 높은 수준의 스트레스 및 관계 갈등과 연관되어 있다는 점에서 그리 놀랍지 않다. 반대로, 이상적인 안정에는 미치지 못하지만, 철회 양식은 자기 보호가 될 수 있다. 특히, Bifulco의 연구결과는 정도가 중요하다는 점을 강조하는데, 그것은 아동기 학대와 관련이 있더라도 약한 수준의 불안정은 임상적 장애와 관련이 없다는 것이다.

❏ 임상적 함의

지금까지 다룬 많은 근거들에서, 방금 소개했던 주의사항은 내가 안정 애착과 불안정 애착 유형의 원형을 규명하는 것에서 지나치게 단순화했다는 사실을 강조한 것이다. 심리치료에서 우리는 유형을 치료하는 것이 아니라 개인을 치료하는 것이다. 우리는 Alan Sroufe와 동료들(Sroufe, Egeland, Carlson & Collins, 2005)이 획기적인 Minnesota 종단 연구에서 내린 다음과 같은 결론에 주의를 기울여야 한다. '물론 발달이 복잡하다는 것을 알고 있었지만, 우리의 상상 이상으로 복잡하다는 것이 증명되었다.'(p. 301). 내담자들에게 지나치게 단순화 된 이론을 강요할 때, 치료자들은 내담자에게 해를 끼친다. 하지만 우리에게는 조사와 심리치료의 행위를 구조화하는 이론들이 필요하다. 우리 치료자들은 내담자에 대한 그리고 그들과 우리의 관계에 대한 암묵적이고 명시적인 내적작동모델을 개발한다. 그들도 마찬가지로 그렇게 한다. 애착이론은 이러한 모델에 대해 알려주고 작동 중인 모델로서 지속적인 수정을 시사한다. 치료자들은 복잡성에 대한 개방성을 유지해야 한다. 왜냐하면 내담자들의 진화하는 작동모델이 그들의 내적작동모델에 영향을 미칠 것이기 때문이다. 무엇보다도 우리는 열린 마음을 고취해야 한다.

이 처음 두 장에서, 나는 외상을 이해하기 위한 토대를 놓았다. 애착은 허리케인 태풍부터 폭행, 전투까지 모든 유형의 외상에 적합하다. 왜냐하면 외상성 스트레스는 위험에 처해있으며 고통스러운 감정의 범위와 관련이 있기 때문이다. 유아기부터 성인기까지 계속해서 정교화하면서, 당신은 애착을 통해 정서조절을 배우게 되며, 애착은 정서적 고통을 경감하는 주요한 방식으로 존재한다. 게다가, 당신은 안정 애착관계에서 가장 잘 배우고, 당신의 학습은 불안정 애착의 맥락에서 다양한 정도로 위태로워진다. 외상적인 애착관계는 가장 큰 어려움을 제기한다. 왜냐하면 당신이 두려움을 진정시키기 위해 필요로 하는 바로 그 애착을 두려워하는 것을 배우게 되기 때문이다.

나는 표적이 있으면 목표를 달성할 가능성이 더 높아진다는 Aristotle(Bartlett & Collins, 2011)의 제안을 좋아한다. 애착이론과 연구는 표적, 즉 안정 애착관계를 제공한다. 당신의 인내심에 의지하여, 나는 유아기부터 성인기에 이르기까지 분명하게 나타나는 안정 애착을 설명함으로써 크고 대담한 표적을 그리는데 상당한 노력을 기울였다. 이 표적은 부모-유아 치료에서부터 성인 심리치료에 이르기까지 우리가 치료에서 달성해야 할 것에 대한 방향을 정하는 데 도움을 준다. 애착외상의 맥락에서 보다 핵심적이고 보다 도전적인 안정 애착을 높이려는 목표를 이루는 곳은 어디에도 없다. 나는 심리적 안정에는 세 가지 핵심 측면이 있다고 제안하였다. (1) 애착 안정, 즉 당신이 괴로울 때 위안과 안정감을 위한 안식처에 의존하기, (2) 탐색 안정, 즉 관계의 세계를 포함한 세계를 탐색하는 데 있어서 자립적이 되기 위해 애착의 안전기지에 의지하기, (3) 내적 안전기지, 즉 실제 당신의 마음속에서 당신 자신과의 안정 애착관계를 개발하면서 연민, 돌봄, 격려로 자신과 관계 맺는 방법을 개발하기. 물론 애착 연구가 분명히 하듯, 당신 혼자서는 심리적 안정을 얻을 수 없다. 그렇게 하려면 안정 애착관계가 필요하다.

안정 애착 안에 분명한 표적을 가질 뿐 아니라 표적에 못 미치는 방법을 인식하는 것도 도움이 된다. 기본적인 불안정 유형은 단순하기 때문에 명료하고, 각각은 극명한 대조를 이룬다. 불안-양가(몰두) 애착에서, 애착 욕구가 안정적으로 충족되지 않을 때 당신은 더 애쓰는 전략을 채택한다. 당신의 고통과 좌절감을 잘 알리며, 당신이 위안과 안정을 위해 의지하고 있는 사람들에게서 더 많은 정서적 반응을 불러일으키기를 바란다. 회피(무시형) 애착에서, 당신은 괴로움을 관리하는데 혼자라고 느끼기 때문에, 자신의 주의를 정서적 고통으로부터 딴 데로 돌리고, 그것을 다른 사람에게 표현하지 않는다. 양가와 회피는 부족한 돌봄에 적응하는 합리적 방법이며, 이러한 전략은 생후 첫 해에 배운다. 분명히, 초기에는 이러한 전략들이 의식적인 결정에 기초하지 않는다. 그 전략들은 당신이 의존하는 사람들이 반응하는 방식에 비추어 당신의 애착 욕구를 관리하기 위해 만든 비교적 자동적인 절차들이다.

유아기에 시작하여 평생 동안 당신은 경험과 그것에 대한 해석에 기초하여 애착관계의 내적작동모델을 개발해 왔다. 이러한 모델에는 당신 자신에 대한 관점 ―예를 들어, 사랑받을 가치가 있는지 여부, 유능한지 여부와 같은― 뿐만 아니라 다른 사람의 반응 위에 세웠던 기대가 포함된다. 또한 이러한 모델에는 당신이 의존하고 있는 사람들과 상호 작용하는 방식, 즉 안정적이냐 양가적이냐 회피적이냐 하는 방식이 포함된다. 당신의 모델은 거의 정확하거나 당신의 관계에 대한 유용한 지침이 될 수 있다. 작동모델이기 때문에 그것들은 항상 진행 중이며, 잠재적으로 새로운 경험에 기초하여 수정될 수 있다. 따라서 작동모델의 개념은 좋든 나쁘든 핵심 관계의 운명에 따라 애착 안정성에 있어서의 지속성과 변화의 균형이라고 이해하는 것이 적합하다. 당신은 과거학습에 근거하여 관계 속에서 어떤 예측가능성을 제공해 주는 작동모델에 의존한다. 그리고 당신은 확실하게 반응적이며 신뢰할 수 있는 파트너들과의 관계를 형성함으로써 작동모델을 보다 나은 방향으로 바꿀 수 있다.

나는 당신이 애착이론과 연구 결과가 전적으로 상식적이라는 점을 인정하게 되길 바란다. 당신은 의지하는 사람들의 반응으로부터 편안하고 안정적인 방식으로 무엇을 기대해야 하는지 배운다. 그리고 배운 것을 반복하고 이전의 경험에서 배운 것을 현재의 관계까지 일반화하는 경향이 있다. 지속성이 우세하다는 점에서, 애착연구는 안정적, 양가적, 회피적 전략을 위한 세대 간 학습 패턴을 확립했다. 잠재적으로, 각 유형에 대해 다음과 같이 연결고리를 마음에 그려볼 수 있다. (1) 부모의 애착 이력과 관련하여 그들의 현재 심리상태를 (2) 부모가 유아자녀와 차례로 상호작용하는 방식에 연결하고 (3) 부모가 유아와 상호작용하는 방식은 유아가 부모를 향해 보이는 안정 유형에 연결되며, 그러면 (4) 아동기, 청소년기, 성인기의 적응으로 연결된다. 성인기에는 성인애착 유형과 돌봄 행동이 포함된다. 당연히, 만약 모든 것이 무한정 안정되게 유지된다면, 이러한 유형들은 세대에 걸쳐 전달될 수 있을 것이다.

지금까지, 나는 가장 심오한 형태의 불안정을 이끌 수 있는 애착관계에서 외상을 위한 단계를 마련해 왔다. 불안정 애착의 안정은 변화의 촉진에 주로 관심이 있는 나에게 중요한 문제다. 나는 안정을 증진하는 동시에 정서조절 능력을 강화하기 위한 지렛대를 찾고 있다. 나는 Ainsworth의 민감한 반응성 개념을 애착 안정성 발달의 근거로 받아들였다. Peter Fonagy의 애착이론과 연구에 대한 획기적인 기여가 확실한 안도감을 주었는데, 바로 민감한 반응성은 마음의 만남을 요구한다. 내 생각에는 다음 장 주제인 마음의 만남의 실패를 고려하지 않고는 애착외상을 완전히 이해할 수 없다. 다음 장에서는 애착외상의 이해를 위한 토대에 대해 다룰 것이다.

3장

마음으로 마음을 안아 주기

3

마음으로 마음을 안아 주기

나는 애착이론에 대해 당신이 잘 이해했을 것이라 여기며, 이제부터는 '민감한 반응성'(sensitive responsiveness)을 마음속에 새기길 바란다. 양육자의 민감한 반응성은 안정 애착의 발달에 필수적이다. 그리고 정서적 고통에 민감하게 반응하는 것은 개인의 내적 안전기지를 유지하는 데 필수적이다. Mary Ainsworth는 엄마의 민감한 반응성을 안정 애착의 연결고리라고 확인함으로써 발달 연구의 극적인 진전을 이끌었다. 그러나 민감한 반응성은 그 범위가 넓고 다소 모호한 개념으로 남아 있고, 안정 애착의 세대 간 전수 연구에서 민감한 반응성이 안정 애착과 관련이 적은 것으로 나타나 추후 연구에서 더 밝혀야 할 필요가 있다. 우리는 이를 "세대 간 전수에서의 공백"(van IJzendoorn, 1995)이라 했는데, 이는 무엇인가가 더 채워져야 한다는 의미이다. 어떻게 부모의 안정 애착으로부터 유아의 안정 애착을 얻을 수 있을까? 이 질문에 한 가지 혹은 단순한 답은 없다. 그러나 이 장에서 이 의문의 중요한 부분들을 설명하고자 한다. 그리고 다음 장(애착외상)에서는 안정 애착의 전수과정에서 무엇이 비어있는지를 설명하고자 한다.

민감한 반응성—유아, 상대방 혹은 자신에게—은 심리적 조율을 필요로 한다. Fonagy의 인상적인 구절에 의하면 "마음으로 마음을 안아주기(holding mind in mind)"이다. 이 장에서 나는 당신이 두 개의 개념을 이해했으면 한다. 바로 마음챙김과 정신화이다. 나는 무엇이 심리적 조율과 민감한 반응성을 만들어내는지 이해하기 위해서 마음챙김과 정신화라는 정신적 기술을 사용할 필요가 있다고 생각한다. 정신화는 특히 세대 간 전수의 공백을 채우는 하나의 방법으로써 주목할 만한 가치가 있다(Fonagy & Target, 2005).

당신이 이러한 정신적 기술을 사용하도록 돕기 위한 설명은 다음과 같다. 여러분은 마음챙김을 현재 경험에 대한 집중적인 자각이라고 생각할 수 있다. 그래서 당신은 꽃을 보면서 혹은 숨쉬기, 설거지를 하면서 자각에 주의를 둘 수 있다. 현재의 경험은 당신의 마음속에 무엇이 일어나는지를 포함하기 때문에(무엇을 느끼고 생각하는지), 당신은 또한 자신의 마음에 주의를 둘 수 있다. 마음챙김 훈련은 일반적으로 자신의 정신 상태를 자각하는 것을 키우는 과정으로 출발해서 다른 사람의 경험에 주의를 집중하는 것으로 확장된다. 당신은 자신뿐만 아니라 다른 사람의 정신 상태에도 주의를 집중하게 된다.

정신화는 자신과 타인의 정신 상태에 대한 주의를 집중하는데 필요할 뿐만 아니라 정신 상태와 관련된 행동의 더 복잡한 것들을 이해하기 위해 필요하다. 만약 당신이 이 책을 읽다가 불안해지기 시작한다면, 아마도 왜 불안해지는지를 이해하고자 자연스럽게 노력할 것이다. 그렇다면, 당신은 정신화를 하는 것이다. 만약 당신이 친구와 카페에 앉아있는데, 아무 특별한 이유 없이 친구가 웃기 시작한다면 왜 웃는지 친구에게 물어볼 것이다. "뭐가 그렇게 웃겨?" 이 때 당신은 정신화를 하는 것이고, 친구는 자신을 설명하고자 역시 정신화를 할 것이다.

이 장을 짧게 요약하면, 정신 상태에 마음을 집중하는 것이 정신화의 기초이며, 정신화는 마음의 상태의 원인들—맥락과 기원—에 대한 더 복잡한 이해이다. 나는 이 책에서 정신화에 큰 무게를 두고 있는데, 그 이유는 애착, 외상, 그리고 심리치료에서 정신화가 갖는 역할 때문이다. 또한 나는 세 가지 이유 때문에 이 책에서 마음챙김에 집중하였다. 첫째, 마음챙김(알아차림)에 대한 방대한 문헌은 정신화의 토대를 밝히고 있다. 둘째, 마음챙김─현 상태에 대한 주의 자각─은 매우 가치 있는 기술이다. 불교적 사고와 수련에 뿌리를 두고 있는 마음챙김은 숭고한 역사를 가지고 있다. 마음챙김 수련은 심리학자들 사이에서 대중화가 되어왔다. 많은 연구들이 이루어지고 있고 외상치료를 포함해서 심리치료의 광범위한 부분에 반영되고 있다. 마음챙김은 외상과의 연결이 분명하며 스트레스 감소와 정서조절에 영향을 미친다. 따라서, 마음챙김 수련은 외상과 관련된 만연한 문제들─스트레스, 불안, 우울─을 감소시켜 왔다. 셋째, 만약 당신이 이미 마음챙김을 알고 있다면, 당신은 내가 언제 정신화를 언급할지 궁금할 것이다. '마음챙김과 같은 것인가?' 내가 이미 암시했듯이, 두 개념은 비슷하지만 같지 않고, 나는 두 개념이 모두 애착과 외상을 이해하는 데 필요하다고 생각한다. 나는 둘 중에 더 단순하고 기초가 되는 마음챙김으로 시작할 것이다. 그리고 정신화를 논의한 이후, 두 개념이 어떻게 서로 조화를 이루는지 설명할 것이다.

❏ 마음챙김

호기심이 많고 개방적인 나의 지도감독자인 Peter Novotny가 수십 년 전에 마음챙김을 나에게 소개했다. 그는 내가 참여했던 명상집단을 이끌었는데 그 때 베트남 스님 Tich Nhat Hanh의 「평화는 모든 발걸음에 있다(Peace is Every Step)」라는 책을 추천했다. 이 책은 걸작이며, 우아하고 소박한 예술작품이며, 마음챙김 서적의 표본이다. 그는 살아있다는 것이 소중한 선물임에 집중하고 우리가 이 선물을 마음에 새기도록 격려하면서 글을 시작한다.

> 우리가 웃을 수 있고, 숨 쉴 수 있고, 걸을 수 있고, 음식을 먹을 수 있다는 것은 우리에게 할
> 수 있다는 행복을 줍니다. 우리는 살기 위해 무언가를 준비하는 것은 잘 하지만 잘 살지는 못합
> 니다. 우리는 학위를 위해 십년을 어떻게 희생하는지 알고, 직업을 갖고, 차나 집을 사기 위해

매우 열심히 일하려 합니다. 그러나 우리가 현 순간에 살아있다는 것을 기억하는 것은 어렵습니다. 우리가 살아있다는 것은 단지 현재의 순간입니다. 매 순간 숨을 쉬는 것에서, 우리가 취하는 모든 움직임에서, 우리는 평화, 기쁨, 평온으로 가득할 수 있습니다. 우리는 현재 순간을 살면서 오로지 깨어있는 것만이 필요합니다(Hahn, 1991, p. 5).

위 내용이 감동을 주는가? 물론, 심리학자들은 겉으로 보기에 단순한 마음챙김과 같은 개념을 처음 받아들일 때, 그들은 그 개념을 복잡하게 구성하고, 연구하면서 쉽게 동의하지 않았다(K. W. Brown, Ryan & Creswell, 2007; Davis & Hayes, 2011; Mikulas, 2011). 내가 처음 마음챙김을 알게 된 이후 20년 동안 마음챙김 수련의 효과가 정신건강을 포함한 건강 문제에 광범위하게 검증됨으로 인해 마음챙김에 대한 관심이 폭발적으로 증가했다. 연구들이 급증하였고, 마음챙김 전문가들은 일련의 회의를 통해 몇 가지 합의를 도출하였다(Bishop et al., 2004; S. L. Shapiro, Carlson, Astin & Freedman, 2006). 만성적 질병으로 고통 받는 사람들에게 정서적 도움을 주는 마음챙김 기반 스트레스 감소 훈련 프로그램(Mindfulness Based Stress Reduciton; MBSR)을 개발한 Jon Kabat-Zinn(1990)이 그 합의를 이끌었다. Kabat-Zinn(2003)은 마음챙김의 정의를 제안하였고, 이는 나의 견해에 영향을 주었다. '현재의 순간에 의도적으로 주의를 집중하는 것, 그리고 순간순간의 경험에 비판단적으로 주의를 집중하는 것을 통해서 일어나는 자각이다.'(p. 145).

Kabat-Zinn의 정의와 유사하게, Bishop과 동료들(2004)은 마음챙김의 두 가지 기초적 구성요소를 정교화하였는데, 현재의 경험에 *주의를 집중하는 것*과 비판단적으로 보고, 정서적으로 고통스럽다고 하더라도 그 경험을 *수용하는 태도*이다. 앞의 저자들이 동의했듯이, 마음챙김 수련의 세 번째 요소는 그것의 의도나 목적이다. 이는 우리가 마음챙김 수련의 바람직한 결과로써 생각하는 것이다. 나는 이 마음챙김의 세 번째 요소를 윤리적 렌즈를 통해 살펴보았다. 즉, 마음챙김은 시작부터 공고한 윤리적 기초의 맥락에서 발전하였고, 많은 수련에서는 영적인 차원을 포함하고 있다(Aronson, 2004; Wallace, 2009). 나는 이러한 마음챙김의 세 가지 요소를 검토한 후에 마음챙김이 명상과 심리치료에서 이루어질 수 있는 몇 가지 방법을 설명하고, 마음챙김의 치료효과 연구에 대해 설명하면서 마무리하고자 한다.

현재의 경험에 집중하기

알코올과 약물 중독자들을 위한 유명한 치료센터가 있는 미국의 Hazelden에서 있었던 강의 중에 한 내담자가 그의 경험을 이야기했다. 어느 날 강사가 와서 칠판에 크고 굵은 글씨를 적었다고 한다. "집중! 집중! 집중!" 집중의 중요성은 아무리 강조해도 지나치지 않는다. 집중은 의식의 필수 선결 조건(Dehaene & Naccache, 2001)일 뿐만 아니라 '의식의 기본적인 구조적 특성'(Shallice & Cooper, 2011, p. 447)이고 우리 모두의 의도적 행동의 기초이다. 정신적 삶에서 집중의 기본적 역할에 감명 받았던 나는 종종 이 내담자의 경험을 사람들에게 이야기하곤 한다. 그래서 나는 그 강사의 이야기를 듣고 기뻤는데 사실 이 말은 한 불교 수행자의 말로 William McIntosh(1997)의 논문에 인용되어 있다.

> 스님이 침묵 수행 중이었음에도 불구하고, 여행자는 인생에서 그를 이끄는 지혜의 말을 청하였다. 스님은 상냥하게 끄덕이며, 종이를 가져와 '집중'이라는 단어를 적었다. 여행자는 당황하였다. "이것은 너무 간단합니다. 조금만 더 설명해주시겠어요?" 스님은 종이를 다시 가져와 적었다. "집중. 집중. 집중", "무슨 의미입니까?" 여행자는 어쩔 줄 몰라 했다. 스님은 종이를 가져와 적었다. "집중, 집중, 집중은 집중을 의미합니다."(p. 47)

마음챙김의 핵심은 온전한 집중(bare attention)(Mace, 2008)이다. 즉, 생각이나 판단을 하지 않고 우리가 지각하거나 느끼는 것에 집중하는 것이다. 따라서 Bishop과 동료들(2004)은 마음챙김을 집중의 초점을 조절하는 기술로 이해했다. 즉, 지금 여기에서 무엇이 일어나는지에 주의를 기울이고 유지하는 것이다. 마음챙김에는 집중을 유지하는 것뿐만 아니라(예: 숨쉬기에 집중하는 것) 마음챙김이 안 되는 것을 눈치채고 유연하게 주의를 전환하는 것도 필요하다. 전형적으로, 우리는 과거나 미래에 대한 생각에 사로잡힐 때 마음챙김을 잃고 현재 순간에서 마음이 떠난다. 예를 들어, 현재에 집중하기를 노력하는 동안, 당신은 후회되는 말이나 망쳐버린 관계 등에 대해 반추하게 될 수 있다. 또는 당신은 내일 있을 갈등이나 잘못될 일에 대한 걱정을 할 수도 있다. 그렇게 하면서 당신은 스스로 비참해진다. Willam James는 몇 십 년 전에 이렇게 썼다. '나쁜 감정과 싸우는 것은 그것에 몰두하면서, 여전히 그것을 마음속에 가둬두게 한다.'(Fichardson, 2010, p. 132).

Tich Nhat Hanh(1991)은 '대부분의 시간 동안, 우리는 너무 많이 생각한다.' 그리고 '우리의 생각 중 매우 많은 것은 쓸모가 없다.'라고 보았다. 그는 다음과 같이 설명했다.

> 그것은 우리의 머릿속에서 각자가 가지고 있는 카세트 테잎이 밤낮으로 항상 돌아가는 것과 같다. 우리는 이것을 생각하고, 저것을 생각하고, 멈추기가 어렵다. 실제로 우리는 카세트에서 멈춤 버튼을 누를 수 있다. 그러나 우리의 생각에는 어떤 버튼도 가지고 있지 않다(p. 11).

마음에 집중하려면 기술적으로 사고, 감정, 감각의 이차적이고 상세한 과정을 억제하는 능력을 발달시켜야만 한다(S. L. Shapiro, Carlson, Astin & Freedman, 2006 p. 376). 걷는 데 집중하고자 할 때, 당신은 "이것은 지루해"라고 생각할 수 있다. 그리고 "나는 이걸 잘 못해"라고 생각하고, 더 나아가 "나는 절대 내 마음을 조절할 수 없어"라고 생각할 수 있다. 모순적인 것은 당신은 상세한 생각으로 표류하는 자기 자신을 잡기 위해 마음에 집중할 필요가 있다는 것이다. 다시 말하면, 당신이 당신의 숨소리나 꽃에 집중하듯이 당신은 마음에 집중해야만 한다. '마음과 함께... 마음을 관찰한다.'(Kornfield, 2009 p. 37). 당신이 당신의 마음이 어디로 가는지 빨리 발견하려 하면 할수록, 마음에 집중하기는 간단한 것 같지만 어렵다. 간단하게 말하면, "마음챙김은 당신의 마음에 대한 집중을 100번 잃고 101번 다시 돌아오는 것이다."(Roemer & Orcinol, 2009, p. 137).

경험에 대한 수용적 태도

이제부터 나는 단순하지만 더 어려운, 경험에 대한 수용적 태도를 갖는 것에 대해 이야기하고자 한다. 마음챙김은 개방적이고 호기심 어린 태도를 유지하는 것뿐만 아니라 모든 경험에 대한 비판단적 수용적 입장을 유지하는 것을 수반한다. 마음챙김에서 수용의 기본적 역할로 인해 마음챙김과 수용 기반 행동 치료가 치료적 접근으로 함께 묶일 수 있다고 생각한다(Roemer & Orsillo, 2009). 나는 마음챙김의 수용적 측면을 애착이론에 입각해서 조망하는 것을 선호한다. 즉, 당신의 정서적 고통을 향해 수용적 태도를 갖는 것은 안정 애착과 일맥상통한다. 따라서 고통스러운 감정에 대한 수용은 당신의 내적 안전기지의 주춧돌과 같다.

수용은 마음챙김처럼 많은 영적, 종교적 기원에서 숭고하고 복잡한 개념이었다(Williams & Lynn, 2010). 반세기 이상 동안, 심리학자들과 심리치료자들은 자기수용, 타인수용 및 그것들의 구체적인 관계에 관심을 가져왔다. 마음챙김의 주요 측면을 볼 때 수용은 마음의 상태와 관련된다. 이 맥락에서, 회피는 수용의 반대 개념이다. 당신의 경험에 호기심을 갖고 수용적 태도를 유지하는 것은 정서적으로 고통스러운 경험을 포함해야 한다는 것을 깨닫기 전까지는 쉬워 보일 수 있다(Bishop et al, 2004). 수용적 태도가 또한 외상적 경험과 관련된 두렵고 고통스러운 감정에 적용된다는 것을 고려해보자. 당신에게 떠오른 과거 경험과 더불어 두려움, 분노, 혐오, 창피함 그리고 죄책감과 같은 감정에 대해 탐구심을 갖는다고 상상해보자. 이는 간단한 원칙이지만 실제로는 매우 어려울 것이다.

외상적 정서에 직면할 때, 나는 수용에 대한 강력한 사례를 제시하고자 한다. 그렇게 하기 위해, 나는 수용과 회피를 대조하면서 시작하려고 한다. 그리고 수용을 좀 더 쉽게 하게 하는 두 가지 전략을 설명할 것이다. 첫째는 내적 세계와 현실 세계 간의 차이에 집중하는 것이고, 둘째는 고통스러운 정서를 경험하는 동안 가치 있는 행동에 기꺼이 참여하는 것이다.

우리가 치료접근의 이름에서 알 수 있는 것처럼, Steven Hayes와 동료들(Hayes & Strosahl, 2004; Hayes, Strosahl & Wilson,1999)에 의해 개발된 수용전념치료(Acceptance and Commitment Therapy: ACT)는 수용에 우선순위를 둔다. Hayes는 회피를 수용의 반대 극으로 지적하였다. 외상을 경험한 사람들은 외상과 관련된 고통스러운 감정, 이미지, 감각을 차단함으로써 외상의 기억을 회피하려는 경향이 있다. 회피는 외상후스트레스장애의 진단에서 핵심인데, 대처보다 회피가 당신을 꼼짝 못하게 하기 때문이다.

Hayes와 동료들은 상황 회피와 경험 회피를 구분하였다. 상황 회피는 단순하다. 즉, 만약 당신이 호텔에서 끔찍한 일을 당했다면 호텔을 피해야 한다. 경험 회피는 더 복잡하다.

경험 회피는... 특정한 개인적 경험을 하려 하지 않을 때 일어난다(예: 신체 감각, 정서, 생각, 기억, 행동 성향). 그리고 이것의 형태나 빈도, 야기한 맥락 등을 바꾸려고 시도한다(Hayes, Strosahl & Wilson, 1999 p. 58).

경험 회피에 사로잡히면, 당신은 아마 외상 경험과 관련하여 기억하기, 상상하기, 생각하기, 말하기 등을 회피하려고 애를 쓸 것이고, 그것과 관련된 고통스러운 감정을 회피하려 할 것이다. 하나는 특정 상황을 회피하려 노력한다. 다른 하나는 마음에서 회피하려고 노력하는 것이다. 경험 회피는 모순적 정신 과정 실험(iroinc mental processes attests)에 의하면 역효과를 보이는 경향이 있다(Roemer & Orsillo, 2009; Wegner, 1994). 즉, 당신은 마음속에 떠오르는 것을 회피하기 위해서 생각하기 싫은 것들에 대해 경계를 유지해야만 한다. 그러나 이러한 경계는 오히려 반대로 회피적 생각, 감정, 기억을 갖게 하는 경향이 있다. 당신이 5분 동안 호랑이를 생각한다면 고통스러운 전기충격을 받을 것이라고 듣는다고 상상해보자. 어떻게 할 것 같은가?

상황 및 경험 회피는 자연스러운 것이다. 즉, 고통으로부터의 도피보다 더 큰 보상은 없다. 물론 고통의 회피는 단지 그 순간뿐이다. 마취제를 사용하여 부러진 팔의 고통을 차단하는 것이 정형외과 의사에게 치료받는 것을 대체하지 못한다. 정서적 고통을 피하는 것은 문제를 직면하는 것을 피하게 한다. 최악의 상태로는 외상후스트레스장애를 갖게 되어 마음속에 두려움을 가진 채 사는 것이다. 그리고 회피는 삶을 사는 자유를 제한한다. 예를 들어, 호텔을 피하고 혼자서 어딘가로 여행하는 것을 피하게 된다.

따라서 마음챙김 수련의 주요 목적은 경험 회피를 경험 수용으로 반격하는 것이다. 즉, 우리의 생각, 감정, 감각에 대해 ─그것이 고통스럽더라도─ 열린 마음으로 수용하는 것이다. 당신의 마음속에 지나가는 반추, 강박사고, 걱정, 죄책감과 같은 생각을 만나는 것을 견딜 수만 있다면 수용은 더 쉬워진다. 불안하고 고통스러운 사고와 감정을 일시적인 것이 되도록 함으로써 마음에 집중하는 것은 수용을 더 쉽게 하게 한다. 만약 그러한 생각, 감정들과 싸우려 하지 않는다면, 당신은 그것들이 마음속에 지나가는 것을 발견할 것이다. 따라서 마음챙김 수련은 마음속에 오고 가는 생각을 수용하는 과정을 확장하도록 설계되어 있다(Hayes, Strosahl & Wilson, 1999). 예를 들어, 당신은 개울에 떠가는 나뭇잎을 쳐다보면서 강둑에 있다고 상상할 수 있다. 그리고 생각의 단어들을 지나가는 나뭇잎에 적는 것이다.

이제 나는 마음챙김과 정신화의 기본적 원칙을 말하고자 한다. 당신 마음속에 지나가는 것들은 현실과 동떨어진 것이다. 당신의 고통스러운 경험에 대해 수용적 입장을 유지하는 능력은 이러한 구별에 달려있다. 내 동료인 인지치료자 Tom Ellis는 그의 사무실에 큰 글씨로 이렇게 써 놓았다. "당신이 생각하는 모든 것을 믿지 마시오." 한 명상 선생님은 "보통 사람들은 하루에 17,000가지의 생각을 한다."고 하였다(Kornfield, 2009, p. 139). 나는 이 말이 얼마나 정확한지 모르겠으나, 여기에는 중요한 논점이 있다. 얼마나 많은 생각들이 정말로 가치가 있는가? 얼마나 많은 걱정거리들이 실제로 일어나는가? Mark Twain은 "내 삶은 절대 일어나지 않은 끔찍한 불행들로 가득했었다!"(Kornfield, 2009, p. 294)라는 명언을 남겼다. 마음은 상상력이 풍부하다. 창조하는 마음, 걱정하는 마음, 놀란 마음, 분노하는 마음 등이다. 당신은 모든 잘못될 수 있는 것들을 상상함으로써 당신 스스로를 미치게 할 수도 있다. 당신은 당신 마음을 공포에 사로잡히게 할 수 있다—인지 치료자들의 용어로 파국화이다. 최악을 상상하고 불안에 사로잡힐 때, 당신은 내적 세계와 현실 세계 간의 구별을 못할 수 있다. 당신은 위험에 처하지 않아도 두려움을 느낄 수 있다. 당신은 술을 마시지 않고도 술을 마신 것처럼 상상할 수 있다. 당신은 관련된 현실의 경험이 없어도 외상 사건을 기억할 수 있다. 당신은 실제로 자살하지 않더라도 자살을 상상할 수 있다. 마음(자살 생각)과 현실(자살 행동)로부터 물러나서 그들이 같지 않음을 인식하는 것처럼 마음챙김은 당신에게 이러한 여지를 준다(J. Holmes, 2011).

그래서 당신의 내적 세계와 외적 세계가 분리되어 있다고 여기는 것은 마음챙김의 중심이 된다. 따라서 마음속에서 일어나고 있는 것으로부터 거리를 두는 것에 유념할 필요가 있다. 즉, 그것으로부터 뒤로 물러나고, 관찰하고, 과도한 무게나 신뢰를 두지 않고 수용하는 것이다. 인지치료자들은 탈중심화와 탈융합이 마음과 현실 간의 구별을 유지시킨다고 일컫는다. 나는 지나침을 무릅쓰고 이 점을 설명하고자 한다. Segal과 동료들(Segal, Ma, Teasdale & Williams, 2007)은 탈중심화를 '자신의 생각과 감정이 절대적 진실이라는 자기의 주장에 반대하면서 이를 마음속의 일시적이며 객관적 사건으로 관찰하는 능력'(p. 234)이라고 하였다. 탈중심화는 무가치하다는 느낌과 실제로 무가치한 것 사이의 차이를 발견하는 것이다. Hayes와 동료들(Hayes, Strosahl & Wilson, 1999)은 인지적 탈융합이라는 용어를 사용하면서 인지적 융합과 반대로 이 개념을 이해하였다. 인지적 융합은 정신적 사건과 실제의 차이를 구별하지 못하는 것을 말한다. 기술적으로, 인지적 융합은 정신적 과정(걱정)을 자각하는 것에 실패하고 정신적 내용(상상한 위험)을 의심 없이 액면 그대로 사실로 받아들이는 것이다. 요약하면, "상징과 사건의 융합"(Hayes, Strosahl & Wilson, 1999, p. 73)이다. 이 같은 융합은 정신적 사건을 너무나 실제처럼 경험하게 하면서 경험 회피를 이끌고, 종종 압도되게 한다. 당신이 만약 자신의 생각이나 기억으로 끔찍하게 된다면 생각하거나 기억하기를 원치 않을 것이다. 따라서 수용전념치료의 목적은 인지적 탈융합을 촉진시키기 위해 정신적 내용에서 정신적 과정으로 주의를 이동시키는 것을 포함한다.

임상적으로, 우리는 내담자들에게 그들의 생각을 생각으로, 감정을 감정으로, 기억을 기억으로, 신체적 감각을 신체적 감각으로 보도록 가르치길 원한다. 이러한 것들은 본질적으로 그것 자체로 경험될 때 인간에게 해가 되지 않는다. 독성은 그것을 해롭고, 건강하지 않고, 나쁜 경험이라고 단정하여 통제되고 제거되어야 하는 것으로 여기는 것에서부터 나온다.

마음에 집중하고 탈중심화 또는 탈융합을 하는 과정에서 당신은 자신의 생각을 그대로 받아들이지 않는다. 실패라고 생각하는 것은 실패와 같지 않다. 도박을 하고 싶은 감정이 반드시 카지노에 가야 한다는 것을 뜻하는 것은 아니다. 당신은 당신 마음으로부터 약간의 거리를 갖는다. 물론, 당신이 믿어야 하는 많은 생각들도 있다. 만약 당신이 자동차로 벽을 향해 운전한다면 당신은 다칠 것이다. 만약 당신이 실제 당신을 위협하는 누군가를 두려워한다면 행동을 취해야만 할 것이다. 실제로, 당신은 그런 생각에는 융합해야 한다. 그러나 많은 정신적 삶에서, 특히 자신이나 타인들에 대한 당신의 생각과 감정은 현실과 상당히 약하게 연결되어 있기에 당신은 그것들에 너무 많이 사로잡히지 않는 것이 더 낫다. 때때로, 아주 조금 마음챙김의 수용의 방향으로 당신을 가도록 하는 것은 매우 도움이 될 수 있다.

나는 심리치료의 첫 회기에서 이전에 누구에게도 말하지 못했던 불경스러운 성적인 생각으로 고통스럽다고 고백했던 우울증을 가진 입원 내담자를 치료한 적이 있다. 우리는 이러한 침습적 사고가 어떻게 시작되는지 밝힐 수 없었다. 그게 중요하지 않았다. 나는 그러한 말을 언급하지 않고, 그에게 이러한 생각들을 향한 마음으로 집중하는 태도를 갖도록 상담했고, 마음속에 떠오르는 것을 보고 그것을 너무 심각하게 받아들이지 말고 마음속에서 지나가도록 격려했다. 다음 회기에서, 그는 이러한 생각들로 훨씬 덜 고통 받았다고 보고했다.

나는 호기심을 갖고 수용하려는 나의 태도가 약간 줄어든 것은 아닌지 의심이 들었지만 더 나아가 나는 그에게 우리 모두는 창피스러운 사적인 생각들을 가지고 있다고 말했다. 나는 나도 그렇다는 것을 그에게 말해주었다. 그것은 그를 놀라게 했다. 그는 이 점과 관련하여 스스로 이상하다고 생각했었다고 하였다. 그리고 나는 그에게 개인적인 생각들이 너무 수치스러워 아무에게도 말하기 싫은 게 있는지 동료들에게 물어볼 것을 제안했다. 그는 다음 회기에서 이 과제를 해왔는데, 그의 동료들 중 대다수가 그런 생각을 한다는 것을 보고했다. 자신의 생각을 향한 수용적 태도를 취하는 것을 좀 더 적용한 후, 그는 그러한 생각의 빈도가 훨씬 줄었고 더 이상 그것으로 인해 괴롭지 않게 되었다.

앞에서 말했듯이, 경험 회피는 자연스러운 것이지만 경험 수용은 자연스러운 것을 거스르는 것이다. 이 정신적 전환은 많은 사람들에게 180도 달라지는 것을 요구한다. 거리를 두는 것(탈중심화 또는 탈융합)에 더하여, 당신은 행동을 통해 정신적 수용을 촉진시킬 수 있다. 나는 치료가 그들의 불안을 없애주는데 도움이 되길 원하는 많은 내담자들을 안다. 만약 그들이 외상을 입었거나, 주체할 수 없는 불안을 경험했다면 경험 회피는 당연하다. 불안에 대한 공포(최악의 상태로는, 불안의 단서를 감지하면 빠른 심장박동과 같은 공황 상태가 옴)는 불안을 확대시킨다(Craske & Barlow, 2008). 불안은 어린 시절 침대 밑의 괴물이 된다. 즉 침대 밑을 보지 않는 것이 괴물을 더 사실로 믿게 만든다. 모순적이게도, 불안을 회피하는 것은 불안을 확대시킨다. 학기말 보고서 작성을 계속 미루는 대학생은 제출 마감이 다가올수록 불안이 커진다. 다른 한편으로는 노출치료의 기초 원리처럼, 어떤 일을 시작하는 것은 불안을 초기에 단기간 증가시킬 수는 있지만 결국에는 불안을 감소시킬 것이다.

여기에서 나는 행동을 하게 하는 의지와 몰입을 촉진하는 수용전념치료의 핵심 원리(Hayes, Strosahl & Wilson, 1999)를 언급하고 있다. 이것의 목적은 당신의 우선순위를 바꾸는 것이다. 즉, 고통스러운 감정을 피하기보다 가치 있는 행동을 시작하는 것이 더 중요하다는 것이다. 당신이 원하는 또는 당신에게 필요한 것을 하는 동안, 감정을 경험하고 수용하라. 당신은 임금인상을 원하지만 사장에게 요구하는 것은 불안을 일으킨다. 당신은 데이트하러 가길 원하지만 전화를 걸 때 거절당할지 모른다는 불안을 느낀다. 당신의 가장 좋은 전략은 불안을 느낄지라도 인상을 요구하고 전화를 거는 것이다. 나는 이 전략을 *불안해 하면서 기능하기* 라고 생각한다. 과거에 힘든 경험을 했던 장소와 비슷한 호텔에 묵어 보라. 불안하더라도 연설을 하라. 당신에게 모욕을 주는 사람과 불안하더라도 대면을 해보라. 불안하더라도 심리치료에서 수치스러웠던 감정을 이야기하라. 다른 사람들이 당신의 불안을 관찰할 것이라는 점을 수용하라. 거의 대부분, 그들은 당신을 수용하고 그것으로 인해 당신을 비난하지 않을 것이다. 물론 그들이 수용하지 않을 수 있다는 것을 수용하라. 당신은 불안을 경험하더라도 당신이 해야 할 모든 일들의 목록을 만들 수 있다. 마찬가지로 화가 나더라도 기능하기, 우울하더라도 기능하기, 죄의식을 느끼더라도 기능하기 등이 가능하다.

행동함으로써 당신의 감정을 변화시키는 이 원리는, 행동치료의 주춧돌이며 새로운 것은 아니다. 1899년, Willaim James는 이렇게 말했다.

> 자기 관리에서 이보다 더 잘 알려지고 유용한 행동수칙은 없다. 우리가 하고 있고 표현하는 것에 주된 초점을 두는 것이다. 그리고 우리가 느끼는 것에 너무 많이 신경 쓰지 않는 것... 행동에 감정이 뒤따르는 것 같지만 실제로 행동과 감정은 함께 하는 것이다. 그리고 의지의 직접적인 통제 하에서 행동을 조절함으로써, 우리는 간접적으로 감정을 조절할 수 있다(Richardson, 2010, p. 131).

요약하면, 마음챙김은 현재 경험에 대한 주의집중을 수반한다. 이는 외적 세계뿐만 아니라 내적 세계에 대한 마음의 자각을 포함한다. 그리고 마음챙김은 내적 안전기지를 지지하는 수용적 태도를 통한 자각을 수반한다. 이러한 수용은 자신의 마음을 너무 심각하게 받아들이지 않게 하고, 내적·외적 현실과 융합되도록 하지 않고, 당신의 감정이 당신이 원하고 필요로 하는 것을 가로막지 않게 함으로써 키워진다. 나는 마음챙김이 외상에 대처하는데 명백히 중요한 역할을 하길 희망한다. 그러나 마음챙김은 기법이나 대처전략을 넘어서며 이상적으로 윤리적 가치 체계 안에 있는 삶의 방식이다.

마음챙김의 윤리적 목적

개종을 원하지 않고 누군가를 공격하고 싶지 않은 많은 심리치료자들은 마음챙김 교육의 비종교적(secular)인 대중적인 특성을 강조하는데 특별히 애를 써왔다(Roemer & Orsillo, 2009). 영적인 근원을 제거하면서 마음챙김 수련은 철저히 실용적 방식으로 적용될 수 있다. 예를 들어, 일반적인 의료 상황이나 불안 감소 대처에 적용된다. 수용은 '다소 흥미롭고 복합적인 모순을 통해, 즉 우리는 내면의 어떤 것을 없애기 위해 내적인 사건을 수용하고, 떠나가게 함으로써 조절한다.'(Williams & Lynn, 2010, p. 11)는 점에서 실용적인 목표를 갖는다.

그러나 우리는 마음챙김의 윤리적이고 영적인 차원을 간과해서는 안 될 것이다. 나는 Shauna Shapiro와 동료들의 말에 동의한다.

> 서양 심리학이 마음챙김 수련의 본질을 기원이 되는 종교, 문화로부터 추출하고자 시도했을 때, 우리는 불교가 모든 존재에게 가졌던 깨달음과 자비심이라는 의도적인 측면을 잃은 셈이다. 이러한 측면을 우리의 모형에 다시 가지고 오는 것은 명백하게 가치 있는 것으로 여겨진다.(S. L. Shapiro, Carlson, Astin & Freedman,, 2006, p. 375).

깨달음은 매우 이상적인 목표이다. 자비는 약간 더 접근하기 쉽다. 자비로움을 발달시키는 것은 불교와 일반적인 마음챙김 문헌에서 많이 나타나는 주제인데 특히 극도의 고통을 수반하는 외상의 영역보다 자비가 더 필요한 곳은 없을 것이다. 우리는 자비를 동정(pity)과 혼동하지 말아야 한다. Martha Nussbaum(2001)은 자비를 간단하게 '다른 사람의 부당한 불행을 자각함으로써 생기는 고통스러운 정서'로 정의하였다(p. 301), 그리고 그녀는 자비와 동정을 구별하였는데, 동정은 고통 받는 사람을 내려다보는 듯한 태도를 수반한다고 했다. 당신 자신의 고통스러운 경험에 대한 수용적이고 비판단적인 태도를 발달시키는 것은 자기자비의 기초를 제공하고, 이는 외상치료에 필수적이다(Allen, 2005). 주요 종교의 기초로(Armstrong, 2010), 자신과 타인에 대한 자비를 촉진시키는 것은 정신 건강 문헌에 많이 나타나고 있다(P. Gilbert, 2010; Neff, 2011).

어떤 마음챙김 수련은 자비의 증가에 부수적으로 수반되는 것으로 자애명상을 포함하는데, 자애는 자신과 타인에게 동등하게 적용된다. Kabat-Zinn(1990)은 자기를 향한 자애심을 의식적으로 일으키기 위하여 명상할 때 참가자들에게 요청한다. '분노로부터 자유로워질 수 있다. 증오로부터 자유로워질 수 있다. 즉, 자비로 가득하게 될 수 있다. 나를 향해 친절해질 수 있다.'(p. 183). 그 다음 당신은 관심이 있는 타인을 향해 명상을 확장한다. '그 또는 그녀가 행복해질 수 있다. 그가 고통에서 자유로워질 수 있다. 그가 사랑과 기쁨을 느낄 수 있다.'(p. 183). 그 다음 당신은 갈등 관계에 있는, 공감하지 않았던 누군가에 대해 명상을 확장한다. 그 다음 당신은 고통 받거나 친절이나 도움이 필요한 모든 사람들에 대한 감정으로 확장한다. 실제로 지구의 모든 생물에 대해 확장하는 것이다.

나는 안정 애착을 배경으로 해서 우리가 수용에서 자비나 자애로 가는 방식이 적합하다고 생각한다. 사랑을 사랑이라고 말해야 하며 사랑에 대해 말하기를 겁먹지 말아야 한다. 하지만 우리는 자기자비에서부터 타인에 대한 자비로, 자기사랑에서 타인에 대한 사랑으로 감정이 이동하는 것을 주목하지 않으며 슬며시 넘어가지 말아야 한다. 의심할 여지없이, 당신은 자신의 정서적 상태에 집중할 수 있는 것처럼 타인의 정서 상태에 집중할 수 있고 또 그래야 한다. 그러나 일반적으로 마음챙김 연구가 자기초점적 주의를 선호하며 타인의 마음에 대한 조율은 부수적인 것으로 본다는 점은 주목할 만한 특징이다(Mace, 2008). 불교 승려들이 "자아"에 대한 우리의 강렬한 애착을 놓아버리는데 목적을 두는 자기초월(Wallace, 2009)에 중점을 둔다는 점을 고려하면, 마음챙김 치료나 연구가 자기자각을 강조한다는 점은 아이러니하다.

나는 Iris Murdoch의 글에 영감을 받았고, 이전에 정신화의 윤리적 차원을 설명하는데 그녀의 글을 활용한 적이 있다(J. G. Allen, 2008b; Allen, Fonagy & Bateman, 2008). 나는 지금 마음챙김의 윤리에서 정신화로 주제가 옮겨가는 것을 알았다. 그러나 Murdoch은 민감한 반응성을 기초로 타인의 정신상태에 주의를 둔다는 점에서 마음챙김과 정신화를 연결하였다. Murdoch는 *집중*에 큰 강조를 했는데 어떻게 그녀가 이것을 묘사했는지 주목해보자. '나는 바로 그 순간의 생각과 개인의 현실을 향한 애정 어린 시선을 표현하기 위해... 집중이라는 단어를 사용해 왔다.'(Murdoch, 1971, p. 33). 간단히 말해, '사랑은 그 사람에 대한 이해이다.'(p. 27). Murdoch는 또한 타인에 대한 마음에 주의를 두는데 *상상이* 결정적으로 중요하다고 강조했다. 상상은 '매우 다른 것에 대한 그림을 그리는 능력으로 특히 타인의 존재를 그리고, 깨닫고, 자신의 현실로 만든다.'(Murdoch, 1992, p. 322). 게다가, Murdoch는 타인을 있는 그대로 지각하는데 핵심적인 도전으로 '이기심이 없는 마음'을 주목했다. 그녀는 '일반적으로 자기보호적 불안이 일반적으로 갖는 이기적 특성'(p. 174)에 대해 묘사하고 주장했다. '이기적/자기중심적(egoistic) 불안은 세상을 가린다.'(p. 244). 그녀는 자유분방한 상상력에 대해 '세상을 자유롭고 창의적으로 탐색하고, 참되고 깊이 있는 것을 표현하고 설명해(예술처럼) 나아가는 것'(p. 321)이라고 기술하며 소중하게 여겼다. 그녀가 인식했던 것처럼, 자기중심주의를 극복하기 위해 집중하고 상상하는 것은 특별한 기술이다. '우리의 평범한 의식은 망상들로 가득 차있다. 우리의 능력/이해는 피상적이다. 불안, 악의, 질투, 탐욕, 모든 종류의 이기적인 생각들과 본능적인 애착은 우리가 직면한 것을 변형하거나 감춘다... 모든 순간에 우리는 집중하거나 혹은 집중에 실패하게 된다'(Murdoch, 1992, pp. 295 – 296). 이 인용글은 불교 마음챙김 문헌에서 쉽게 찾아볼 수 있다.

　　Murdoch(1971)은 현실을 내담자의 사랑어린 눈에 드러나는 것으로써 이해했다 (p. 39). 그리고 이는 마음챙김의 최전선에 윤리와 도덕성을 불러왔다. '의식은 우리 가 어떤 것에 집중할지, 어떻게 집중할지, 그리고 집중을 할지 말지에 대한 도덕적 활동의 한 형태이다.'(Murdoch, 1992. p. 167). 이를 자세히 기술하면 다음과 같다.

> 선함이 지식(knowledge)과 관련이 있다는 것은 명백하다. 통상적인 세상의 비인간적, 유사 과
> 학적 지식이 아니라, 그 사건이 무엇이든 간에 실제 사건이 무엇인지에 대한 정제되고 정직한
> 인식(perception)이다. 인내심과 분별력, 그리고 우리가 직면한 것에 대한 탐구는 도덕적 규율
> 에 우리를 눈뜨게 할 뿐만 아니라 확실히 익숙하게 한다(Murdoch, 1971, p. 37).

　　그러므로 Murdoch(1992)은 심리치료자들이 정신을 다룬다는 점(p. 307)에서 넓은 의미에서 도덕적 판단, 도덕적 성찰, 그리고 통찰에 개입하게 되는 것을 피할 수 없다고 주장했다. 그녀의 이 언급은 외상을 직면할 때 매우 타당하다. 확실히, 마음챙김에 이러한 윤리적 차원을 받아들이는 것은 우리를 피할 수 없는 미끄러운 경사로에 놓이게 한다. 즉, 우리는 좁은 판단으로 무언가를 도덕화하지 않으면서 이 불가피한 도덕적 활동에 관여하는 방법을 찾아야만 한다(Allen, 2008b). 그러나 나 는 내가 주장하는 가치를 인정하는 것이 부끄럽지 않다. 때때로, 나는 교육에서 "이 제 나는 가르치는 것으로부터 설교로 갈 것이다."라고 인정한다. 나는 치료자 모두 가 설교를 한다고 믿는다. 그러나 우리는 우리가 그렇게 한다는 사실을 항상 직시 하지는 않는다. 마음챙김 문헌에서 옹호된 가치들은 편협하지 않다(Amstrong, 2010).

　　우리 치료자들은 자신과 타인의 현실에 집중하도록 영감을 이끄는 Murdoch의 다음의 말보다 더 잘 할 수는 없을 것이다. Murdoch(1971)이 표현한 것처럼, 마음 에 집중하는 것은 강한 열망이다.

옳은 길을 이끄는 사랑은 정의의 실행이고 현실주의이며 진실로 보는 것이다. 실제 상황에 집중을 유지하는 것 그리고 자기연민에 빠지거나 분노, 환상과 절망을 가지고 은근슬쩍 자기로 돌아오지 않는 것은 무척 어려운 일이다. 세상을 있는 그대로 보는 것은 우리의 임무이다... 우리는 '의지의 힘에 의해서가 아니라 일상적 애착과 가용할 수 있는 에너지와 분별력으로 인해 올바로 행동하게 된다. 그리고 이는 우리 의식의 모든 활동과 관련이 있다(p. 89).

이제 나는 당신이 자신의 마음챙김에서 타인의 마음챙김으로 가는 경로와 사랑의 영역이 애착의 영역을 이끈다는 것을 이해하기 바란다. Murdoch의 말―개인의 현실을 향한 공정하고 사랑스러운 시선이다―에 주의 깊게 관심을 기울여 나오는 것으로 민감한 반응성을 생각해보라. 명백히, 양육은 도덕적인 노력이다. 여기에 나는 Jeremy Holmes(2001)의 말에 동의한다. 그는 애착이론에서 '암묵적 도덕성의 함축'을 언급했고 안정 애착과 불안정 애착은 발달적 모형뿐만 아니라 '도덕적 지도(moral maps)'라고 제안했다. 나는 애착과 마음챙김과 가까운 개념인 정신화의 관계를 검토하는 이 장의 뒷부분에서 이 주제를 다시 다룰 것이다.

마음챙김 증진시키기

우리는 마음에 집중하는 활동과 명상과 같이 마음챙김을 촉진하도록 설계된 훈련을 잘 구별해야만 한다(Davis & Hayes, 2011). 마음챙김 문헌에서는 집중 명상을 하는 것과 통찰 명상을 하는 것의 중요한 차이를 설명한다. 집중 명상은 숨 쉬기와 같은 단 하나에 초점에 주의를 두도록 안내한다. 집중 명상에서 여러분은 100번 초점을 잃고 101번째 다시 초점을 맞춘다. 대조적으로, 통찰 명상은 특별히 마음챙김을 증진시키는 것과 관련이 있다. 통찰 명상은 정신 상태에 주의를 촉진시키고 Goldstein과 Kornfield(1987)가 언급한 수용과 탈중심화의 원칙들을 따른다. 그들은 '어떤 것에 동일시하는 것을 줄이는 것'(p. 35)을 소망하는 과정에서 정신 상태의 지속적 흐름에 대한 명상자의 집중을 강조한다.

어떤 것이든 그 자체가 자각의 대상이 되도록 마음을 개방하고 깨어 있으며, 존재하는 무엇이든 자각의 대상이 된다. 신체와 마음에서 모든 것들이 스스로 일어나고 사라지게 하라. 우리의 수련은 그것이 일어나는 모든 순간에 판단과 평가 없이 그리고 해석하지 않고 단지 주목하는 것이다. 이는 무엇이 일어나고 있는지에 대한 온전한 집중이다(p. 36).

마음챙김을 증진시키는 수많은 전략들은 방대한 문헌들에 소개되어 있다. Kabat-Zinn(1990)은 스트레스 감소를 위한 독보적인 방법을 개발했는데 이 방법은 기존의 치료에 마음챙김을 통합한 다양한 심리치료들과 차이가 있다. 간단히 요약하면, Kabat-Zinn의 선구자적 스트레스 감소 프로그램(MBSR)의 개발을 시작으로 기존 치료와 마음챙김이 통합된 치료들로는 우울증 감소를 위한 인지치료, 성격장애를 위한 변증법적 행동치료, 수용전념치료, 마음챙김과 정신화가 개입되는 불안장애를 위한 초인지치료가 주목되고 있다. 애착외상과 관련된 스트레스 문제와 정신병리를 고려하면, 모든 이러한 개입들은 이 책의 주요 관심사와 관련이 있다. 나는 내가 얻을 수 있는 어떤 도움이든 찾을 것이다.

Kabat-Zinn(1990, 2003)은 마음챙김 기반 스트레스 감소 프로그램을 1979년에 개발했는데 일반적인 질환(예: 심장병, 폐질환, 암, 만성 통증 등)으로 외래치료를 받고 있는 내담자들을 위한 집단 개입 프로그램으로 총 8주 동안 이루어진다. 마음챙김 프로그램은 대체치료가 아니라 표준 치료의 보완으로 설계되었다. 프로그램은 스트레스와 스트레스 관리 전략에 대한 교육을 포함하지만, 신체에 강조를 두는 마음챙김 훈련(예: 숨쉬기에 집중하기, 바디 스캔, 요가 동작, 걷기 명상)에 중심을 두고 있다. 또한, 마음챙김 훈련은 앞에서 기술했던 수용적 태도를 가지고 생각과 정서를 바라보는 것이다. 이를 공식적으로 보충하기 위해 Kabat-Zinn은 「재앙 가득한 삶을 살아가기(Full Catastrophe Living)」(Kabat-Zinn, 2003)에서 독자들에게 프로그램을 안내하였고, 「당신이 어디를 가든 거기엔 당신이 있다(Whatever You Go, Thee You Are)」(Kabat-Zinn 1994)에서 독자들에게 좀 더 비공식적 훈련을 소개하고 있다. Massachusetts 의과 대학의 마음챙김 센터에서는 마음챙김 훈련에 대한 다양한 시청각 자료들을 제공하고 있다.

Zindel Segal과 동료들은 우울증이 만성화되고 재발하는 것을 예방하기 위한 목적으로 우울증 내담자를 위한 마음챙김 기반 인지치료를 개발했다(Segal, Teasdale & Williams, 2004; Segal, Williams & Teasdale, 2002). 이 개입은 2시간씩 8주 집단 회기로 구성되어 있고 마음챙김 기반 스트레스 감소 프로그램의 핵심 특성을 우울 사고에 적용하고 있다. Kabat-Zinn의 프로그램에서처럼, 내담자들은 마음챙김과 우울증 재발에 대한 교육을 받지만, 개입의 핵심은 훈련과 일상생활 연습을 통해 마음챙김 기술을 발달시키는 것이다. 표준적인 형태(Beck, Rush, Shaw & Emery, 1979)에서, 우울증 내담자를 위한 인지치료는 내담자들의 사고 내용을 정의하고, 타당성에 도전하고, 더 합리적인 생각을 발달시킴으로써(예: "나는 열심히 노력해서 많은 것들을 성공했었다") 자동적, 비현실적, 우울 사고들(예: "나는 어떤 것도 똑바로 할 수 없다", "나는 어떤 것도 제대로 할 수 없다")을 수정하도록 돕는다.

앞서 기술했듯이, 마음챙김은 인지치료와 다르다. 마음챙김은 사고의 내용에 초점을 두기보다는 사고와 관계하는 방식에 초점을 둔다. "나는 아무것도 할 수 없다."와 같은 생각을 갖는 것은 그것을 심각하게 받아들이지 않는 한 문제가 되지 않는다. 여러분은 생각을 관찰하고, 수용하고, 떠나보내게 된다. 당신이 생각하는 모든 것을 믿지 말라는 문구를 상기해라. 실제로, 우울한 사람들은 그들의 문제를 반추하는 경향이 있다. 그렇게 함으로써, 그들은 자신이 문제해결에 애쓴다는 환상을 갖지만, 이와 반대로 그들의 반복적인 생각은 대처를 더 못하게 하고 우울한 기분을 증폭시킨다(Nolen-Hoeksema, 2000). 따라서 우울한 기분과 우울한 생각이 지속적으로 유지된다. 나는 "구덩이에 빠지면 아래를 더 파지 말라"라는 속담을 좋아한다. 내담자들은 마음챙김을 통해 그들이 슬픔에 빠지는 우울한 생각의 패턴에서 벗어나는 것 또는 뭔가 잘못되었을 때 우울한 생각에 완전히 빠져 반추하지 않고 우울한 생각을 보는 것을 배운다. 그래서 마음챙김 기술은 다른 재발방지 전략과 함께 내담자들의 우울증 재발을 미연에 방지할 수 있게 한다(Segal, Teasdale &

Willams, 2004).

Marsha Linehan(1993)은 변증법적 행동치료를 개발했는데, 이는 경계선 성격장애와 애착외상으로 인한 장애를 진단받은 사람들 중 비자살적 자해나 자살시도를 하는 사람들을 위해 가장 많이 연구된 치료이다. 칼로 긋는 것과 같은 자해 행동은 고통스러운 감정을 관리하고 표현하기 위한 필사적이면서 비효율적인 방법으로 볼 수 있다(Nock, 2009). 변증법적 행동치료는 수용과 변화에 균형이 필요하다고 말한다. Linehan의 치료는 개인치료와 집단치료의 복합적 형식으로 되어 있으며 여러 측면을 가지고 있다. 그러나 다른 치료자들이 그랬듯이, Linehan은 공식적인 명상훈련이 치료의 한 부분은 아니지만 마음챙김을 회복의 핵심기술로 정의했다. Linehan은 마음챙김이 소위 '무엇을' 기술과 '어떻게' 기술과 관계가 있다고 하였다. 세 가지 '무엇을' 기술은 고통스럽더라도 사건과 감정을 관찰하는 것, 의사소통과 개인적인 조절을 위해 사건과 개인적인 반응을 말로 설명하는 것, 자의식 없이 자발적으로 주의 깊게 활동에 참여하는 것이다. 세 가지 '어떻게' 기술은 경험을 향해 비판단적 입장을 갖는 것, 현재 순간과 한 번에 한 가지에 주의를 기울이는 것, 그리고 목표를 이루기 위해 효과적인 행동을 하는 것이다. Linehan은 경험을 향해 마음챙김을 적용하는 것과 함께 고통을 인내하는 기술과 완전한 수용을 강조했다.

> 완전한 수용은 어떤 경험에 완전히 개방하는 것으로, 그 순간에 현실을 있는 그대로 받아들이는 것이다. 완전히 개방된 수용은 압박, 왜곡, 판단, 평가가 없고, 어떤 경험을 유지하거나 없애려는 시도가 없는 것이다... 완전한 수용의 또 다른 사고방식은 완전한 진실이다. 다른 말로 하면, 수용은 누군가의 바람이나 원하지 않는 것으로 인해 흐려짐이 없이 어떤 것을 경험하는 것이다. 그것은 다른 어떤 것도 없는 있는 그대로의 현실로 들어가는 것이다(Robins, Schmidt & Linehan, 2004, p. 39).

수용-전념치료(ACT)(Hayes, 2004; Hayes, Strosahl & Wilson, 1999)는 인지행동치료의 기반에서 개발된 절충적 접근이지만 일련의 기법으로 축소될 수 없다. 실제로, 기법을 넘어서며 '인간 조건에 대한 기본이론과 철학을 제공한다'(p. 16). Hayes 와 동료들이 요약한 것처럼, '*간단히 말하면, 수용전념치료는 더 큰 심리적 유연성을 만들어내기 위해 수용과 마음챙김, 몰입과 행동변화 과정을 활용하는 치료적 접근이다.*'(Hayes, Strosahl, Bunting, Twohig & Wilson, 2004, p. 13). 수용전념치료는 마음을 챙기는 수용(mindful acceptance)을 다른 접근들과 공유했는데, 특히 앞에서 언급했듯이 경험 회피에서 경험 수용으로 이동하려는 노력에 동의한다. Hayes(2008)가 주장했듯이, 수용과 몰입을 강조하는 것은 전통적 인지치료에 상당히 추가적인 기여를 하였다. 이 점이 여기서 주목하고 싶은 점이다. 이전의 논점을 확장한다면, 정서적 고통을 회피하기 위하여 당신의 삶을 제한하는 것은 너무 큰 비용을 치르는 것이다. 수용전념치료는 핵심적 가치를 정의하고 가치 있는 행동에 참여하는 것을 장려한다(비록 그렇게 하는 것이 정서적으로 힘들더라도). 따라서 수용전념치료는 행동의 의지라는 의미에서 몰입의 중요성을 강조한다. 단순하고 강력하게, "당신은 자신의 감정을 통제하고자 시도할 때 삶에 대한 통제를 잃을 수 있다. 혹은 불편함을 통제하는 것을 놓아버리면 당신의 삶을 통제할 수 있다"(p. 135)고 주장한다. 아래는 Hayes와 동료들의 요약이다.

수용전념치료의 핵심에는 행동치료가 있다. 수용전념치료의 궁극적 목적은 내담자가 삶에서 필수적이고 가치 있는 행동 경로를 발달시키고 유지하는 것을 돕는 것이다. 모든 수용전념치료의 기법들은 결국 내담자가 선택한 가치들과 조화를 이루며 살도록 돕는 것에 부합한다... 비록 수용전념치료가 정서를 일으킨다 해도, 자신의 고통스러운 또는 회피했던 사적인 경험을 직면하는데 관심이 없다는 점에서 다른 정서중심적 접근과는 다르다. 그 대신에, 부정적 사고, 기억, 정서, 다른 개인적 사건들의 수용은 내담자가 가치 있다고 여기는 목적에 부합하는 범위 내에서만 정당하고 명예로운 것이 된다. 내담자가 가치 있는 삶의 목적을 정의하도록 돕는 것... 그리고 정서적 어려움이 있더라도 그것을 실행하는 것을 돕는 것... 이 두 가지가 수용전념치료를 이끌고 가치롭게 한다(Hayes, Strosahl & Wilson, 1999, p. 205).

마음챙김과 정신화와 특정한 이론적 유사성을 갖는 인지치료접근으로 Adrian Wells(2009)의 초인지치료가 있다. 초인지란 좁게는 생각에 대한 생각을 의미하고, 넓게는 "인지에 대한 해석, 모니터링 또는 통제를 포함하는 모든 지적, 인지 과정"(p. 5)을 말한다. 정신화 치료에서와 같이, 치료에서 주요 목적은 정신 상태와 실제 사건 간의 차이를 유지하는 것이다(예: 기억과 현실을 구별하는 것). 초인지치료는 거리를 두는 마음챙김(detached mindfulness) 태도를 촉진한다.

거리를 두는 마음챙김은 지속적인 평가로 대응하지 않고, 통제 시도나 억제 시도를 하지 않고, 행동으로 대응하지 않는 내적 사건에 대한 자각 상태이다. 침투적 생각에 대응할 걱정을 하지 않으며 대신에 그것은 단지 마음 속의 사건이라는 것 이외에 더 이상의 어떤 행동이나 해석 없이 그 생각이 정신적 공간을 차지하도록 하는 전략이 그 예가 된다(p. 71).

이러한 거리를 두는 마음챙김을 촉진하기 위해서, 치료는 부정적 사고와 침입적 증상에 대해 마음챙김을 촉진시키는 것과 집중하기 훈련을 포함한다.

마음챙김의 효과

마음챙김은 수천 년간 수행되어 왔으나, 최근에서야 체계적인 연구를 수행하는 정신건강 전문가들에게 그 효과가 주목을 받기 시작하였다. 명상과 같은 마음챙김 수련은 처음에는 마음챙김 상태를 촉진하나 궁극적으로는 마음에 집중하는 지속적인 성향인 마음챙김 특질(traits)을 발전시키는 것을 지향한다(Garland, Gaylord & Fredickson, 2011). 실제적인 적용에서, 마음챙김은 불안과 우울뿐만 아니라 경계선 성격장애, 약물남용, 섭식장애, 정신증 증상 등을 포함하여 광범위한 정신병리의 치료에 사용되었다(Roemer & Orsillo, 2009). 마음챙김 개입의 효과성을 광범위하게 평가하는 것은 치료적 접근들이 서로 상이하기 때문에 복잡하다(K. W. Brown, Ryan & Creswell, 2007). 모든 접근들이 다측면적이고, 어떤 접근은 명상적 훈련에 더 초점을 두고 있는 반면에(예: 마음챙김 기반 스트레스 감소 프로그램, 마음챙김 기반 인지치료), 다른 접근들은 절충적 개입에 마음챙김을 통합하고 있다(예: 변증법적 행동치료, 수용전념치료).

마음챙김의 효과에 대한 최근 연구들을 검토하면, 마음챙김의 광범위한 효과가 드러난다(K. W. Brown, Ryan & Creswell, 2007; Davis & Hayes, 2011). 마음챙김은 주의집중의 향상, 인지적 유연성의 증가, 정서조절력의 증가, 스트레스 반응의 감소, 부정적 정서로부터 빠른 회복, 반추의 감소, 자각, 이해, 정서 수용의 증가를 포함하는 기본적인 심리적 역량과 관련된다. 따라서 마음챙김은 안녕감과 긍정 정서를 높인다. 신체적 건강의 향상과 고통의 관리 그리고 불안, 우울, 충동성을 낮춘다. 1,140명의 내담자 표본을 포함한 39개 연구를 메타분석한 결과(Hoffmann, Sawyer, Witt & Oh, 2010), 마음챙김 치료의 시작에서 종결까지 유의미한 수준의 불안과 우울의 감소를 제시하였다. 이들 연구 중 19개는 추수 평가를 포함하였는데(평균 27주), 이 기간까지 효과가 지속되었다. 비록 전체 연구들이 일반적인 의학적 상태를 포함하여 광범위한 문제들과 관련된 불안과 우울을 측정하였지만, 정신병리적 장애에 강력한 효과가 있었다. 즉, 불안장애 내담자들의 불안이 감소하였고 우울장애 내담자들의 우울이 감소하였다.

애착외상을 경험했던 내담자들의 우울관련 장애는 어디서든 나타날 수 있기 때문에, 만성적 우울증 치료에 마음챙김의 적용은 특별한 관심을 요한다. 프로그램 개발 목적이 그렇듯이, Segal과 동료들(Segal, Williams & Teasdale, 2002)의 우울증을 위한 마음챙김 기반 인지치료는 고위험 내담자들의 우울증 재발의 예방을 증명해왔다. 이 심리치료 개입은 내담자들이 급성 우울증에서 회복된 이후에 실시되었고, 그 시점에 마음챙김 수련에 참여할 수 있는 기회를 가졌다. 인상적이게도, 마음챙김 개입이 항우울제 약물치료만큼이나 효과적으로 재발을 예방했다(Segal et al., 2010).

William James의 백여 년의 관찰을 반복하여 말하면, 나쁜 감정과 씨름하는 것은 마음에 나쁜 감정을 붙잡아두게 한다. 내 생각에, 일이 잘못될 때 우울을 느끼는 것은 —사실 반사작용처럼— 지극히 자연스러운 것이다. 그러나 마음챙김은 우울을 느끼는 것에서 우울증이라는 병이 되는 연쇄 과정을 차단할 수 있다(Allen, 2006a). 앞에서 언급했듯이, 부정적 사고로부터 탈중심화하는 것—믿지 않고 관찰하는 것—은 치료에서 중요한 역할을 한다. Segal과 동료들(Segal, Ma, Teasdale, & Williams, 2007)은 탈중심화가 반추 성향을 줄이는 것뿐만 아니라 우울과 불안의 수준을 낮추는 것과 관련이 있다는 것을 증명하였다. 게다가, 탈중심화는 경험 회피를 줄이는 것과 관련이 있었다. 이들은 인지행동치료를 받은 우울증 내담자들이 항우울제 약물치료를 받은 내담자들과는 달리 탈중심화가 증가한 것에 주목하였다. 탈중심화는 지속적인 치료효과와 관련되기 때문에 이 결과는 특히 의미가 있다.

또 다른 연구에서도 마음챙김 개입의 효과로 나타난 심리적 기제를 탐구하였다 (Kuyken et al., 2010). 참여자들은 약물치료를 성공적으로 받았던 내담자들로 이전에 3번 이상 우울증을 경험했던 내담자들이었다. 내담자들의 절반은 약물치료 조건에 다른 절반은 약물치료와 마음챙김과 인지치료를 병합한 조건에 무선할당되었다. 모든 내담자들은 15개월간 3개월 단위로 추수관리가 되었다. 이 내담자들은 높은 재발률을 나타냈다. 즉, 마음챙김 집단의 47%가 재발하였고, 약물치료 집단의 60%가 재발하였다(차이가 통계적으로 유의미하지는 않았다). 그러나 연구자들은 추수 회기에서 심각한 우울증의 결정인자에 관심을 가졌다. 약물치료에 비해 마음챙김 집단은 치료 종결 시기에 높은 수준의 마음챙김과 자기자비를 보였다. 그리고 마음챙김과 자기자비는 15개월 이후 우울증의 감소에 영향을 미쳤다.

연구자들은 연구 참여자들이 일시적으로 우울감을 느낄 때 반응을 검토하는 과제를 제시하여 우울증과 마음챙김의 관계 그 이상을 연구하였다. 즉, 연구자들은 실험적으로 참여자들이 슬픈 음악을 듣고 슬픈 기억을 떠올리게 해서 저조한 기분을 이끌어냈고, 이러한 슬픈 정서가 참여자들의 우울 사고에 영향을 미치는지 조사하였다. 약물치료 집단에서는 슬픔을 느낀 이후에 우울 사고가 증가하였는데 이는 15개월 이후 높은 수준의 우울증 재발과 우울 삽화의 재발을 예언했다. 반대로, 마음챙김 집단에서는 우울 사고의 증가가 이후 우울증과 연관되지 않았기 때문에 더 일시적이었다. 슬픔이 어떤 사람들에게는 우울을 유발한다는 실험적 결론을 내리려는 것은 아니다. 짐작컨데, 실험에서 그들의 반응은 일상생활에서 우울한 기분을 느낄 때의 전형적 대처를 나타내는 것이다. 가장 흥미로운 결과는 비록 마음챙김 집단이 우울 사고로 슬픔에 대응했지만, 그들의 자기자비가 증가했다는 점이다. 또한, 자기자비는 그들이 우울 사고에 갇히는 것을 예방했고 결국 우울증으로 퇴보하는 것을 막았다.

❏ 애착관계에서의 정신화

나는 당신이 정신화라는 용어에 점차 익숙해지도록 앞에서 언급해왔고, 이제 완전히 알릴 때가 되었다. 내가 마음챙김에 대해 기술했듯이, 정신화를 완전하게 정의하고 그 복잡성에 대해 상세히 설명하는 것으로 시작하려 한다. 그리고 애착관계에서 정신화가 발달하는 방식을 개관할 것이다. 당신이 어떻게 마음을 가지게 되는가라는 심오하고 흥미로운 질문을 다루는 것과 같다. 그러한 심오한 질문에 대해 정의하는 것이 거의 불가능하지만, 적어도 당신이 관심을 갖길 바란다. 이 책의 앞서 나온 모든 자료들은 애착관계에서의 정신화의 세대 간 전수라는 이 부분의 마지막 주제로 이어진다. 이 부분은 다음 장에서 다룰 애착외상의 본질을 이해하기 위한 기초를 닦는 것이다.

정신화의 정의

나의 동료 Jeremy Holmes는 정신화를 볼품없는 단어라고 하였다. 내가 치료했던 한 까다로운 내담자는 정신화를 혐오스러운 단어라 하였다. 나는 정신화라는 단어를 너무 많이 말하고, 읽고, 써서 나에게 정신화는 완벽하게 일상적인 단어처럼 여겨진다. 그리고 우리 기관에서는 일상용어가 되어 버렸다. 직원들은 Menninger 클리닉을 통해 그 단어를 알게 되었고, 내담자들은 그 단어를 모른 채 치료를 진행할 수가 없다. 그러나 많은 내담자들이 그 단어를 이해하는데 몇 주가 걸린다고 말한다.

만약 당신이 사전에서 '정신화'를 찾는다면, 거의 찾기 어려울 것이다. 나는 옥스퍼드 사전의 CD롬 버전을 확인하기 전 단축 옥스퍼드 사전에서는 그 단어를 찾지 못했다. 내가 'mentalize'라고 타이핑했을 때, 주표제어로 인쇄되어 나온 글자는 mental이었다. 정의는 다음과 같았다. 정신적으로 발달하고 혹은 수양하는 것(우리가 치료에서 하려고 바라는 것처럼) 또는 어떤 것에 정신적 특성을 덧붙이는 것(예: 배우자의 얼굴에 나타난 분노를 알아채는 것). 나는 이 CD-ROM의 정의를 발견하고 이 단어의 기원을 찾기 위해 옥스퍼드 영어 사전의 직원에게 연락하였다. Katherine Connor Martin은 정중하게 도와주었다. 비록 흔하게 사용되는 단어는 아니었지만 'mentalizing'은 200년이 된 단어였고, 100년간 옥스퍼드 영어 사전에 포함되어 있었다. 프랑스 정신분석학자들은 수십 년 동안 'mentalisation'이라는 단어를 사용했고(Lecours & Bouchard, 1997), 1989년에 영어로 된 두 개의 전문서적에 정신화가 수록되었다. Jon Morton(1989)은 정신화 능력의 손상의 지속이 자폐증의 핵심적이고 만연한 문제라고 지적했고, Peter Fonagy(1989)는 정신화 손상을 경계선 성격장애에서 많이 나타나는 애착외상과 관련된 제한적이고 일시적인 손상으로 정의하였다.

정신화는 마음챙김처럼 다측면적인 개념(Allen, Fonagy & Bateman, 2008; Fonagy, Bateman & Luyten, 2012)인데, 이는 약간의 혼란을 줄 수 있다 (Choi-Kain & Gunderson, 2008). 우리는 정신 활동의 광범위함 때문에 정신화를 포괄적인 용어처럼 생각한다. 가장 기초적 수준에서 정신화는 마음챙김과 유사하게 정신적 상태의 자각을 일컫는다. 물론, 정신 상태는 매우 다양하다. 우리는 크게 인지를 정신화하는 것(예: 생각과 신념)과 정서를 정신화하는 것(예: 정서와 감정표현) 사이를 구분한다. 그러나 정신 상태는 매우 다양하고, 감각, 지각, 사고, 감정, 욕망, 충동, 환상, 이상, 외상후 플래쉬백, 해리된 경험 등을 총망라한다. 그리고 정신화는 우리 자신뿐만 아니라 타인의 정신 상태에 대한 자각을 포함한다. 타인의 정신상태를 자각함으로써, 정신화는 외적인 측면과 내적인 측면을 포함한다. 외적으로, 당신은 타인의 험악한 얼굴표정이나 기분 나쁜 태도를 자각할 수 있다. 내적으로 당신은 분노나 비판적인 혹은 적대적인 생각과 같은 마음의 내적 상태를 추측할 수 있다.

명시적 정신화와 암묵적 정신화는 미묘하지만 완전히 다른 결정적인 차이가 있다(Allen, 2003). 정신화에 명시적 정신화와 암묵적 정신화를 포함시키는 것은 그 용어의 폭넓은 부분을 설명한다. *명시적 정신화*는 완전히 의식적인 과정이기 때문에 이해하기 쉽다. 대부분, 우리는 언어를 사용하여 명시적으로 정신화를 한다. 당신이 감정이나 마음속의 어떤 것에 이름을 붙일 때, 당신은 명시적으로 정신화를 하는 것이다(예: "나는 화가 난다", "나는 갈증이 난다", "나는 프랑스 Riviera 해변을 상상하고 있다"). 또한 당신이 의식적으로 행동을 해석할 때, 명시적으로 정신화를 하는 것이다(예: "나는 너가 늦은 것에 화가 나서 너에게 잔소리를 했다고 생각한다", "너가 내 전화에 다시 연락하지 않았을 때, 나는 네가 나에게 관심이 없다고 생각했다"). 명시적 정신화의 많은 것들은 자기 이야기 형태를 갖는다. 실제로, 우리 각자는 삶의 이야기가 있고, 그것들은 정신화를 통해 창조하게 되고, 이는 항상 수정이 가능하다. 그래서, 우리는 "너가 생각하는 모든 것을 믿지 말라"고 주장하고, "당신이 만들어낸 모든 이야기를 믿지 말라"는 말을 추천한다. 연구에서 사용되는 성인애착면접(AAI, Adult Attachment Interview)에서 그렇게 하듯이 우리 모두는 자신의 애착에 대한 이야기가 있다. 나는 이 장에서 애착 이야기를 좀 더 논의하고 다시 애착외상을 같이 이야기하고자 한다.

명시적 정신화는 의식적 과정으로 당신이 의도적으로 혹은 어떤 노력으로 무엇을 하는 것이다. 당신이 사랑하는 사람에게 갑작스럽고 상처가 되는 심각한 문제

(예: 금주 이후 알코올 중독의 재발)에 대한 이야기를 해야 할 필요가 있다고 상상해 보자. 반대로, *암묵적 정신화*는 운전과 같다. 과거에 방법을 배웠다면, 당신은 그것에 대해 어떻게 할지 생각하지 않고 자동적으로 한다. 도로에 난 구멍을 피하기 위해 특정 방향으로 바퀴를 돌리는 것에 대해 일부러 생각할 필요는 없다. 당신은 그냥 그렇게 한다. 암묵적 정신화의 예는 대화를 주고받거나 어떤 것을 설명할 때 상대방의 배경에 대한 지식을 고려하는 것이 있다(예: 상대방이 Anne이 누구인지 모를 때 Anne이 누구인지 설명하지 않고 Anne이라는 이름을 말하지 않는 것). 암묵적 정신화의 많은 것들은 정서와 관련되어 있다. 우리는 자연스럽게 그것에 대해 생각하지 않고 서로 정서적으로 영향을 받는다(Iacoboni, 2008). 즉, 우리는 이 과정을 정서 전염이라 생각할 수 있다(Hatfield, Cacioppo & Rapson, 1994). 너의 친구가 의기소침해 보인다면, 당신은 자연스럽게 관심을 기울이듯 자세를 바꾸고 부드럽게 목소리를 낮출 것이다. 당신이 친구의 정신 상태를 자각하는 데에 정신화를 하는 것이다. 당신의 행동적 반응은 자동적이고 직관적이고, 깊은 마음속 반응에 기초한다. 만약 당신이 당신의 행동을 의도적으로 선택한다면, 당신은 혼란스러울 수 있고 굳어있고 딱딱한 모습이 될 것이다. 물론, 당신의 친구가 의기소침해보일 때 당신은 명시적 정신화를 하고, 그 이유에 대해 궁금해 하고 물어볼 수도 있다.

우리가 마음챙김을 할 때처럼, 우리는 정신화를 기술로 생각할 수 있다. 심각한 자폐증을 제외하고, 우리 모두는 정신화를 배울 수 있다. 우리 중 어떤 사람들은 다른 사람보다 더 정신화를 잘한다. 우리 모두는 때때로 정신화를 잘 하고 다른 상황에서는 잘 못한다. 예를 들어, 놀라거나 화나거나 창피할 때 우리는 정신화를 잘 못한다. 그럴 때 우리는 방어적이 된다. 우리의 다양한 정신화 능력은 이 책의 주요한 관심사가 될 것이다. 그러나 당신이 다른 사람보다 정신화의 어떤 측면을 더 잘 할 수 있다는 점에서 지능과 유사하다는 것에 주의해야 한다. 우리 중 어떤 사람들은 학문에는 능숙하지 않고 기계에는 능숙하며, 어떤 사람들은 그와 반대이다. 비슷하게도, 당신은 타인에 비해 자신과 관련하여 정신화 하는데 더 잘하거나 못할 수 있다. 일반적으로, 자신의 단점보다 타인의 단점을 발견하는 것이 더 쉽다. 당신은 자신의 어떤 감정들은 더 쉽게 접촉할 것이다(예: 슬픔), 그러나 타인의 감정을 접촉하긴 어렵다(예: 분노). 우리는 모두 누군가에 대해 일어나는 본능적인 정서적 반응을 암묵적으로 정신화 하지만, 그 반응의 이유를 이해하기 위해 반드시 명시적으로 정신화를 할 수 있는 것은 아니다.

마음챙김처럼, 정신화도 모 아니면 도(all or none)식의 현상이 아니다. 당신은 좀 더 혹은 덜 마음챙김을 할 수 있으며, 당신은 능숙하게 정신화를 더 잘 할 수도 있고 혹은 덜 잘 할 수도 있다. 프랑스의 정신분석가에 의하면(Lecours & Bouchard, 1997), 우리는 정신적 정교함의 측면에서 정신화의 정도를 생각할 수 있다. 예를 들어, 정서를 정신화할 때 만약 여러분이 불안 때문에 심장이 뛴다는 것을 자각하지 못한 채 심장이 뛰는 것을 눈치챘다면, 당신은 아마 정신화를 하지 않은 것이다. 단지 당신이 불안하다는 것을 아는 것은 정신화의 첫 단계일 것이다. 당신이 불안의 이유를 이해하는 것은 좀 더 높은 수준의 정신화가 될 것이고, 이 이해는 아마 어떤 역사적 맥락을 포함하고 있을 수 있다(예: 애착외상으로 인하여 지배적이거나 통제적인 것에 대해 과민하다는 것을 자각).

정신화의 정의에 대한 마지막 문제가 있다. 정신화의 영역과 중복되는 많은 개념들이 있다─마음챙김은 이 장에서 다룬 그 중 하나의 개념이다. 공감도 대표적인 예이다. 당신은 타인의 정서상태에 대한 암묵적 혹은 명시적 정신화를 필요로 하는 것으로 공감을 생각할 것이다. 즉, 공감을 할 때 당신은 본능적인 수준(gut-level)에서 공명할 뿐만 아니라 타인의 경험을 이해하고자 노력할 것이다. 더욱이, 당신이 공명하는 동안 타인의 경험과 당신 자신의 경험의 분리를 유지할 것이다. 그래서 공감은 복잡한 정신화가 필요하다. 공감은 타인의 정신 상태를 이해하는 것과 관련해서 정신화보다 좁은 개념이다. 때때로, 정신화를 간단하게 설명할 때, 나는 공감이 자신의 감정을 공감하는 것을 포함한다면 정신화가 공감이라고 말한다. 그러나 마음챙김과 마찬가지로, 공감은 정신화와 중복되는 많은 용어들 중 하나이다(Allen,

Fonagy, & Bateman, 2008). 사람들은 심리적 소양, 관찰 자아, 통찰, 초인지, 마음 읽기, 마음이론, 사회적 인지, 정서지능 등을 중복개념으로 포함시킨다.

이처럼 우리는 정신화와 유사한 많은 단어들을 사용하고 있다. 그런데 왜 우리는 정신화라는 일반적이지도 않고 볼품없는 단어를 사용하는 것일까? 내가 이 단어를 싫어하는 여러 가지 이유가 있다. 내가 좋아하지 않는 주된 이유는 바로 다른 사람들—동료들과 내담자들—이 이 단어를 싫어한다! 나는 종종 그것에 대해 변명을 하고 싶은 감정을 느낀다. 다른 이유는 나는 이 단어가 들리는 발음을 좋아하지 않는다. Holmes가 주장했듯이 불쾌한 느낌을 준다(Holmes, 2010, p. 9). 나는 정신화 능력은 우리 인간의 본질이라고 확신했기 때문에 이 기계적인 이유는 실망스럽다. 정신화 능력은 원숭이, 개, 돌고래를 포함한 동물과 인간을 구별하는 가장 큰 부분이다. 즉, 그들은 많은 사회적 지능을 가지고 있으나 우리의 정신화 능력에는 가당치도 않다. 정신화는 우리 인간의 본질을 담기에 너무 심리학적인 전문용어 같다. 더 실질적으로, 나는 정신화의 지적이거나 인지적인 이미지를 좋아하지 않는다. 정신화는 감정보다 사고와 더 관련된 것처럼 보인다. '정신적'이란 단어는 '정서적'의 반대 의미로 보인다. 그러나 나는 애착관계에서 정서를 정신화하는 것에 주로 관심이 있다. 정신화는 성찰적 사고를 포함하는 것뿐만 아니라 본능적인 수준의 정서적 경험을 필요로 하는 정서적 과정이다. 나는 처음부터 정신화 용어에 대해 불편해하는 동료를 보았으나 그들은 일단 정신화의 의미를 이해하고 나서는 이미 다 아는 내용이며 더는 배울 것이 없다고 결론을 내리는 것을 보았다. 반면, 정신화를 증명하는 방대한 문헌들에서는 배울 것이 많았다. 그리고, 내가 교육집단에서 여러 번 말한 바와 같이, 정신화를 하는 동안 우리—내담자들뿐만 아니라 임상가들을 포함한 모든 사람들—는 정신화를 더 잘 할 수 있었다.

내가 정신화라는 단어를 좋아하는 이유는 무엇인가? 독특한 단어를 사용하는 이점이 있다. 즉, 주의를 끈다. 다른 기법에서처럼, 우리는 정신화를 하거나 혹은 실패하는 것에 더 집중함으로써 부분적으로 정신화를 향상시킬 수 있다. 그래서 주의를 끄는 단어를 사용하는 것은 도움이 된다. 비록 부정적인 면이 있지만(Choi-Kain & Gunderson, 2008), 나는 정신화의 개념적 폭이 넓은 것을 좋아한다. 포괄적인 단어로서, 정신화는 자기자각을 하고 싶을 때, 타인에게 맞추고자 할 때, 의사소통을 잘하고 싶을 때, 정신화는 바로 우리를 적절한 장으로 데려다 놓는다. 즉, 이 모든 것들은 정신화를 통해서 상호 연결된다. 나는 또한 많은 관련된 개념들이 있지만, 정신화와 동의어는 없다는 것을 확신한다. 예를 들어, 마음챙김, 공감, 혹은 심리적 소양을 유사하다고 말하지만 거기에 같은 것은 없다.

마지막으로, 단어에 대한 까다로운 선택이 있었다. 문헌에서 더 많이 사용되는 'mentalization'에 비해 'mentalizing'을 선호하는 이유로 나는 단어에 동사형이 필요하다고 강하게 확신한다. 정신화는 우리가 하는 것이다(혹은 더 자주 혹은 잘 해야 하는 것). 공감(empathy)은 이러한 점에서 동사형으로(empathize) 사용할 수 있어서 좋은 단어이다. 마음챙김과 심리적 소양, 관찰 자아, 사회적 인지와 같은 많은 다른 단어들은 동사 형태가 아니다. 마음챙김(Mindfulness)의 경우, 우리는 유념할 수 있고(mindful), 주의 깊게(mindfully) 참여할 수 있지만, mindfulize라고 할 수는 없다. 그러나 우리는 mentalize라고 할 수 있다.

정신화의 발달

마음챙김을 논의할 때 강조했듯이, 고통스러운 경험에 대한 수용적 태도를 취하는 것은 생각과 감정을 너무 심각하게 받아들이지 않는 것, 생각하는 모든 것들을 믿지 않는 것, 우리 마음속에서 일어나는 것을 관찰함으로써 우리 자신을 경험에서 다소 거리를 두는 것, 그리고 우리 자신을 마음 상태로부터 탈중심화하고 긴장을 줄여나가는 것을 통해서 촉진된다. 우리 모두가 능력이 있다는 것은 우리가 항상 이를 활용하고 있다는 의미는 아니다. 이 능력을 어떻게 발달시키는가? 그 대답은 마음이 무엇이고, 우리가 가지고 있는 마음, 타인이 가지고 있는 마음에 대한 직관적인 감각을 어떻게 발달시키는지를 이해하는 것과 같다. 이 발달은 이 책의 지엽적인 관심인 철학적 문제처럼 보일 수 있다. 그러나 사실 그 해답은 애착 안정성에 있기에 이는 중심적인 문제이다. 애착 안정성은 내가 높이 평가해온 마음을 챙기는 방식으로 정신화를 하는 우리의 능력에서 중추적 역할을 한다.

거리를 두는 마음챙김에 대해 논의할 때, 나는 정신 상태와 현실 간의 분리를 인식하는 핵심에 대한 언급을 피해왔다. 이 핵심은 *정신 상태의 표상적 본질*에 대한 직관적 지각이다(Perner, 1991). 쉬운 비유가 있다. 우리는 지도(표상)와 영토(실제 지형)를 구분해야 한다. 유사하게, 우리는 초상화와 실제 대상을 구분한다. 우리는 정신화를 통해 적어도 직관적으로 우리가 끊임없이 만들어내는 우리 혹은 타인의 정신적 초상화가 단지 초상화, 즉 그 표상은 거의 대략적일 수 있고, 어느 정도는 정확할 수 있다는 것을 안다. 요약하면, 정신화는—모든 것이 잘 될 때 당신의 마음속 한구석에서, 그리고 당신이 당신의 해석에서 벗어났다고 인식이 될 때는 마음의 최선두에서— 마음속 정신 상태의 이러한 표상적 특성이라는 것을 염두에 두어야 한다.

당신은 애착관계가 충분히 발달된 채 태어나는 것이 아니다. 그리고 당신은 마음이 무엇인지, 어떤 마음을 갖는지 혹은 타인의 마음과 관계하는 것이 무엇인지에 대한 직관적 감각같은 것을 가지고 태어나는 것이 아니다. 애착으로 가는 길과 같이, 잘 발달한 정신화로 가는 길도 길고 복잡하고 지속적인 연구와 이해의 대상이다(Gergely & Unoka, 2008). 이 발달의 길에는 이정표가 있으며, 아래 내용과 같이 아이들의 거짓믿음 실험이 관련된다(Wimmer & Perner, 1983).

Maxi는 쇼핑백을 정리하는 엄마를 도와주고 있다. 아이는 초록 찬장에 초콜릿을 넣는다. Maxi는 정확하게 어디에 초콜릿을 넣었는지 기억하고 나중에 몇 개를 가질 수 있다. 그리고 아이는 놀이터로 떠난다. 아이가 없는 동안 엄마는 초콜릿이 필요해서 초록 찬장에서 꺼내서 케이크를 만드는 데 사용한다. 그리고 남은 것을 초록 찬장이 아닌 파란 찬장에 넣었다. 엄마가 자리를 뜨고 Maxi가 배고픈 상태로 돌아왔다.

실험 질문: "Maxi는 어디에서 초콜릿을 찾아볼까?"(Perner, 1991, p. 179)

정신 상태의 표상적 본질에 대한 이해가 발달하기 이전의 아이들은 초콜릿이 어디 있는지 알기 때문에 파란 찬장을 볼 것이라고 대답한다. 정신화 능력(정신상태가 현실을 잘못 인식할 수 있다는 것을 인식)이 있는 경우, 아이들은 초콜릿이 거기에 남아 있을 것이라는 잘못된 믿음 때문에 Maxi가 초록 찬장을 볼 것이라고 대답한다.

세 살 이전의 대부분의 아이들은 거짓믿음 실험에 실패하고 네 살 정도 아이들은 통과한다(Wellman & Lagattuta, 2000). 주목할 만하게도, 이 실험을 통과하는 것은 명시적 정신화의 발달(믿음을 진술할 수 있는)이 필요하다. 또한 15개월 정도의 어린 나이에 아이들이 암묵적 혹은 직관적으로 거짓믿음을 평가할 수 있다는 몇몇 증거가 있다(Onishi & Baillargeon, 2005). 나는 Fonagy와 동료들(Fonagy, Gergely, Jurist & Target, 2002)에 의해 밝혀진 단서들을 가지고 정신화로 가는 발달 경로를 간략하게 설명하려고 한다. 생후 몇 개월 동안, 유아는 자신과 타인들이 행동의 개시자이며 환경에 영향을 미치는 주체임을 배운다. 그들은 신체적 주체로서 대상에게 영향을 미친다(예: 모빌 움직이기, 딸랑이 흔들기와 소리 듣기 등). 또한 그들은 사회적 주체로서 타인에게 영향을 미친다(예: 엄마를 웃게 만들기). 9개월 정도가 되면, 그들은 목적론적 주체로서 타인에 대한 직관적 감각을 발달시킨다. 즉, 실험에서 증명되었듯이(Csibra & Gergely, 1998), 이성적이며 목표지향적인 행동을 기대한다. 9개월의 유아들은 컴퓨터 만화 속 인물이 다른 사람과 접촉하기 위해 곧장 가로질러 갈 것이라고 기대했고 또는 그 쪽에 가기 위해서 필요하다면 장애물을 점프할 것이라고 기대했다. 그러나 유아들은 만화 속 인물이 길에 전혀 장애물이 없는데 불필요한 점프를 했을 때 놀랐다.

2세가 되면, 유아들은 목적론적 이해에 대한 정신화를 시작한다. 즉, 그들은 직관적으로 목표 지향적 행동이 욕구나 감정과 같은 정신 상태와 관련이 있다는 것을 인식하기 시작한다(Gergely, Nadasdy, Csibra & Biro, 1995). 그러나 그들이 거짓믿음 실험에서 실패했듯이, 내적 상태와 외적 현실 간의 차이는 아직 모호하게 남아 있다(Fonagy, 2006). 그들은 다른 아이들의 현실 이해를 자신의 것으로 융합한다. 3~4세 사이의 아이들은 언어발달의 도움으로, 행동이 현실과 맞지 않는 정신 상태에 기반할 수 있다는 것을 이해한다는 점에서 보다 온전히 목표-지향적 행동을 정신화한다. 이에 대한 전문가의 표현이다.

> 표상은 마음의 여러 가지 중 하나의 측면일 뿐만 아니라 마음이 무엇인지 설명하기 위한 기초를 제공한다. 다른 말로 하면, 마음을 표상 시스템으로 개념화함으로써, 아이들은 행동을 설명하기 위해 정신 상태가 개념으로 작용하는 *행동의 정신적 이론(mentalistic theory of behavior)* 에서, 정신 상태가 표상적 기능을 제공하는 것으로 이해하는 *마음의 표상이론(representational theory of mind)* 으로 전환하게 된다. 우리는 '표상'의 개념이 마음이 무엇인지에 대해 아이들이 재개념화하는 것에 있어서 촉매 역할을 한다고 생각할 수 있다(Perner, 1991, p. 11).

그러나 당신은 아동기를 넘어서서 당신의 정신화 능력을 지속해서 발달시킨다. 특히 당신은 자신의 자서전적 이야기를 창조하고 계속 개정하며, 이 이야기를 통해, 당신은 자신과 타인, 그리고 관계의 이해를 해석한다. 기억해라. 당신은 애착관계에서 정신화 능력을 통해서 자신과 타인의 암묵적, 명시적 모델을 발달시키고 개정한다. 즉, 정신화는 심리치료에서 가장 중요한 작업이며 특히, 애착외상치료에서 이보다 더 중요한 것은 없다. Fonagy는 정신화를 이렇게 요약했다.

> 정신화는 아이들이 타인의 신념, 감정, 태도, 욕구, 희망, 지식, 상상, 가식, 계획 등을 생각하게 한다. 타인의 행동을 의미 있고 이해할 만한 것으로 만드는 동시에, 그들은 여러 개의 자신-타인 표상들로부터 특정한 대인관계 맥락에서 가장 적절한 것을 유연하게 작동시킬 수 있다. 타인의 행동의 의미를 탐구하는 것은 아이들이 자신의 의미 있는 경험을 명명하고 발견하는 능력과 중요하게 연결된다. 이 능력은 아마 정서조절, 충동 통제, 자기 감찰, 그리고 자기 주체성의 경험에 결정적인 기여를 한다(Fonagy, 2001, p. 165).

Allen과 Fonagy, Bateman(2008)이 자세하게 리뷰한 것처럼, 우리는 마음에 대한 이해를 심오하게 반직관적(counter-intuitive)이고, 그래서 이해하기 어려운 방식으로 발달시킨다. 정신화를 함으로써, 당신은 자신의 마음을 알고, 타인의 경험을 상상함으로써 그를 부분적으로 공감한다. 예를 들어, 같은 상황에서 당신이 느낄 법한 것을 상상함으로써 친구가 느끼는 것을 직감한다(Goldman, 2006). 그래서 아이들이 처음에 자신이 마음(욕구, 감정, 사고)을 가지고 있는 것을 알고 타인들도 이와 비슷하다고 유추하는 것은 자연스러운 과정이다. 즉, 타인들도 마음을 가지고 있다. 하지만 이 자연스러운 추론은 잘못된 것이다. 마음에 대한 이해는 안에서 밖으로가 아니라 우리의 사회적 경험에 기초하여 오히려 밖에서 안으로 일어난다(Gergely & Unoka, 2008; Vygotsky, 1978). Peter Hobson(2002)의 「사고의 요람(The Candle of Thought)」이라는 책에 "만약 유아가 타인과 관계하지 않는다면, 생각하려고 하지 않을 것이다"(p. xiv)라고 적혀있다. 더욱이, 이 초기발달은 주로 정서에 대한 것이다. '나의 마음과 타인의 마음이 함께 할 수 있다는 연결은—특히, 정서적 연결로 시작되는—우리를 생각하도록 이끈다'(p. 2). 요약하면, Hobson과 Stern(1985)이 과거에 설명했듯이, 우리는 사회적 참여를 통해서, 기본적으로 애착관계를 통해서 자신과 타인의 마음을 이해하는 것을 발달시킨다.

Winnicott(1971)는 유아의 자기감은 양육자의 '거울반응'으로부터 발달한다고 제안했다. 유아는 공동관심의 대상이 되는 사회적 참조를 통해서 자신이 느끼는 것을—밖에서부터 안으로— 배운다. 즉, 엄마는 슬픔이나 좌절과 같은 유아의 정서상태를 그 자신의 정서표현(표정이나 목소리)을 통해서 거울처럼 비춘다. Gergely(Gergely & Watson, 1996)는 이 과정을 사회적 바이오피드백이라 명명했다. 신체적 바이오피드백(Green & Green, 1986)에서는, 당신이 모니터에 접속해서 피부온도나 근육긴장을 측정해서 얼마나 불안하거나 이완되었는지를 알 수 있다. 사회적 바이오피드백에서 당신은 감정적으로 일치하는 정도에 따라 당신 정서에 대한 타인의 정서적 반응을 통해서 당신의 정서를 자각하게 된다.

여기에 중요한 요지가 있다. 즉, 엄마의 정서적 거울반응은 직접적이지 않다. 오히려, 유아의 정서 상태를 표상하고 그 상태에 대한 엄마 자신의 정서표현을 통해서 유아에게 돌려준다(Fonagy, Gergely, Jurist & Target, 2002; Gergely, 2007; Gergely & Unoka, 2008). 즉, 엄마는 단지 두려움에 두려움으로, 슬픔에 슬픔으로, 흥분에 흥분으로, 좌절에 좌절로 반응하는 것이 아니다. 이러한 직접적 반응들은 정서조절보다는 유아의 정서를 더 고조시키기 쉽다. 오히려, 엄마는 엄마의 정서가 아닌 아이의 정서를 표현하는 것에 단서를 두고 유아의 정서와 그녀의 공명을 섞는다. 그래서 엄마는 슬픔을 비춰줄 때 부드럽게 할 수 있고 유아의 좌절을 따라하는 동안 염려를 보일 수 있다. 또는 엄마는 유아의 주의를 끌기 위해 눈썹을 올릴 수도 있다. 엄마는 아마 정서적 언어를 사용할 것이다. "오! 무서워!" 궁극적으로, 이 같은 반응은 그의 내적 경험을 엄마의 외적 표상—표정과 언어—과 맞춰서 아이가 감정을 말로 할 수 있게 한다. 물론, 이상적으로 엄마는 그녀 자신의 정서적 경험을 이야기할 것이다. 정신 상태에 대한 이 같은 개방은 가족 안팎에서 우리에게 마음에 대한 언어를 발달시키게 하고 궁극적으로 정신적 정교함의 정점이 자서전적 서술로 표현된다.

정신화의 세대 간 전수

나는 내가 정신화—실제로 마음에 대한 우리의 감각—가 애착관계 안에서 발달한다는 것을 충분히 명확하게 기술했길 바란다. 이제 나는 내가 이전에 알지 못했던 수수께끼를 다루려 한다. 그간 읽은 방대한 연구들에서 부모가 자신의 부모와의 관계에서 형성한 애착 안정성—AAI에서 드러났듯이, 심지어 유아의 출생 전에 실시되었다고 해도—은 12개월 경에 부모에 대한 유아의 애착 안정성을 예측한다. 이 발견은 엄마(Fonagy, Steele & Steeele, 1991)뿐만 아니라 아버지에게도(Steele, Steele & Fonagy, 1996) 적용된다. 「수수께끼. 어떻게 부모의 애착 안정성이 유아의 애착 안정성으로 전달되는가? 세대 간 전수에서 어떤 공백이 있다」(Fonagy &

Target, 2005)라는 책의 가장 기본적인 원칙에 그 답이 있다. 즉, 정신화는 정신화를 낳는다.

이전 장에서 기술했듯이, AAI에서 서술의 일관성은 애착 안정성의 특징이다. Main(1991)은 초인지적 관찰을 서술의 일관성에 기여하는 요인으로 정의했다. 초인지는 정신화와 중복되는 많은 용어들 중 하나이다. 요약하면, 초인지는 인지에 대한 인지, 생각에 대한 생각을 말한다(Smith, Shields & Washburn, 2003). 같은 맥락에서 Main은 표상과 상위 표상을 "생각 vs 생각에 대한 생각, 혹은 더 깊은 수준에서 보면, 경험의 정신적 표상을 갖는 것 vs 그 표상에 대한 타당성, 본질, 근원을 성찰하는 것"으로 구별했다(p. 128). 만약 당신이 서술의 일관성이 초기 애착 경험과 이것이 발달에 미친 영향을 성찰하는 능력이 분명하다고 생각한다면, 그 인터뷰에서 초인지적 모니터링의 역할이 분명해야 한다. 예를 들어, 당신이 다음과 같이 당신의 생각을 재평가한다면, 당신은 초인지적 모니터링에 참여한 것이다. 나는 아버지의 비판적인 압박이 나를 불안하게 한 것에 대해 아버지를 몹시 싫어했지만, 이제 나는 내가 생각했던 것보다 아버지가 나에게 좀 더 신뢰를 표현한 것이었을지도 모른다고 생각한다.

Fonagy와 동료들(Fonagy, Target, Steele & Steele, 1998)은 Main의 초인지적 모니터링을 AAI에 적용하여 성찰 기능을 측정하는 방법을 개발했다. 즉, 애착관계와 관련이 있는 정신화 능력을 측정하는 방식이다. 이 측정 방법에서, 정신화 능력은 있거나 없는 것이 아니라 정도로 측정된다. AAI에 명백하게 나타나는 성찰 기능의 주요 구성요소는 다음과 같다.

* *자신과 타인의 정신 상태의 본질에 대한 자각.* 이는 타인의 감정, 생각, 의도에 대한 특정 판단이나 추론을 확신할 수 없다는 것을 인정하는 것을 포함한다—심지어 자신에 대한 인정도 포함한다. 당신은 정신 상태를 기만하거나 가장할 수 있다. 그리고 심리적 방어에 의해서 자신의 정신 상태의 자각을 차단하거나 왜곡할 수 있다.
* *행동 기저에 있는 정신 상태를 알아내려는 노력.* 당신 자신과 타인의 행동에 그럴듯한 설명

을 제공하는 것을 포함한다. 서로 다른 개인은 같은 상황에서도 다른 관점을 가질 수 있다는 것을 인식하는 것, 당신의 지각과 판단에 영향을 미치는 정신상태(감정 또는 선입견)를 자각하는 것, 타인에 의해 자신이 어떻게 보일지 자각하는 것, 그리고 그때그때 정신상태에 대한 생각을 수정하고 새로운 방식으로 볼 수 있는 것이다(예: 면접 중에).

* *정신 상태의 발달적 측면에 대한 인식.* 이는 어떻게 당신 부모의 정신 상태가 그들의 발달적 역사에 의해 영향을 받았는지 자각하는 것뿐만 아니라 지금 현 상태의 마음에 초기 애착관계의 영향을 평가하는 것을 포함한다. 부모의 행동에서 어린이로서 받았던 영향을 평가하는 것, 가족 역동, 즉 가족 구성원 간의 관계에 대한 자각, 최근에 새롭게 한 이해로 어린 시절에 대한 생각과 감정을 수정하는 것, 시간에 따른 당신의 관점을 평가하는 것, 즉 과거와 비교해서 현재에 다르게 생각하고 느끼는 것뿐만 아니라 당신의 관점이 미래에 달라질 수 있다는 것이다.

* *면접자와 상호작용에서 정신 상태 자각.* 이는 면접자의 관점을 고려하고 면접자의 이해(예: 서로 모순되어 보이는 것)를 돕는 것, 적절한 맥락을 제공하는 것, 면접자의 질문에 대해 요점을 유지하는 것, 그리고 당신의 이야기가 면접자에게 미치는 영향을 자각하는 것이다(예: 당신의 외상경험을 듣고 면접자가 얼마나 고통스러운지 알아낼 수 있다.).

Fonagy의 연구는 성찰 기능과 서술의 일관성이 높은 상관을 나타낸다는 것을 검증하였다. 그러나, 엄마의 외상 역사의 맥락에서, 성찰 기능은 서술의 일관성보다 유아의 애착 안정성과 더 강한 관련성이 있었다. 이에 따르면, 서술의 일관성은 정신화의 하위로 포함될 수 있다.

AAI에서 사용되는 18개의 평정 척도들 중에서 서술의 내적 일관성은 AAI의 분류와 아동의 애착 상태에 대한 가장 좋은 단일 지표였다. 과거 부모에 대한 인식의 일관성은 자신의 정신 기능을 관찰하고, 그들 자신과 타인에 대해 인간으로서 생각, 감정, 바람, 믿음, 소망, 그리고 욕망에 대해 타당한 견해를 가질 수 있는 방해 받지 않는 능력에서 나온다. 일관성은 성찰능력의 하나의 척도가 될 수 있으며, 유아와의 관계에 직접적인 영향을 주는 양육자의 속성이 된다(Fonagy, Steele, Steele, Moran & Higgitt, 1991, p. 215).

그래서 아동의 마음에 있는 애착 안정성의 핵심은 '자신의 정신 상태가 적절히 반영되고 누군가가 정확하게 반응해줄 것이다.'라는 기대이며 이 만큼 '그들이 자신의 정신세계와 관련하여 안전감을 느낄 것이다.'(p. 215)라는 기대이다.

이제 모든 연구들은 부모의 애착 안정성과 유아에 대한 부모의 정신화 능력과 유아의 애착 안정성을 관련시킨다(Allen, Fonagy & Bateman, 2008; Fonagy, Gergely & Target, 2008). 애착 안정성의 맥락에서, 정신화는 정신화를 낳는다. 이 결론은 상식적이다. 정신화를 하지 않는 부모에게서, 즉 심리적으로 혹은 정서적으로 조율하지 않으며, 유아의 정서 상태에 대한 마음을 고려하지 않는 사람(부모)에게서 왜 유아는 안정을 구하는 걸까? 정신화를 처음 해야 하는 유아는 부모의 정신화 능력에 따라 직관적으로 부모와 상호작용하게 된다.

Slade와 동료들(Slade, 2005; Slade, Grienenberger, Bernbach, Levy & Locker, 2005)은 AAI에서 자신의 애착과 관련한 정신화 능력이 아니라 자녀에 대해 정신화하는 부모의 능력을 측정하는데 Fonagy의 성찰 기능 검사를 적용하였다. 이들은 아이들과 관계에서 부모의 내적작동모델을 포착하기 위해 설계된 90분의 부모발달면접으로 부모의 성찰 기능을 평가했다. AAI와 유사하게, 부모들은 자녀와의 관계를 묘사하는 형용사들을 제시했고, 일상생활에서 발생하는 사례들을 그 증거로 말했다. 면접은 아이의 행동, 생각, 감정에 대한 엄마의 이해에 대한 정보를 제공한다. 면접은 특히 예를 들어 "지난 주에 당신과 당신 아이가 잘 통했던 때를 설명해보세요.", "당신과 아이가 정말 맞지 않았던 상황을 설명해보세요."(Slade, 2005, p. 276)와 같이 정서적으로 고조된 상호작용을 다루었다. 예를 들어, 부모가 아이의 감정을 감지하지 못할 때, 부모의 빈약한 정신화의 증거는 "아이가 나에게 매달렸어요. 하지만 아이는 문제가 없습니다.", "아이가 별다른 원인이 없는데 밤에 깨서 소리 지르고 또 소리 질렀어요."(p. 278). 빈약한 정신화의 증거는 또한 아이에 대해 보내는 부모의 악의적 귀인이 있다(예: 사악한 것으로). 그리고 부모 자신의 정서에 대한 자각이 없다(예: 화, 죄의식, 즐거움 등의 부인). 높은 수준의 정신화는 자녀 감정 상태에 대한 부모의 인식이 분명하다. 특히 자신의 정신 상태를 아이의 정신 상태와 연결하는 능력으로 나타난다. "나는 남편과 싸워서 슬프고 두려운 상태였어요. 나는 온전할 수 없었고 그래서 아기에게 제대로 응할 수 없었어요(아기의 정신 상태에 영향을 미친 것을 암시)."(p. 279).

Slade(2008b)는 엄마의 높고 낮은 수준의 정신화를 우리가 쉽게 이해하도록 가상 시나리오로 대조시켰다. 엄마가 직장에서 돌아와서, 2살 아이를 데려오고, 저녁 거리가 없어서 식품점에 들렀다. 그녀는 주차를 하고 아이는 짜증을 낸다. 엄마는 아이가 낮 동안 엄마가 그리워서 불편해한다는 것을 안다. 더욱이 아기는 지치고 배고프고 집에 가고 싶고 가게에 가야 하는 것이 불편하다. 그녀는 아기의 감정을 읽고, 아기가 요구할 때 먹을 것을 주고, 빨리 집으로 간다. 만약 아기가 엄마의 노력에도 불구하고 떼를 쓴다면 엄마는 안아주고 아기의 감정에 대해 이야기해 주고, 아기의 요구에 맞추려 노력할 것이다. 힘든 상황에서 아이는 정신화를 배운다. 반대로, 정신화가 안 되는 엄마는 화를 내고 아이의 힘듦에 흥분하고, 아이의 요구(음식 등)를 거부하고, 형식적인 모습으로 행동한다. 아이가 떼를 쓰면, 소리를 지를 것이다, "너 일부러 떼쓰는 거지! 넌 날 미치게 하는구나! 넌 내가 하려는 걸 정말로 못하게 해!"(p. 319). 가게를 떠날 때 엄마와 아이는 둘 다 조절이 힘든 상태가 된다. 더욱이, 아이는 이 강요의 시간을 통해서 강압적인(비정신화적) 상호작용 전략을 배운다.

Slade와 동료들(Slade, Grienenberger, Bernbach, Levy & Locker, 2005)은 40쌍의 엄마와 아기를 대상으로 정신화와 애착을 연구했다. 그들은 마지막 임신 3개월 동안 AAI를 통해 엄마의 애착을 평가했다. 그리고 유아가 10개월일 때 엄마의 정신화를 측정했다. 마지막으로, 유아가 14개월이 되었을 때, 유아와 엄마와의 애착 안정성을 낯선상황 실험을 통해서 평가했다. 예상대로, 아기의 출생 전 엄마의 애착 안정성은 10개월 유아에 대한 엄마의 정신화를 예측했다. 다음으로 높은 수준의 정신화는 유아의 높은 애착 안정성과 관련되었다. 더욱이, 저자들은 엄마의 애착 안정성이 아기에 대한 엄마의 더 나은 정신화 능력을 통해서 유아의 애착 안정성으로 연결된다는 증거를 제시했다.

Slade와 동료들이 엄마의 정신화를 부모-아이 관계에 대한 면접으로 평가한 반면에, Meins와 동료들(Meins, 1997; Meins, Fernyhough, Fradley & Tuckey, 2001)은 정신화를 엄마-유아 상호작용의 관찰로 평가했다. 이들은 엄마가 6개월 유아와 상호작용하는 동안 엄마의 심리적 조율을 나타내고 아기의 마음을 고려한 발언이 무엇인지 연구하였다. 마음을 고려한 발언들은 지식("이게 뭔지 알지, 이건 공이야"), 흥미("어떤 장난감이 좋아?"), 또는 생각 과정("생각하는 중이야?")을 표현하였다. 엄마는 유아의 마음 상태를 표현할 것이고, 지루함, 걱정, 흥분 등의 감정을 이야기할 것이다. 그리고 엄마는 생각을 다루려고 노력하면서 말할 것이다("장난치는 거야?", "엄마를 놀리는 거 같은데...")(Meins, Fernyhough, Fradley & Tuckey, 2001, p. 641). 유아의 마음을 고려한 엄마의 말들은 12개월에 유아의 애착 안정성을 예언했다. Arnott와 Meins(2007)는 엄마와 아버지를 대상으로 애착의 전수 모델을 조사했고 부모의 애착 안정성이 애착에 대한 정신화와 정적으로 관련됨을 발견하였다. 즉, 애착 안정성과 정신화는 6개월 유아와의 상호작용에서 마음을 고려한 언급들과 관련되었다. 그리고 마음을 고려한 언급들은 12개월에 유아의 애착 안정성을 예언했다. 연구자들은 2개의 발달적 경로를 확인했다. 부모의 애착 안정성은 마음을 고려하는 부모의 능력에 의해 유아의 애착 안정성과 연결되었다. 반면에 부모의 애착 불안정성은 부모의 낮은 수준의 마음을 고려하는 능력에 의해 유아의 불안정성과 연결되었다.

이 책을 집필하는 중에, 나는 Ainsworth(1963)가 Uganda에서 우리가 소위 부모의 정신화라고 하는 것의 중요성을 발견했다는 것을 보고 매우 놀랐다. 유아의 애착 안정성의 예측 요인 중 하나는 인터뷰에서 정보제공자로서의 엄마의 유능성이었다. 즉, 엄마는 '주제를 유지하고, 정보를 자발적으로 제공하고, 아이에 대한 구체적인 많은 정보를 주고, 인터뷰 참여에 전혀 싫증내지 않았다.'(p. 97)는 것이다. 인터뷰에서 그들의 아기와 안정적으로 애착을 형성했는지에 대해 대화할 때, 엄마들은 예를 들어서 이야기의 일관성을 보였다. 이는 또한 부모 발달 인터뷰 혹은 AAI로 자신들의 애착 이야기에 대해 이야기를 했을 때도 일관성 있게 잘 이루어졌을 것이다. 정신화에 대해 다음 요약을 생각해보길 바란다.

> 안정 애착 유아의 엄마들은 정보제공자로서 중간 이상의 유능성을 보였고, 이는 아기의 발달에 대한 많은 관심을 반영하는 것으로 여겨진다. 그들은 아기에 대해 자발적으로 이야기하고 아기의 행동에 대해 구체적 묘사를 한다. 불안정 애착 유아들의 엄마들은 정보제공자로서 중간 이하의 유능성을 보였는데 아기에 대한 상대적으로 적은 개입을 보였다. 그들은 다른 이야기를 하는 걸 선호했고, 아기의 행동에 대해 구체적인 것을 이야기할 만큼 충분히 아기를 관찰하지 않았다. 이 표본에서 그 비율이 어떻든 간에, 엄마의 이야기 일관성은 아기에게 피상적으로 따뜻한 엄마보다는 아기에 대한 더 진정한 관여를 하는 것에서 나타난다(Ainsworth, 1963. p. 98).

위의 마지막 진술은 엄마의 따뜻함과 애정이 아닌 정신화가 Ainsworth의 초기 연구에서의 애착 유형의 차이와 관련된다는 것을 언급하는 것이다. 앞서 주목했듯이, Ainsworth의 발견에서처럼, Minnesota 종단연구에서도 Sroufe와 동료들은 안정 애착이 부모의 심리적 복잡성과 관련된다고 발견했고, "유아에 대한 양육자의 심리적 이해"라고 정의했다(Sroufe, Egeland, Carlson & Collins, 2005, p. 91), 이는 유아의 복잡성에 대한 부모의 이해와 유아가 그들과 분리된 한 사람이라는 것에 대한 부모의 평가를 포함한다. 이 연구에서는 간호사들이 아기를 출산한 엄마를 평가하였는데, 안정 애착과 관련되는 강력한 예측변수는 "아기에 대한 엄마의 관심"(p. 57)이었다. 즉, Ainsworth 연구와 일치한다.

부모 자신의 애착 역사와 관련된 부모의 정신화가 그들 아기에 대한 정신화를 야기하는 것을 보면, 방금 검토된 연구는 정신화가 정신화를 낳는다는 것을 보여준 것이다. 그러나 이 퍼즐에는 조각이 하나 더 있다. 부모에 의해 정신화를 경험하여 안정적으로 애착이 형성된 유아는 아이로서 정신화를 더 잘하게 된다. Meins와 동료들(Meins, Fernyhough, Russell & Clark-Carter, 1998)은 12개월의 안정 애착이 마음이론 과제 수행을 예언하는 것을 발견했다. 예를 들어, 안정 애착의 83%의 아이들이 4살 때 거짓믿음 실험을 통과한 반면에 불안정 애착 아이들 33%만 통과하였다. 후속 연구에서 6개월 때 엄마의 마음을 고려하는 정도는 4살 때 아이의 정신화 수행을 예측하는 결정적 요인이었다. 이 결과들은 상식적이다. 정신화의 세대 간 전수는 말과 행동을 통한 학습과정을 포함한다(즉, 아이에 대한 정신화를 모델링하는 것). Gergely와 동료들은 이를 '교육적(pedagogical)' 과정이라 부른다 (Gergely, Egyed & Kiraly, 2007; Gergely & Unoka, 2008). 정신화 학습과정의 유래에서 살펴보면, 안정 애착 아동이 더 공감적이고, 배려하고, 사회적으로 유능하다는 것은 놀라운 일이 아니다.

Slade(2005)는 정신화가 정신화를 낳는다는 원칙을 다음과 같이 주장했다.

> 엄마가 아이의 감정, 욕구, 의도에 대해 마음의 표상을 자신의 마음으로 안아주는 능력은 그것에 대한 엄마의 표상을 통해 아이가 자신의 내적인 경험을 발견하게 한다. 이 재-표상(re-presentation)은 아동발달 단계와 모자 상호작용에 따라 다른 방식으로 일어난다. 아이의 정신 상태에 대한 엄마의 관찰은 매순간 달라지고, 처음에 엄마의 표상은 몸짓과 행동으로 나중에는 말과 놀이로 나타난다. 이는 민감한 양육의 핵심이며, 궁극적으로 아이의 정신화 능력의 발달에 중요하다(p. 271).

요약하면, 정신화는 세대 간 전수의 사슬에 또 다른 연결고리를 제공한다. 안정 애착을 가진 부모는 그들의 정신화 능력에 의하여, 자신의 애착 경험에 대해 일관되고 정서적으로 진정한 설명을 할 수 있다. 그들은 정신화 능력을 활용하여, 심리적으로 아기와 조율된 상호작용을 할 수 있으며, 특히 아기가 정서적으로 고통스러울 때 잘 조율한다. 결과적으로, 아기들은 부모가 민감하게 반응적인 정서적 지지를 줄 것을 신뢰할 수 있게 된다. 다음으로, 안정 애착이 형성된 아이는 상대적으로 정신화를 잘 할 수 있다. 예를 들어, 그들의 정서를 말할 수 있고 타인을 공감할 수 있다.

명백하게, 정신화와 애착 안정성의 과정이 어린 시절에 국한된다면, 이들 간의 시너지 효과가 심리치료에 대한 함의를 주기에는 한계가 있다. Mikulincer와 Shaver(2007b) 연구는 발달적 맥락에서의 확장을 보여준다. 그들은 100명의 젊은 커플을 대상으로 데이트 시작시기와 몇 개월 이후에 평가를 했다. 개인적 문제를 노출했을 때 정서적 표현과 지지적 행동을 해석하는 데 있어 파트너의 정확성을 초기에 평가했는데 애착 안정성에서 계속되는 변화와의 관련성을 연구하였다. 결과는 명쾌하였다. '파트너의 표정과 비언어적 부정적 정서 표현을 더 정확하게 인식한 사람들은 8개월 시기에 주어진 상호작용 과제에서 애착불안이나 회피는 감소했고 평가자에 의해 더 지지적으로 평가되었다.'(p. 202). 즉, 정서에 대해 마음을 고려하고 정신화를 하는 것은 시간의 흐름에 따라 애착 안정성을 확장시켰다. 어린 시절 애착에 대한 연구와 일관되게, 이 결과도 상식적이다.

손상된 정신화의 형태

당신이 정신화를 하지 않을 때는 뭘 하고 있을까? 많은 시간, 당신은 정신화할 필요가 없다. 예를 들어, 꽃을 심거나, 그림을 그리거나, 설거지를 할 때이다. 책을 쓸 때는 어떤가? 글쓰기는 개인의 과업처럼 보이나 당신은 독자의 마음을 상상하면서 정신화를 할 필요가 있다. 책의 가독성은 작가의 정신화 능력을 보여준다. 건축가가 건물을 설계하는 것은 어떠한가? 이것도 역시 사람들의 사용을 위해 설계함으로써 정신화가 필요하다. 우리는 특정 관계에서(특히 애착관계) 정신화를 실습하는 데 관심이 있다. 정신화를 하지 않는 것—배우자의 감정을 고려하지 않는 것—은 관계에서 기본적으로 문제가 된다. 게다가, 우리는 자기자각과 성찰의 관점에서 자신에 대한 정신화에 관심을 가지고 있다. 자신에 대해 정신화를 하지 않는 것은 관계나 다른 영역에서 분별없는 부적응적 행동을 이끌 수 있다.

나는 Murdoch처럼 정신화를 상상적 활동으로써 바라봤다. 공감은 주요한 예시이다. 당신 친구의 고통스러운 경험 이야기를 들으면서, 그녀가 묘사하는 동안 그 상황을 상상할 필요가 있다. 그리고 그 상황에서 그녀가 느꼈을 것을 상상한다―부분적으로 당신이 그녀라면 느꼈을 수 있는 것을 상상한다. 이 상상의 관점에서, 두 개의 잘못된 방식이 있다. 즉, 너무 부족하게 혹은 너무 넘치게 상상하는 것이다 (Allen, 2006b). 너무 부족한 상상은 정신화를 하려는 노력을 하지 않음으로써 당신은 잘 감지를 못하거나, 둔감하거나 혹은 정신화에 무관심할 수 있다. 혹은 당신은 생각에서 너무 단순하거나 확고할 수 있다. 나는 충분히 잠을 못자서 무심했다. 잘 먹지 않으니 무기력하다. 이 두 설명 모두 어떤 면에서는 진실인 것 같지만, 정신적 정교함에 대해서 높은 평가를 받지는 못한다.

다른 측면으로, 너무 넘치게 상상하여 정신화를 왜곡할 수 있다. 나의 딸이자 언어치료사인 Yvonne 덕분에, 우리는 왜곡된 정신화에 대한 다른 용어를 만들었다. 이상정신화(excrementalizing)인데 정신화를 하지만 엉터리로 하는 것이다(Allen, Fonagy, & Bateman, 2008). 관련된 문제는 과잉정신화이다(hypermentalizing) (Fonagy, Bateman & Luyten, 2012), 즉, 당신 마음이나 타인의 마음에 무엇이 일어나는지에 대해 집착하고 강박적으로 사로잡히는 것이다. 예를 들어, 사회적 불안은 과잉정신화 혹은 이상정신화와 관련될 수 있다. 예를 들어, 나는 혼자서 쇼핑몰에 가는 것이나 식당에 가서 밥 먹는 것을 두려워하는 내담자를 치료한 적이 있다. 그는 동료가 있으면 괜찮았다. 혼자 쇼핑할 때, 과잉정신화로 모든 사람이 그를 쳐다본다고 믿었다. 그는 극도로 자의식을 느꼈다. 그리고 과잉정신화를 하여 그가 친구가 없이 혼자이기 때문에 다른 사람들이 그를 실패자로 볼 것이라 믿었다. 그래서 그는 타인의 생각과 감정에 너무 많은 주의를 두는 것뿐만 아니라 그들이 생각하는 것을 왜곡되게 지각하였다. 게다가, 우리가 외로움과 혼자라는 그의 두려움을 생각할 때까지 ―실제로, 그 내담자는 젊었지만 홀로 죽어가고 있었다― 그는 자신의 이러한 왜곡의 이유를 이해하지 못했다.

나는 이미 정신화뿐만 아니라 이상정신화와 과잉정신화라는 두 개의 손상된 정신화에 대한 용어를 제시했다. 그러나 다른 유형의 정신화가 더 있다. Fonagy와 동료들(Fonagy, Gegely, Jurist & Target, 2002)은 세 가지 전정신화 모드를 밝힌 바 있다. 즉, 이는 완전한 정신화가 발달되기 전에 유아와 초기 아동기에서 경험하는 방식이다. 모든 성인들은 정서적으로 흔들릴 때 이러한 *전정신화*(prementalizing) 모드로 퇴행할 수 있다. 이 비정신화 유형을 여기에 소개하고자 한다.

1. *정신적 동등성 모드(psychic equivalence)*. 나는 정신화를 할 때 우리의 생각과 감정이 특정한 방식으로 현실을 표현한다는 것을 인식할 수 있다는 것을 논의한 바 있다—정확함이 과하거나 부족할 수 있다. 정신적 동등성 모드에서, 당신은 당신의 정신 상태를 현실과 동일하다고 여긴다(즉, 인지적 융합). 당신은 "당신이 생각하는 모든 것을 믿지 말라"라는 격언을 잊어버리게 된다. 꿈은 정신적 동등성 모드의 가장 확실한 예이다. 꿈 속에서 당신의 꿈은 완전히 현실로 보인다. 당신은 깨어났을 때 정신화를 한다. "그것은 꿈이야." 편집증도 또 다른 예이다. 당신은 그들이 실제로 그랬건 아니건 간에 그들이 당신 때문에 그랬다고 확신한다. 외상후 반추도 또한 정신적 동등성의 예가 된다. 당신은 외상 사건의 실제 경험과 기억 사이의 차이를 생각하지 못한다. 현재의 자신에게 초점을 맞추게 될 때 비로소 당신은 정신화를 하게 된다. 지금 일어난 일이 아니야. 나는 과거를 기억하는 거야.

2. *가장 모드(pretend mode)*. 가장 모드는 정신적 동등성 모드와 반대이다. 정신 상태를 현실이라고 여기는 것과 반대로 현실과 너무 동떨어져 있다. 가장 모드는 심리치료에서 중대한 위험요소가 된다. 예를 들어, 심리학 전문용어 사용에 너무 많이 소모하게 되는 경우이다. 쉬운 말로 하면, 허튼소리가 바로 가장 모드의 예가 된다. 그리고 심리치료에서 중대한 잠재적 위험은, 실제로는 치료에 아무 진전도 없으면서 의미 있는 작업을 하고 있다는 망상을 가지는 것이다(Allen, Fonagy & Bateman, 2008).

3. *목적론적 모드(teleological mode)*. 목적론적 모드에서는 목표 지향적 행동이 정신화를 대체한다. 행동은 말보다 더 중요하다. 예를 들어, 자살 시도는 무시당한 것에 대한 분노와 극심한 절망감의 표현일 수 있다. 말보다 행동이 더 소란스러워서, 보고 듣는 것을 배제할 만큼 요란할 수 있다(예: 두렵게 하는 것)

비정신화의 이러한 다양한 유형이 없다면, 이 책이 필요가 없을 것이다—실제로 심리치료가 필요 없을 것이다. 우리는 서로서로 그리고 우리 자신의 마음 속에서 더 잘 지낼 것이다. 그리고 우리는 애착관계나 다른 관계에서도 서로에게 상처를 주지 않을 것이다.

❑ 마음챙김과 정신화의 통합

나는 당신 자신의 마음과 타인의 마음을 연결하는 방식과 관련하여 두 개의 개념—마음챙김과 정신화—을 기억하게 하면서 당신이 두 개념을 비교하게 하는 것으로 이 장을 시작했다. 나는 당신에게 이 개념들이 애착외상과 치료에 중요하기 때문에 이 책을 통해서 주기적으로 그 두 개념을 견주어보길 권한다. 나는 두 개념이 어떻게 조화를 이루고 있는지에 관한 나의 이해를 제시하면서 이 장을 마치고자 한다. 공통점, 차이점, 그리고 상호성에 대해 요약하고자 한다.

우리는 두 개념에 대한 Fonagy의 언급에 대체로 동의한다. 두 개의 근본적인 다른 전통이 마음에 초점을 두었다. 마음챙김 문헌은 불교, 철학, 윤리학에서 발전되었다. 반면에 정신화에 대한 문헌은 정신분석, 발달 정신병리, 그리고 애착이론에서 발전되었다(Fonagy, 2001; Fonagy, Gergely & Target, 2008). 이 두 전통은 공통된 관심 주제가 있다. 바로 외상치료의 핵심인 고통과 고통의 완화이다.

공통점

나는 개념의 범위나 복잡함에서 마음챙김과 정신화의 공통점을 발견했다. 두 개념 모두 다측면적이다. 그 중 어떤 측면은 중복되며 다른 측면은 그렇지 않다. 더욱이, 중복의 정도는 연구자들이 두 개의 개념을 정의하는 정도에 따라 다를 것이다.

나는 마음챙김과 정신화 간에 공통되는 네 가지의 주된 특징을 생각했다. 첫째,

두 개념은 정신 상태의 자각을 포함한다. 둘째, 둘 다 내적 정신 상태와 외적 현실이 서로 분리된 것이라는 자각을 강조한다. 마음챙김의 인지행동이론에서, 탈중심화와 인지적 융합은 이 분리를 일컫는다. 정신화 문헌에서는 마음의 표상적 특성을 강조하고 정신화 모드와 정신적 동등성 모드를 구별하는 것을 강조한다. 셋째, 이러한 마음의 분리감을 가지고, 마음챙김과 정신화는 정신상태를 향한 수용과 비판단적 태도를 추구하고, 특히 명시적으로 마음에 무엇이 일어나는지에 대한 개방적 마음과 탐구적 호기심을 추구한다(Allen, Fonagy & Bateman, 2008; Bateman & Fonagy, 2006). 즉, 정신화 입장에서 우리는 잠정적이고 알고 싶어 하는 태도를 추구한다. 우리는 다른 사람의 마음에 무엇이 있는지 확실히 알지 못한다—심지어 우리 자신의 마음도 잘 모른다. 그래서 탐구적 호기심은 정신화와 어울리는 태도이다. 비슷하게, 마음챙김 문헌 중 Kornfield(2009)에 의하면, 스님은 학생에게 마음에 대한 질문이 있을 때 '나는 모른다.'라는 태도를 추천한다. '마음을 모른다는 것을 유지해라.' 이것은 열린 마음이고, 청명한 마음이다(p. 375). 알지 못한다는 태도와 관련해서 Konfield는 재밌는 일화를 이야기했다.

> 나는 5살 여자아이의 엄마에게 들은 이 이야기를 좋아한다. 아이는 엄마의 왕진가방에서 청진기를 꺼내서 놀고 있었다. 아이가 청진기를 귀에 대었을 때, 엄마는 아이가 의학에 관심이 있고 나처럼 커서 의사가 될 것이라 자랑스럽게 생각했다. 얼마 후 아이는 청진기의 끝을 입에 대고 소리쳤다. '맥도날드에 오신걸 환영합니다. 뭘 도와드릴까요?' 이 때, 엄마는 딸의 행동에 웃었고, 얼마나 쉽게 우리 생각을 다른 사람에게 투사하는지 자신을 보며 느꼈다(Kornfielf, 2009, p. 375).

네 번째 공통된 특징은 이 책의 뒷부분에서 치료를 논하면서 설명하고자 한다. 심리치료의 여러 다른 종류의 끝없는 확산에도 불구하고, 문헌에는 심리치료의 명백한 효과는 모든 다른 종류의 치료가 공통적으로 가지는 요인들에 달려있다는 오래된 주장이 있다(Frank, 1961). 우리는 정신화를 심리치료의 공통적 요소라고 제안해 왔다(Allen & Fonagy, 2006; Allen, Fonagy & Bateman, 2008); 실제로, 정신 상태를 이해하려는 시도 없이 심리치료를 수행하는 것을 상상할 수 없다. 유사하게, 마음챙김 또한 심리치료에서 공통 요인으로 제안된 바 있다(Martin, 1997; Siegal, 2007). 나는 이에 동의한다. 즉, 마음상태에 주의를 집중하지 않고서는 효과적인 치료를 상상할 수 없다. 마찬가지로, 체험적 수용(experiential acceptance)은 정신분석에서 제안된 이후로 공통요인으로 간주된다(Block-Lerner, Wulfert & Moses, 2009). 마음챙김, 정신화 그리고 넓은 범위의 경험을 수용하는 것이 공통요인이라면, 치료자들이 수용뿐만 아니라 정신화(Diamond, Stovall-McClough, Clarkin & Levy, 2003)와 마음챙김(Segal, 2010)에 숙련되는 것은 필수적이다.

나는 정신화를 위한 근본적인 개발 원칙을 마음챙김과 수용으로 확장하고자 한다. 정신화가 정신화를 낳는다는 연구가 보였던 것처럼, 나는 마음챙김이 마음챙김을 낳고, 수용이 수용을 낳는 것을 연구들이 보여줄 것이라고 기대한다. 따라서 정신화와 마음챙김, 수용을 함으로써, 치료자들은 외상적 애착관계에 대해 대처하는 데 중심이 되는 정신화와 마음챙김 기술을 내담자가 발달시키도록 한다.

차이점

*온전한 집중*이 마음챙김의 핵심이라면(Mace, 2008), 정신화의 핵심은 더 광범위하다. 정신화는 행동에 대한 정신상태를 해석하는 것, 정신상태의 의미를 반영하고, 그 과정의 이야기를 만들어내는 것을 포괄한다. Holmes(Holmes, 1999)는 심리치료의 맥락에서 정신화는 이야기를 만드는 것과 이야기를 없애는 것을 수반하지만, 마음챙김은 그런 개념을 갖고 있지 않다고 하였다. '그것은 비교하지도, 유목화하지도, 평가하거나 숙고, 내성, 반영, 사건의 반추 혹은 기억을 기초로 한 경험을 하지 않는다.'(Brwon, Ryan & Creswell, 2007, p. 213)라고 하였다. 그러나 반추가 비융통적이고 대안적 관점에 닫혀있는 한, 반추는 정신화의 효과적 형태가 아니라는 것에 주목하길 바란다.

정신화가 성찰 기능을 포괄하는 점에서 마음챙김보다 더 넓은 범위를 가지고 있는 것과 더불어, 정신화는 사회적인 측면에서 그 범위가 넓다. 마음챙김 수련은 주로 자신의 정신상태의 자각과 수용을 확장시키는 데 초점이 있다. 반면 정신화는 근본적으로 두 가지 측면에서 사회적이다. 첫째, 정신화는 자신과 타인의 정신상태에 대한 자각의 균형을 맞추려 한다. 둘째, 그리고 더 기본적으로 애착과 정신화에 관한 발달 연구는 마음의 사회적 본질을 강조한다. 마음은 애착관계의 맥락에서 생성된다. 마음챙김과 정신화가 중복되는 만큼, 정신화 문헌은 어떻게 마음의 마음챙김이 애착관계에서 발달하는지를 명시한다. 선행연구자들이 검증했듯이, 마음챙김의 효과로 인해 정서에 대한 자기조절의 향상이 이루어진다는 것은 명백하다. 그러나 나는 이 책의 처음 두 장에서 애착 안정성을 통한 개인내적 조절이 정서조절의 기본적 수단이자 실제로 *자기조절*의 원천이라고 강조했다. 애착 연구자들이 주장했듯이, 정서조절에 대해 완전히 이해하려면 발달에 대한 접근을 해야 한다.

그러나 이러한 정의의 문제들이 작용하는 만큼 구별은 정도의 문제이다. 내가 하고자 했던 것처럼 마음챙김의 개념을 타인의 정신상태에 대한 세심한 자각으로 확장한다면, 정신화와 같은 사회적 영역으로 마음챙김의 개념을 이끌게 된다. 최대한으로 확장해보면, 내가 설명했던 발달 과정의 애착관계의 맥락에서 마음챙김이 정신화에 대한 대체가 된다(Siegal, 2007, 2010). 소수의 경우이지만(Mace, 2008), 최근 연구들은 대인관계에서 마음챙김의 효과를 평가했다(Brown, Ryan & Creswell, 2007; Davis & Hayes, 2011). 마음챙김은 공감을 강화하며, 대인관계 갈등과 관련된 스트레스를 완충하고, 의사소통을 확장시키고, 사회적 연결감을 증가시킨다.

Carson과 동료들(Carson, Carson, Gil & Baucom, 2004)은 마음챙김을 부부치료에 적용하여 마음챙김 기반의 관계 향상(Mindfulness-Based Relationship Enhancement) 개입을 만들었다. 개입 이후에, 잘 참여한 커플들은 관계 만족도가 증대했고, 친밀감, 수용이 증가하고 고통이 감소했다. 이 효과성은 마음챙김의 대인

관계적 효과에 대한 Brown과 동료들의 다음 요약과 일맥상통한다.

> 마음챙김의 특징인 수용적 주의집중은 배우자의 생각, 정서, 복지에 관심을 갖는 능력 혹은 의
> 지를 촉진시킬 수 있다. 또한 배우자의 (종종 미묘한) 정서적 어조나 비언어적 행동을 자각하여
> 배우자와 의사소통하는 능력을 증진시킬 수 있다. 동시에, 이러한 사람은 아마 그들 자신의 인
> 지, 정서, 그리고 의사소통에서 언어 반응을 더 잘 자각할 것이다(Brown, Ryan & Creswell,
> 2007, p. 225).

마음챙김의 대인관계 적용에 대한 이 연구는 다음의 기본적 차이를 흐리게 한
다. 정신화가 성찰을 포함하는 반면에 마음챙김은 온전한 주의집중을 수반한다.
Brown과 동료들의 요약과 Carson과 동료들의 개입은 마음챙김 훈련뿐만 아니라
의사소통 연습, 관계 스트레스에 대한 정서중심적 접근과 문제중심적 접근의 고려,
더 넓은 삶의 영역(예: 직업)이 관계에 미치는 영향에 대한 논의, 그리고 상호작용
에서 발생하는 새로운 이해의 기록을 모두 포함하고 있다. Dan Siegal(2007)이 AAI
연구와 관련된 "마음챙김의 성찰적 측면"에 대해 언급한 것처럼(p. 205), 명백히 이
는 정신화의 영역이다.

마음챙김과 정신화는 차이점뿐만 아니라 완전히 대조되는 점이 있는 것 같다.
불교 문헌에서는 비애착을 주장한 반면에 나는 애착을 주장한다. 마음챙김에 대한
불교적 관점과 서양 심리치료의 관점을 조율하려는 노력에서, Harvey Aronson
(2004)은 '애착'에 관한 문제를 다음과 같이 구성하였다. '이 단어가 한 맥락에서 어
떻게 다르게 표현될 수 있는지 고려하는 것은 의미가 있다. 한편으로는 너무 부정
적인 것—즉, 우리에게 반복된 고통을 주었다고 탓하는 해로운 태도이다. 그리고 다
른 한편으로는 타인에게 너무 가치 있는 것—인간 발달의 중심이 되는 양육적 유대
가 된다.'는 입장이다(p. 156). Aronson이 설명한 것처럼, 불교문헌에서, 애착은 갈
망, 고정된 집착, 욕심의 의미를 내포한다. 이는 불안정 애착과 연결될 수 있는 특
성을 보이며 소유, 질투, 그리고 분리에 대한 회피를 포함한다. 이런 문제가 되는

애착은 관계를 넘어선다. 예로는 부, 명예, 그리고 인기에 대한 강박적 몰두를 포함한다. 반대로, 비애착은 '어떤 것이나 생각에 사로잡히거나 고정되지 않는 가치'(p. 159)이다. 정신화 문헌에서, 비애착은 당신의 생각, 감정, 욕망에 과하게 동일시하지 않는 측면으로 탈중심화 또는 탈융합을 포함한다는 것에 주목하라. Aronson은 이러한 집착의 관점에서 비애착이 사랑과 자비로운 관계를 갖는 적극적 참여를 배제하지 않음을 밝히고 있다. 균형이 열쇠이다. '우리는 덫에 걸리지 않고 세상에 속하거나 참여할 수 있다.'(p. 172). 따라서 건강은 '융통적인 방식으로 심리적으로 접촉하는 우리의 능력'(p. 184)을 포함한다. 이 융통성은 내가 이전에 기술했듯이 안정 애착의 특징이고, 많은 측면에서 균형을 이룬다. 피난처와 안전기지, 친밀감과 거리, 그리고 관계성과 자율성 간의 균형이다.

Shaver와 동료들(Shaver, Lavy, Saron & Mikulincer, 2007)은 Aronson(2004)의 생각을 명백히 지지한다. Shaver는 마음챙김과 안정 애착이 관계에서 강점뿐만 아니라 정신적, 신체적 건강의 많은 부분에서 유사한 효과를 가진다고 요약하였다. 따라서 마음챙김과 애착 안정성이 높은 상관을 나타내는 것은 놀라운 일도 아니다. 즉, 마음챙김을 잘하는 사람은 애착 불안과 회피를 덜 나타낸다. 저자들이 요약했듯이, '불안한 애착을 보이는 참여자들은 그들의 경험에 대한 수용적, 비판단적 입장의 유지를 잘 못했으며, 그리고 더 회피적인 참여자는 그들의 경험을 알아채고 명명하는 것을 포함하여 일반적으로 마음을 고려하는 것을 잘 못하였다.'(pp. 269-270). 일련의 연구는 안정 애착이 불교적 입장에서 비애착과 관련이 있다는 점에서 역설적 시도로 더 나아갔다(Sahdra, Shaver & Brown, 2010). 앞서 주목했듯이, 불교문헌에서, 애착은 방어적 회피뿐만 아니라 집착, 욕심, 소유의 부정적 의미를 가지고 있다. 반면에, 비애착은 허용하고 정신상태가 만들어지고 영속적이지 않은 본성을 지각하는 긍정적 의미를 가지고 있다. 연구자들이 기대했듯이, 그들의 비애착 척도는 마음챙김뿐만 아니라 안정 애착과 정적으로 상관을 보였다(즉, 애착 불안과 회피의 낮은 수준). 따라서 모순적으로, 안정 애착은 비애착에 기여를 하며 반대의 경우도 마찬가지이다. 둘 다 관계성과 자율성의 균형과 연관된다.

상보성

나는 정서조절, 애착외상, 그리고 심리치료에 대한 접근방식에서 마음챙김과 정신화가 서로 비교할 만한 상보적 개념이라고 생각한다. 여기에 나는 Wallin(2007)의 선례를 언급하고자 한다. 그의 책 「애착과 심리치료(Attachment in Psychotherapy)」에서, Bowlby(1988)가 몇십 년 전에 만들었던 애착이론과 연구를 임상적으로 활용하는데 관심이 급증한다는 것을 대해 알렸다. 또한 이 두 개념을 비교하면서, Wallin은 세대 간 전수의 유전적 기반인 DNA에 적절한 비유를 했다.

> 심리치료에서 정신화와 마음챙김 간의 관계는 이중나선으로 비유될 수 있다. 한 쌍의 나선이 모아지고 분리되면서 부분적으로 중복되며 지속된다. 정신화와 마음챙김은 다르지만 서로 보완적이며 상호작용을 한다. 경험을 알고 반응하는 방식으로 서로가 서로를 강력하게 한다(p. 312).

주의집중과 성찰 간의 기본적 차이와 함께 나는 마음챙김을 효과적인 정신화를 위한 필수조건으로 보았다. 효과적인 정신화는 정신상태에 대한 마음에 집중하는 기본 위에 이루어지고, 마음챙김과 정신화 문헌에서 주장했듯이 수용적 태도와 알고자 하는 호기심에 의해 일어난다. 우리는 마음챙김이 정신화(즉, 그것의 기초)와 구별된다고 생각할 수 있고 혹은 정신화의 본질적 부분들(즉, 많은 측면 중 하나로서)이라고 생각할 수도 있다. 유사하게, 성찰은 마음챙김에 통합될 수 있다. 다른 책들에 실린 나의 검증들을 검토할 때, 각 개념은 상대 개념의 영역을 침범한다.

심리학자들은 영역 싸움을 하게 되기가 쉽다. 어떻게 정신화가 마음챙김으로부터 영역을 주장할 수 있는지(윤리적 틀에 대해 앞서 언급했듯이), 또한 어떻게 마음챙김이 정신화로부터 영역을 주장할 수 있는지(예: 마음챙김이 애착관계에 적용하듯이)를 통해 쉽게 확인할 수 있다. 나는 Wallin의 접근을 좋아한다. 이 개념들은 경쟁적이라기보다는 서로 상승작용을 한다. 나는 사용자 편의성을 갖춘 마음챙김, 무엇보다 마음챙김의 정신을 좋아한다. 그리고 우리의 정신상태—특히, 고통스러운 감정에 대해—를 대하는 이상적 태도에 관한 풍부한 문헌이 있다는 것이 좋다. 만약 정신상태를 향한 마음에 대한 집중이 효과적 정신화에 필수조건이라면, 정신화를 추앙하는 우리들은 마음챙김 문헌에서 배울 것이 많다—이것이 내가 고찰하고자 하는 주요 이유이다. 나는 마음챙김 훈련이 심리치료에서 정신화를 확장시킬 수 있는 방법인지 궁금하다. 그러나 마음챙김 훈련은 이 책의 주제와 관련하여 가장 중요하게 생각하는 부분인 정신화를 설명하지 않는다. 고통스러운 정서의 한가운데에서 정신화는 애착관계의 외상의 역사와 관련되어 있는데 이는 다음 장의 주제이다.

❏ 임상적 함의

마음챙김의 임상적 효과는 너무나 크기에 나는 마음에 집중하면서 치료를 해야 한다는 제안을 누군가 반박하는 것을 상상할 수조차 없다. 그러나 나는 마음챙김 훈련이 심리치료의 대안이 아니라는 주목할 만한 의견을 제시한 Aronson(2004)에게 동의한다. 마음챙김 훈련은 최악이 된다면 회피의 극단적 형태인 해리적 거리두기(dissociative detachment)를 부추길 수 있다. 마음챙김이 대인관계보다 개인내적 부분에 초점을 둔다는 입장과 일관적으로, Aronson은 '관계를 지속하는 개인의 능력과 관련된 기술은 호흡에 집중하거나 현실의 미묘한 본질을 이해하는 능력과 매우 다르다.'(p. 196)라고 하였다. 따라서 '불교 명상은 명백히 애착 문제와 관련해서 갖게 된 대인관계와 정서적 주제를 다루도록 고안되지 않았다.'(p. 193). 특히, 그는 애착외상을 경험한 사람들이 명상에 어려움이 있을 수 있다고 언급했다(예: 외상적 기억에 사로잡히거나 해리상태가 됨). 그리고 외상 관련 문제는 '명상훈련이 아닌 상담방법에서 가장 잘 설명되고 해결된다.'(p. 192). 즉, '불교 명상은 적절히 적용될 때, 치료와 상호 상승효과를 가질 수 있다.'(p. 192)는 것을 말한다.

내 생각은 분명하다. 정신화는 애착관계에서 발달하거나 지체되며, 애착관계의 문제는 정신화 과정에서 설명되어야 한다―암묵적, 명시적 수준 둘 다에서 그렇다. 명백하게, 우리는 정신화를 증진하여 개인과 관련된 문제뿐만 아니라 대인관계에 적용되는 애착의 내적작동모델을 검토하고 수정하고자 한다. 명시적 정신화는 심리치료 과정의 이야기에서 나타난다―Holmes가 규정했듯이 이야기 전개와 붕괴로 드러난다. 예를 들어, AAI를 통해 우리는 고통스러운 애착 경험에 대해 명확하게 의사소통하는 정서적 풍부함, 새로운 관점을 포함하는 구체적인 묘사들과 관련한 서술의 일관성을 얻으려 노력한다. 정신화는 서술의 일관성이 생김으로써 갖게 되는 심리적이고 상호주관적인 과정이다. 어린 시절부터 우리는 상호작용과 대화를 통해 우리 자신을 이해한다. 따라서 양육과정에서처럼 심리치료에서의 암묵적 과정은 명시적 과정과 함께 일어난다. Gergely가 규정했듯이(Gergely & Unoka, 2008; Gergely & Watson, 1996), 내담자가 표현할 때 안정감이 증가하는 것을 느끼고 그들의 내적 경험을 탐구하고, 치료자의 복잡한 거울 반응 과정을 통해 자신의 정서 수준을 이해한다는 것을 직관적으로 느낀다면, 내적작동모델은 암묵적 수준에서 수정된다. Siegel(1999)은 심리치료와 다른 애착관계에 적용할 수 있는 명시적, 암묵적 과정의 조합을 깔끔하게 표현했다.

> 타인의 정신상태를 반영하는 개인의 능력은 친밀하고, 정서적으로 가까운 많은 유형의 관계에서 필수적 요소일 것이다. 이 정신상태의 반영은 개념적 능력 이상이다. 그것은 두 개인의 마음이 서로에게 '감정을 느낄 수 있는' 공명의 형태로 들어가게 한다.

요약하면, 이러한 마음의 집중과 암묵적 명시적 수준에서 이루어지는 정신화 상호작용을 통해 애착관계에서 안정감이 발전한다.

아동기와 성인기 애착에 대한 내용을 이 장에서 다루면서 나는 심리치료적 개입의 아주 큰 도전인 애착외상의 이해를 위한 기초를 세우고자 했다. 애착외상―극도의 학대와 방임—은 정신상태에 마음 집중과 성찰적 담화의 정반대의 예를 보여준다. 간단히 말하면, 애착외상은 정신상태의 무자각에서 생기고 종종 아이의 침묵과 겹쳐 일어난다. 그래서 나는 애착외상 경험의 핵심으로 여겨지는 것을 설정하였다. 다음 장에서 자세히 다루어질 것으로, 극도의 심리적 고통에서 홀로 남겨지는 것과 자신이 없는 것처럼 느껴지는 것이다.

4장

애착외상

CHAPTER

4

애착외상

나는 외상의 핵심, 즉 참을 수 없는 고통스러운 정서를 느끼며 홀로 남겨진 감정을 이해하는데 필수적으로 고려해야 하는 애착과 정신화의 기초를 앞부분에서 기술했다. 이 장에서는 당신이 애착 연구의 결과들에 집중하여 애착외상의 기본적인 요점들을 더 잘 이해할 수 있도록 하려고 한다.

나는 애착외상이라는 용어를 두 가지 이유에서 사용한다. 첫째, 외상이 애착관계에서 일어난다는 것을 말하기 위함이다. 둘째, 그러한 외상이 안정 애착을 발달하고 유지시키는 당신의 능력에 장기적으로 부정적인 영향을 미친다는 것을 말하기 위해서이다. 간단하게 말하면, 깊은 불신이 애착외상의 중심적인 징후이다. 이러한 불신은 외상이 일어난 당신의 관계를 쉽게 손상시킨다. 당신은 이후의 다른 애착관계(심리치료 관계를 포함)에서도 편안함과 안정감을 찾을 수 없게 되어 더 광범위한 외상을 입게 될 수 있다.

Fonagy와 Target(1997)은 인생 초기의 애착외상과 이중 취약성(dual liability)이 관련된다고 하였다. 첫째, 외상은 강한 정서적 고통을 일으킨다. 둘째, 외상은 고통이 일어났을 때 조절능력의 발달을 손상시킨다. 앞에서 기술했듯이, 안정 애착은 정서조절의 기초를 제공한다. 애착관계에서 외상은 애착 안정성을 손상시킴으로써,

정서적 고통을 대처하는 방식의 발달을 저해한다. 또한, 우리가 앞에서 다뤘듯이, 당신은 애착관계 안에서 정신화를 통해 정서조절 능력을 발달시킨다. 따라서 애착 외상은 정신화의 발달을 손상시킨다.

이러한 모든 준비들은 애착외상에 대한 나의 주된 주제로 이어진다. 나는 이 장과 뒤의 장들에서 이 부분을 상세히 설명할 것이다. 정신화 실패는 고통스러운 정서적 상태를 참을 수 없게 한다. 치료는 정신화를 복원하고 애착 안정성을 촉진하여 고통스러운 경험이 표현되고 이해받고 반영되도록 한다. 이 과정은 이전에 참을 수 없었던 외상적 경험을 더 의미있게 하고 참을 수 있도록 한다.

내가 지금까지 언급한 것을 고려하면, 당신은 애착외상과 아동학대, 즉 학대와 방임을 바로 연결시킬 것이다. 내가 방금 언급한 주제는 학대와 방임이 어떻게 서로 밀접하게 연결되었는지를 강조한다. 신체적, 성적, 정서적으로 아동을 학대하는 것은 또한 고통스러운 정서 한가운데에 아이를 홀로 남겨둠으로써 아이를 방임하는 것이다. 반대로, 아이를 방임하는 것은 또한 두려움이나 절망과 같은 고통스러운 감정을 일으킨다는 점에서 학대적이다. 간단히 말해, 외상적 경험의 본질은 두려움과 홀로 남겨지는 것이다(Allen, 2001). 여기에서 나는 아무도 당신의 마음을 마음으로 안아주는 사람이 없다는 측면에서 '홀로됨'이라는 단어를 사용했다. '홀로됨'은 이 문장에서 아무리 강조해도 지나치지 않으며, 외상을 경험한 사람들은 이 말에 공감할 것이다. 정신화에 대한 나의 철저한 관심의 기초를 형성한 것은 바로 이 '홀로됨'이다.

나는 수십 년 전에 극심한 위기로 인해 입원했던 내담자와 외상 집단치료를 했던 것을 기억한다. 입원에 앞서 경험한 전형적인 스트레스에 대해 이야기를 하던 중에, 나는 칠판에 '두려움' 그리고 '홀로됨'을 적었다. 홀로됨이란 단어에는 여러 번 밑줄을 그어 강조를 했다. 그 때, 나는 조용히 앉아서 집단에 참여하던 한 여성의 볼에 눈물이 흘러내리는 것을 보았다. 내가 어떤 감정인지 물어보자, 그녀는 자신의 엄마가 정신증이어서 고통스러웠던 어린 시절 경험을 이야기했다. 그녀는 홀로 남겨졌던 어린 시절의 경험이 그 이후 우울에 영향을 주었다는 것을 몰랐다.

　슬프게도, 이 장에서 설명한 바와 같이 여러분은 유년기—실제로, 유아기 초기 몇 개월 때이거나 심지어 완전히 애착이 발달하기도 전—의 애착외상의 근원을 보게 될 수 있다. 여러분은 이미 안정 애착과 불안정 애착의 일반적 두 형태를 잘 알고 있다. 바로 양가 애착과 회피 애착이다. 외상은 우리에게 네 번째 애착 유형을 제시하는데 바로 혼란 애착이다. 나는 유아기의 혼란 애착을 낯선상황 실험을 통해 설명하고자 한다. 세 가지 애착 유형을 설명한 것처럼, 나는 유아의 혼란스러운 행동과 유아를 혼란스럽게 한 양육자의 여러 행동들을 함께 설명할 것이다. 다음으로, 애착외상의 세대 간 전수의 관점에서, AAI에서 평가하듯이 유아의 혼란, 즉 해결되지 않은 혼란 애착에 대응하는 성인을 설명할 것이다. 앞 장에서 논의된 주제를 배경으로 하여, 이 연구는 당신이 이 책의 중심 주제인 애착외상의 세대 간 전수에서 정신화 실패의 역할을 잘 이해할 수 있도록 할 것이다. 세대 간 전수에 대한 검토는 혼란 애착의 발달적 영향에 대한 후속적 고려를 위한 준비를 하게 할 것이다. 즉, 혼란 애착이 문제 행동뿐만 아니라 유아기를 넘어서 이후 정신증적 장애에 지속적으로 영향을 미치는 방식을 고려할 것이다. 관련 논의에서 명확히 하겠지만 혼란 애착은 이후에 이루어지는 학대와 방임에 의해 외상을 입는 것에 취약해지는 데 기여한다. 이것이 내가 혼란 애착에 주의를 갖는 이유 중에 하나이다. 이를 논의한 후에, 나는 일반적으로 이해되는 다양한 형태의 학대와 방임에 대해 검토할 것이다. 슬프게도, 이 장의 뒷부분에 기술하겠지만, 애착외상은 아동기뿐만 아니라 성인기까지 지속된다.

　발달 과정에서 잘못될 수 있는 모든 세부사항들을 설명하기 전에, 담배 포장지 경고처럼 두 가지 경고를 할 필요가 있다. 첫째, 양육과정에서 가끔 발생하는 부정적 사건은 혼란 애착을 일으키지 않는다. 둘째, 유아의 혼란 애착은 회복시킬 수 없는 외상을 입은 것은 아니다. 애착 유형에 관한 문헌에 의하면, 발달은 안정과 변화의 상호작용을 특징으로 한다. 혼란 애착이 발달과정에서 다른 지속적인 불운한 사건들과 결합된다면, 문제가 생기는 발달경로로 갈 수 있다. 그러나 안정 애착으로의 변화는—빠르게 혹은 천천히—항상 가능성이 있다. 전문적 개입은—빠르게 혹은 천천히—그러한 좋은 변화로 가는 한 방법이 된다. 안정과 변화 사이에 균형을 맞추는 것을 기억해라. 만약 초기 발달이 돌에 새겨진 것처럼 변할 수 없거나 혹은 다른 한편으로 초기 발달이 이후 과정에 영향이 없다면, 이 책은 필요가 없을 것이다. 내가 Menninger 클리닉의 정신화 교육 집단상담에서 종종 말했듯이, 만약 애착 안정성의 변화가 가능하지 않다면 우리는 클리닉 문을 닫는 게 나을 것이다.

❏ 아동기의 혼란 애착

1장에 적었듯이, Ainsworth는 Uganda와 Baltimore의 가족 관찰을 토대로 유아의 애착 유형을 구분하는 방법을 개발하기 시작했고 낯선상황 실험을 적용한 실험실의 평가로 분류 방법을 개선하였다. 안정 애착, 양가-저항 애착, 회피 애착 사이의 중요한 차이는 애착의 세대 간 전수에서 중요한 역할을 하는 성인 상대가 있다는 것뿐만 아니라 아동기 기능에 대한 강력한 예측인자라는 것이다. 비록 대부분의 유아들이 세 가지 유형 중 하나로 분류되었으나 어떤 유아들은 그렇지 않았다. 이러한 분류되지 않는 유아들에 대한 반복적 관찰을 통해 Main과 동료들은 새로운 범주를 만들었는데 바로 '혼란' 애착이었다. 그리고 혼란 애착에서 외상의 복잡한 역할이 발견되었다.

처음에 이 분류되지 않은 유아들의 행동은 이례적으로 보였다. 즉, 이상하고 해석하기가 힘들었다. Main과 Solomon이 설명하기를, "이 유아들은 공통적으로 관찰 가능한 목적, 의도, 또는 설명이 마치 결여되어 보이는 한 번의 또는 연속된 행동을 보였다."(Main & Solomon, 1990, p. 122). 전형적으로, 이러한 이례적인 행동은 낯선상황 실험에서 상대적으로 일시적이었다. 한 번의 혼란 행동이 실제로 약 10-30초 정도로 짧을 수 있다(Main, Hesse & Kaplan, 2005). 놀랍게도, 이례적 행동의 짧은 일화는 심각한 발달 문제―심지어 성인기까지―를 예상할 수 있을 뿐만 아니라 애착관계에서 심각한 문제가 있다는 지표가 될 수 있다. 추정컨대, 그렇게 구조화되고 관찰할 수 있는 실험실에서 일어나는 이러한 일시적인 행동은 생활환경에서 더 퍼져있다는 것을 의미할 수 있다. 우리는 이 모순적이고 혼란된 행동을 근접성 추구, 저항, 그리고 회피가 극적으로 교대로 일어나는 갈등과 양가성의 극단적 형태로 본다. 혼란스러운 행동이 매우 일시적이기 때문에, 그것은 더 일반적인 애착 유형의 행동과 섞이고, 그래서 유아들은 가장 적합한 전통적 범주와 함께 혼란 범주(예: 혼란-안정, 혼란-양가, 혼란-회피)에 분류된다. 이제, 나는 혼란된 유아 행동의 예를 제시하고 혼란을 촉진하는 양육자의 행동을 설명하고자 한다.

유아의 혼란

낯선상황 실험에서 다음 상황은 보기에 매우 힘들다. 엄마는 방을 떠나려 하고 유아는 엄마를 따라가고, 소리 지르고 엄마가 나간 후에 문을 두드린다. 그러나 엄마가 다시 돌아오면, 유아는 겁에 질려 엄마에게서 도망가서 방의 반대쪽으로 간다. 이 극도의 스트레스를 받는 분리 상황에서 어떤 정서적 만남이나 위로는 없다. Main과 Solomon(1990)은 낯선상황 실험에서 몇 가지 종류의 혼란 행동을 예를 들어 다음과 같이 설명하였다.

- *모순된 행동의 지속적 출현:* 팔을 들어 밝게 인사한 후에, 멍한 표정으로 꼼짝하지 않는다. 또는 엄마가 나갈 때 아기는 침착하고 만족스럽다가 다시 만날 때 강렬하게 엄마에게 집착하고, 고통스러워하거나 화를 낸다.
- *모순된 행동 유형의 동시적 출현:* 아이는 부모에게 매달리면서 동시에 격하게 머리를 돌리고 응시를 피한다. 부모를 향해 물러서면서 다가간다. 팔을 뻗으면서 부모에게 가지만 고개를 숙이거나 돌린다. 두려움을 표현하면서 부모를 향해 웃는다. 기분 좋은 상태에서도 부모를 때리거나 밀친다.
- *방향이 없거나 잘못 방향을 잡거나, 또는 중단된 움직임:* 고통스러울 때 아이는 부모로부터

떨어진다. 아이가 부모를 향하는 것 같다가, 문 밖의 낯선 사람을 따라가려 한다. 손을 부모에게 내밀고 다시 재빨리 손을 뒤로 뺀다. 극도로 느리게 혹은 절뚝거리면서 부모에게 간다. 갑자기 그리고 이해할 수 없게 울거나 잘 놀다가 갑자기 화를 낸다.

- *관습적 또는 이례적 행동:* 아이는 집중적으로 머리를 흔들거나 머리카락을 꼰다. 틱증상을 보인다. 경련을 일으킨다. 자동화 기계 같은 행동들을 보인다.
- *얼어붙고 정지함:* 아이는 팔을 뻗은 채 오랫동안 안거나 서있다. 꾸물거리고 멍한 상태로 있다.
- *부모에 대한 불안:* 아이는 놀라서 부모로부터 뒤로 물러선다. 부모를 피하려 의자 뒤로 간다. 부모에 대한 경계와 긴장을 보인다.
- *혼란스럽고 와해된 직접적인 지표:* 아이는 혼란스럽게 헤매고 돌아 다닌다. 혼란스러움을 표현하거나 앞이 안 보이는 것 같이 군다. 부모가 방에 왔을 때 낯선 사람에게 팔을 뻗어 반갑게 다가간다.

해리의 개념은 낯선상황 실험에서 혼란된 유아 행동의 여러 측면을 설명하는데 적용되었는데, 해리는 흔한 외상 관련 문제이다. 당신은 해리를 자아보호적이며 불안과 공포에 대처하는 방어적 방법으로 볼 수 있다. 연합(association)이 어떤 일에 참여하는 것을 말하는 반면에, 해리는 분리를 유지하는 것을 말한다. 나는 두 개의 해리의 개념을 구별하는 것이 도움이 된다고 생각한다: 분리(거리두기)와 구획화이다(Allen, 2001; Holmes, Brown et al, 2005). 해리적 거리두기(dissociative detachment)는 현실과 떨어져있다는 것을 말한다—'멍해지는 것'이 한 형태다. 그래서 해리적 거리두기는 현재 순간에서 마음에 집중하는 것과 반대이고, 현재 경험을 향해 관찰하는 자세로 참여하는 거리를 두는 마음챙김과 대조된다. 해리적 거리두기는 낯선상황 실험에서 멍해지고 비몽사몽 같이 보일 뿐만 아니라 얼어붙고 움직이지 않는 모습을 보인다. 해리적 *구획화*—분리된 구획에 남아있는 것—는 갑작스럽게 감정이나 기억이 분출할 때까지 그것들을 지각하지 못하는 것을 포함한다. 낯선상황 실험에서 접근과 회피 행동이 교대로 나타나는 것은 해리적이라고 볼 수 있다(예: 시선을 피하면서 매달리기, 기분 좋은 상태에서 갑자기 울거나 화내는 것). 이 예가 보여주듯이, 이러한 해리적 방어는 두려움의 직접적 표현을 대체할 수 있다.

혼란 애착의 주요 주제는 부모에 대한 두려움이며, 이는 직접적으로 표현되거나 해리적 방어로 표현된다. 그래서 세 가지 다른 애착 유형처럼, 혼란 애착은 유아의 특질이 아니라 특정 관계에서 내재화된 것이다. 즉, 유아는 한 부모 이상과 혼란 애착을 보이는 경우는 드물다(Lyons-Ruth & Jacobvitz, 2008). 부모를 두려워하는 것은 유아에게 참을 수 없는 딜레마인데, Main(Main, Hesse & Kaplan, 2005)은 이를 *해결책이 없는 공포*라고 묘사했다. 즉, 부모에게 두려움이 생기면, 그 두려움은 애착에 대한 필요를 활성화시킨다. 애착 체계의 활성화는 일반적으로 안정감을 제공받기 위해 근접추구를 일으킨다. 그러나 가까이 가는 것은 두려움을 상승시키고, 가까움과 동시에 거리가 필요하게 된다. "애착인물로 인해 두려운 유아의 모순적 문제—즉, *두려움의 원인이기도 하고 동시에 두려움을 해결할 사람이기도 한 애착 인물*—를 갖게 된다."(Main & Hesse, 1990, p. 163). 유아가 어떤 상황이 두려워서 정서적으로 거리를 두는 것(예: 멍한 상태가 되는 것) 혹은 모순된 정서와 행동을 구획화 시키는 것(예: 문을 두드리고 부모가 들어오면 도망가는 것)은 놀라운 일도 아니다. 단지 두려움을 준 사람으로부터 안정감을 얻기 위한 잘 조직된 방법이 없는 것이다.

초기 아동기의 혼란

Main과 동료들(Main, Hesse & Kaplan, 2005, p. 283)이 발견했듯이, 발달과정에서 연속성을 보이는 세 가지 애착 유형과 반대로, 유아기에 혼란 애착이었던 6세 아이에게서 급격한 변화가 나타난다. "예상치 못한 행동 변화가 일어났고, 이 아이들은 그들의 엄마와 재결합을 형성하는데 혼란스러워 보이지 않았다."(p. 283). 특히, 이러한 아이들은, 3~5세 시기 동안에, 엄마와 상호작용에 있어 통제하는 전략이 발달했다. 이러한 역할 반전은 "보호적 양육자와 애착관계를 재확립하고자 하는 아이의 필사적 시도"로 볼 수 있다(George & Solomon, 2011, p. 139). 이러한 통제 전략들은 두 가지 다른 형태로 나타나는데, 처벌적 형태 혹은 보호적 형태이다. 혼란스러운 유아의 대다수가 이 통제전략 중 하나를 발달시키지만, 약 1/3의 혼란 유아는 행동적으로 혼란스러움이 남는다(Moss, Bureau, St-Laurent & Tarabulsy, 2011).

통제-처벌적 어린이는 부모와 관계를 통제하기 위해 가혹한 명령어를 사용하고, 언어적 위협, 그리고 신체적 분노, 공격과 수치스러움을 사용한다. Moss와 동료들은 생생한 상황을 묘사하였다.

> 엄마와 5살 아들이 예정된 방문 시간에 실험실 놀이방에 도착했다. 우리는 앉으라고 요청했다. 두 개의 의자가 준비되었다. 하나는 어른용 의자이고 다른 하나는 작은 의자였다... 엄마가 어른 의자에 앉았다. 갑자기 아이가 화를 내면서 명령조로 말했다. '그 의자에서 내려와, 그건 내꺼 야. 다른 의자에 앉아'. 엄마는 아무 말 안했고, 당황하면서 아무 말 없이 일어나서 작은 의자에 앉았다(Moss, Bureau, St-Laurent & Tarabulsy, 2011, p. 51).

대조적으로, 통제-보호적 어린이는 활기차고, 명랑하고, 예의바르고, 배려하고, 그리고 엄마말을 잘 듣는다. Moss와 동료들은 놀이방에서 엄마와 아이의 상호작용의 예를 제공한다.

> 엄마가 앉고 아이는 즉시 엄마에게 장난감을 보인다. 엄마가 곧 흥미를 잃자 아이는 엄마의 주의를 끌기 위해 다른 물건을 찾는다. 아이는 매우 활기차고 생동감 있고, 엄마에게 설명할 때 즐거운 목소리이다. 반대로, 엄마는 기가 죽어있고, 멍하고, 목소리에 감정이 거의 실리지 않거나 따분해 보인다. 놀이의 상호작용은 대부분 아이가 시작하고 엄마는 매우 수동적으로 앉아 있다. 때때로 엄마는 멍한 상태인 것처럼 보인다(pp. 52-53).

어떤 아이들은 유아기와 유사하게 혼란 애착이 유지되며, 불규칙한 행동과 혼란스러움을 보이고, 엄마와 가까운 거리를 유지하는 효과적인 전략을 사용하지 못한다. Moss와 동료들은 놀이방에서 관찰한 혼란 애착의 아이와 엄마의 상호작용을 묘사하였다.

> 5살 남자아이가 혼자 독립적으로 놀고 있는 동안 엄마는 아이의 주의를 끌려고 시도한다. 한번은 엄마가 아이에게 노래를 부르라고 요청한다. 아이는 거절하고 자신이 놀던 것을 지속한다. 엄마는 아이에게 노래를 하면 엄마가 행복하고 아이가 노래를 잘하니까 부르라고 계속 집요하게 요구한다. 아이는 계속 노래하길 거절한다. 둘 사이의 긴장감이 올라가고, 아이는 "내가 노래하면 나는 작살날 거야"라고 신경질적으로 말한다. 엄마는 아이의 대답에 놀라서 왜 그런지 물어본다. 아이가 대답한다. "나는 아빠처럼 못났어" 엄마는 충격을 받고 말한다. "너랑 아빠 둘 다 못난이가 아니야" 아이는 마치 그전의 말을 기억 못하는 것처럼 그 때 매우 놀라면서 묻는다. "무슨 얘기하는 거야?" 명백한 것은, 이 모든 상호작용동안, 아이의 비언어적 행동과 자세는 감정이 없는 것처럼 보이고, 그는 여전히 장난감을 가지고 놀고 있다(p. 53).

양육자의 행동

낯선상황 실험에서 혼란 애착의 이례적 모습에 대한 인식은 양육자 유형에 대한 후속 연구를 이끌었고, 그 연구들은 애착외상의 이해에 큰 기여를 하였다. 20년 이상의 연구에서, 부모-아이 상호작용에 방해가 되는 미묘하고 잠재적인 외상 유형들이 발견되었는데 이러한 외상적 패턴은 마음챙김과 정신화의 실패로 가장 잘 이해된다. 나는 명백한 학대에 초점을 둔 초기 연구부터 혼란스러운 정서적 의사소통에 초점을 둔 후기까지의 발전을 기록하고자 한다. 내가 보기에 애착외상의 핵심을 파악한, 4개월 유아와 엄마와의 상호작용에 대한 최근 연구에 특히 주목할 것이다.

Main과 동료(Main & Solomon, 1990)는 혼란 애착과 학대를 연결시켰고, 후속 연구들도 이 연결을 지지했다(Sroufe, Egeland, Carlson & Collins, 2005). 대규모의 연구(van IJzendoorn, Schuengel & Bakermans-Kranenburg, 1999)에서, 고위험 집단(예: 43%, 알코올이나 약물중독자 엄마의 아기)과 학대에 노출되었던 아이들 집

단(혼란 애착의 기준에 따라 48-77%)의 상당히 높은 혼란 애착의 유병률에 비하면 중산층 가정에서는 상대적으로 낮은 혼란 애착의 유병률(15%)이 나타났다. Minnesota 종단 연구(Sroufe, Egeland, Carlson & Collins, 2005)에서는 서로 다른 학대 유형을 여러 맥락에서 정의하였다. 출생부터 12개월까지의 매월 첫 주마다 가정 관찰, 가정에서의 엄마 인터뷰, 건강센터에서 이루어진 관찰과 인터뷰, 실험실 관찰이 이루어졌다. 초기 학대의 세 유형은 낯선상황 실험에서 아이의 혼란 유형과 연결되었다(Carlson, 1998). 신체적 학대(예: 자주 강한 체벌, 화난 부모가 분노를 표출하다가 담뱃불로 아이가 상처를 입음), 심리적 방임(예: 부모의 무반응, 수동적 거절, 철수 또는 분리), 그리고 방치(건강, 신체적 안녕을 제공하지 못하거나 집에서 위험으로부터 보호하지 못함)이다.

학대는 쉽게 유아를 두렵게 하고 유아가 해결할 수 없는 딜레마에 빠지게 한다. 양육자가 필요하지만 가까워지는 것에 대한 정서적 두려움이 생긴다. Main과 동료들(Main & Hesse, 1990; Main, Hesse, & Kaplan, 2005)은 유아의 혼란과 관련되는 학대를 포함해서 유아에게 두려움을 일으킬 수 있는 다양한 부모 행동에 대한 대규모 연구를 시작했다. 외상의 세대 간 전수를 고려하여 설명하면, 혼란을 일으키는 숨겨진 과정이 있다. 즉, 부모의 해결되지 않은 애착외상은 유아를 두렵게 하는 상호작용을 이끌 수 있다. 부모는 직접적으로 유아를 두렵게 할 뿐만(예: 학대) 아니라 두려워하는 아이를 보면서 두려움을 느낄 수 있다. 예를 들어, 두려움을 겪은 부모는 불안하거나, 소심해지고, 혼란되고, 혹은 해리적으로 거리를 둔 상태일 수 있다. 이러한 상태는 안정감과 안전이 필요한 고통스러운 유아를 괴롭게 하거나 놀라게 할 것이다. 즉, 부모의 두려움과 그에 따른 행동은 유아에게 두려움을 줄 수 있다. 부모의 두려움은 유아에게 전염될 뿐만 아니라 부모는 고통스러운 유아에게 심리적으로 어떤 것도 할 수 없게 된다.

다른 연구자들은 유아 혼란과 관련되는 훨씬 더 광범위하고 불안정한 부모-유아 상호작용을 검증하여 Main과 동료들의 연구를 확장하였다. Lyons-Ruth와 동료들

(Lyons-Ruth, Bronfman & Atwood, 1999)은 유아는 고통스러울 때 자신이 보호자의 행동에 영향을 미칠 수 없기 때문에, 유아의 애착 요구에 대한 보호자의 부적절한 조율 반응은 유아에게 두려움을 일으킨다고 주장했다. 유아의 안정에 대한 요구는 무시된다. 이들은 Main의 '겁주는-겁에 질린'의 구별과 유사하게 부적절한 조율의 두 가지 형태를 설명했다. 바로 *적대적 침입*과 *무기력한 철수*이다. 비적대적이고 피상적인 반응 행동이 미묘한 두려움과 혼합되는 엄마의 무기력한 철수 행동과 대조되게, 적대적 침입 행동은 직접적으로 유아에게 두려움을 준다. 두 형태 모두 유아의 혼란 애착과 관련되지만, 유아의 이차적 애착 유형 분류에 따라 차이가 존재한다. 적대적 침입은 혼란-불안정(회피 또는 양가) 애착과 연관되어 더 치명적이다. 반면에 무기력한 철수는 다소 적응적인 혼란-안정 애착과 관련된다.

Lyons-Ruth와 동료들의 연구에서 또 다른 결과는, 무서운 양육자 행동은 혼란 애착으로 연결되는 유일한 경로가 아니라는 것이다(Lyons-Ruth & Jaobvitz, 2008). 더 일반적으로, 혼란 애착은 정서적 의사소통 장애와 관련된다. 이 손상된 의사소통은 정서적으로 유아가 고통스러울 때 양육자가 안정감을 주지 못하고 그래서 "엄마가 두려움의 근원이든 아니든, 유아는 조절하지 못하는 두려움을 느끼고, 접근-회피 행동을 하게 한다"(Lyons-Ruth & Jaobvitz, 2008, p. 677). 이들은 의사소통 장애를 몇 가지 유형으로 구별하였다. 부정적-침입적 행동(예: 조롱하기), 역할 혼란(예: 유아에게 부모가 위안을 구함), 철수(예: 침묵), 의사소통 오류(예: 말로는 가까이 오라고 독려하면서 신체적으로는 거리감을 두는 것과 같은 모순된 단서), 그리고 방향의 혼란(예: 상호작용 동안에 목소리의 비일관적 변화)이 있다. 주목할 점은 혼란스러운 의사소통은 심지어 위협을 가하는 행동을 직접적으로 제외했을 때조차 유아의 혼란을 예측하였다는 것이다. 연구자들은 무섭게 하는 행동이 "엄마와 아이 사이에 혼란스러운 의사소통의 광범위한 맥락 안에서 발생한다."(p. 678)는 결론을 내렸다. 이러한 의사소통 혼란은 심리적 가용성, 즉 정신화의 결여를 포함한다는 것을 기억해라.

Beebe와 동료들(Beebe et al., 2010)의 4개월 유아와 엄마의 상호작용에 대한 중요한 연구는 애착외상에 대해 매우 정교한 이해를 제공한다. Beebe는 12개월 유아의 낯선상황 실험에서 나타난 혼란 애착을 예측하는 초기 증거를 찾았다. 4개월 때, 유아는 유아좌석에 앉아 있고 엄마는 아기와 장난감을 가지고 놀아주도록 지시를 받는다. Beebe는 이후 나타나는 혼란 애착을 예측하기 위해 엄마와 유아의 2시간 반의 상호작용을 초단위로 분석하였다. 나의 견해로, 이 연구는 애착외상의 명확한 원형을 제공하였는데 그 모형은 바로 일생을 통해 유지된다.

안정 애착 유아와 비교하면, 혼란 애착 유아는 조화를 이루지 못하는 정서뿐만 아니라 목소리와 표정에서 고통스러움이 보인다. 예를 들어, "D[혼란스러운, (Disorganized)] 유아는 엄마의 미소에 미소로 답하지만, 한편 엄마가 그의 머리를 뒤로 밀고 손을 거칠게 맞부딪치게 할 때 아이는 훌쩍거렸다."(p. 93). 더욱이, 이들 유아들은 매순간 변덕스럽고 불안정했고, 이는 엄마가 정서적으로 그들을 이해하기 어렵게 하였다. 게다가, 이 유아들은 정서적 자기위로(self-soothing)의 중요한 수단이 되는 스스로를 어루만지는 것을 거의 하지 않았다.

혼란 애착 유아는 엄마의 행동으로 인하여 고통스러웠고, 명백한 몇 가지 특징을 보인다. 그들의 엄마는 (1) 유아의 얼굴로부터 자주 그리고 종잡을 수 없게 시선을 돌렸다. (2) 유아의 얼굴 앞에 불쑥 자주 나타났다. (3) 유아가 자신을 어루만지는 것에 상보적인 애정 접촉을 하지 않았다. (4) 다양한 정서적 반응을 거의 보이지 않았다. 즉, 다소 경직되고 감정이 없는 얼굴 표정이었다. (5) 긍정적, 부정적 정서에 대한 유아의 변화에 반응하지 않았다. 예를 들어, "정서적으로 유아 얼굴과 목소리에 나타나는 고통에 참여하거나 함께하지 않는 경향이 있다."(p. 90). 그리고 (6) 정서와 조화되지 않는 반응을 보였다. 피상적으로, 유아의 고통에 놀라움 또는 긍정적 정서로 대응하였다. Beebe는 이러한 조화롭지 못한 반응을 방어적 그리고 유아의 정서적 고통을 부인하는 지표로 해석했고, "그렇게 하지마!" 혹은 "호들갑 떨지마, 인상 좀 펴!"와 같은 말에서 "부정에서 긍정으로 아이를 몰아가는 것"을 알 수 있다고 하였다(p. 94).

Beebe는 혼란 애착 유아의 엄마는 공감이나 개입을 전반적으로 못한다기보다는 오히려 유아의 고통의 순간에 조율의 실패가 더 특징적이라는 결정적인 요점을 제시했다. 그 순간에 엄마들은 정신화의 기초, 즉 자녀의 정서적 상태에 세심한 주의를 기울이는 것을 실패한다. 그래서 유아들은 고통 속에 홀로 남게 된다. 더욱이, 유아는 고통을 완화하는데 엄마를 참여시킬 수 없고 스스로 자신의 고통을 조절(예: 자기 어루만지기)할 수도 없기 때문에 그들의 주체성은 손상된다. Beebe가 말했듯이, 이러한 고통스러운 상태에서 그들은 경험뿐만 아니라 마음이 마음에 영향을 주는 정신화의 기초적 경험을 빼앗긴다. 암묵적 수준에서, 그들은 불안정 애착의 내적 작동모형을 발달시키고 있는 것이다. Beebe는 혼란 애착으로 분류되는 유아들에 대해 다음과 같이 말했다.

나는 너무 속상한데 당신은 날 도와주지 않아요. 나는 웃으면서 속삭여요. 나를 사랑해달라고 원하는 게 보이지 않나요? 내가 속상할 때, 당신은 웃거나 무시하거나 고개를 돌려버려요. 당신 때문에 내 기분은 더 나빠져요. 나는 내가 느끼는 것과 당신이 느끼는 것에 대해 혼란스러워요. 당신은 종잡을 수가 없어요. 무슨 일이 일어나고 있는지를 모르겠어요. 나는 당신에게 영향을 미칠 수 없다고 느껴요. 나는 스스로 어찌할 수도 없어요. 나는 두려움에 제정신이 아니에요(p. 101).

이전에 반복해서 말했던 것처럼, 정서적 고통 속에서 심리적으로 홀로된 경험은 애착외상에서 전형적이다. Beebe가 표현한 4개월 유아의 경험은 일생을 통해 재경험 될 수 있다. 침입(예: 유아의 공간에 불쑥 나타나고 고통을 무시하려고 하고)과 철수(예: 심지어 다가가면서도 눈을 피하는 것)가 함께 일어나는 것은 관계성과 자율성을 촉진시키는 것을 실패하는 전형적인 모습이다. 즉, 유아에게 공간을 주고 유아가 관계에서 영향을 미치도록 허용하는 것의 실패이다. 최종 결과는 정신화 발달에서 기초공사의 총체적 실패이다. Beebe가 요약했듯이, 유아가 나타내는 관계의 작동모델은 "개인의 중요한 통합을 혼란스럽게 하며 발달에서 어떤 궤적을 그려나 가면서, 자신의 기본적 정서 체계, 엄마의 정서 체계 그리고 자신의 고통에 대한 엄마의 반응에 대한 혼란"(p. 119)을 포함하고 있다.

방금 언급했듯이, 혼란 애착은 노골적인 학대에서부터 고통에 대한 조율의 실패까지 다양한 양육 환경에서 발달한다. 유사하게 혼란스러운 양육의 문제적 그리고 지속적인 패턴은 초기 아동기의 혼란-통제 애착과 관련되는 것이 분명하다(George & Solomon, 2011; Moss, Bureau, St-Laurent & Tarabulsy, 2011). George와 Solomon(2008)은 유아의 혼란 애착과 관련되는 부모 양육은 양육자의 무기력으로 표시되는 무능력한 양육 체계를 반영하는 것으로 특징지었다(George & Solomon, 2011). 무기력한 양육자는 아이의 정서조절을 도울 수가 없고, 그들 자신의 정서도 조절할 수 없다. 즉, 정서 과잉과 정서 제한이 번갈아 나타난다.

양육의 문제는 외부 요인과 단절된 채 일어나는 것이 아님을 명심하는 것이 중요하다. 아동기 애착에 대해 설명했듯이, 안정적 애착관계는 일관되고 지지적인 가족 맥락이 필요하다. 예를 들어, 문제가 많은 엄마의 양육은 부모의 불안정한 애착과 함께 심각하고 만성적인 부부불화로부터 생길 수 있다(Bifulco, Moran, Jacobs & Bunn, 2009; Bifulco & Thomas, 2012). George와 Solomon(2008)은 잠재적으로 '양육 체계에 대한 다양한 방해'(p. 848)가 어떻게 소위 양육 포기를 이끌고, 이것이 다시 혼란 애착을 가져오는지를 설명하였다. 이러한 다양한 공격요인은 이전 아이의 유산, 조산 혹은 아기의 장애, 우울이나 불안 그리고 약물중독을 포함하는 부모의 정신장애, 이혼, 그리고 테러나 전쟁 같은 폭력적 환경에서 거주하는 것을 포함한다(George & Solomon, 2008; Lyons-Ruth & Jaobvitz, 2008). 다음 주제에서 기술하듯이, 혼란 애착을 이끄는 하나의 공통적인 양육 체계에 대한 방해 요인은 부모의 애착외상 경험이다.

❏ 애착외상의 세대 간 전수

나는 세 개의 애착 유형에서 비록 완전히 일치하지는 않지만 부모와 유아가 유사하다고 설명하였다. 안정 애착 유아는 안정-자율적인 부모가 있는 경향이 있다. 양가-저항적 유아는 불안한 부모가 있고 회피적 유아는 무시하는 부모가 있는 경향이 있다. 나는 혼란 애착 유아는 부모 자신의 상실과 외상의 경험을 해결하지 못하는 것으로 분류된 부모가 있다는 것을 AAI로 검증한 연구를 리뷰하고자 한다. 그리고 나는 외상의 세대 간 전수가 정신화 실패와 연결되는 방식을 논의할 것이다. 다음에 논의하겠지만 정신화가 탄력성을 촉진한다는 점에서 이 결과는 희망적이다. 따라서, 임상가들은 정신화를 촉진하여 애착 안정성을 높이는 부모-자녀 치료를 개발하고 있다.

성인애착과 유아의 혼란

유아와 안정적으로 애착을 맺는 안정-자율적 애착 유형의 성인은 AAI에서 일관된 이야기를 보고하였다. 즉, 그들은 자신의 애착 경험을 정서적으로 공감적이며 매우 구체적으로 서술하여, 면접자가 쉽게 이해할 수 있었다. 반대로, 혼란 애착 유아의 부모는 AAI에서 서술이 일관적이지 않았다. 상대적인 비일관성은 두 형태 중에 하나로 나타났다(Hesse, 2008; Main, Hesse & Goldwyn, 2008). 첫째, 유아의 혼란은 부모의 미해결되고 혼란스러운 면접과 관련이 있었는데, 부모는 그들의 상실과 학대에 관한 질문을 받을 때 해결되지 않은 경험이 마음속에 떠오르면서 면접의 일관성이 떨어졌다. 즉, 비일관적인 면접에서 해결되지 않는 상실이나 외상 경험이 명백하게 나타났다. 혼란 애착 유아의 이례적 행동이 짧게 나타난 것처럼, 미해결된 면접은 전체적인 비일관성보다 일시적인 실패에 더 가깝다. 예를 들어, 부모는 외상 경험을 이야기할 때 부지불식간에 해리되면서 무관심한 상태가 될 수도 있다. 순간적으로 멍하거나 과거를 잊은 듯이 보인다. 놀랍게도, AAI에서 단지 몇 개의 문장에서 실패는 엄청난 결과를 초래하는 애착 문제를 드러낼 수 있다. 추측하건데, 면접에서 이러한 실패는 일상생활에서는 문제가 더 스며들어 있다는 것을 암시한다. 혼란의 일시성 때문에, 혼란 애착 유형의 면접은 2차 분류(혼란 유아애착에서 이루어졌듯이)가 필요하다. 그래서 성인은 아마 미해결-안정, 미해결-몰두, 혹은 미해결-무시로 분류될 것이다. 유아의 혼란 애착은 AAI에서 2차 유형과 관련이 있다. 유아의 혼란과 유사하게, 부모 면접은 어떤 명확한 패턴이 없고, 모순된 형태의 혼합(예: 불안과 무시), 혹은 드문 경우지만 전체 면접의 비일관성으로 면접을 이해하기 어렵기 때문에 '분류할 수 없음'으로 평가된다. Main과 동료들(Main, Hesse & Goldwyn, 2008)은 미해결-혼란 애착 유형을 다음과 같이 이해했다.

> 혼란 애착 유아의 부모는 상실이나 다른 잠재적인 외상 경험을 이야기하는 중에 추론이나 대화에 대해 모니터링 하는 것을 실패한다. 이러한 이야기-추론의 실패는 의식의 일시적인 변화를 일으키고, 이제 정상적으로 단절된 기억이나 신념 체계는 방해를 받고 외상 사건 이야기에 의해 촉발된 기억에 비정상적인 몰두를 하는 것으로 여겨진다(p. 61).

이 같은 실패는 사망한 사람을 여전히 살아있는 것처럼 언급하는 것에서 드러난다. "그녀가 죽었을 때는 거의 나아졌어요. 그녀가 죽어서도 살 수 있고, 나도 내 가족을 부양할 수 있었으니까요."(p. 61). 비일관성이 분명하게 드러나는 예도 있다. "나는 아직도 그날 밤 그가 죽은 것이 두려워요. 왜냐하면 나는 그에 대해 생각하는 것을 잊었기 때문이예요. 그 사람에 대해 생각해보기로 약속하고 그렇게 했지만, 그날 밤 나는 밖으로 나갔고, 그래서 그는 죽었어요."(p. 61). 이 비일관성 예는 외상과 상실의 맥락에서 심각하게 정신화가 손상된 전형적인 사례이다.

많은 연구들의 AAI에서 부모의 해결되지 못한 상실과 외상은 낯선상황 실험에서 유아의 혼란 유형과 관련성을 나타내었다(vanIJzendoorn, Schuengel & Bakermans-Kranenburg, 1999). 그러나 일시적으로 일관성의 실패가 나타났기에, 면접 평가에서는 전체 면접을 토대로 안정 애착 혹은 불안정 애착으로 기록될 수 있고, 이 분류는 차이를 만든다. 한 연구에서는 2시간 동안 2회의 가정 방문을 했으며, 이 기간 동안 그들은 캠코더를 사용하여 엄마-유아 상호 작용을 비디오테이프로 녹화하였다(Schuengel, Bakermans-Kranenburg, & vanIJzendoorn, 1999). 그들은 이러한 상호작용(예: 겁주는, 겁에 질린, 혹은 해리적 상태)을 두려운 행동으로 분류했다. 이전 연구에서 제안했듯이 이러한 행동은 낯선상황 실험에서 유아의 혼란 유형과 관련된다. 엄마의 해결되지 않은 상실 경험이 공통요인임에도 불구하고, 안정 애착과 불안정 애착 엄마들은 서로 상당히 달랐다. 불안정 애착 엄마는 두려움을 주는 행동 점수에서 높았고, 반면에 안정 애착 엄마들은 가장 낮았다. 따라서 일반적으로 불안정 애착과 결합된 경우, 해결되지 않은 애도문제는 대부분의 시간에는 부모가 유아와 민감하게 관계하지만 일시적으로 미묘하게 두렵게 하는―학대적이지는 않은― 행동과 연결되도록 한다. 물론, 이러한 미묘하게 두렵게 하는 행동조차 유아의 혼란 애착에 영향을 줄 수 있다.

다시 말하면, Main의 미해결된 혼란으로 코딩된 경우, 면접자의 질문에 의해 환기된 상실 혹은 외상의 기억과 관련된 특정 지점에서 일관적이지 않았다는 것을 반영한다. 반대로, Lyons-Ruth와 동료들(Melnick, Finger, Hans, Patrick & Lyons－Ruth, 2008)은 '말하는 사람의 마음에 통합되지 못한 적대적 혹은 무기력한 아동기 애착 인물에 대한 동일시'(p. 399)를 기초로 적대적-무기력 상태의 AAI 평가 방법을 공식화하였다. 이 같은 통합의 결여는 해리적 구획화로서 이해될 수 있고, 이들이 지적한 것처럼 이 같은 심각한 해리는 일반적으로 '반복적이며, 초기에 그리고 지속적으로 대인관계 외상'(p. 403)의 맥락에서 일어난다. 적대적 유형의 사람들은 애착 인물을 악의적으로 묘사하고 그들과 동일시하는 경향이 있었다. "나의 엄마는 끔찍했어요. 나도 엄마같아요."(p. 403). 무기력 유형의 사람들은 두려움과 수동성에 젖어 있고, 부모를 양육자 역할을 포기한 사람으로 동일시했다. 기대했던 것처럼, Lyons-Ruth와 동료들은 AAI에서 적대적-무기력 유형이 유아의 혼란 애착과 유의미하게 관련된다는 것을 발견했다. 더욱이, 부모의 적대적-무기력한 상태는 혼란스러운 부모-유아 의사소통에 기여하기 때문에 부분적으로 유아의 혼란을 촉진시킨다.

Solomon과 George(2011)는 4세에서 7세의 혼란-통제 애착 유형을 가진 아이들과 양육자의 무기력의 원인에 대해 연구했다. 이 아이들의 엄마들은 자신들의 아동기 애착 인물(부모)에 대해 통제할 수 없었고 부모의 분노나 다른 위협적인 행동들을 예상하기 어려웠다고 기술했다. 애착 인물의 해결되지 않은 상실의 경험은 통제적 양육의 엄마들에게 특히 두드러졌다. 즉, 아동기 초기에 이러한 엄마의 상실은 양육에서 역할 전환을 이끌었다. 그러나 Solomon과 George는 엄마의 두려운 요인뿐만 아니라 보호적 요인—가장 주목할 만한 것은, 안정성을 주는 다른 근원들—의 결핍이 양육자의 무기력에 중요한 역할을 한다는 것을 관찰했다. 이 결과는 '안정성의 섬'의 가치를 검증한 것이다. 즉, '무서운 부모의 행동과 두려움을 경험했지만 가족이나 친구가 안도감의 근원이었다고 기술한 엄마들의 아이들은 애착이 잘 형성된 것으로 여겨졌다.'(p. 42).

이러한 애착 결과에서 암시되는 외상의 세대 간 전수를 이해하는 가장 간단한 방법은 '겁주는-겁에 질린' 혹은 '적대적-무기력한' 행동을 외상후스트레스 반응으로 보는 것이다. 이 때 외상후스트레스 반응은 회피 전략과 함께 외상의 재경험과 과각성이 특징이다. 부모의 외상은 AAI에서 면접자의 질문이 고통스러운 기억을 불러일으킬 때 보인다. 유사하게 낯선상황 실험에서 유아의 고통과 애착 욕구는 부모가 유아의 고통에 반응할 때 부모 자신의 외상 기억과 정서를 상기시키는 것 같다. 외상을 가진 부모는 잠깐이지만 과거의 정서에 사로잡히고, 현재와 관련된 마음을 놓치고, 심리적으로 유아에게 어떤 것도 할 수 없게 된다.

> 만약 부모가 그 자신의 두려움이나 수치심을 일으키는 경험에 대해 안정감을 경험하지 않았다
> 면, 우리는 부모가 유아의 고통, 아픔, 두려움, 분노 혹은 거부 등에 대해 그들 자신의 어린 시
> 절의 취약성이 어떤 통합이나 자제를 통한 내적인 대화 없이 강력하게 재경험될 것이라고 예상

할 수 있다. 이것은 강렬한 정서에 압도되는 위험한 순간에 부모가 처하게 한다. 그들은 스스로를 조절하거나 적응적으로 행동할 수 없고 아이에게 적대적(예: 아이의 정서를 억압하고, 소리치기) 혹은 무기력한(예: 분리, 철수) 반응을 하게 된다(Melnick, Finger, Hans, Patrick & Lyons-Ruth, 2008, pp. 413-414).

유아의 고통이 부모의 외상 기억을 상기시킬 때, 부모는 현재보다 과거에 있는 것처럼 반응한다. Main과 Hesse(1990)가 제안한 것처럼, 외상을 경험한 부모의 지속된 공포와 겁주는-겁에 질린 행동은 "부모의 반응이 현재의 직접적인 사건의 결과가 아니라 종종 부모의 과거 기억에 대한 반응에서 나타나기 때문에 유아는 더 어리둥절하고 두려울 수 있다."(p. 163). Beebe(Beebe et al,, 2010)가 주장한 것처럼, 부모의 행동은 유아에게 이해되지 않을 것이다. 적절하지도 않다. 우리는 이 적절하지 않는 반응을 정신화 실패로 이해할 수 있다. 순간적으로, 유아뿐만 아니라 부모도 고통스러운 상황에서 심리적으로 홀로인 것이다.

세대 간 전수에서 정신화 실패

나는 세대 간 전수 과정을 다음과 같이 간단하고 상식적인 수준에서 설명하고자 한다. 안정 애착의 부모는 그들의 애착 경험으로 생긴 정신화하는 능력으로 AAI에서 일관성 있는 서술을 할 수 있다. 이러한 부모들은 그들의 유아와 정신화 상호작용에 참여한다. 부모가 그들의 마음으로 마음을 안아주는 것에 의지하면서, 유아는 안정적으로 애착을 형성한다. 그리고, 그들의 정신화 상호작용의 경험으로, 유아는 견고한 정신화 능력을 가진 아이로 자라나게 된다. 즉, 정신화는 정신화를 낳게 된다.

이제는 반대되는 상식적인 수준의 시나리오를 생각해보자. AAI에서, 미해결-혼란 애착 유형의 부모들은 손상된 정신화 능력과 관련되어 이야기에서 일관성의 실패를 보인다. 유아의 고통에 직면할 때 자신의 외상을 재경험함으로서 유아를 정신화하는 능력은 손상된다. 유아가 고통스러운 동안에 그들의 마음을 안아주지 못하는 두려운 상호작용을 예상할 수 있으며 결국 유아는 혼란 애착을 보이게 된다. 부모의 정신화 실패의 결과로, 유아는 정서적으로 고통스러울 때 정신화를 배우지 못한다. 그리고 결과적으로, 그들은 정신화 능력이 제대로 발휘되지 않는 아이로 자라난다. 비정신화는 비정신화를 낳는다.

Gergely(Gegely & Unoka, 2008)는 안정 애착이 정신화를 촉진시키지 않는다고 주장했다. 오히려, 어려움을 가진 양육자들이 그렇지 않았다면 자연스러웠을 발달 과정을 약화시킨다. "타인에 대한 암묵적 자동적 정신화 능력은... 인간에 있어 최소한 12개월 무렵의 어릴 때에 활동하고 기능하는 것으로 보이며, 이는 특화되어 있고 사전에 장착된 마음읽기 기제에 의해 구현되는 타고난 사회인지적 진화적 적응이다."(pp. 58-59). 그러나 혼란 애착에 영향을 미치는 상호작용 방식은 정신화 발달을 손상시킨다.

> 심각한 방임, 학대, 해리적, 상당히 침범적, 또는 극도로 예측할 수 없는 부모의 반응양식과 관련이 있는 초기 애착관계의 역기능적 형태가 정신화의 타고난 능력을 기능적으로 사용하는 누군가의 이후 능력에 심각하게 부정적인 영향을 준다고 믿을 수 있는 타당한 경험적 이유가 있다. 이 능력은 이후에 정서적으로 친밀하고 유대적인 관계의 우여곡절을 다루는 데 필요한 적응적 대인관계 대처 전략이다(p. 59).

연구는 부정적 애착관계는 정신화의 발달을 약화시킨다는 Gergely의 제안을 지지한다. 이전 장에서 기술했듯이, Slade와 동료들(Slade, 2005; Slade, Grienenberger, Bernbach, Levy & Locker, 2005)은 유아와의 관계에서 나타나는 부모의 정신화 능력을 측정하기 위해 부모발달면접(Parent Development Interview)을 개발했다. Slade의 연구는 애착 안정성의 이면을 밝혔다. 즉, 엄마의 미해결-혼란 애착은 유아의 열악한 정신화와 관련되었다. 다음으로, 열악한 엄마의 정신화는 유아의 혼란 애착(양가-저항적 뿐만 아니라)과 관련되었다. 다른 연구(Grienenberger, Kelly & Slade, 2005)에서는 Lyons-Ruth와 동료들(Lyons-Ruth & Jacobvitz, 2008)의 측정법을 이용하여 열악한 엄마의 정신화가 부모-유아 정서적 의사소통의 손상과 관련이 있다는 것을 검증하였다. Lyons-Ruth가 발견했듯이, 손상된 의사소통은 유아의 혼란 애착을 예측했다.

방금 검토한 연구에서, 당신은 애착외상의 세대 간 전수에 대해 알아차렸을 것이다. 자신의 애착외상을 해결하지 못한 부모는 자신의 외상 재경험을 회피하기 위해 아기의 고통으로부터 자기보호적으로 주의를 돌려버리기 쉽다(Lyons-Ruth, Bronfman & Atwood, 1999). 마음에 주의를 두는 것의 실패는 Beebe(Beebe et al., 2010)가 수행한 4개월 혼란 애착 유아의 관찰에서 정확하게 발견되었다. 유아가 고통스러울 때, 엄마는 눈을 돌려버리거나 아기의 고통을 모르는 것처럼 미소지었다. 그래서 부모-유아 의사소통은 손상되기 쉬웠다. 정신화 실패, 즉 아이는 부모가 마음으로 마음을 안아주는 경험을 하지 못한다. 따라서 아이는 안정적으로 부모와 애착이 형성되지 못하며 더 나쁘게는 혼란 애착이 형성된다. 이러한 혼란은 정신화 손상을 동반하고, 잠정적으로 Gergely(Gergely & Unoka, 2008)가 설명했듯이 장기간의 외상적 결과를 낳는다.

극단적인 경우를 고려하면, Slade(2005)가 말했듯이, '문제가 있고 학대적인 부모는 자신의 분노, 증오, 두려움, 그리고 악의로 인해 아이의 경험을 소멸시켜버린다. 아이(아이의 정신상태)를 있는 그대로 보지 않고, 부모의 투사와 왜곡의 관점으로 본다.'(p. 273). Slade와 동료들의 견해로 보면, 정신화는 애착의 결정적 요소이다. '애착 유형은 본질적으로 더 기본적이고 조직적인 심리적 능력, 즉 성찰 기능을 대표한다.'(Slade, Grienenberger, Bernbach, Levy & Locker, 2005, p. 294). 그들은 애착과 정신화 사이의 연결을 다음과 같이 요약하였다.

> AAI는 높고 낮은 성찰능력을 기술하는 방식을 제공하는데, 안정성은 높은 성찰능력과 연관된다. 무시하고 집착하고 미해결된 마음 상태는 다양한 정신화 실패 유형을 나타낸다. 그러나 모든 불안정 애착 유형에 있어 본질은 정신 상태를 상상하는 것에 대한 무능력이다. 타인을 무시하는(dismissing) 사람은 타인의 정신 상태의 유추를 거부하며, 집착하는 사람은 집착에 매여서

정신 상태를 생각할 수 없고, 미해결된 사람은 혼란된 정신 상태로 인해 극도로 역기능적으로 반응한다. 안정 애착 혹은 불안정 애착의 구분은 상호주관적이고 대인관계적 경험을 이해하고 조절하는 능력의 존재 여부를 알려준다(Slade, Grienenberger, Bernbach, Levy & Locker, 2005, p. 294).

세대 간 전수의 연결에서 마지막 고리는 이것이다. 학대와 혼란 애착은 아이의 손상된 정신화와 연결된다. 다시 말하면, 정신화가 정신화를 낳듯이, 비정신화가 비정신화를 낳는다. 따라서 Fonagy와 동료들(Fonagy, Gergely, & Target, 2007, 2008)이 검토했듯이, 애착관련 정신화 손상은 타인들이 생각하고 느끼는 것을 이해하지 못하는 어려움, 타인의 정신 상태를 말하는 것에 제한된 능력, 정서 이해의 어려움, 다른 아이의 고통을 공감하는데 실패, 그리고 정서적 고통을 조절하는 것의 어려움에서 나타난다. 모든 이러한 장애들은 부모, 동료, 교사와 타인들과 관계에서 문제를 일으킬 수 있다. 이러한 손상은 스트레스 대처에 특별히 어려움이 있는 아이들에게 더 힘든 관계를 만든다. 이는 부정적인 악순환을 일으킬 수 있다. 관계 갈등은 스트레스를 증폭시키고 열악한 대처는 관계 갈등을 악화시킨다.

탄력성에서의 정신화

우리에게 전혀 희망이 없는 것은 아니다. 정신화에 초점을 두는 기본적이며 합당한 이유는 사실상 정신화가 잠정적으로 외상 경험을 완충시키는데 효과가 있는 탄력성을 촉진시키는 가능성 때문이다. 이전 장에서 논의했듯이, Fonagy와 동료들의 연구에서, 출산 전에 측정한 높은 수준의 부모 정신화가 12개월 아기의 안정 애착을 예측했다. 이어진 결과들은 정신화 능력이 스트레스 대처에 보호요인으로 작용할 수 있다는 것을 나타냈다(Fonagy et al., 1995). 그들은 성인기 스트레스(예: 부모의 질병 등)뿐만 아니라 아동기 문제들(예: 부모와 별거 등)과 관련하여 실시된 면접을 토대로 엄마들을 높은 스트레스 집단, 낮은 스트레스 집단, 결핍된 집단으로 구분하였다. 스트레스가 높고 결핍되었지만 정신화가 보존되어 있는 10명 엄마의 유아들은 안정 애착이었다. 반면, 스트레스가 높으면서 정신화 능력이 빈약한 17명 의 엄마들 중 단 한 명의 엄마의 유아만이 안정 애착이었다.

이 연구는 또한 정신화 능력과 경계선 성격장애의 발달 사이의 관련성을 나타냈 다. 즉, 다양한 성격장애 유형의 내담자 집단에서, 경계선 성격장애 내담자들은 AAI 에서 낮은 수준의 정신화를 보였고 외상의 역사(예: 성적 학대)를 가지고 있는 것이 명백하게 나타났다. 이것이 외상의 극복을 어렵게 했을 것이다. 즉, 외상이나 손상 된 정신화 중 하나만으로는 경계선 성격장애와 관련성이 충분치 않았는데 이를 통 해 우리는 외상의 맥락에서 정신화를 보존하는 것이 경계선 성격장애로의 발달에 대항하는 보호요인으로 작용한다는 것을 추론할 수 있다.

이 맥락에서, 혼란 애착은 공통적으로 양쪽 부모가 아니라 한쪽 부모와 관련하 여 관찰된다는 점을 유념하는 것이 중요하다. Fonagy와 동료들(Fonagy, Steele, Steele, Moran & Higgitt, 1991)은 이 초기 애착의 관계별 특성 덕분에, 학대받았지 만 탄력성 있는 아이는 불안정 애착과 동시에 안정적 내적작동모델을 발달시키는 기회를 갖게 될 수 있다. 이같은 '안정의 섬'은 아이가 학대에 대해 어떤 해결을 하 도록 하고 그래서 심각한 성격장애가 되지 않도록 하는 정신화 능력을 발달시키도 록 한다. 유사하게도, Bifulco와 Thomas는 학대와 방임의 역사적 맥락에서 한 부모 와의 친밀성과 긍정적 또래 관계가 이후 애착 안정성에 기여한다는 것을 발견하였 다. 즉, 안정성은 정신장애의 발달에 대항하여 완충역할을 한다.

정신화를 통한 세대 간 전수의 차단

부모행동과 정신화가 아이의 애착 발달에 미치는 영향에 대한 가장 강력한 증거 는 치료적 개입 연구에서 비롯된다. 즉, 부모-유아와 부모-아동 심리치료이다. 이 연 구는 말하자면 실험이다. 정신화와 부모 행동을 변화시키면, 애착 안정성의 변화가 나타나는가? 그렇다. 나는 짧게 이러한 치료적 노력을 검토하고 좀 더 이후 장에서 어른들을 위한 심리치료에 초점을 둘 것이다.

Slade와 동료들은 부모-유아 상호작용에서 엄마의 정신화를 촉진시키기 위한 프로그램을 개발했고, '유아를 마음에 두기'(Minding the Baby)라고 하였다(Sadler, Slade & Mayes, 2006; Slade 2006; Slade et al., 2004). 이 프로그램은 고위험 집단, 도심지역 거주자, 그리고 첫째 아이의 부모를 위해 설계되었다. 이 개입은 엄마들이 자신, 아기, 그리고 그 관계에 대하여 정신화를 하도록 돕는다. Sadler와 동료들(Sadler, Slade & Mayes, 2006)이 말했듯이, '아기가 감정과 욕구를 가졌다는 점을 이해하는 것이 엄마들 대부분의 목표이다.'(p. 280). 방문 상담원들은 엄마가 아기에 대해 이야기하게 함으로써 정신화를 도왔다. 손가락이 문에 찌어서 우는 아기를 "거짓말쟁이"라고 하면서 엄마가 괴롭힐 때, 치료자는 부드럽게 "오, 아프지. 겁먹었구나 그리고 엄마가 도와주길 바라는 구나."라고 말한다(p. 282). 이렇게 마음과 접촉하는 상호작용은 엄마가 아기에게 더 반응적이 되도록 도왔다. 방문 치료자는 또한 엄마-아기 상호작용을 녹화했고 엄마가 아기의 정신 상태에 대한 자각과 그들의 상호작용이 아기의 감정과 행동에 주는 영향에 대한 자각을 확장시키도록 비디오를 재검토하였다. 결과적으로, 정신화 능력이 향상되고 아기들은 (고위험 집단에서 혼란애착의 높은 비율이 발견되는 것과 반대로) 좀 더 안정적으로 애착이 형성되는 것 같다.

지난 20년 동안, 치료자와 연구자들은 부모가 그들 자신의 정서반응을 조절하고 그래서 좀 더 민감하게 아기의 애착 욕구에 대해 반응하도록 돕기 위해 애착 안정성을 촉진시키는 것을 목적으로 하는 많은 부모-유아와 부모-아동 개입 프로그램을 개발했다(Berlin, Zeanah & Liberman, 2008; Zanetti, Powell, Cooper & Hoffman, 2011). Slade(2008b)에 의하면, 아동 치료자는 '부모의 과거를 터치할 수 있지만', 치료는 '부모가 아이를 좀 더 잘 이해하도록 돕는 것에 초점을 둔다', 그리고 그들은 깊은 공감과 참여가 부모-아이 관계에 변화를 일으키고, 아이의 내적 삶의 변화를 주는데 결정적인 것이라고 보았다(p. 311). 치료자들이 의식적으로 개념을 사용하든 안하든, 이같은 프로그램은 정신화를 확장시킨다. 프로그램의 확장은 다양한 개입과 목표를 이끌었다. 앞으로 심리치료가 더 일반적이 되면, 어떤 개입의 측면들이 가장 효과적인지 발견하게 될 것이다.

정신화가 외상의 세대 간 전수를 차단하는 잠재력을 가졌다는 점에 대해 보충설명을 하기 위해 나는 폭력의 순환에 대한 연구에 주목하고자 한다. 당신은 '학대받은 아이는 학대자가 되고 폭력의 희생자는 폭력의 가해자가 된다.'(Widom, 1989, p. 244)는 여러 형태의 말을 들었을 것이다. 다행히도, 순환의 반복은 반드시 일어나지는 않는다. 문헌 연구에 대한 포괄적이고 비판적인 검토를 통해 더 정제된 결론에 이르렀다. 즉, '아이들의 1/3은 그 유형을 지속할 것이다. 1/3은 지속하지 않을 것이고, 나머지 1/3은 취약함이 남아있을 것이다. 이들의 부모 행동에 가족외적인 압력이 영향을 미친다.'(Oliver, 1993, p. 1321). 나는 아동기의 애착 안정성 발달을 논의할 때 환경적 맥락의 결정적 기여를 강조했다. 다른 책에서 검토했듯이(Allen, 2001), 외상적 사건과 함께 다양한 요인들이 부모의 학대에 기여를 한다. 사회적 스트레스, 일상사건의 스트레스, 아동기와 성인기의 사회적 지지의 정도, 처벌에 대한 태도, 그리고 건강과 아동의 행동이다. 그러나 연구는 또한 과거 경험의 반복과 관련한 심리적 요인을 정의하였다. '아동학대의 세대 간 전수를 완화하는 가장 중요한 심리적 요인은 아동기 희생자가 과거와 현재 대인관계의 현실을 직면하는 능력을 가지고 성장하는 것이다.'(Oliver, 1993, p. 1322). 이 결과는 정신화의 중요성을 강조한다. 나는 폭력의 순환을 차단한 부모들은 AAI에서 일관된 이야기를 제공했을 것이라는 것을 쉽게 이해할 수 있고, 이는 그들이 과거 외상을 자각하고 받아들였다는 것을 말한다. Fraiberg와 동료들(Fraiberg, Adelson & Shapiro, 1975)이 처음 그 분야를 개척했을 때와 같이, 부모-유아 치료의 목표는 부모의 과거에서 온 유령을 사라지게 하거나 혹은 최소한 유령이 나타날 때 이를 알 수 있게 하는 것이다.

❏ 혼란 애착의 발달적 영향

혼란 애착이 유아에게만 한정된다면 심리치료자들의 주목을 많이 받을만한 이유는 없을 것이다. 그러나 앞에서 언급했듯이, 혼란 애착은 AAI에서 면접자가 분류할 수 없을 만큼 스며들어 있어 일관성의 결핍과 외상 이야기 중에 일어나는 짧은 분리의 형태로 나타난다. 더욱이, 부모가 AAI에서 혼란 애착으로 평가될 때, 아기는 낯선상황 실험에서 혼란 애착으로 나타나는 경향이 있었다. 그러나 아직 고려해야 할 다른 문제가 있다. 그것은 낯선상황실험에서 혼란 애착을 보이는 아기의 발달 경로이다. 다른 애착 유형과 함께 혼란 애착의 연속과 불연속의 조합은 유아기, 아동기에서 성인기까지 나타난다. 혼란 애착과 그 영향이 지속될 때, 아이는 연속적인 발달문제 행동과 정신병리의 위험을 갖는다. 외상과 혼란 애착에서 보이는 정신병리의 중요성을 고려해서 나는 해리를 논의의 주제로 선정하려고 한다. 그리고 나는 아동기와 성인기의 혼란 애착과 관련된 광범위한 영향을 고려할 것이다. 이 모든 것은 이해하기에 많은 양이기에 나는 외상과 정신병리에 취약하게 하는 혼란 애착의 역할을 요약함으로써 이 장을 결론지을 것이다.

혼란 애착의 지속과 단절

세 유형의 애착과 같이, 혼란 애착은 발달과정에서 지속과 변화의 균형을 보인다. 실제로, 우리는 변화의 능력을 신뢰하며, 부모-아이 개입의 연구에서 직접 검증했듯이, 혼란이 일어났던 관계의 특성이 향상되는 것이 안정성을 크게 촉진시킬 것으로 믿는다. 14개 연구를 검토했을 때, 애착이 처음 평가된 것은 대부분 12개월 경이었다(van IJzendoorn, Schuengel & Bakermans-Kranenburg, 1999). 첫 측정부터 이후 측정까지의 시기는 1~5세까지 범위였다. 비록 안정성은 표본마다 달라져서 변화할 수 있는 정도의 차이가 있긴 하지만, 연구들은 애착이 장기간 안정적임을 나타냈다.

비록 유아기부터 초기 아동기까지 행동 유형이 혼란 애착에서 다른 유형으로 (예: 통제하려는) 변하더라도, 결과적으로 뿌리 깊은 불안정성을 가지고 있다는 점에서 혼란 애착이 지속되고 있음을 나타낸다. Main과 동료들(Main, Hesse & Kaplan, 2005)은 혼란-통제 애착 유형의 6세 아이들에게 분리불안검사를 실시하였다. 검사는 다양한 부모-아이 분리 유형 상황을 묘사하였고, 아이들은 분리된 아이가 어떻게 느낄지, 어떻게 행동할지에 대해 답하였다. 아이들은 두려워하며 응답하였고, 부모나 아이의 상처에 대해 파국적 환상을 묘사하거나 아이가 두렵고 뭘 해야 할지 모른다고 묘사하였다. 중요한 발달적 지속을 나타내는 결과로 분리불안검사에서 혼란 애착과 두려운 반응은 이후 19세 때 실시한 AAI에서 한 가지 혹은 또 다른 불안정 애착 유형을 예언했다. 초기 혼란 애착은 외상의 미해결된 혹은 분류될 수 없는 AAI 코딩을 예측하는 경향이 있었다. 유사하게, Minnesota 연구(Sroufe, Egeland, Carlson & Collins, 2005)에서도 유아기에서 성인기까지의 지속성이 검증되었다. 혼란 애착은 19세와 26세 때 AAI에서 불안정 애착을 예언했고, 더 구체적으로 두 연령대 모두에서 외상의 미해결이 예측되었다.

혼란 애착이 성인기에 안정적이라는 Crowell과 Hauser(2008)의 연구는 외상을 가진 참여자를 대상으로 세 번(26, 34, 39세)에 걸쳐 AAI를 실시하고 사회적 적응 정도를 측정했다. 그들은 청소년기에 정신병리로 입원한 경력이 있었다. 연구자들은 그 기간에 걸쳐 사회적 적응 능력을 평가하였다. 모든 다른 연구에서처럼, 그들은 지속성과 변화의 조합을 나타냈다. 구체적으로 37.5%는 세 시점에서 미해결된 혼란 애착을 나타냈고, 44%는 어느 한 시점에서는 해결되지 않은 혼란 애착을 보였고 다른 시점에서는 아니었다. 어떤 경우에는 혼란 애착을 보이고 다른 경우에는 그렇지 않은 다양함을 보였다. 놀랍지 않게, 서로 다른 형태의 불안정 애착의 발생이 고위험 집단에서 뚜렷했다. 그러나 초기의 혼란 애착에도 불구하고, 어떤 참가자들은 안정 애착을 나타냈고 그들의 안정성은 보호기능으로 작동했다. '안정 애착이 일관적으로 지속되기 위해 요구되는 생각, 느낌, 드러난 행동을 조절하는 필수적인 능력은 일상생활에서 사회적 적응이나 기능을 잘하도록 하는데 필수 요소이다.'(p. 365). 요약하면, 이러한 일관성은, 정신화 능력의 지표이고 "정신적 장애를 겪은 것을 포함하여 많은 역경과 스트레스를 경험한 개인에게 완충 역할로써 특히 중요해 보인다."(p. 366).

해리성 혼란

해리는 두려움, 외상, 그리고 외상후스트레스장애와 매우 밀접하게 관련되어 있으므로(Allen, 2001, 2013), 애착연구가 해리성 혼란의 세대 간 전수를 밝혀왔다는 것은 주목할 만하다. 앞서 언급했듯이, AAI에서 외상의 미해결은 때때로 해리적 문제로 나타나는데, 즉 부모 상실이 떠올랐을 때 의식의 변화를 나타낸다. 이러한 혼란 애착 유형의 부모는 낯선상황 실험에서 해리를 보일 수 있는데, 예를 들어, 두려운 상태로부터 회피하거나 철수한다. 유사하게, 그들의 아기들은 부모의 두려움에 반응하여 낯선상황 실험에서 해리성 혼란을 나타낸다(예: 멍하거나 딴 데 정신 팔린 것처럼 보이면서 의미 없는 행동을 하는 것). 따라서 혼란 애착은 이후 해리성 장애로 가는 경로가 된다. 즉, '성인기의 정신병리적 해리를 이끄는 발달적 경로의 첫 번째 단계는 아마 유아기부터 시작된 장기간의 폭력적인 가족 상호작용에서 비롯되는 것 같다.'(Liotti, 1999, p. 296).

Minesota 연구(Sroufe, Egeland, Carlson & Collins, 2005)에서 발달적 연속의 극적인 예는 낯선상황 실험에서 혼란 애착을 보인 유아가 아동기와 19세 때 해리성 행동을 보였다는 것이다. Carlson과 동료들(1998)은 1, 2, 3, 6학년과 고등학교 때 교사 평가와 해리성 척도를 실시하였다. 해리성 척도는 자해뿐만 아니라 '혼란된 혹은 혼미해 보임', '이상한 행동'과 같은 문항을 포함하고 있다. 특히 자해는 외상과 해리(중학교 시기에는 자주 다침, 사고를 잘 당함, 고등학교 시기에는 자해나 자살 시도를 함)와 함께 나타났다. 유아기 혼란은 중학교와 고등학교 때 해리성 문항들과 유의미하게 관련되었다. 게다가, 초기의 혼란은 17세 반에 실시한 임상면접과 해리성 경험 척도(Carlson & Putnam, 1993)라는 자기보고 척도에서 해리성 장애와 유의미하게 상관이 있었다. 비록 이 상관이 통계적으로 유의미하더라도, 관계의 강도가 중간 정도이며 절대적 상응은 아니라는 점을 명심할 필요가 있다. 그러나 나는 12개월에 참여한 실험에서의 짧은 한 번의 행동이 약 20년 이후의 특정 정신병리적 증상과 관련을 가질 수 있다는 것은 진실로 주목할 만하다고 생각한다.

유아기 혼란과 해리성 정신병리의 비교적 큰 관련성을 검증하기 위해 연구가 지속되었다(Dozier, Stovall-McClough & Albus, 2008). 비록 Lyons-Ruth와 동료들은 혼란과 이후 해리와의 직접적 연결을 발견하지 못했으나, 그들은 실험실에서 엄마의 훼손된 의사소통(혼란 애착에 영향을 주는)이 청년기의 해리를 예언함을 발견했다. 주목할 만하게도, 정서적 반응성의 결여뿐만 아니라 엄마의 낮은 수준의 긍정 정서는 이후 해리와 관련이 있었다(Lyons-Ruth & Jacobvitz, 2008). 따라서 Lyons-Ruth와 동료들은 '양육자 반응의 만성적 손상이 학대적 사건 그 자체보다 해리적 증상의 원인에 더 중심이 될 수 있다'고 결론지었다(Melnick, Finger, Hans, Patrick & Lyons-Ruth, 2008, p. 415). 학대 혹은 감정 조율의 결여는 부모의 주의와 행동에 영향을 미치는 유아의 능력을 약화시키고, 무기력 상태에 빠지게 한다. 그래서 유아는 해리적 거리두기 혹은 자기 몰두를 하게 되기가 쉽다(Koos & Gergely, 2001).

무엇이 혼란과 해리 사이를 연결하는가? Main과 동료들은 생물학적으로 준비되지 않은 상황에 유아를 두는 것 때문에 혼란이 발생한다고 하였다.

> 엄마(또는 주양육자)는 위험의 순간에 다가가야 하는 안식처이다. 그러나 유아가 생물학적으로 안식처가 동시에 고통의 근원이 되면 유아는 스스로 두려움을 갖고 미해결된 채 접근-도주 모순의 혼란에 놓이게 된다. 이런 일이 일어날 때, 행동, 집중, 추론에서 이상이 발생하고… 아마 궁극적으로 해리를 포함하는 장애에 취약하게 되는 것 같다(Main, Hesse & Kaplan, 2005, p. 281).

Sroufe와 동료들(Sroufe, Egeland, Carlson & Collins, 2005)은 이 같은 피할 수 없는 갈등을 마주할 때 "유아는 심리적으로 그 상황을 떠나는 것만 할 수 있으며 조직화된 행동이 안 되고 현실 지각의 문제가 생긴다."고 지적하였다(p. 248). 이 요점은 Kluft(1992)가 제안한 해리적 방어의 적절한 특징 중 하나이다. 즉, 해리는 신체적 도주가 불가능할 때 정신적으로 도주하는 형태이다. 해리는 갈등을 내포한 정신적 마비로 이해할 수 있다. Carlson과 동료들(1998)은 '회피와 섞여있는 근접 추구는 유아가 갈등에 균형을 유지하려는 시도로써 나타나는 것 같다. 얼어붙는 것, 멍한 것, 그리고 정지된 상태는 아마 회피와 근접이 상호억제된 결과일 것이다.'(Carlson, 1998, p. 1108).

해리가 신체적 도주가 불가능할 때 나타나는 심리적인 도주라는 Klfut의 제안을 고려하면, 이 방어의 자기보호적 성질은 단순하다. 그러나 두려움과 불안을 마주할 때 해리적 성향은 보다 더 적응적인 대처를 약화시킨다. 여러분이 심리적으로 현실에 있지 못한다면(즉, 마음을 고려하고 정신화를 하지 못한다면) 효과적으로 상황에 대처할 수가 없다. 따라서 혼란 애착과 해리적 방어는 다른 추가적인 폐해를 갖게 한다. 실제로, 혼란 애착은 개인이 이후에 경험하게 되는 외상에 더 취약하게 만든다.

아동기 혼란과 이후의 정신병리

비록 혼란 애착이 장애가 아니더라도, 이후 장애의 위험을 증가시키는 발달적 경로를 개시하게 할 수 있다(Sroufe, Egeland, Carlson & Collins, 2005). 특히 혼란 애착이 다른 위험요소들과 결합되었을 때 더 그렇다(Deklyen & Greenberg, 2008). 구체적으로, 혼란 애착 혹은 학대 둘 다 잠재적 문제가 되지만 두 개가 함께 나타나는 것은 정신병리의 가장 큰 위험이 된다(Melnick, Finger, Hans, Patrick & Lyons-Ruth, 2008). Lyons-Ruth와 Jacobvitz(2008)는 혼란 애착이 유아기부터 초등학생 시기의 다양한 문제들과 관련되고 이후 성인기의 정신병리의 예측 요인이라고 제안하였다.

앞서 언급했듯이, 유아기에 혼란 애착을 보인 많은 아이들은 두려움 속에서 초기 아동기의 통제 행동 방식이 발달한다. 혼란형 아이들에게 애착관계나 시나리오를 상상하게 한다면, 거기에는 두려움, 혼란, 파괴 등이 있을 것이다. 가장 최악은 악몽같이 끔찍한 상상이다. 상상하는 내적 세계는 바깥세상만큼 두려울 수 있다. 아동기에 발생하는 혼란은 여러 정신장애와 관련된다. 통제적-돌봄 유형은 내재화 문제(즉, 불안과 우울)와 관련이 있는 반면, 통제적-징벌 유형과 (계속되는) 혼란 행동은 외현화 문제와 관련이 있다. 이는 분노, 또래관계 혹은 교사에 대한 공격, 열악한 학업 수행 등이다(Moss, Bureau, St-Laurent & Tarabulsy, 2011).

이 책의 특별한 주제는 혼란 애착이 미래의 외상에 대해 갖는 취약성이다. 따라서 유아기 혼란과 아동기 외상후스트레스장애 간의 관련성에 대한 연구가 특히 주목 받는다(MacDonald et al., 2008). 도시에 사는 저소득층 78명의 8세 아이들이 연구대상이었고, 많은 아이들이 태아일 때 코카인에 노출된 적이 있었다. 애착은 12개월에 낯선상황 실험에서 측정되었고, 외상 경험과 관련된 증상을 평가하기 위해 8살에 진단적 면접이 실시되었다. 외상후스트레스장애는 아이들이 경험한 '가장 무서운' 경험과 관련하여 평가되었다. 혼란 애착을 가진 아이들은 외상후스트레스장애의 2개의 핵심 증상에서 높은 점수를 받았다. 즉, 외상 사건의 재경험과 회피이다. 주목할 만하게도, 혼란이 다른 불안 장애와 관련되지 않았고, 연구자들은 "유아기에 혼란 애착을 가진 아이들은 아동기 후기에 스트레스 사건을 대처하는 데 다른 아이들보다 더 큰 어려움이 있는 것 같다."라고 결론지었다(p. 503). 이 책의 중심 요점을 언급하면서 저자들은 이 아이들은 '두려운 상황이나 부정적 정서를 조절하는 것에 대처하는데 어려움이 있다는 증거를 보였고, 이는 부분적으로 양육자가 그들의 아이들에게 효과적으로 혹은 일관되게 반응하지 않았기 때문이다."라고 추정했다(p. 503), 저자들은 외상후스트레스장애의 회피 증상과 혼란 애착과 관련이 있는 해리적 방어가 중복되는 것에 주목하며 이같은 방어적 대처가 스트레스를 좀 더 적응적인 방식으로 학습하는 것을 방해할 것이라고 지적하였다. 이는 심리치료에서 외상을 적극적으로 치료해야 하는 타당한 이유이다.

그러나 유아기 혼란 애착의 영향은 아동기 이후로 지속된다. Minnesota 연구에서, Sroufe와 동료들(Sroufe, Egeland, Carlson & Collins, 2005)은 유아기의 혼란 애착이 17세의 정신병리에 가장 강력한 예측요인이라는 것을 발견하였다(즉, 진단의 수와 강도에서). 이 장의 앞부분에서 기술했듯이, 유아기 혼란은 또한 19세, 26세의 혼란 애착과 관련이 있었는데 이는 상실과 외상이 해결되지 못했기 때문임은 주목할 만하다. 다시 말하면, 이 연구는 혼란 애착이 대처 능력을 약화시키는 잠재력을 가지고 있다는 증거를 제공하고 있다.

후속 연구는 어떻게 유아기 혼란 애착이 성인기의 장애에 영향을 주는데 다른 발달적 요인들과 상호작용하는지를 검증한 점에서 주목되었다. Carlson과 동료들(Carson, Egeland & Sroufe, 2009)의 Minnesota 연구에서 유아기의 광범위한 평가와 28세 때 구조화된 면접에서 진단된 경계선 성격장애 증상이 관련이 있었다. 경계선 성격장애는 애착 문제와 정서적 고통의 조절의 어려움이 결합된 점에서 주목되며, 종종 충동성과 자기파괴적 행동이 특징이다. 다음과 같은 초기 발달적 관찰이 경계선 성격장애 증상과 관련이 있었는데 혼란 애착(12~18개월), 학대(12~18개월), 엄마의 적대감(42개월), 아버지와 관련된 가족문제(12~24개월)였다. 경계선 장애의 여러 조짐은 12세에 나타났는데 주의력 결핍, 정서적 불안정성, 행동적 불안정성, 관계 문제였다. 이 결과는 12세의 자아정체성 혼란이 더 초기 혼란 애착과 이후 성격장애의 고리가 될 수 있음을 제안했다. 예를 들면, 상상적 이야기 과제에서, 자아와 관련된 폭력, 죄의식과 분노의 미해결된 감정, 그리고 기이한 이미지를 나타냈다. 초기 아동기에서, 이러한 발견은 관계의 끔찍한 내적 세계를 연상시킨다. 그들은 안정 애착을 상상하기 힘들고, 내적 안전기지가 없다. 즉, 누군가와의 관계에서 자비나 돌봄이 없다. 따라서 연구자들은 자아정체성 혼란과 관련해서, '표상과 관련된 정신화 과정이 경험의 전달자로 보인다.'(p. 1328)고 하면서 이것이 초기 애착과 이후의 성격장애를 연결시킨다고 주목하였다.

성인의 미해결-혼란 애착과 정신병리

초기 애착과 관련된 정신병리의 종단연구와 함께, 연구자들은 AAI로 측정한 성인애착과 공존하는 정신병리의 관계를 탐구하였다. 4,200명 이상의 참가자들이 포함된 AAI 연구 결과(van Ijzendoom & Bakermans-Kranenburg, 2008)에서, 미해결 애착 유형과 정신병리 진단의 강력한 관계가 드러났다. 즉, 비임상군 청소년과 성인 표본에서 미해결-혼란 애착 유형이 상대적으로 낮은(16.5%와 15%) 반면에 임상 표본에서는 41%로 높았다. 주목할 만하게도, 이 연구들은 특히 미해결 혼란 애착과 경계선 성격장애, 자살경향성, 학대와 관련된 외상후스트레스장애 간의 강한 관련성을 나타냈다.

Stovall-McClough와 동료들(Stovall-McClough, Cloitre & McClough, 2008)은 18세 이전에 양육자에게 신체적, 성적, 정서적 학대를 경험하고 심리치료를 받은 외상과 관련된 증상을 갖고 있는 150명 여성 표본에서 AAI 결과를 보고하였다. 놀랍게도, 이들 중 50%는 안정 애착으로 구분되었다. 38%는 몰두형이고 12%는 회피형이었다. 그러나 43%는 학대가 미해결되었고, 미해결은 외상후스트레스장애 진단 가능성의 7.5배 증가와 관련되었다(특히 회피증상). 또한 치료를 통한 외상 해결은 외상후스트레스장애 증상의 개선과 관련되었다. 주목할 점은, 해결의 촉진에서 외상 기억에 개입하는 치료가 기술 훈련보다 더 효과적이었다. 이같은 치료는 경험 회피로부터 경험 수용으로 이동하도록 도왔고 그 결과 정신화가 촉진되었다.

요약: 혼란 애착 그리고 외상에 대한 취약성

혼란 애착은 초기 외상과 관련되어 있고, 학대와 방임은 슬프게도 학대와 방임이 생애 첫 1년의 혼란 애착의 증거가 될 수 있다. 그러나 혼란 애착은 유아에게 두려움을 주는 양육자의 비학대적 방식과 관련될 수 있다. 이는 훼손된 정서적 의사소통뿐만 아니라 두려움에 빠진 부모 상태를 포함한다(예: 해리적 철수). Beebe(Beebe et al,, 2010)의 연구가 냉정하게 기록했듯이, 혼란 애착의 선행요인의 핵심은 —노골적인 학대가 포함되든 안 되든 간에— 유아가 정서적으로 고통 받는 순간의 심리적 조율이 없는 것이다. 조율이 없는 것은 유아가 도움을 필요로 할 때 부모가 마음에 집중하고 정신화를 하지 않는 것이 특징이다. 결과적으로, 유아는 타인으로부터 위로를 얻을 수 없고 자기위안도 할 수 없다.

나는 유아애착연구를 두 가지 중요한 이유에서 검토해 왔다. 첫째, 치료자들은 초기 외상을 염두에 두고 이를 이해하고 개선시켜야 한다. 부모-유아와 부모-아동 개입의 효과는 이런 관점에서 고무적이다. 둘째, 혼란 애착은 이후 외상에 대처하는 아이의 능력을 약화시킬 수 있다. 즉, 발달을 통해서, 혼란 애착은 정서조절, 마음에 대한 주의집중, 그리고 정신화 능력을 위태롭게 한다. 명백하게도, 학대와 방임은 가장 탄력적인 개인의 대처 능력을 약화시킬 것이다. 우리 중 누구라도 외상을 경험할 수 있다. 그러나 혼란 애착은 손상된 정신화 능력과 결합된 손상된 정서조절로 고통에 압도되어 개인이 스트레스에 더 강하게 반응하게 되고 더 취약하게 만든다. 내 견해로는, 대처에서 가장 큰 한계는 고통의 순간에 위안을 얻기 위해 다가가는 것에 대한 두려움이다. 이 두려움은 아이에게서 효과적인 정서적 고통에 대처하는 가장 기본적이고 잠재적인 수단을 빼앗아 간다. 아이가 안정적으로 애착되었던 누군가와 접촉하는 것을 앗아간다. 간단하게 말하면, 혼란된 아이는 그들 스스로 정서를 잘 관리할 수 없고, 타인의 도움에 의존할 수도 없다. 정서적 고통 속에서, 그들은 두 가지 발달적 맥락의 손상이 명백한데 바로 자율성과 관계성이다.

이 애착연구가 발달에 기여하는 중요성을 강조하기 위해, 나는 Lyons-Ruth가 했던 말을 인용하려 한다. "일탈적인 초기 양육은 이후 상실 혹은 외상의 발생을 유력하게 하는 것 같다."(Lyons–Ruth, Bronfman & Atwood, 1999, p. 44). 더욱이, "혼란 애착은 기존의 진단 범주에 영향을 주고, 다양한 정신장애에 기여하는 개인의 생물학적인 취약성과 상호작용하는 부적응과 정신병리에 넓게 관계하며 기여하는 지표인 것 같다."(Lyons-Ruth & Jacobvitz, 2008, p. 689).

나는 학대와 방임을 이해하는 장을 마련하기 위해 다음 장에서 이에 대해 기술하고자 한다. 나는 정신화의 관점에서부터 아동기 외상의 전통적 범주를 재검토할 것이다. 그러나 나는 다음과 같은 기본적 사실을 강조해야만 한다. 다른 애착 유형과 마찬가지로 혼란 애착은 돌에 새겨진 것이 아니다. 나는 취약성에 대해 논의하는 것이지 운명에 대해 논하는 것이 아니다. 애착 연구는 상실과 외상이 미해결된 채로 혹은 해결된 채로 남을 수 있다는 것을 보였다. 대처와 안정 애착은 유아기, 아동기, 청소년기 그리고 성인기에 발달할 수 있다. 이같은 변화는 어느 발달적 시점에서, 관계의 안정성으로부터 기인할 것이다. 전문적 도움은 관계를 향상시키는 한 방법이다. 학대와 방임, 그리고 그들의 잠재적 위험의 가혹한 현실을 마주할 때 치료자와 내담자는 변화의 가능성을 염두에 두어야만 한다.

❏ 아동기 애착외상의 다양성

나는 아동학대에 대한 Menniner(1983)의 긴 이야기로 시작하고자 한다. 나는 그의 마지막 문장이 학대의 세대 간 전수를 잘 암시한다고 생각한다.

비록 수백만의 실험과 처방전이 있어왔음에도 불구하고, 이상적인 양육에 대해 많은 것들이 알려지지 않은 채 남겨져 있다. 어떤 부모들은 그들의 역할을 배우고, 어떤 부모들은 그렇지 못한다. 그리고 종종 시간이 지나고서야 지혜를 얻는데 그때 아이들은 더 이상 아이가 아니다. 우리는 아주 무서운 잘못된 부모 행동이 있다는 것을 안다. 아이들은 맞고, 불에 데고, 따귀를 맞고, 죽도록 맞고, 던져지고, 발로 차이고, 성폭행을 당한다. 아이들은 문명이 시작된 이후로 오랫동안 훈육의 대상이자 처벌과 무자비한 잔인성의 대상이었다. 아이들이 당하지 않는 어떤 신체적 학대의 방식이 있는가?
더 나쁘게, 아이들은 버려지고 무시 받고 잘못된 가르침을 받고, 속임수에 당하고, 잘못된 정보에 빠진다. 우리가 문명의 수십 년간의 가족생활을 상세하게 조사할수록—이전 수세기와 다른 문화에서 조차—우리는 아동 학대를 계속 발견하게 된다. 이것은 현대적 악이라고 보여지며 아주 오래전 유럽 문화부터 널리 퍼져왔다. 아동 학대는 오랜 세월 인류의 기록을 더럽혔다. 아이들은 약하고 작고, 부모들은 강하고 크다. 부모는 우격다짐으로 그들의 방식을 강요하고, 부모가 옳다면 옳은 것이 된다.

얼마나 많은 아이들이 부모에 의해 고통 받는지 실제로 아무도 모르며, 심지어 상상조차 할 수 없다. 적어도 여러 번 부모는 비정하고, 가학적이고, 잔혹하며 혹은 그들이 어린 시절부터 품은 복수심으로 가득 차 있다(p. 329).

Menninger가 언급한 것처럼, 아동기 외상의 기본적인 영역은 이 책의 독자 누구에게나 익숙하다. 아동기 외상에 대한 기술에 이어서, 나는 너무 뻔한 것을 힘들게 논하고 싶지 않다. 학대와 방임을 생각하는 것은 조금도 즐겁지 않다. 그리고 그것이 고통스러운 기억을 불러일으킬 땐 더욱 좋지 않다. 나는 외상적 경험과 연결된 정신화 실패를 강조하는데 가장 유용한 특징으로 발견될 것들을 요약하려고 한다.

아동 학대에 대한 체계적인 첫 연구는 1860년에 보고되었으나(Dorahy, van der Hart & Middleton, 2010), 학대의 범위가 체계적으로 구별되고 문서화된 것은 50년밖에 되지 않았다. 나는 Bifulco와 동료들의 사려 깊은 생각과 꼼꼼한 연구를 매우 신뢰한다. Bifulco는 아동기 외상에서 성인 우울증의 기원을 탐구했고, 「수요일의 아이(Wednesday's Child)」(Bifulco & Moran, 1998)라는 책을 출간했다. 그녀의 연구에서, Bifulco는 사회적 스트레스와 우울 간의 관련성에 대한 동료의 선구자적 연구를 확장하였다(Brown & Harris, 1978).

여기에 내가 검토할 경험의 아주 긴 목록이 있다. 신체적 학대, 성 학대, 적대감(거절), 심리적 학대, 가정 폭력 목격, 신체적 방임, 그리고 심리적(정서적) 방임이다. 전형적으로, 학대와 방임의 다양한 형태는 복합외상에서 혼합되고 반복된다. 나는 이 부분을 아동기 외상의 장기간의 결과에 대한 최신 연구를 검토하면서 결론지을 것이다.

여러분이 다양한 학대 유형에 대해 읽을 때, 나는 여러분이 두 가지 측면의 아이의 경험을 상상하길 바란다. 첫째, 아무도 그의 마음과 연결하지 않는, 심리적으로 혼자가 된다는 것이다. 둘째, 학대적인 사람의 마음을 이해하고 관계에서 무엇이 일어나는지를 이해하는 정신화가 어렵다는 것이다. 여러분은 아마 두려운 경험, 예를 들어 의학적 수술이 진행되는 동안 아이를 위해서 당신이 소망하는 것과 학대를 대비할 수 있을 것이다. 여러분 중 대부분은 정서적으로 조율하며 안심시키는 자비로운 부모로 위로가 되는 존재를 기대할 수 있다. 여러분은 아이가 가능한 한 무슨 일이 일어나고 이 과정이 선의로 된 것이라는 것을 이해하기를 바랄 것이고, 즉 아이를 돕고 보호하거나 고통이 없어지길 바랄 것이다. 이 모든 정서적 지지가 무섭고 고통스러운 학대 경험에서는 없다는 것을 명심하라. 나는 부모가 학대 중에 아이의 마음을 정신화할 수 있는지를 생각해보기 위해 실제로 두렵고 고통스러운 의료 수술을 예로 들었다. Fonagy가 설명했듯이, 학대는 정신화 촉진과 함께 일어날 수 없고 오히려 정신화를 약화시킨다.

> 평범한 환경에서, 부모는 아이를 현실의 두려움으로부터 보호할 수 있고, 이는 어떤 사건과 감정을 감추기보다는 아이에게 보이는 것 이상의 것이 있다는 것을 알려줌으로써 이루어진다. 아마 아이는 부모가 화난 것을 보고, 두려울 수 있다. 만약 부모가 아이의 경험을 자각할 수 있다면, 또한 그 두려움에 대해 의사소통 한다면, 아이는 안전하다. 그러나 학대의 경우에, 아이는 안전하지 않다. 포용하고 안심을 주는 의사소통은 없고, 오히려 내적 현실을 믿는 아이의 능력을 약화시킨다(Fonagy, 2001, p. 174).

신체적 학대

아동에 대한 신체적 학대에 대한 관심은 1960년대에 피학대아증후군(battered child syndrome)의 진단 이후로 시작되었다(Kempe, Silverman, Steele, Droegemueller & Silver, 1962). 신체적 체벌과 신체적 학대의 차이는 심각성 수준의 문제이고, 이 구분의 한계는 문화마다 다르다. 구분의 명백한 차이는 상해 정도와 관련된다. 예를 들어, 맨손으로 엉덩이를 맞는 것, 벨트 혹은 채찍으로 맞는 것, 꽉 쥔 주먹으로 맞는 것, 또는 막대기로 맞는 것(엉덩이, 다리, 몸통, 머리, 얼굴) 등의 차이다. 그러한 사건들의 빈도 그 자체 또한 정도의 문제이다.

애착 안정성과 정신화뿐만 아니라, 우리는 이러한 학대의 심리적, 관계적 맥락에 주목해야 한다. Bifulco와 동료들(Bifulco, Brown & Harris, 1994; Bifulco & Morgan, 1998)은 학대가 주는 '위협성'을 강조하였고, 이는 단지 객관적인 심각성(예: 빈도와 상해 정도)만 고려하는 것뿐만 아니라 관계의 본질(예: 애착관계)과 학대자의 마음 상태를 고려해야 하는 것이다. 학대자가 분노를 통제할 수 없다는 것을 인식하는 것에서 대부분 위협을 느낀다.

> 당신은 실제로 아버지의 표현이 변화하는 것을 알아챌 수 있을 것이다. 그의 눈이 정말 미친 것 같아 보일 것이다. 그는 확실히 통제를 잃었다. 당신은 그 일이 일어날 것이라고 알 수 있을 것이다. 그는 분노한 상태로 있을 것이고, 분노폭발이 있고 그는 완전히 달라진다. 이것은 정말 무서운 일이다(Bifulco & Morgan, 1998, p. 69).

이러한 폭력적 상태에서 부모가 마음에 집중하지 못하고 정신화를 못한다고 말하는 것은 사실 현실을 너무 축소하는 것이다. 외상을 일으키는 행동에 대해 생각할 때(Allen, 2007), 자폐증에서 보이는 정신화 손상을 언급한 Simon Baron-Cohen(1995)의 용어를 빌려오면 바로 *심맹(mindblindness)*이다. 학대자의 심맹은 잠재적으로 신체적 학대의 끔찍한 본질의 핵심이다. 예측할 수 없고 통제 불가능한 것은 외상 경험의 주요 특징이다(Foa, Zinbarg & Rothbaum, 1992). 부모가 아이의 마음을 정신화하는데 실패할 때, 아이는 부모의 행동에 대한 모든 영향을 잃고, 완전히 무기력한 감정을 갖게 한다. 그리고 아이는 부모의 행동뿐만 아니라 부모의 마음 상태가 두렵게 된다. 아이는 부모의 마음 상태가 어떤 의미인지 정신화 할 수 없을 뿐만 아니라 아이는 정신화를 두려워한다. 부모의 분노, 증오, 잔인성, 그리고 무관심은 인식하기에 너무 고통스럽다(Fonagy & Target, 1997). 따라서 우리가 정신화를 위해 싸우는 동안, 우리는 또한 정신화에 대항하여 방어하는 이유를 평가해야만 한다. 실제로 부모의 증오를 인식하는 것은 잠재적으로 자신을 혐오스럽게 보는 것을 경험하게 된다. 이 예는 가장 정신화를 하기 어려울 때가 가장 정신화를 필요로 하는 셀 수 없는 많은 예들 중 하나이다. 이 같은 무서운 분노나 증오 속에서 정신화를 하는 것은 사실상 어린 아이—혹은 모든 연령대 사람에게도—에게 불가능하다. 그러나 결국 심리치료를 받은 몇 년 후에라도 부모의 증오와 그 순간 부모의 화를 구별하고 증오심이라는 느낌과 증오스러운 존재가 되는 것 사이에 차이를 구분하는 정신화는 매우 중요하다.

성적 학대

신체적 학대가 밝혀진 이후로, 여성(Herman, 1981), 남성(Finkelhor, 1984)에 대한 성적 학대는 1980년대에 처음 밝혀졌다. 성적 학대 행동의 범위는 신체적 학대보다 더 극도로 광범위하다. 신체적 학대처럼 성적 학대도 심각성, 연령의 부적절성, 스트레스 정도와 위협 정도, 신체적 접촉의 정도, 빈도와 학대 사건의 기간, 강제성의 정도, 그리고 특히 힘과 신뢰의 남용을 포함하는 가해자와의 관계에 따라 다양하다(Bifulco, Brown, Neubauer, Morgan & Harris, 1994). 애착관계에서의 성적 학대는 특히 더 외상적일 수 있다(Tricckett, Reiffman, Horowitz & Putnam, 1997).

성적 학대, 그리고 성적으로 학대하는 부모의 심맹은 특히 정신화를 어렵게 하고 정신화에 반하는 방어를 강화한다. Jennifer Freyd(DePrince & Freyd, 2007; Freyd, 1996)는 그녀의 이론에서 *배반외상(betrayal trauma)*이라는 개념을 강조했다. 이 같은 배반은 아이를 있을 수 없는 속박에 들어가게 한다. "배반을 하는 사람은 아이가 믿을 수 없는 사람이다."(Feyd, 1996, p. 11). 분명히, 보호하는 양육과 성적 관계는 학대자 혹은 피학대자의 마음에서 조화될 수가 없다. 그들은 심리적으로 생물학적으로 공존할 수 없다(Erikson, 1993). 따라서 Freyd의 연구에서 밝혀졌듯이, 정신화가 불가능한 관계를 대처하는 공통적인 방식은 해리이다. 특히, 애착관계를 유지하기 위해 성관계에 대한 자각을 차단함으로써 관계를 구획화한다. 동기는 분명하다. 배반을 자각하면 애착관계는 위협받으며 아동은 위험에 빠진다. 해리는 관계의 성적인 특성을 기억에서 지운다. 성적 상호작용 중에 해리적 거리두기는 흔하게 일어나고, 비몽사몽 같은 상태가 되고, 육체와 분리된 경험, 혹은 자신이 창문 밖에 정원과 같은 다른 곳에 있는 것으로 상상하는 것과 같이 상상으로 깊이 몰두하는 현상이 나타난다. 이같은 거리두기는 비현실적인 감정이다. 그래서 만약 학대를 기억하게 되면, 아마 해리적 구획화를 떠올리는 비현실적 감각을 불러일으킬 수 있다. 이는 학대가 일상생활 혹은 정체성과 분리되도록 한다. 그리고 해리 외에 다른 요인들이 구획화를 발전시키는데, 교대로 나타나는 현실(밤의 학대와 낮의 정상적인 생활), 가해자에 의한 학대의 부정, 그리고 비밀의 강요 등이 강력한 위협에 의해 요구된다.

적대감과 심리적 학대

신체적, 성적 학대가 직접적으로 우리의 주의를 끌지만, '정서적 학대'의 영향을 평가절하해서는 안 된다. 나는 부모교육 집단에서 어디까지를 학대적 관계로 볼 것인지를 정하는 토론을 할 때 힘들고 당황스러웠던 순간을 아직도 기억한다. 나는 때리는 것의 한계를 정하자는 제안을 했다. 그 때 한 집단원이 화를 냈다. "혐오적인 말들이 때리는 것보다 더 상처를 줍니다!" 여기에서 나는 비록 신체에 대한 공격은 확실히 간접적으로 자기(self)를 공격하는 것일지라도, 신체를 공격하는 것과 자기(self)를 직접적으로 공격하는 것을 구별하고자 한다.

Bifulco와 동료들은 적대감과 심리적 학대의 차이를 유용하게 구별한다(Bifulco, Brown, Neubauer, Morgan & Harris, 1994; Bifulco & Morgan, 1998). 적대감은 뿌리 깊은 미움이고, 아이들은 거부당하는 것을 느낀다. 예를 들어, 끊임없는 비난과 반감 속에 놓인다. 적대감은 아이에게 언어적으로 학대적인 방식으로 말로 소리 지르는 면에서 뜨거울 수 있다. 그리고 아이에 대해 침묵하고 무시하고, 냉정한 무관심을 보이는 점에서 차가울 수 있다. 적대감은 또한 다른 아이를 더 편애하고 특정 아이를 희생양으로 삼는 것에서 나타난다. 극단적으로, 적대감은 아이를 향한 증오의 표현이다. 적대감을 정신화하기 위해서 아이는 그 이유를 이해할 필요가 있다. 부모의 만성적 우울에서부터 나오는지, 과민함인지, 엄마의 불만인지, 아들을 향한 아버지의 적대감은 아들을 향한 아내의 과한 애정과 보호에 대한 질투에 기인하는지, 아버지가 어린 시절에 결핍된 것이 있는지를 이해해야 한다. 하지만 어떻게 어린 아이가 이같은 동기를 이해할 수 있겠는가? 아마도, 아이는 부정확하게 정신화를 할 것이고 이는 자기비난이 될 것이다. 이 같은 거부가 내재화될 때, 이는 자신을 향한 뿌리 깊은 반감을 발달하게 하고, 나쁘게는 자기혐오 혹은 자기증오, 그리고 불안정한 내면을 갖게 한다.

비록 두 개념 간의 명확한 선이 있지는 않지만, 심리적 학대는 종종 악의적 의도와 함께 완전한 잔인성을 수반한다는 점에서 적대감을 뛰어넘는다(Bifulco, Moran, Baines, Bunn & Stanford, 2002; Moran, Bifulco, Ball, Jacobs & Benaim, 2002). 슬프게도, 심리적 학대는 다양한 형태를 띠고(Moran, Bifulco, Ball, Jacobs & Benaim, 2002) 소름끼치는 사례들이 많다. 기본적 욕구를 박탈하는 것(예: 음식이나 잠), 아끼는 물건을 없애는 것(예: 소중한 사진, 애완동물), 고통을 주는 것(예: 무력으로 억지로 먹이는 것, 강판 위에 무릎 꿇는 벌을 주는 것), 굴욕감(예: 대중 앞에서 창피 주는 것, 오줌 싼 아이의 얼굴을 더러운 종이로 문지르는 것), 극도의 거부(예: 죽어버렸으면 좋겠다고 말하고 끔찍한 죽음을 묘사하는 것), 공포감을 주는 것(예: 어두움을 무서워하는 아이의 침대 조명을 끄는 것 같이 아이의 두려움을 가지고 노는 것), 정서적 협박(예: 만약 비밀을 지키지 않으면 엄마를 죽이겠다고 협박하는 것), 타락시키는 것(예: 음란물처럼 불법적인 일을 하도록 강요하는 것)이 포함된다.

이러한 예시들에 보여주듯이, 심리적 학대는 극단적 형태에서 가학적 학대로 간주될 수 있고(Goodwin, 1993), 이같은 가학적 사람을 특징짓는 많은 용어들이 있다. 통제적, 요구적, 고약한, 보복적, 비열한, 잔인한, 악의적, 위협적, 악랄한, 냉담한 등이 있다. 어떻게 아이는 이 태도들을 정신화 할 것인가? 나는 종종 이러한 잔인한 대접을 경험한 내담자를 볼 때 막막한 상태가 된다. 비록 이러한 귀인에 대한 설명 이상의 설명이 필요하더라도 내담자는 슬프게도 학대하는 사람은 '악마'였다고 간단하게 결론짓는다(Allen, 2007, 2013). Karl Menninger의 말에 의하면, 우리는 부모의 과거를 보게 된다. 아마, 그의 말을 반복하면, 가학적 부모는 '그들의 아동기 시절 이후로 불타는 복수심으로 가득 차 있다.' 그러나 이 설명은 한 세대 이전의 미스테리로 되돌릴 뿐이다. 당혹스러운 아이는 정신화라는 것을 거의 활용할 수 없다. 더욱이, 어떤 경우에도 이같은 설명이 정당화 될 수 없다. 다행히도, 우리 대부분에게 아동에 대한 직접적인 가학적 잔인함은 이해할 수 없는 것이다. Fonagy와 Target(1997)이 제안한 것처럼, 아마 아이가 할 수 있는 가장 자연스러운 일은 정신화를 차단하는 것이다. 부모 마음의 자각을 피하려 하는 것이다. 해리는 이를 위한 한 방법이다.

해롭게도, 냉대를 당하면서 많은 아이들은 이같은 잔인함을 정신화 하는 방법을 찾는다. 아이들은 그들이 그런 취급을 받을만하다고 추측한다. 자신들의 단점, 우둔함, 태만, 약함, 혐오스러움이 그 냉대를 초래하는 것이다. 그리고 아주 자주 아이들은 이유를 추론할 필요도 없다. 아이는 그가 상상하는 어떤 잘못이 학대를 초래했다고 비난받는다. 이러한 학대에 대한 책임감을 갖는 것은 아이에게 어떤 희망을 갖게 한다. 완전히 무기력해지는 것보다, 만약 아이가 어떤 방식에서 개선한다면, 아이는 학대를 예방할 수 있을 것이다. 생애에 걸친 잠재적인 죄의식과 수치심은 이러한 책임감과 관련되어 있으며, 이는 환상에 지나지 않은 통제감에 대한 큰 댓가이다. 그들은 완전한 무력감을 피하기 위해 할 수 있는 무엇이든 할 가능성이 크다.

가학적 잔인함으로 공포에 떨거나 위협당하는 것은 두렵기도 하지만 분노를 느끼게 한다. 위협 당할 때, 투쟁과 도피는 종이 한 장 차이이다. 아이의 분노는 갈등에 다른 한 층을 더한다. 반격하고자 하고 분노로 항의하려는 자연스러운 충동은 아이를 더 큰 위험에 놓이게 한다. 반격의 위험은 더 크게 상처 입는 것이다. 분노를 표현하지 않고 분노를 느끼는 것도 결국 항의를 초래할 수 있기에 위험할 수 있다. 해리는 한 가지 선택이다. 분노를 내면으로 향하게 하고, 부모에 대한 증오로부터 자신에 대한 증오로 돌리는 것도 한 가지 선택이다. 심리적 학대가 성인기의 만성적이고 재발하는 우울증의 고위험 요인이라는 것은 놀라운 일도 아니다. 자기증오는 자기 파괴를 촉진시킬 수 있다(Bifulco, Moran, Baines, Bunn & Stanford, 2002; Firestone, 2006).

가정폭력의 목격

애착관계의 외상에서 아이가 학대의 직접적 대상이어야만 한다는 것은 필수적이지 않다. 부모의 폭력을 목격하는 것은 그 자체로 무서울 수 있으며 아이에게 애착관계의 상실로 위협당할 수 있다(Lieberman & Zeanah, 1999). 엄마는 다치거나 혹은 죽거나, 그리고 아빠는 유치장에 끌려갈 수 있다.

닫힌 방에서 폭력이 일어난다 하더라도, 아이들은 다 듣는다. 그러나 닫힌 문 안에서만 폭력이 일어나는 경우는 거의 없다(Christian, Scribano, Seidl & Pinto-Martin, 1997; Jaffe, Sudermann & Reitzel, 1992). 아이들은 폭력을 목격할 뿐만 아니라 폭력에 휘말리기 쉽다. 옆에 있던 아기는 휘두르는 팔에 맞을 수 있고 청소년들은 엄마를 보호하고자 끼어들다가 상처를 입을 수 있다. 그리고 아이들은 그들과 관련해서 폭력이 일어난다면 폭력에 대한 책임감을 느낄 것이다. 아이가 어떤 것을 망가뜨린다. 아버지가 그것에 대해 아이에게 소리 지른다. 엄마가 아버지에게 왜 소리지르냐고 따진다. 그리고 아버지는 엄마를 폭행한다. 더욱이, 만약 한 부모가 다른 부모를 때린다면, 그 부모는 아이를 때릴 가능성이 높다(Ross, 1996).

다른 외상과 같이, 폭력의 목격은 광범위한 행동과 정서 문제들과 연결된다(Osofsky, 1995). 가장 치명적인 것 중의 하나는 아동기의 폭력 목격이 이후 연인관계에서 폭력으로 반복될 가능성이다(Maker, Kemmelmeier & Peterson, 1998). 이는 세대 간 전수를 깨뜨리는 데 정신화가 필요한 많은 예 중에 하나이다. 그러나 학대의 다른 형태와 같이, 부모의 폭력 그 자체가 부모의 정신화 실패를 나타내는 것이며 부모는 폭력이 아동에게 미치는 영향에 대해 심맹인 것이다.

다음 두 사례에서 알 수 있듯이, 부모의 폭력을 마주할 때 아이의 보이지 않는 감각은 뛰어나다. Jane이 어렸을 때 알코올장애 엄마는 기질적으로 변덕스러운 아버지가 화를 내고 공격할 때까지 반복적으로 아버지를 공격했다. 이 같은 사건들은 예측할 수 없이 일어났고, 그녀는 두려움 속에서 살았다. 더 나쁜 것은, 그녀의 부모는 밤에 그녀의 방문을 닫는 것을 금지시켰다. 그녀의 두려움은 뚜렷했고, 치료에서 이 사건을 회상할 때조차도 두려워했다. 그러나 더 고통스러운 것은 그녀의 심맹 부모에게 그녀의 감정이 보이지 않았다는 것이다. 그들은 그녀가 무엇을 겪는지에 대해 개의치 않았다. 그들은 그것에 대해 전혀 이야기하지 않았고 그리고 어떤 위로도 없었고, 회복시키려는 노력도 없었다. 이 경험에서 가장 손상되는 측면은 심리적으로 두려움 속에 혼자가 된 것이다. 유사하게, James는 엄마를 향한 아버지의 반복적이고 잔인한 폭력으로 외상을 입었다. 폭력 이후에, 그는 엄마의 침대로 가서 두려움에 떨었다. 비록 엄마가 그를 위로해주긴 했지만 폭력에 대해서는 말하지 못하게 했다. 성인이 되서, 그는 분노를 느낄 수 없었고 표현은 더 못했다. 위험한 약물 중독, 자해, 그리고 자살 시도로 간접적으로 표현한 것이 전부였다.

신체적 · 심리적 방임

학대는 항상 주목을 받는 반면에 아동 보호 서비스에서 가장 눈에 띄는 문제는 방임에 대한 무관심이다(Wolock & Horowitz, 1984). 이는 슬픈 모순이다. 나는 학대는 권한 이상을 행사하는 반면에 방임은 일반적으로 의무를 생략하는 것이라 생각한다.

신체적 방임은 두 형태로 구별된다(Barnett, Manly & Cicchetti, 1993). 아동의 신체적 욕구에 응하지 않는 것은 음식, 의복, 쉴 장소, 건강과 청결의 영역을 포함한다. 아동의 안전에 위험한 사항들을 관리하지 않는 것도 포함된다. 이는 보호가 결여된 시간(보호자 없이 지내는 아이들), 홀로 남겨진 환경에 있는 위험(예: 총에 접근 가능), 그리고 양육자를 대신할 사람의 부적절성(예: 아이를 학대 혹은 방임하는 양육자와 함께 두는 것)이 포함된다. 이러한 예들에서 보면 신체적 방임은 최악으로는 생명에 치명적일 수 있다. Minnesota 종단연구에서(Sroufe, Egeland, Carlson & Collins, 2005)는 특히 4-6세 연령 집단에서 신체적 방임이 심각한 영향이 있었는데, 불안, 공격성, 또래들의 비선호, 그리고 학업적 실패가 나타났다(Egeland, 1997; Erickson & Egeland, 1996). 분명히 말하면, 신체적 방임은 정신화 실패는 말할 것도 없고 아이에게 마음을 집중하지 않는 것의 대표적 예이다.

심리적 방임은 이 책의 주된 주제이고, 나는 양육자의 정신화 실패에 초점을 두고 있다. 잠재적으로, 참을 수 없는 정서적 고통 속에 아이를 홀로 남겨두는 심맹을 말한다. 나는 Bowlby(1973)의 초기 주제에 관심이 있다. 심리적 단절이라는 의미에서 분리이다. Minnesota연구에서, 심리적 방임은 심리적 부재라는 용어로 묘사되었다(Erickson & Egeland, 1996). 명백하게, 유아기의 심리적 부재는 신체적 방임 혹은 다른 학대보다 더 발달에 큰 부정적 영향을 갖는다. 사실상 심리적으로 방임된 모든 유아들은 불안정 애착이 형성되었으며 분노, 비순응, 인내심의 결여, 거부, 충동성, 의존, 과민성, 자기파괴 행동을 포함하는 다른 발달적 문제들이 초등학생 시기에 관찰되었다.

신체적으로 방임된 아동들이 정서적으로도 방임될 가능성이 많지만, 반대로 정서적으로 방임된 동안에 물질적인 풍부함 속에서 살 수도 있다. 우리 모두가 알듯이, 돈은 사랑의 대체물이 되지 않는다. Stern(1985)은 유아의 신체적 욕구에 대한 엄마의 관여와 유아의 심리적인 부분에 대한 자각을 못하는 것이 극명히 대조되는 예를 제공하였다.

우리가 처음 아기를 관찰했을 때, 아이는 자고 있었다. 엄마는 부드럽게 자는 아기를 데려가 침대에 눕혔다. 엄마는 이에 매우 집중하느라 그 일이 끝날 때까지 우리를 응대하지 않았다. 그녀는 아주 천천히 아기의 머리를 침대로 향하게 하고, 아기의 팔 하나를 잡았는데, 그것은 아기에게 힘든 자세가 되었다. 그리고 마치 팔이 달걀이고 침대가 대리석인 것처럼 두 손으로 조심스럽게 침대에 가볍게 내려놓았다. 그녀는 이 활동에 몸과 마음을 완전히 몰두하며 참여하였다(p. 205).

그녀가 유아의 신체적 안녕에 몰두하는 것을 볼 때, 이 엄마가 관찰된 모든 엄마들 중에서 아기와 가장 정서적인 조율을 하지 않는 것으로 평가된 것은 놀랄 만하다. 그녀의 모든 집중은 유아에게 신체적으로 해로움을 주지 않는 것에 몰두되었다. 그녀는 유아를 사람으로 함께 상호작용하는 데는 실패했고, 이는 정신화 혹은 마음에 집중하는 방식에서 실패한 것이다.

복합외상과 장기적 영향

학대와 방임의 여러 형태는 서로 개별적으로 분리되어 발생하는 경우가 매우 드물다. 나는 부부 간 폭력은 전형적으로 아이의 신체학대와 같이 일어난다는 것을 지적한 바 있다. 여러분이 추측하듯이, 심리적 학대는 대체로 다른 학대 유형을 동반한다(Bifulco, Moran, Baines, Bunn & Stanford, 2002). 학대와 방임의 다른 유형들도 성적 학대나 심리적 학대를 동반하기도 한다. 실제로, 가정 내 성적 학대는 심각한 가족 역기능의 지표로 볼 수 있다(Zanarini et al., 1997). 이처럼 학대는 다양한 형태가 종종 동반되기 때문에, 연구자들이 한 유형의 학대의 영향을 구별하는 것은 어려운 과제이다.

외상후스트레스장애에 대한 연구는 잘 설계된 용량-반응(dose-response) 관계를 보여준다. 즉, 스트레스의 '용량'이 클수록, 정신병리는 더 심각해진다(March, 1993). 그래서 여러 학대에 노출된 아동이 정신병리를 갖게 될 위험이 커지는 것은 당연한 일이다(Bifulco & Moran, 1998). 나는 아동기 애착에 대한 장에서 거론했던 요점을 다시 언급하고자 한다. 전형적으로 장기적인 부정적 영향은 어느 하나의 외상보다는 아동기의 여러 위험 요소들의 축적으로부터 기인한다.

아동기 외상과 성인기 정신병리 사이의 관계에 대한 연구문헌들은 방대하다(Lanius, Vermetten & Pain, 2010). 그 중에서 나는 이해를 돕기 위해 한 획기적인 연구 결과를 요약하고자 한다(Felitti & Anda, 2010). 아동기 외상 경험 연구(The Adverse Childhood Experiences: ACE)가 San Diego의 Kaiser 예방의학부에서 수행되었고, 17,000명 이상의 중산층 연구대상자를 포함하였다. 그들의 80%는 백인이었으며 남성과 여성의 분포가 같았다. 아동기 외상의 범주는 18세 이전에 발생한 것으로 집계되었고, 여러 유형에서 유병률이 높았다. 정서적 학대(11%), 신체적 학대(28%), 성적 학대(여성 28%, 남성 16%), 가정폭력(13%), 부모의 알코올 혹은 약물남용 문제(17%), 친부모에게 양육되지 못함(23%), 신체적 방임(19%), 정서적 방임(15%)이 포함되었다. 연구자들은 참여자들이 보고한 학대의 범주 수를 기초로 참여자들에게 총점을 부여하였다.

이 연구결과는 놀라웠다. 여러 외상이 같이 존재하였는데, 전체 외상 경험자의 87%는 최소한 2개 이상의 외상을 경험하였다. 부수적으로, 높은 점수를 보인 대상자의 수는 각 외상이 다른 유형과 독립적으로 발생한 사람들보다 훨씬 많았다. 외상의 장기적인 영향은 아동기 외상들이 축적될수록 급격하게 증가했다. 4개 혹은 그 이상의 외상을 경험한 경우는 전형적으로 광범위한 영역에서 문제의 발생률이 매우 높았다. 문제의 예는 다음과 같다. 이후 생애에서 우울과 자살시도, 항우울제 처방 비율, 흡연율, 알코올 의존율, 마약중독, 심각한 재정적, 직업적 문제, 십대 임신, 십대 출산, 문란한 성관계, 간질환 혹은 만성적 폐쇄폐병의 위험 등이다. 가장 눈에 띄는 결과는 여기에 있다. 6개 혹은 그 이상에서 외상 점수를 보인 사람들은 외상이 없었던 사람들에 비해 수명이 거의 20년 짧았다. 쉽게 말하면, 애착외상을 포함한 아동기 외상은 엄청난 규모의 사회적 문제가 된다.

❒ 성인기의 애착외상

애착외상은 그 외상사건의 영향뿐만 아니라 애착관계에서의 외상 경험을 일컫는다는 것을 기억하라. 아동기 애착외상은 이후 발달의 모든 과정에 잠재적 영향을 미치기 때문에 더 심각한 문제가 된다. 그럼에도 불구하고, 이전에 검토한 아동기 학대와 방임의 다양한 형태에는 성인이 속해있으며, 이같은 성인의 경험은 또한 안정 애착을 형성하는 능력을 약화시킬 수 있다. 명백하게, 외상을 경험한 성인의 애착관계는 불안정해질 것이다. 또한 이후의 애착관계에 두려움과 불신이 스며들기 쉽다. 자연스럽게, 당신은 상처받는 것에 대한 두려움을 배운다. 아동기 애착관계가 안정적이었다 하더라도, 만약 성인기의 가까운 관계에서 정서적으로 상처를 받았다면, 여러분은 그 이후에 아마 정서적으로 가까운 것에 대한 두려움을 배우게 될 것이다.

Marjorie는 몇 달간의 사회적 고립을 경험한 후 심리치료에 왔고, 고립된 기간 동안 그녀는 심각하게 우울했고 술에 의존된 상태였다. 비난과 언어폭력을 행하고, 신체적 위협을 가하면서 격한 논쟁을 했던 남편 Mark와 이혼한 후유증으로 그녀의 우울은 더 심해졌다.

이 학대적·폭력적 행동은 Marjorie가 이전 삶에서 경험한 것이 아니었다. 그녀의 아버지는 다소 지배적이고 요구적이긴 했지만, 보호적이었으며 그녀를 두렵게 한 적이 전혀 없었다. 엄마를 생각하면, 그녀의 엄마는 상대적으로 아버지의 통제적 행동에 순응적이었고 풍파를 일으키는 것을 피하려는 모습으로 기억된다. 지나고 나서 보니 Mark의 지배적 성격이 익숙하게 느껴졌고 그녀에게는 매력적이었으며 어떤 안정감을 주었다. 그러나 그녀는 그의 행동이 학대적으로 바뀌는 것을 몰랐고 순진하게 자신의 잘못을 책망했다. 이혼 후에, 그녀는 남자에 대한 자신의 판단을 신뢰할 수 없다는 것을 두려워했고, 정말 혼자된다는 두려움을 경험했다. 그녀는 관계에서 문제의 발달에 대해 되돌아보는 데 치료를 활용할 수 있었고 좀 더 조심스럽더라도 미래 친밀한 관계에 대한 희망을 다시 가질 수 있었다.

성인기 애착에 대해 기술했듯이, 연인관계는 성인애착의 원형이고, 이러한 관계는 이론과 성인기 애착외상에 대한 연구의 초점이 되어왔다. Lenore Walker (1979)의 「매맞는 여성(The Battered Woman)」이라는 책에서는 100명 이상의 여성들을 인터뷰한 자료를 기초로 하여 방임뿐만 아니라 신체적, 성적, 심리적 학대를 포함한 전체적인 성인애착외상 영역을 밝혔다. Walker의 선구자적 연구 이후 수십 년간, 전 세계적인 구타의 실태가 문서화되었다(Walker, 1999). 또한 그 강도나 손상시키는 결과가 미약할 수는 있으나, 친밀한 관계에서 남성만큼 신체적으로 공격적인 여성들도 발견되었다(Schafer, Caetano & Clark, 1998).

Walker(1979)는 지금은 잘 알려진 세 단계의 순환을 정의하였다. 1) 갈등의 증가와 사소한 공격적 사건이 극심한 구타 사건을 이끈다. 2) 구타한 사람의 노력과 애정 행동에 의해 화해가 이루어진다. Walker는 "피해자인 여성은 다소 창피해 하는 것 같았지만 이 단계에서 그녀는 남성을 진정으로 사랑했다고 인정했다. 남성의 관대함, 의지할만함, 도움을 주는, 그리고 진심어린 관심의 영향을 무시할 수 없었다"라고 하였다(p. 69). 따라서, 3) 모순적으로, 구타당한 여성이 외상적 유대(traumatic bonding)의 형태로 구타자에게 강하게 애착을 갖게 된다(Dutton & Painter, 1981). 학대는 두려움을 낳는다. 두려움은 애착 욕구를 높인다. 그리고 화해의 세 번째 단계에서 안전한 피난처라는 환상에 의해 애착이 강화된다.

강압성은 비정신화적 방법으로 개인내적 영향이 가해지는 원형적 형태이다. 강압성은 구타 관계의 중심에 있으며, 강압적 권력은 가해적인 심리적 학대의 핵심이다. 공포감을 주는 것은 상대방뿐만 아니라 그녀의 아이들, 다른 가족들, 그리고 친구들에 대한 위협에서도 명백히 나타난다. 더욱이, Walker가 기술했듯이, 구타관계는 학대적 강압성뿐만 아니라 무시가 특징적이다. 아동기에서 신체적 방임은 성인기의 경우 경제적 박탈이다. 아동기의 심리적 방임은 성인기에는 표면적으로 간헐적으로 나타나는 사랑의 휴지기를 제외하고도 상대가 겪고 있는 고통에 정서적 조율을 노골적으로 하지 않는 것으로 나타난다.

아동기에서처럼, 성인기에 학대와 심리적 방임이 함께 동반되는 것은, 두려움에서 돌봄과 안심이 번갈아 나타나면서 성인의 애착관계를 정신화 하는 것을 어렵게 만든다. 증오와 가학으로부터 마음을 멀어지게 하는 것은 자연스러운 일이며, 특히 애착관계에서는 더 그렇다. 해리적 분리와 구획화(눈가리개를 씌우는)가 정신화의 대체물이 되는 것은 이해할 만하다. 그러나 부인과 정서적 무감각은 구타당한 사람을 더 심한 학대의 위험에 놓이게 할 수 있다. 더욱이, 아동기처럼 성인기에도, 당신은 왜곡된 정신화에 취약하다. 비판, 폄하, 그리고 비난은 불안, 죄책감, 수치심과 함께 자기비난과 자기증오로 내재화된다.

아동기에 학대를 당한 사람들이 성인기에 가학적 관계에 자기도 모르게 들어가는 것은 흔한 일이다. 나는 이 과정이 정신화를 매우 어렵게 만드는 것과 관련된다고 깨달았다. 두려움 속에 살았던 사람은 보호적 상대를 찾기 마련이다. 예를 들어, 남성을 고를 때 강하고, 자기 확신적이고, 지배적인 남성을 고르게 된다. 보호적인 특성을 기꺼이 맡기는 것이다. 그러나 이같은 표면적인 강함은 환상일 수 있고, 불안정한 애착의 눈가림일 수 있다. 그들이 가진 회피 애착과 관련되어 있는 명백한 독립성과 유아기 혼란과 관련되는 통제적 양육 행동을 기억하라. 결혼이 전환점이 되는 것은 슬프게도 흔한 일이다.

Nichole은 Patrick과 20대 초반에 결혼했다. 그들은 고등학교 때부터 연인이었고 마치 가족과 같았다. Patrick의 아버지는 Patrick이 어릴 때 돌아가셨고, 그는 Nichole의 아버지와 친밀한 관계였다. Nichole은 Patrick의 화를 잘 내는 성격에 대해 걱정했고 그녀는 그를 '강요적'이라고 묘사했다. 그는 때때로 그녀가 자기 맘대로 하거나 그에게 충분히 맞춰서 빨리 움직이지 않을 때 그녀를 밀쳤다. 그러나 Patrick은 Nichole의 다른 가족처럼 Nichole 아버지의 보호 안에 있었다. 그는 테디베어를 닮은 풍성한 턱수염을 가졌다. 당시에 Patrick은 화내는 성격과 강요적 행동과 달리, Nichole 아버지처럼, 그녀를 따뜻하고 친절하게 대했다.

비극적으로, Nichole의 아버지가 결혼 후 2년 되었을 때 사고로 죽었다. 그리고, 그녀와 Patrick은 새 직장을 구하기 위해 다른 곳으로 이사했다. '양아버지'의 상실과 이사, 새 직업으로 스트레스 받은 Patrick은 더 침울하고 화를 냈다. 더 안좋았던 것은, Patrick이 그녀의 가족의 보호가 없는 곳에서 그녀에게 더 노골적으로 조롱하고 공격적으로 대했다는 것이다. 술을 마신 후에는 더 그랬다. Nichole이 그의 공격성의 씨앗을 볼 수 있었지만, 그녀는 Patrick이 그녀가 그의 통제 안에 있다고 느낄 때 180도 달라지는 것처럼 느꼈다.

아마 파트너를 선택할 때 정확하게 정신화 하는 일보다 더 중요한 것은 없다. 그러나 어떻게 우리가 성격을 잘 판단할 것인가? 나는 믿는 경향이 있고—내가 듣는 것을 믿고— 그리고 심지어 내가 잘 안다고 느꼈던 경우조차 부모의 행동에 의해 종종 뒤통수를 맞았다. 그러한 판단을 하는 것은 악의를 보지 못하도록 하는 방어가 있을 때 더 어렵다. 배반과 구타로 기습당한 사람들이 할 수 있는 좋은 방법은 경험으로부터 배우는 것, 위험 신호를 알아차리는 것, 조심스럽게 행동하는 것, 그리고 믿을 만한 친구와 함께, 가능하다면 심리치료에서 발전되는 관계를 통해 말하는 것이다.

❑ 임상적 함의

1980년대에 진단적 사전에 PTSD를 포함시킨 것은 외상을 좁은 개념으로 보도록 했다. 하지만 나는 이 장에서 이것을 불식시키려고 노력했다. 대부분의 외상적 사건은 잠재적으로 신체적 위험과 관련되어 정의되고, 즉 '실제적인 생명의 위협 혹은 심각한 부상, 혹은 자신 혹은 타인의 신체적 온전함에 대한 위협'이다(APA, 2000, p. 467). 나는 잠재적으로 외상적 결과는 극도의 고통스러운 순간에서 애착관계의 심리적 단절의 반복된 경험과 관련되었다는 것을 강조하는 폭넓은 정의를 채택하였다. 위협감을 느끼는 것은 특히 마음에 대한 정신화가 결여된 애착 맥락에서 외상이 될 가능성이 있다. Fonagy와 Target의 이해를 반복해서 말하면, 애착외상은 극도의 고통을 일으킬 뿐만 아니라 고통을 조절하는 능력의 발달을 감소시키는 이중으로 취약한 결과를 낳는다.

이 책의 마지막 장에서 치료를 논하겠지만, 애착이론과 연구의 검토가 생생한 여기에서 이 자료를 잠깐 제시하려 한다. 외상을 경험한 내담자들은 그들이 가장 두려워하는 것(애착)을 가장 필요로 하기 때문에 애착외상은 심리치료의 골칫거리이다. 우리의 내담자들은 혼란된 유아의 고통을 공유하고 있다. 그들은 해결이 없는 두려움의 고통 속에 있다. 더욱이, 심리치료는 마음을 염두에 두는 정신화 과정에서 시작된다. 애착외상은 고통의 상태 동안 —내담자들이 심리치료를 찾는 이유— 그 과정에 참여하는 능력을 손상시킨다. 따라서 절망 속에서 심리치료를 찾을 때, 내담자들은 고통을 경험하고 표현하는 것을 회피하기 쉽고, 그들이 그렇게 할 때, 그들은 고통을 달래기 위해 심리치료 관계에서의 안전을 활용하기 어려울 것이다.

외상을 겪은 내담자와 심리치료를 수행했던 많은 치료자들은 치료는 어렵지만 불가능하지 않다고 주장한다. 절대적으로, 심리치료를 찾는 내담자들은 애착을 포기하지 않는다. 그들은 불안전한 정신화 능력에도 불구하고 상당히 온전한 그리고 안정의 섬인 심리치료자를 찾아온다는 것을 확신하다. 나는 이 책의 첫 네 개의 장에서 심리치료에 기본적인 발달적 원칙를 적용하는 단계로 넘어가기 위한 어떤 발판을 세웠다. 정신화는 정신화를 낳고, 이는 애착관계의 안정성을 증가시킨다. 안정애착에 기여하는 양육의 패턴과 같이, 심리치료자들은 마음에 주의를 기울이고, 돌보는 동안에 내담자들이 필요한 공간을 갖도록 과도하게 침범하는 심리적 개입을 하지 않도록 노력해야 한다. 그렇게 하기 위해서, 우리는 관계성과 자율성의 균형을 지지한다.

나는 더 길게 치료를 논의하기 전에 과도기적 단계를 가지려고 한다. 즉, 애착과 신경생물학적 연구와의 연결이다. 우리는 보이는 것이 믿는 것이라는 시대에 살고 있다. 우리는 생리적인 증거가 확인되고 뇌활동의 패턴이 신경촬영법에 의해 분명해질 때 우리 이론의 타당성에 대해 더 확신할 수 있다. 내가 이 장에서 검토한 행동적 발견들이 독자적인 반면, 나는 신경생물학적 연구가 애착외상의 현실과 심각성을 강조하는 데에서 중요할 뿐만 아니라 그것을 분명히 밝힌다는 것을 알았다.

5장

신경생물학적 연결

CHAPTER

5

신경생물학적 연결

이 책에서 내가 언급한 모든 과정들이 생물학적 기초를 가지고 있다는 것은 당연한 이야기일 수 있다. 이 장은 그 뻔한 이야기에 대한 실체를 제공할 것이다. 나는 심리과정과 정신장애의 요체로 신경생물학의 발견에 특히 초점을 과도하게 맞추는 '*생물학 열광자(biomania)*'라고 불리는 것을 크게 신경 쓰지 않는다. 신경과학은 본질적으로 상당히 매력적일 뿐만 아니라 우리의 자기이해를 증진시켜 줄 발견들을 내놓고 있기에 그러하다. 간단히 말해, 우리는 지금 마음의 구성을 이해하기 위해 뇌에 대한 확장된 지식을 활용하기 시작하는 시점에 있다(Shallice & Cooper, 2011).

이 장은 최근 신경생물학적 연구와 이전 장의 주된 주제들을 연결할 것이다. 애착과 애착외상, 마음챙김 그리고 정신화이다. 나는 또한 자기와 정서조절의 발달에서 의식의 역할을 조명하기 위해 신경생물학적 틀을 사용할 것이다. 이 과정에서 전전두엽의 역할이 부각될 것이다. 포괄적인 검토를 제시하기보다는 애착과 정신화의 이해에서 신경과학의 잠재적 기여를 조명하고 그 과정에서 그들의 핵심적인 측면을 조명할 것이다.

□ 애착

Bowlby는 애착을 생물학적 현상으로 이해했다. 우리는 지금 애착에 대한 우리의 이해를 명료하게 할 것을 약속해 온 수십 년간의 신경생물학적 연구의 혜택을 입고 있다. 사실상 구체적인 뇌 영역과 애착을 연결시킬 수 없다. Jim Coan(2008)은 '너무 많은 신경 구조가 이런 저런 애착 행동의 방식에 관여하기 때문에, 아마도 전체 인간 뇌가 신경적 애착 시스템이라고 생각하는 편이 맞을 것이다.'라고 언급한 바 있다(p. 244). 이러한 거대한 영역의 지식을 이해하면서 나는 몇 가지를 강조하고자 한다. Bowlby가 그랬듯이 나는 진화로부터 시작할 것이다. 나는 분명한 지점에 초점을 맞출 것이다. 우리는 보상적 가치가 있는 애착관계를 발전시킨다. 이 점을 강조하기 위해, 나는 모성몰입에 관한 연구를 요약할 것이고 그런 후에 애착과 보상과 관련된 두 개의 뇌 시스템에 관한 연구를 개관할 것이다. 즉, 도파민과 내인성 오피오이드(endogenous opioids)에 의해 활성화되는 시스템이다. 이 검토는 애착 연구에서 각광을 받아온 신경펩티드(neuropeptide)와 이러한 보상 과정을 활성화시키는 옥시토신에 관한 논의의 기초가 될 것이다. 중독 물질과 애착 회로와의 관계를 주목한 후에 나는 애착외상의 신경생물학적 영향에 대한 고려를 마무리로 이 단락을 마칠 것이다.

진화

Bowlby(1958)가 애착이론을 진화론적 생물학에 기반을 두었을 때 그는 확고한 근거 위에 있었다. Coan(2008)이 설명하였듯이, '인간(다른 모든 포유동물)에게 가장 놀라운 일은 우리가 유대를 위해 잘 설계되었다는 것이다.'(p. 247). Jaak Panksepp(1998)는 '후손을 돌보려는 강한 욕구를 가진 동물이 지구상에 출현할 때 중대한 진화론적인 변화가 일어났다.'고 설명했다(p. 246).

애착은 삼위일체 뇌(triune brain)라는 MacLean(1985, 1990)의 영향력 있는 개념에서 핵심적인 역할을 하고 있다. 삼위일체 뇌는 세 개의 광범위한 단계로 진화되었다. 파충류, 고대-포유류 그리고 신-포유류이다. 여기에서 흥미로운 점은 막연하게 변연계 뇌(더 막연하게 말하면 정서적 뇌)라고 불리는 고대-포유류의 뇌이다. MacLean(1985)의 검토는 고대-포유류 뇌의 발달이 가족의 삶의 방식을 위한 기초를 마련해 주었다고 지적한다.

> 만약 누군가 파충류로부터 포유류까지 진화의 이동(transition)을 가장 잘 분명하게 구별할 수 있는, 겉으로 드러나는 행동적 특징을 선택해야 한다면 다음 세 가지일 것이다. (1) 모성적 돌봄과 양육, (2) 분리에 대한 외침 그리고 (3) 놀이. 나는 분리에 대한 외침을 주목하는데, 이것이 기본적으로 엄마와 아이의 접촉을 유지하도록 하는 가장 원시적이고 근본적인 포유류의 외침이기 때문이다.

'포유류들이 가족의 형태를 선택할 때 그들은 고통의 가장 힘겨운 형태 중 하나를 맞이하게 된다. 즉, 우리와 같은 포유류에게 가장 고통스러운 상황은 사랑하는 사람으로부터 고립되고 분리되는 것이다.'(p. 415)라고 기술한 Maclean의 언급을 보면, 이는 Freud와 Bowlby의 관심과 크게 멀리 있지 않다는 것을 알 수 있다. MacLean은 분리 문제의 고대 기원을 언급했다. '1억 8천 만 년 전, 분명 첫 번째 포유류 조상이 분리에 대한 고통스러운 외침을 했을 것이다.'(p. 415). MacLean이 언급한 고대 포유류의 두 가지 핵심 기능—모성 돌봄 그리고 분리에 대한 외침—은 분명히 애착의 중심에 있다. 하지만 우리는 세 번째로 관련된 기능을 잊어서는 안된다. '놀이(play) 뇌회로망의 주된 기능 중 하나는 사회적 뇌를 구성하도록 돕는 것이다.'(Panksepp, 2009). 나는 사회적 학습 영역으로, 탐색을 위한 안전기반의 맥락 안에서 놀이를 생각한다.

인간의 지속된 의존과 강렬한 돌봄의 진화된 능력을 고려하면, Fonagy(2006)가 설명했듯이, '진화는 사회적 뇌의 온전한 발달을 가능하게 하는 것을 애착관계에 부과해 왔다.'(p. 60). 뇌는 평생에 걸쳐 변화하지만 뇌의 가소성(plasticity)은 생애 초기에 가장 강력하다. 뇌의 부피는 6살 경에 4배로 커진다. 이러한 초기 뇌의 가소성은 대단한 학습능력을 만들어 내지만 한편으로 발달하는 뇌는 외상에 취약하다(Giedd, 2003). 애착은 뇌 진화에 중요한 역할을 할 뿐만 아니라 개인의 뇌 발달에 커다란 역할을 한다(Fonagy, Gergely & Target, 2007; Schore, 2001; Siegel, 1999).

애착과 보상

대부분의 부모들이 알다시피, 아이를 키운다는 것은 시간, 노력 그리고 물적 자원이 엄청나게 드는 일이다. 방금 언급했듯이, 우리 인간은 예외적으로 오래 지속되는 양육 기간이 필요하다(현대에는 초기 성인기까지 양육이 이어지고 있다!). 방임과 같이, 애착에서 어떤 것이 극적으로 벗어나지 않는다면 보상이 비용보다 큰 것은 분명하다. 비용을 고려해보면, 양육의 보상은 강력해야 한다. 그리고 진화는 발달 초기에 *몰입*을 제공하는 부모의 사랑을 통해 이러한 보상을 보장한다.

James Swain과 동료들(Swain, Thomas, Leckman & Mayes, 2008a)은 임신 말부터 시작해서 신생아의 첫 달까지 이어지는 몰입의 기간을 강조한다. 이 기간에 급성으로 생기는 정신장애와 유사한 상태가 나타난다는 점을 다음과 같이 구체적으로 기술하고 있다.

> 이 기간에, 엄마는 다른 모든 것들을 제외하고 오로지 아기에게만 깊게 주의를 기울인다. 이 몰입은 아기의 욕구를 예측하는 그들의 능력을 강화시키고 아기의 독특한 신호를 배우게 된다. 시간이 지나서야 한 개인으로서 유아를 인식하게 된다(p. 266).

출산 전, 엄마는 유아를 위한 환경을 준비하는 데 집중한다(예: 아기방을 꾸미는 것). 몰입은 출산의 시점에 정점에 달한다. 산후 2주경에 엄마는 하루 평균 14시간을 아기에게 배타적으로 초점을 맞춘다. 물론 아버지도 이러한 몰입을 공유하지만 그 정도가 약하며 유아에게 7시간 정도에서 초점을 맞춘다. 이러한 성차는 산후 첫 주 동안 유아의 울음에 반응하는 점에서도 나타난다. 아기의 울음소리에 대한 반응으로 뇌 활성화 패턴을 살펴보면 아버지보다 엄마가 더 각성되어 있었다.

엄마의 몰입은 유아가 온전한지에 대한 생각뿐만 아니라 유아와의 일치감 그리고 상보성에 대한 느낌도 포함한다. 몰입은 또한 부모가 적절히 돌보고 있는지 그리고 유아가 행복한지에 대한 걱정과 관심을 포함한다. 너무 많거나 혹은 너무 적은 몰입은 문제가 될 수 있다. 너무 많은 몰입은 불안한 강박증을 보일 수 있다. 최악은 너무 적은 몰입인데 이것은 학대 혹은 방임과 관련이 있다. 특히, 엄마의 우울은 양육으로부터 관심과 즐거움을 느끼지 못하게 만들어 정상적 수준의 몰입을 방해할 수 있고 결국 애착발달을 방해하게 된다.

하나의 종으로서 그리고 한 개인으로서 우리의 생존은 후손을 돌보는 것뿐만 아니라 먹고, 마시고 성행위를 하는 것을 포함하는 여러 활동들에 달려있다. 진화를 통해 이러한 모든 활동들이 뇌의 보상회로와 관련된다는 것이 분명해졌다. 이러한 회로는 도파민과 같은 신경전달물질에 의해 활성화된다. 도파민은 복측 피개 영역(ventral tegmental area)에서 생성되고 편도체(amygdala), 종자 말단핵(bed nucleus of stria terminalis), 복부 선조체(ventral striatum)(측좌핵[nucleus accumbens]을 포함), 전두엽(frontal cortex)을 포함하여 여러 뇌영역을 활성화 시킨다. Panksepp(1998)이 주장했듯이, 도파민을 통한 신경회로의 활성화가 즐거운 기분과 관련이 있더라도, 이 회로를 단순히 뇌의 보상 시스템이라고 생각하는 것은 잘못된 것이다. Panksepp은 대신 그것을 추구(SEEKING) 시스템이라고 명명했다. 추구 시스템은 보상이 예상되는 자극에 조율하는 것이다. 이 시스템은 탐색과 목표 지향적 행동을 자극하게 한다. 그래서 이것이 활성화되면 호기심, 열정적인 기대, 강력한 관심 그리고 흥분을 경험한다. 코카인과 엠페타민과 같은 심리 각성제는 이러한 회로를 활성화시킨다. 이식된 전극을 통해 이 회로를 자극받았던 동물들은 지치거나 혹은 죽을 때까지 그 행동을 계속 추구했다. 슬프지만 심장이 멈출 때까지 코카인을 취하는 중독자들을 떠오르게 한다.

짐작했겠지만, 도파민 회로는 애착관계에서 활성화되면서 보상되는 특성을 가지고 있다. 도파민 활성화는 성적 관심과 각성에 관여하면서 동기가 부여된 관계가 지속적인 애착(동물 세계에서는 쌍결합)으로 진행될 수 있도록 한다. 도파민 활성화는 또한 유아에 대한 모성적 관심과 관련이 있다(Insel, 2003). 특히, 어미 쥐는 산후 8일경 코카인에 다가가는 것보다 그들의 아기에 다가가는 것을 더욱 선호했다. 하지만 산후 16일경에 그들은 자신의 아기보다는 코카인을 더 좋아했다. 16일은 아마도 모성적 몰입이 줄어드는 시기인 것 같다.

많은 연구들은 다른 아이와 비교해서 자기 아이의 사진을 보는 반응에서 나타나는 모의 뇌 활성화 패턴의 차이를 살펴보았다(Swain, 2011; Swain, Thomas, Leckman & Mayes, 2008b). 이러한 연구들은 도파민과 관련 보상 과정의 활성화를 보고한다. Andreas Bartles 그리고 Semir Zeki(Bartles & Zeki, 2000, 2004; Zeki, 2009)에 의해 수행된 연구는 다음과 같은 보고를 했다. 초기 연인 간의 사랑에 대한 연구에서는 서로 미치게 사랑하고 있는 남성과 여성 참여자들이 친구들의 사진과 상대 파트너의 사진을 각각 바라보는 동안 뇌를 스캔했다. 후속 연구에서는 뇌 촬영을 위해 엄마들을 모집하여 그들에게 익숙한 아이사진, 가장 친한 친구사진, 그리고 친숙한 사람과 비교되는 자신의 아이의 사진을 제시하고 이것을 바라보는 동안 뇌를 촬영하였다. 비록 이러한 연구들은 사랑하는 누군가의 사진을 바라보는 동안 일어나는 뇌의 활성화 패턴에서 로맨틱한 사랑과 모성적 사랑 사이에 차이를 발견했지만, 둘 다 도파민 시스템의 활성화와 관련이 있었다. 후속 연구(Stratheam, Li, Fonagy & Montague, 2008)에서 자신의 유아들과 알지 못하는 유아의 사진을 초보 엄마에게 노출했다. 이 연구에서는 행복한, 슬픈, 혹은 정서적으로 중립적인 표정과 같이 유아의 정서 표현을 통제하여 이루어졌다. 연구 결과, 슬픈 표정이 아닌 행복한 표정이 도파민 경로를 활성화시켰다.

도파민 시스템은 욕구 추구 행동(appetitive behavior)이나 무언가를 원할 때 활성화되는 반면, 내생적 오피오이드 시스템은 욕구 완료 행동(cosummatory be-havior), 혹은 선호에서 활성화된다(Panksepp, 1998). Panksepp의 입장에서 보면, 오피오이드 시스템은 '사회적 연결의 정서적 만족'과 연결되어 활성화된다(Pansepp, Nelson & Bekkedal, 1999, p. 225). 그래서 뇌의 오피오이드 활동은 출산, 돌봄, 양육, 달래주는 접촉, 몸단장, 성행동, 놀이와 관련이 있다(Coan, 2008). 모르핀이나 헤로인과 같이 외인성 아편제는 내인성 오피오이드가 방출될 때와 유사한 만족을 인위적으로 유도한다(Pansepp, 1998).

사회적 상호작용과 오피오이드 활성화 간에 관계를 고려하면, 오피오이드가 편안한 접촉으로 분리의 고통을 완화시켜주는 것과 관련이 있다는 점은 놀랄 일이 아니다. Panksepp(1998)는 이것을 '안정적인 신경화학적 기초'라고 언급했다(p. 266). 오피오이드 방출은 분리에 대한 외침을 낮추는데 MacLean은 오래 전에 모르핀이 다람쥐 원숭이의 분리 외침을 줄인 반면 오피오이드 길항제(opioid antagonist)의 사용은 그 외침을 다시 재개시켰다고 보고했다. 오피오이드 시스템은 두 가지 의미에서 사회적 접촉에 대해 강력한 보상을 제공한다. 첫째, 그러한 접촉은 본질적으로 기쁨을 준다(정적 강화). 둘째 그러한 접촉은 정서적 고통을 줄여준다(부적 강화). 실제로, 고통을 피하는 일 이상으로 더 강화를 주는 것은 없다. Bowlby는 애착이론의 중심에 근접성 추구를 두었다. 이러한 유대는 강력한 보상 시스템과 특히, 고통 감소를 통해 강화된다.

이 장의 초반에서 나는 로맨틱한 사랑과 애착의 상호연결에 대해 언급했었다. 지금은 그들의 신경화학적 상호관계를 주목할 필요가 있다. Panksepp(1998)은 에로틱한 사랑과 도파민 활성화를 연결시켰고 모성적 사랑을 오피오이드 활성화와 연결시켰다. 하지만 도파민 활성화는 로맨틱한 사랑과 모성적 사랑 모두에서 나타 난다. 또한, 이 두 가지 시스템은 다양한 방식으로 상호작용을 한다. 예로 복측 피개 영역(ventral tegmental area)에서는 아편제 수용체를 통한 도파민 각성이 일어나고 선조체(striatum)에서는 도파민 활성화로 아편제 억제가 일어나면서 상호작용이 일어난다. Panksepp는 뇌 시스템의 복잡함을 설명하는 실험을 통해, '에로틱한 사랑과 모성적 사랑이 어떻게 피질하부 신경 회로에서 역동적으로 연결되는지를 이해하는 것이 중요하다.'고 했다. 그는 또한 '우리는 그것들이 우리의 더 높은 인지적 수준에 왜 연결되어 있는지를 이해하기 시작할 수 있을 것이다.'라고 제안했다(p. 265).

모르핀이 분리 외침을 줄여주는 것을 주목했을 때, Paul MacLean(1985)은 '마약의 유혹 중 하나는 이것이 계속되는 분리나 고립의 느낌을 멈추게 한다는 것인가?'(p. 414)라고 의문을 보였다. Thomas Insel(2003)은 물질남용 그리고 약물 중독이라는 것이 애착관계의 신경생물학적 효과를 대체하기 위한 시도인지에 관해 그의 논문에서 '사회적으로 애착하는 것이 일종의 중독 장애인가?'라는 의문을 제기한다. 이 단락에서 검토된 연구를 고려하면, MacLean의 질문에 대해 어떤 긍정적인 답으로 짧은 도약을 할 수 있게 된다. 우리가 이해하다시피, 옥시토신은 보상과 관련된 중요한 두 가지 뇌 시스템을 강화시키는데 바로 도파민 시스템과 오피오이드 시스템이다. 코카인(도파민)과 헤로인(오피이오드)을 떠올려 보라.

Insel이 언급하듯이, 약물 남용에 대한 연구는 뇌 보상 시스템에 대한 상당한 양의 정보를 제공한다. 그가 주목했듯이, 이 보상 경로는 '약물 남용을 위해 진화된 것이 아니라 쌍 결합, 유아에 대한 모성 애착 그리고 아마도 엄마에 대한 유아애착을 포함하는 사회적 상호작용의 동기에 영향을 주기 위해 진화되었다.'(p. 356). Insel에 따르면 코카인과 헤로인과 같은 약물은 애착과 연결되어 진화되어온 신경 시스템을 '장악한다.'(p. 352). 내담자를 교육할 때 우리는 중독이 불안정한 (예: 회피적) 애착의 맥락에서 스트레스를 완화하는 대안적 수단의 역할을 한다는 점을 강조한다. 이러한 현상은 긴 진화적인 근원을 분명히 가지고 있다. 즉, 거절당하고 고립된 초파리(성적 구애를 지속적으로 거절당한)는 만족감을 느끼는 집단과 비교했을 때 알코올에 대한 선호가 높았다(Shohat-Ophir, Kaun, Azanchi & Heberlein, 2012). 우리 인간도 지지집단이 그러하듯이, 사회적 연결을 회복하는 것이 중독 치료의 중심에 있다는 것은 의심할 여지가 없다.

옥시토신과 모성적 사랑

40년 전 북부 Iinois에 살 때, 아내와 나는 아내의 생물학 교수였던 Lowell Getz를 방문하기 위해 그 주의 남쪽 지역에 있는 Iinois 대학을 여행한 적이 있었다. 나의 무지함으로 나는 들쥐에 대한 그의 깊은 관심에 어리둥절했었다. 쥐는 다양한 종이 있는데 들쥐는 쥐와 닮은 작은 설치류이다. 이 때 나는 울타리의 열(row)을 따라 종종걸음을 치는 들쥐를 볼 수 있었다. 수십 년 후에야 나는 그와 그의 동료들이 주목 받을 만한 애착 연구(Carter et al., 1999)를 당시에 개척하고 있었다는 것을 알게 되어 매우 기뻤다.

자연은 쉽게 애착 연구자들에게 서로 다른 들쥐들로 이루어진 실험집단과 통제집단을 제공한다(Insel & Young, 2001; Young & Wang, 2004). 초원 들쥐는 일부일처제를 한다. 즉, 그들은 지속적인 짝짓기를 하고 부모 모두 새끼를 돌본다. 더욱이 그들이 짝을 잃으면 다른 파트너를 구하지 않는다. 그들의 일부일처제는 짝짓기 동안 선호하는 파트너를 선택하는 것을 통해 알 수 있다. 짝짓기는 하지 않지만 함께 거주하는 것도 역시 이 종이 파트너에 대한 선호를 보인다는 것을 뜻한다. 반면, 일부일처제를 하지 않는 산간지대 그리고 목초지 들쥐는 문란하다. 그들은 파트너 선호를 보이지 않는다. 이러한 종 차이는 분명히 신경펩티드인 옥시토신 그리고 밀접하게 관련된 신경펩티드인 바소프레신과 연결된다. 즉, 두 개의 신경펩티드 모두 쌍결합을 촉진한다. 옥시토신은 암컷에서 중요한 역할을 하고 바소프레신은 수컷에게 중요하다(Neumann, 2008).

일부일처제의 모든 측면은 초원 들쥐에서 옥시토신 혹은 바소프레신을 중추에 주입(central injections)했을 때 강화된다(Insel & Young, 2001). 그리고 길항제를 주입했을 때는 억제된다. 신경펩티드가 차단되는 것은 짝짓기를 억제하게 하지는 않지만 짝짓기 동안 파트너를 선호하는 것을 억제한다. 반면, 이러한 신경펩티드의 어떤 것도 일부일처를 하지 않는 들쥐의 행동에는 영향을 미치지 않는다. 종의 차이는 뚜렷하다. 일부일처를 보이는 들쥐의 도파민 유발 경로에서는 두 개의 신경펩티드에 대한 수용체가 나타난다(측좌핵에서 옥시토신, 배쪽 창백에서 바소프레신). 하지만 이러한 현상이 일부일처를 하지 않는 들쥐에게는 일어나지 않는다. 짝짓기 동안 일어나는 이러한 신경펩티드의 방출은 일부일처 들쥐의 도파민 보상 회로를 활성화시켜(일부일처를 하지 않는 들쥐에게는 일어나지 않는다.), 결과적으로 특별한 하나의 들쥐와 결합하도록 한다.

Sue Carter(1998)는 옥시토신을 '모성적 사랑의 호르몬'이라고 불렀다. 그리고 같은 포유류 종족에 대한 수십 년간의 연구는 애착에서 옥시토신의 더 포괄적인 기능을 기록해 왔다(Neumann, 2008; Strathearn, 2011; Striepens, Kendrick, Maier & Hurlemann, 2011). 옥시토신은 자궁수축을 촉진시키면서 분만에 중요한 역할을 한다. 그리고 출산 후 모유가 나오도록 촉진한다. 옥시토신은 또한 파트너 선호를 촉진시키고 양방향적으로 유대를 촉진하는데 유아에 대한 엄마의 유대 그리고 엄마에 대한 유아의 유대를 높인다. 더 나아가, 옥시토신은 애착의 세대 간 전수의 신경생물학적인 중재자이다(Strathearn, 2011). 엄마의 옥시토신은 엄마의 양육과 관련이 있다. 즉, 엄마의 양육은 여자 아이의 옥시토신 시스템의 발달에 영향을 미치며 궁극적으로, 그러한 영향은 자녀의 모성 행동에 영향을 줄 수 있다. 역으로, 옥시토신의 결핍은 세대 간 모성의 방임이 일어난다는 비극의 징후이다.

동물 연구는 또한 성인애착에서 옥시토신의 지속되는 역할을 입증한다(Neumann, 2008; Striepens, Kendrick, Maier & Hurlemann, 2011). 옥시토신은 사회적 재인과 기억을 촉진하고 쌍결합을 촉진한다. 옥시토신은 짝짓기와 같은 긍정적인 사회적 상호작용에 의해 강화된다. 또한 뇌 보상 시스템을 활성화시킨다. 옥시토신은 편도체와 시상하부-뇌하수체-부신 축의 활성화를 억제함으로써 불안과 스트레스를 완화하도록 한다. 따라서, 옥시토신은 스트레스에 직면했을 때 사회적 접촉을 통한 진정시키는 효과에서 중요한 역할을 수행한다. 앞서 언급했던 애착과 중독

사이의 평행관계를 고려하면, 커진 기쁨과 감소된 고통의 결합은 매우 강력하다.

옥시토신과 인간의 사회적 유대

인간의 사회적 행동에 영향을 미치는 옥시토신의 실험실 연구는 비강내 흡입이 뇌의 옥시토신 수준을 높이기 위해 활용될 수 있다는 사실로 촉진되었다. 두 개의 콧구멍으로 각각 흡입하는 것이다. 빠르게 급증하는 연구들은 협동, 신뢰, 믿을만하다는 판단, 정서적 공감 그리고 관대함에 미치는 영향력을 확인하고 있다(Striepens, Kendrick, Maier & Hurlemann, 2011). 몇몇 연구들은 다음과 같다.

Adam Guastella와 동료들에 의해 수행된 연구(Guastella, Mitchell & Dadds, 2008)는 가장 기본적인 수준의 옥시토신의 효과를 제시했다. 실험에서 옥시토신을 흡입한 후 남성은 중립적인 정서 표현을 보이는 24가지 인간 얼굴들에 노출되었다. 통제(위약)집단과 비교했을 때, 옥시토신을 처치 받은 집단은 얼굴 중 눈 부위를 더 길게 응시했다. 눈 부위는 정서상태를 탐지하는데 필요한 얼굴 정보들의 주된 근원지이기 때문이다. 후속 연구에서, Guastella와 동료들(Guastella & Mitchell, 2008)은 옥시토신이 행복한 얼굴에 대한 기억을 높인다는 것을 증명했다. 그리고 그들은 사회적 접근, 유대, 친밀함에 기여하는 긍정적인 사회적 정보의 입력을 촉진시킨다고 제안했다. 유사한 맥락에서, Gregor Domes와 동료들(domes, Heinrichs & Michel, 2007)은 옥시토신이 정서의 얼굴표정을 인식하는데 미치는 영향을 연구했다. 참여자들은 눈검사(eye test)에서 마음을 읽도록 지시를 받았다. 눈검사는 정신화 능력을 검사하기 위해 사용되어 왔었다. 참여자들은 사진에서 눈 주변만 보여주는 얼굴 사진에서 어떤 정서가 나타나고 있는지를 진술해야 한다(Baron-Cohen, Wheelwright, Hill, Raste & Plumb, 2001). 비강 내 옥시토신을 투여하면 참여자들의 점수가 높았다. 이것은 사회적 관계에서 나타나는 옥시토신의 긍정적인 결과와 일관적이다. 후속 연구에서, Domes와 동료들(Domes, Heinrichs, Glascher et al., 2007)은 옥시토신을 주입하면 다양한 정서(두려움, 화, 행복감)를 드러내는 얼굴을 인식할 때 편도체의 반응이 감소했다는 것을 발견했다. 이것은 옥시토신이 사회적으로 타인에게 접근하는 행동을 촉진한다는 Guastella와 동료들의 생각과도 일관적이다. 그러나, 정서를 읽는 데 있어 옥시토신의 역할에 관한 후속 연구(Pincus et al., 2010)를 보면, 검사를 수행할 때 우울한 사람과 건강한 사람들 사이에 뇌 활동에서 차이를 발견하였다고 하더라도 눈으로 하는 마음읽기 실험에서 옥시토신이 마음을 읽는데 정확성을 높여준다는 것을 보여주지는 못했다.

Peter Kirsch와 동료들(Kirsch et al., 2005)은 두려움 반응에서 잘 알려진 편도체의 역할을 고려하면 편도체가 활성화되는 것이 두려움을 일으키는 사진(예: 위협하는 얼굴 혹은 장면)에 대한 위협 반응의 표시라고 설명했다. 뇌 스캔을 하기 전에 남성 참여자들은 옥시토신 혹은 플라시보 둘 중 하나에 배정되었다. 옥시토신은 위협적인 자극, 특히 위협적인 얼굴에 대한 반응에서 편도체의 활성화를 완화시켰다. 또한, 옥시토신은 두려운 반응에서 편도체의 두드러진 결집(orchestration)을 감소시키면서 편도체와 뇌간의 기능적인 연결을 감소시켰다. 직접적으로 임상적 중요성을 가진 관련연구에서는 옥시토신 투여가 사회 공포증을 가진 사람들에서 편도체의 과잉 활성화를 정상화시켰다고 했다(Labuschagne et al., 2010). 그러나, 옥시토신이 편도체 활성화에 미치는 현저한 영향은 고통스러운 정서를 완화시켜주는 것 이상으로 확장된다. 앞서 언급했듯이, 옥시토신은 두렵거나 화가 난 얼굴 표정에 대한 반응뿐만 아니라 행복감을 느끼는 표정에서도 남성의 편도체 활성화를 감소시켰다(Domes, Heinrichs, Glascher et al., 2007). 연구자들은 사회적 단서에 대한 편도체 반응은 불확실감을 반영하는데 옥시토신은 이 불확실감을 줄여주고 사회적 접근을 촉진시킨다고 결론지었다.

옥시토신 투여의 잠재적인 사회적 영향에 대해 언급한 연구(Kosfeld, Heinrichs, Zak, Fischbacher & Fehr, 2005)가 있다. 남성 참여자들이 금전적 이해관계를 이용한 신뢰 게임을 했다. 투자자들(옥시토신 혹은 위약에 노출된)은 신탁관리자에게 크고 작은 돈을 투자할 수 있었고 신탁관리자는 투자자들에게 다양한 금액을 되돌려주는 기회가 있다. 투자자들은 신탁 관리자들에게 더 큰 돈을 맡기면서 이득을 최대화할 수 있었다. 하지만 이것은 관리자가 수익을 공유해야 가능했다. 결과는 분명했다. 옥시토신의 영향 하에서 투자자들은 더 많은 돈을 맡겼는데 이것은 사회적 상호작용에서 더 큰 신뢰를 보이고 더 크게 위험을 감수하려는 노력을 의미한다. 다음에 논의하겠지만 애착에 있어서 옥시토신은 정서적 스트레스의 사회적 조절에서 중요한 역할을 한다.

Markus Heinrichs와 동료들(Heinrichs, Baumgartner, Kirschbaum & Ehlert, 2003)은 중요한 사회적 스트레스 요인을 남성 집단에 노출시켰다. 그들은 조롱당하는 인터뷰에 참여했는데 암산으로 패널들 앞에서 산수를 푸는 과제였다. 스트레스 수준은 스트레스 호르몬인 코티솔의 분비로 측정되었다. 참여자들의 일부는 스트레스를 받기 전에 친한 친구들의 사회적 지지를 받았다. 다른 집단은 사회적 지지를 받지 않았다. 추가로, 어떤 참여자들은 실험 초반에 코 속에 옥시토신을 주입받았고 다른 사람들은 위약을 받았다. 결과는 분명했다. 사회적 지지와 옥시토신 모두 스트레스를 감소시켰지만 이 둘이 결합되었을 때 강력했다. 이러한 결과는 사회적 지지의 스트레스 완충 효과에 의해 옥시토신 효과가 높아진다는 것을 뜻한다.

애착에서 옥시토신의 역할로 인해 우리는 옥시토신을 항-스트레스(anti-stress) 호르몬이라고 부를 수 있다. 하지만 어떤 연구들은 이러한 견해들에 주의를 당부한다. Shelly Taylor와 동료들(Taylor, Saphire-Bernstein & Seeman, 2010)은 여성에서 옥시토신 수준과 남성에서 바소프레신 수준이 일차적인 애착관계에서 일어나는 *고통(distress)*과 결합될 때 높아지는 것을 발견했다. 연구자들은 옥시토신이 다른 사회적 지지 자원을 찾으려는 생물학적 신호라고 제안했다. 또한, 옥시토신이 사회적 관계를 촉진하거나 혹은 방해하는 정도는 애착 안정성에 달려있는 것으로 보인다. Jennifer Bartz와 동료들(Bartz, Zaki et al., 2010)은 옥시토신 투여가 안정적으로 애착된 남성들이 아동기 엄마와의 관계를 기억(더 양육적이고 친밀한 사람으로 엄마를 기억)하면서 보다 긍정적으로 편향되도록 한 반면, 불안정 애착을 보인 남성들은 반대의 효과를 보였다는 것을 발견했다. 즉, 옥시토신이 이들의 관계를 덜 돌보고 덜 친밀한 것으로 기억하도록 했다. 또한, 이 연구자들은 돈을 주고받는 신뢰 게임에서 나타난 행동에서 경계선 성격장애가 있는 경우와 없는 경우를 비교하였다(Bartz, Simeon et al., 2010). 그 결과, 경계선 성격장애를 보이는 참여자들의 경우, 옥시토신은 신뢰와 협동을 감소시켰고 애착에서 높은 수준의 불안을 보였던 참여자들에게 두드러진 효과는 친밀함에 대한 회피가 결합되어 나타났다. 그래서 증가하는 옥시토신 수준의 효과는 긍정적일 수도 혹은 부정적일 수도 있는데 이것은 애착의 질에 달려있었다.

지속적으로 진행된 연구들에 대한 대략적인 개관은 복잡한 결과들에 대해 간단한 언급정도를 할 수 있다. 하지만 실험실 연구는 일반적으로 옥시토신이 사회적 단서를 더 기억할만하고 보상적으로 인식하도록 해서 개인의 유대감을 더 촉진시킨다는 넓게 받아들여지는 가설을 지지한다. 또한, 옥시토신은 사회적 스트레스 조절에서 중요한 역할을 한다. 정신과 장애(PTSD를 포함)를 가지고 있는 내담자들의 치료에서 옥시토신의 잠재적 치료사용이 적극적으로 탐색되고 있는 상황이다(Striepens, Kendrick, Maier & Hurlemann, 2011).

옥시토신과 부모와의 유대

나는 애착의 다양한 측면에 대한 열의를 드러내 왔다. 다음에 검토될 연구의 표본은 특히 주목할 만 하다고 본다. 급증하는 연구들이 부모의 반응성과 연관된 복잡한 뇌영역을 평가하고 있는데, '부모의 뇌가 바로 그 목표이고 이것이 출산 이후의 시기에 아기에게 강하게 영향을 받으면서 적응적이고 유연한 변화를 보인다(Swain, 2011, p. 1251)'는 사실은 강조할 만하다.

Ruth Reldman과 동료들의 연구 프로그램은 강력하고 확장된 연구결과들을 제시한 바 있다. 저자들(Feldman, Weller, Zagoory-Sharon & Levine, 2007)은 임신한 여성들에게 3차례(임신 3개월, 임신 후기 그리고 산후 첫 달)에 걸쳐 옥시토신의 원형질 세포를 수집했다. 3번째 시기에 엄마-아기 상호작용을 15분 동안 촬영했고 이 자료에 대해 아기의 얼굴 응시, 긍정적 정서, 정서가 담긴 접촉 그리고 아기에게 쓰는 엄마의 말투(즉, 톤이 높고, 노래처럼 말하고, 아기 말투 어휘)로 모성 유대에 대한 점수를 계산했다. 또한, 아기에 대한 엄마의 사고나 느낌을 평가했다. 그 결과, 옥시토신 수준이 시간에 걸쳐 안정적이었음(안정적 특질)을 발견했는데 높은 수준의 옥시토신 수준과 유대를 나타내는 행동과 관련이 컸다. 이들은 아기에 대해 애착관련 사고(예: 아기와 분리되었을 때 아기를 상상하기)가 많았고 더 빈번하게 아기를 확인했다.

후속 연구에서 Feldman과 동료들(Feldman, Gordon, Schneiderman, Weisman & Zagoory-Sharon, 2010)은 4~6개월 아기와 노는 상황(15분 가량)에서 엄마와 아버지의 접촉 방식과 플라스마 옥시토신(plasma oxytocin) 수준과 관련이 있다고 보고했다. 옥시토신의 기저선 수준이 놀이 전에 평가 되었고 놀이가 끝난 후에 재평가했다. 이전 연구는 엄마가 더 정서적인 접촉을 하는 반면 아버지들은 몸으로 거칠게 놀아주는 놀이를 하거나 탐색 놀이를 자극하는 자극적인 접촉을 하는 경향이 있다는 것을 제시한 바 있다(즉, 엄마는 피난처 놀이를 제공했고 아버지는 탐색을 위한 안전기지를 제공하는 경향이 더 컸다). 부모의 이러한 성차를 통해 몇 가지 결과를 얻었다. 옥시토신 수준의 증가는 엄마의 정서적인 접촉과 아버지의 자극을 주는 접촉과 관련이 있었다. 부모들이 큰 보상을 얻었던 접촉의 패턴에서 아버지와 엄마 사이에 차이를 설명하는 것이다. 실험연구와 관련해서, Fabienne Naber와 동료들(Naber, Van Ijzendoorn, Deschamps, van Engeland & Bakermans-Kranenburg, 2010)은 옥시토신의 비강 주입은 걸음마 아이와의 탐색 놀이에서 자극을 주는 아버지의 행동을 높였다. 반면 적개심은 줄었다. 즉, 아버지의 안전기지의 태도에서 옥시토신의 역할을 증명하는 자료이다.

최근 확장된 연구에서, Feldman과 동료들(Feldman, Gordon & Zagoory -Sharon, 2011)은 엄마, 아버지가 보이는 그들 자신의 부모와의 유대와 로맨틱 애착의 특성 그리고 그들 유아의 애착 표상을 평가하였다. 놀이 동안 일어나는 부모와 유아의 참여 그리고 정서적인 조화를 평가했고 혈장, 타액 그리고 소변에서 옥시토신 수준을 평가했다. 그 결과, 높은 옥시토신 수준과 안정적인 부모-유아애착 표상과 관련이 있었고 또한 긍정적 부모 유대와 안정적한 로맨틱 애착과 관련이 있었다. 또한, 높은 옥시토신 수준의 부모는 상호작용 놀이에서 더 정서적인 조화를 보였고 부모와 유아 사이에 나타난 긍정적 관여와 관련이 있었다. 이러한 발견은 아버지와 엄마 모두에게 나타났다. 또한, 연구자들이 가설에서 기술했듯이, 엄마의 옥시토신 수준은 상호작용 스트레스와 함께 상승되었다. 그들은 웰빙을 회복하려고 사회적으로 더 관여하는 모의 경향을 보여주는 것이라고 해석했다. 그들은 이러한 인상적인 발견을 다음과 같이 요약했다.

> 현재 발견은 [옥시토신]이 인간의 애착 관련 주제들과 관련이 있다는 것을 시사한다. 애착관련 주제들로는 아이로서 대우받았던 부모의 경험, 로맨틱 파트너와의 애착, 아이의 발달에 따른 적절한 몰입, 유아의 웰빙에 대한 부모의 관심, 부모-유아의 분명하고 일관적인 애착의 표상을 통해 표현되는 다음 세대에게 최적의 양육을 제공하는 능력을 포함한다. 그리고 아이와 긍정적이고 시기적절하게 조화로운 상호작용을 하는 능력이 있다.

MacLean(1990)의 초기 관찰이 시사하듯이, 유아의 울음에 대한 부모 반응은 특히 안정 애착에 영향을 미친다. 심리적 조율과 달래는 행동은 안정 애착을 촉진한다. 하지만 유아의 울음은 학대와 방임을 촉발하기도 한다. Madelon Reim과 동료들(Riem et al., 2011)은 여성들(아이가 없는 여성)에게 비강 내 옥시토신을 투여했고 뇌활동의 패턴을 검사했으며 그들에게 생후 2일이 된 아기의 울음소리를 노출했다. 위약집단과 비교해서, 옥시토신 집단은 편도체의 활성화가 감소했고 뇌섬(insula)과 하전두회(inferior frontal gyrus)의 활성화가 높았다. 연구자들은 옥시토신이 불안을 낮추고 공감을 높인다는 것을 뜻한다고 설명했다.

Lane Strathearn과 동료들(Strathearn, Fonagy, Amico & Montague, 2009)은 엄

마와 유아 상호작용에서 엄마의 애착 안정성이 옥시토신의 역할에 미치는 영향을 유일하게 검토한 중요한 연구를 수행했다. 나는 이 연구가 애착외상의 핵심과 직접적인 관련이 있다고 생각한다. 이 연구는 임신 중 AAI를 통해 엄마의 애착 안정성을 평가했다. 그리고 아기와의 상호작용에서 엄마의 혈청 옥시토신(serum oxytocin) 반응을 측정했다. 몇 달 후 자신의 아기가 울고 있는 그리고 웃고 있는 표정이 담긴 사진을 보면서 뇌 활성화 패턴을 측정했다. AAI에서 안정 애착을 보였던 집단과 회피-무시 애착(회피적 유아애착과 관련이 있는 애착 유형)을 보였던 집단과 비교하였다. 연구의 첫 번째 단계에서, 안정적으로 애착된 엄마는 불안정한 애착을 보이는 엄마보다 자신의 아기와 상호작용 후에 옥시토신 수준의 더 큰 증가를 보였다. 이것은 안정적인 엄마들이 상호작용에서 더 많은 보상을 느낀다는 것을 뜻한다. 이 가설과 일관적으로 유아와의 상호작용에 대한 옥시토신 반응은 아기의 표정을 봤을 때 나타난 뇌 보상 회로의 활성화 결과와 일관적이었다.

Strathearn의 연구 결과는 애착외상에 관한 나의 논문과 관련이 깊은 것을 알 수 있다. 안정 애착을 보인 엄마는 그들 유아의 기쁜 표정뿐만 아니라 슬픈 표정을 볼 때도 도파민 보상 경로가 활성화 됐다. 무시형 엄마는 그들 아기의 슬픈 표정에 대한 반응에서 부정적 정서와 이 정서를 통제하려는 노력과 연결되는 뇌 영역이 활성화되는 패턴을 보였다. 엄마-아기 상호작용과 뇌촬영 간에 3달의 간격이 있었는데, 이는 옥시토신 효과가 안정적 엄마의 지속적인 특징이라는 점을 보여준 놀라운 결과이다. 특질과 유사한 이러한 옥시토신 반응성은 후속 연구에서도 확인되었다(Strathearn, Iyengar, Fonagy & Kim, 2012). 이 연구에서는 엄마가 아기와 상호작용할 때 나타나는 옥시토신 반응이 기질과 관련이 있다는 결과를 제시했다. 즉, 옥시토신 반응은 기질로 확인되는 감수성과 정적으로 관련이 있었다. 감수성은 감각 단서들, 기분 그리고 정서에 대한 반응을 포함한다. 옥시토신 반응은 양육에서 강박적이고 과제 지향적인 방식과 유사한, 과도하게 통제하려는 기질적 성향과 부적으로 관련이 있었다.

Strathearn과 동료들(Strathearn, Fonagy, Amico & Montague, 2009)은 안정 애착된 엄마의 경우 옥시토신은 그들의 아기와의 관계를 더 보상적으로 느끼도록 하고 결국 더 (나의 용어로 표현하자면) 마음을 챙기며 집중하도록 한다. 다시 말해, 그들의 집중은 잠재적으로 그들이 더 돌보는 양육을 하도록 한다. 중요한 것은 이러한 양육이 그들의 아기가 기쁠 때뿐만 아니라 아기나 자신이 고통스러울 때도 가능하다는 것이다. 회피는 애착외상의 가장 중요한 특성으로 Beebe(Beebe et al., 2010)의 연구에서 확인되었다. 생후 4개월이 된 아기의 고통에 회피하는 엄마의 유아는 12개월 경에 혼란 애착을 보였다.

방금 검토된 발견을 확장해서, Pilyoung Kim과 동료들(Kim et al., 2010)은 (자신의 아기가 아닌 다른 사람의) 아기들의 울음소리에 대한 엄마의 반응과 뇌활성화, 뇌구조의 관계를 연구했다. 높은 수준의 모성을 보였던 엄마들의 경우, 유아의 정서신호에 대한 감수성에서 중요한 역할을 한다고 가정했던 영역(예: 위쪽 그리고 중간 전두영역과 위쪽 측두영역)에서 큰 뇌의 크기와 큰 활성화를 보였다. 연구자들은 높은 정신화 능력과 이 결과를 연결했다. 중요한 점은 빈약한 모성 돌봄의 역사를 보였던 엄마의 경우 스트레스 반응(아기의 울음소리에 회피하는 모습)과 연관된 뇌 영역에서 활성화를 보였다는 것이다.

애착외상

애착외상과 관련된 연구는 간단하지만 걱정스러운 결과를 제시한다. 초기 삶에서 외상은 정서조절의 신경생물학적인 영역에 장기간의 역효과를 가져 온다. 이러한 주제가 이 책의 주된 관심이다. 학대와 방임과 같은 외상은 스트레스 반응을 높이고 스트레스 조절을 손상시킨다. 이는 Fonagy와 Target(1997)에 의해 명시된 애착외상의 이중 취약성을 말한다. 애착과 정서의 생물학적인 구조가 유사한 다른 포유류에 관한 연구결과는 상당한 정보를 주고 있다.

동물 연구는 초기 애착관계에서 파괴와 외상이 스트레스 조절을 심각하게 만든다는 것을 인상적으로 증명하고 있다. 쥐를 대상으로 연구한 Jonathan Polan 그리고 Myron Hofer(2008)는 애착의 적응적인 기능이 단순히 포식자로부터 보호하는 것 이상이라는 것을 강조한다. Bowlby(1982)가 초기에 제안했듯이, 애착 과정은 신경생물학적인 발달에 영향을 미치는데 정서조절과 적응전략을 형성하는 방식에 영향을 준다. 특히, 생후 즉시 제공되는 높은 수준의 모성 자극(핥아 주거나 털을 골라주거나)은 스트레스 반응을 낮춰주고 성인이 되어서 탐색과 학습을 하려는 성향에도 영향을 미친다. 역으로, 낮은 수준의 자극과 상호작용(예: 장기간 지속된 분리)은 높은 두려움, 방어, 회피의 전조이며 탐색과 활동성이 저하되도록 한다. 분자 생물학적 기제를 통해서는 스트레스 반응 시스템의 발달에 영향을 미치는 유전자 활동에 양육패턴의 수준이 영향을 미친다는 것을 밝힌 바 있다(Weaver et al., 2004).

나는 불안정한 애착 패턴이 부족한 보살핌(Mikulincer & Shaver, 2007a)에 직면해 어떻게 정서를 다루는 방식이 최적의 이차적 전략이 되는지를 기술해 왔다. (생존에서) 불안정한 애착의 진화론적인 가치는 무엇인가? Jeffry Simpson 그리고 Jay Belsky(2008)는 두려운-방어적 (불안정한) 유형은 자원이 적은 거친 환경에 대해 동물을 준비시킨다. 반면 반대 상황인 안정 애착은 안정적이고 자원이 풍부한 환경에서 탐색적 학습을 하도록 한다. 사실상, 이러한 어린 시절 양육 경험은 동물의 스트레스 반응 시스템이나 행동이 앞으로 적응하게 될 미래의 환경을 예측하게 된다. 후생적 기제(예: 유전자의 활동에 영향을 미치는 환경)에 의해 매개되는 이러한 적응 패턴은 쉽게 유산으로 전달되는데(Polan & Hofer, 2008, p. 167), 바로 엄마로부터 딸에게 전달된다.

Stephen Suomi(2008)는 원숭이를 통한 연구를 요약했는데 인간 애착과의 유사성이 분명하다. 예를 들어, 안정 애착의 정도에서 원숭이 개별마다 차이가 있을 뿐만 아니라 안식처와 안전기지로서 애착의 사용이 유사했다. 실험을 통해 초기에 원숭이들의 엄마-유아애착관계에 의도된 손상을 가한 결과 불안정 애착이나 사회적 철수로 이어지거나 이후 더 성장한 후에도 지속적으로 생리적 스트레스 조절에 역효과를 초래하는 것으로 나타났다. 중요한 것은 동료에 의해서 양육된 원숭이(출생 후 바로 어미로부터 격리)는 탐색과 사회적 놀이에서 위축되었고 높은 스트레스 반응과 충동성이 함께 나타났다. 또한, Suomi는 신체적인 학대와 무시를 하는 모계에 확실한 애착외상의 역사가 있었다고 보고했다. 즉, 그들의 아기는 심각한 학대가 멈추어진 후 몇 달 동안 극심한 고통(예: 소리 지르기, 극심한 화)을 보였다. 그들은 탐색과 놀이에 위축을 보였다. 그리고 스트레스 반응에서 장기간의 생리적인 변화가 관찰되었다. 모성 학대의 세대 간 전수가 이 원숭이에게 분명했고 교차양육은 극적인 환경적 효과를 제시하고 있다.

> 학대적인 계모에게 양육된 비학대적인 엄마의 여아의 절반이 이후 그들 자신의 아이들에게 학대적으로 대하는 반면, 학대적이지 않은 계모를 가진 학대적인 여성의 여아들은 모두 이후 그들 자신의 아이에게 학대를 가하지 않았다!(p. 186).

정서조절에 영향을 미치는 초기 외상의 장기적인 영향에 대한 동물연구에서는 아동기 학대의 신경학적인 효과에 관심을 강조한다. 구체적으로 스트레스 민감화와 관련된 정서조절 능력의 손상은 성인이 된 후 외상 관련 정신과 장애(특히, 우울과 PTSD)에 기여한다(Nemeroff et al., 2006). Julian Ford(2009)는 동물의 모델과 일관적으로 인간의 뇌 발달은 생존이냐 학습이냐로 그 초점이 편중될 수 있다고 설명한다. 특히, 민감기 동안 뇌발달에 미치는 부정적인 효과의 가능성에 관심이 있다(Alter & Hen, 2009).

Patrick Luyten과 동료들(Luyten, Mayes, Fonagy & Van Houdenhove, Submitted)의 연구결과와 일치하는 입장을 보이며 Michael De Bellis와 동료들(De Bellis, Hooper & Sapia, 2005)은 뇌발달에 미치는 외상의 부정적 역효과를 요약하면서, '학대당한 아이의 PTSD는 복잡한 환경에서 발생하는 발달적 손상이라고 볼 수 있다.'라고 언급했다. 그들은 PTSD 증상의 심각성뿐만 아니라 더 이른 시기의 학대와 더 긴 기간의 학대가 발달에 커다란 영향을 미친다는 증거를 인용했다. 전두엽을 포함하는 다양한 영역에서 뇌 부피가 감소되는 것뿐만 아니라 교감신경계와 시상하부 뇌하수체 부신 축(hypothalamic-pituitary-adrenal axis) 스트레스 반응 시스템의 역기능을 강조했다. 안쪽 전전두피질(medial prefrontal cortex)의 전대상피질(anterior cingulate region)에서 손상된 뉴런을 확인했다. 정신화 능력에서 이 영역이 중요하다는 점에서 이 부분은 특히 우리의 관심사이기도 한데 다음 장에서 기술할 것이다.

교육집단에서 우리는 주기적으로 내담자에게 정서적 각성과 정신화 사이의 부정적 관계를 알려왔다. 더 반사적인 행동(싸우거나 도망가거나 얼어붙거나)을 보이면서 성찰적인 사고가 닫혀 버리는 신경화학적 변화 과정을 주목하면서 충동적으로 방어적 행동을 억제하는 능력은 상황마다 다양한데, 바로 주어진 순간에 얼마나 압도되느냐에 달려있다(Arnsten, 1998). 또한, 신경생물학적 연구는 또한 초기 스트레스와 외상이 정신화에서 '싸우거나-도망치거나-얼어붙거나'로 전환하는 역치를 더 낮추는 정서반응에 지속적인 영향을 미친다고 제안한다(Mayes, 2000). 사실상, 정서적 각성의 수준이 낮은 경우 정신화가 꺼질(offline) 수 있다. 마지막 장에서 나는 심리치료의 근간이 되는 정신화 능력을 손상시킨다는 점에서 애착외상은 심리치료의 골칫거리라는 의견을 피력하였다. 신경생물학적 연구는 마음을 챙기는 정신화를 지지하는 뇌-기반된 조절 과정의 발달에 초기 애착외상의 역효과를 확인하면서 이 점을 분명히 강조한다.

분명하게, 초기 외상적 관계에서 외상의 역효과에 관한 신경생물학적 연구는 참을 수 없는 정서적 상태를 조절하는 능력을 촉진하는 치료에서 치료자와 내담자가 직면하게 되는 위협적인 도전을 강조한다. 더 나아가, 이러한 연구는 애착 안정성이 애착외상에서 해독제라는 점에 대한 지속적인 강조를 지지한다. Coan(2008)은 신경생물학적인 관점에서 정서조절에서 애착의 역할을 개념화했다. 그는 애착 시스템이 정서반응의 사회적 조절과 가장 관련이 깊다는 가정에서 출발했다(p. 251). 그와 동료들은 부부를 대상으로 이루어진 실험 연구(Coan, Schaefer & Davidson, 2006)에서 이 가설에 대한 직접적인 증거를 제공했다. 발목에 전극을 묶은 채, 여성들은 배우자와 함께 특정 실험에서 전기 충격에 노출되었다. 전기충격이 그들의 애착욕구를 활성화시킨다고 가정했다. 실험 중 서로 다른 시점에 뇌활동 패턴을 측정했으며, 이때 여성들은 자신의 배우자 혹은 모르는 익명의 실험자의 손을 잡을 수 있었다. 물론 아무도 잡지 않을 수도 있었다. 손을 잡는 것은 위협에 대한 반응과 정서조절과 연관된 뇌 영역(시상하부, 뇌섬, 대상회, 배외측 전전두피질)에서 활성화를 감소시켰다. 또한, 배우자의 손을 잡는 것이 가장 강력했는데 뇌활동을 측정할 때나 주관적인 정서적 고통을 측정하는 면에서 강력했다. 실험 전에 결혼생활 만족도를 평가한 것을 근거해 보면, 높은 결혼만족도는 위협에 대해 반응하는 뇌영역의 낮은 활성화와 관련이 있었다. 저자는 이러한 발견이 배우자의 손을 잡는 것이 경계에 대한 필요를 낮추고 정서적인 자기조절을 할 수 있도록 한다고 설명했다. 이러한 효과는 안정적이지 않은 관계를 보이는 여성에게서는 나타나지 않았다. 신경화학적으로 알려진 것을 고려하면, 배우자의 손을 잡는 것은 옥시토신 활성화를 강화시키고 이어서 도파민과 오피오이드 보상의 활성화를 촉진시키는 것으로 보인다. 앞서 검토한 다른 연구들은 스트레스 조절에서 옥시토신의 역할을 증명한 바 있다.

애착과 스트레스 조절의 재검토

Coan(2008)은 애착 연구에서 신경생물학적 연구들에 대한 고찰을 통해 정서조절에서 안정 애착의 분명한 효과성을 제시했다. 애착은 스트레스 관리를 위해 뇌활동을 최소화한다는 면에서 효과적이다. 적어도, 안정적 관계에서 사회적 정서조절은 상대적으로 노력이 필요 없으며 위협을 인식하는 것을 완화시키고 고통을 조절하려고 상당한 애를 쓰는 것을 줄여주는 상향식 과정이다. 반대로, 하향식 과정에서 자기조절은 집중과 인지적인 면에서 상당한 통제가 필요하고 많은 부분 전두엽에 의지한다. 앞서 기술했듯이, 엄마의 과도한 통제는 옥시토신 반응과 부적으로 관련이 있었다(Strathearn, Iyengar, Fonagy & Kim, 2012). 배우자와 손을 잡는 효과에서 증명하였듯이, Coan은 단순한 것이 더 낫다고 주장한다.

> 조절에 영향을 미치는 뇌의 일차적이고 가장 강력한 접근은 사회적 근접성과 상호작용을 통해서 이루어진다. 유아에게서 이것은 더욱 분명하다... 전두엽이 유아기에는 아직 발달되지 않기에 양육자는 효과적으로 전두엽의 대리자로 역할을 하게 된다. 애착 인물들은 평생에 걸쳐 다양한 수준으로 서로에게 역할을 지속하게 된다(p. 255).

애착 인물이 삶에 거쳐 전두엽의 대리 역할을 한다는 가정에 근거해서, Coan(2008)은 '간단히 말하자면 정서조절은 가능하다. 하지만 고립된 상태에서는 어렵다.(p. 256)'고 제안한다. 그는 아이러니하게도 스트레스-감소 훈련이 너무 많이 자기조절을 다룬다는 것을 지적했다. 대안으로는 다른 사람이 달래주도록 허용하는 것을 훈련해야 한다고 강조했다. 나 역시 동의한다. 서로 서로를 달래주는 것을 허용하는 것은 애착 안정성이라는 본론으로 들어가는 것이다. 여기서 '훈련'은 간단히 말해 치료 과정을 뜻한다. 애착을 통한 스트레스의 사회적 조절은 스트레스 동안 정서적 조율에 달려있다고 생각한다. 그리고 이것은 그저 단순한 과정이 아니다. 중요한 것은 애착외상은 조율을 훼손시키는데 그러한 사회적 접촉은 스트레스를 완화하기보다는 악화시킨다(Luyten et al., 2017). 이 맥락에서 우리 심리치료자들은 불안정 애착으로 인해 능력이 위태로운 내담자들의 마음챙김과 정신화를 높이기를 갈망하면서, 상류로 거슬러 올라가는 스스로를 발견하게 된다.

❑ 마음챙김

마음챙김에 대한 임상가들의 급성장하는 관심은 뇌의 기능과 구조와 마음챙김 능력 간에 관계에 대한 신경과학자들의 열정에 의해 이루어졌다. 거대하게 복잡한 결과들을 내놓은 폭발적인 연구는 신경촬영을 통해 가능했다. 이 연구들의 포괄적인 검토는 사실상 내 전문성의 범위를 넘어설 뿐만 아니라 이 책의 범위를 넘어선다. 연구 초기 단계에서, 결과들은 확정적이기 보다는 흥미로운 수준이었다. 하지만 연구 결과들이 이 책에서 관심을 갖고 있는 주된 심리적 주제들을 보강하면서 우리의 관심을 끌고 있다. 그러나 뇌촬영 연구 결과를 확인하기 전에 마음챙김이 생리적 건강에 어떤 효과를 미치는지에 대한 결과들을 확인하는 것이 우선 가치가 있을 것이다. 이 책의 앞부분에 언급된 정신건강에 미치는 이점을 보완한다는 면에서도 의미가 있다.

신체적 건강 그리고 스트레스 활성화에 미치는 영향

Kabat-Zinn(Kabat-Zinn et al., 1992)의 마음챙김 기반 스트레스 감소 프로그램은 일반적으로 정신과 내담자들에게서 적용하여 정서적 스트레스(예: 불안과 우울)뿐만 아니라 생리적으로도 도움이 된다는 것이 입증되었다. Kabat-Zinn(2003)은 예를 들어, 마음챙김이 건선 피부문제를 가진 내담자들의 증상개선을 촉진시킨다고 보고했다. 건선 피부 질환은 심리적 스트레스에 강력하게 영향을 받는다. Richard Davidson과 동료들(Davidson et al., 2003)은 마음챙김 기반 스트레스 감소 프로그램이 면역기능의 생체 측정에 긍정적인 영향을 미친다고 했다. 통제집단과 비교했을 때 마음챙김 명상에 참여한 사람들이 인플루엔자 백신을 맞은 후 항체가 높았다. 또한, 명상 집단이 좌측 전뇌 활성화(EEG로 측정)를 높였는데 이것은 좌측 전뇌 활성화가 긍정적인 정서와 관련이 있다는 이전의 발견과 일관적이다(반면 우측 전뇌 활성화는 부정적 정서와 연관된다.). 이 연구에서 가장 놀라운 것은 좌측 전뇌에서 증가 정도는 백신을 맞은 후 항체가 형성되는 정도를 예측하였다는 것이다.

마음챙김을 훈련하는 사람들을 대상으로 이루어진 신경촬영 연구를 검토하기 전에 거리를 두는 마음챙김을 촉진하는 간단한 개입의 영향에 대한 연구가 주목할 가치가 있다. Schardt와 동료들(Schardt et al., 2010)은 고위험 집단에서 위협과 관련된 자극에 대한 편도체의 반응을 연구했다. 이전 연구는 위협에 대한 반응에서 편도체 활성화를 높이는 유전적 취약성과 세로토닌 수송체 유전자의 더 짧은 대립 형질과 관련을 보고한 바 있다. 즉, 이 취약성은 불안과 기분 장애에서 높은 위험과 관계가 있다(Munafo, Brown & Hariri, 2008). 이전 연구와 일관되게 짧은 대립형질을 가진 참여자는 두려움을 유발하는 사진에 대해 편도체 반응이 더 높았다. 하지만 참가자에게 분리된 관찰자의 자세를 취하면서 사진을 살펴보는 것을 지시했을 때 편도체 과활성화가 완화되었다. 이러한 편도체 조절은 전두엽의 활성화에 의해 이루어졌다.

뇌 활동과 구조에 미치는 영향

Norman Farb와 동료들에 의해 이루어진 두 개의 신경 촬영 연구는 명상과 정서조절의 신경생물학을 연결시킬 뿐 아니라 현재 경험에 대한 마음챙김을 통한 집중과 성찰적인 정신화 간에 신경생물학적 차이를 지적했다. 이러한 결과를 검토하면서, 우선 내측 전전두피질(medial prefrontal cortex)이 뇌의 정신화 영역이라고 불려왔다는 것을 이해하는 것이 도움이 된다. 이것은 정신화의 신경생물학 부분에서 이후에 더 논의될 것이다.

첫 번째 연구(Farb et al., 2007)에서는 8주 마음챙김 훈련을 수행한 참여자들이 통제집단과 비교되었다. 성격 특질(예: 탐욕적, 매력적)을 나타내는 형용사를 들으면서 서로 다른 뇌활동에 참여했다. 하나의 활동은 이야기를 진행하는 것인데, 참여자들이 제시된 성격 특질이 자신에게 무엇을 의미하는지 그리고 그것이 그들의 특질인지를 이야기하게 된다. 다른 활동에서는 체험적 활동으로 현재에 집중하는 마음챙김과 유사하다. 참여자들은 그들의 사고, 느낌 그리고 신체 상태에 대해 설명하는 사고를 하지 않고 그저 느끼고 주목한다. 결과는 이야기식 활동이 좌반구 언어 영역에서 활성화를 보일 뿐 아니라 안쪽 전두엽의 활성화가 나타났다. 연구의 일차적인 초점은 체험적 초점에서 마음챙김 훈련의 영향이었는데 마음챙김을 수행한 집단은 안쪽 전두엽이 눈에 띄게 비활성화 되었다. 더불어, 등쪽 전두엽, 섬피질 그리고 체성감각 피질을 포함하는 우측-측면의 전두엽 피질망의 활성화가 증가했다. 주목할 점은 우측 뇌섬의 활성화는 정서 상태의 신체적 자각과 관련이 있으며, 측면 전두엽 활성화는 이러한 신체 느낌에 대해 더 거리를 두는 자각을 반영한다는 점이다. 또한, 자신의 경험에 마음챙김으로 초점을 둘 때 명상하는 사람의 우측-측면의 활성화가 안쪽 전두엽 활성화로부터 분리되었다. 이것은 훈련되지 않은 참여자들에게는 나타나지 않았다. 연구자들은 경험에 거리를 두면서 '명상이 모든 가용한 자극에 대해 순간순간 자각을 하도록 돕는다'는 결론을 내렸다. 이것은 자기-초점화된 사고를 하는 더 일반적인 경험과는 대조적인 모습이다.

두 번째 연구(Farb et al., 2010)에서, 연구자들은 영상 필름에 의해 촉진된 슬픈 기분에 대해 명상으로 훈련된 그리고 훈련되지 않은 참가자들의 뇌 활동을 연구했다. 슬픔은 안쪽 전두엽 그리고 좌반구 영역의 활성화를 높였고 우측 뇌섬과 본능적인 반응과 관련이 있는 다른 영역에서 비활성화를 보였다. 하지만, 명상을 훈련한 집단은 본능적 자각과 관련된 영역(예: 뇌섬)에서 감소를 보이지 않으면서 자기-참조적인 사고(self-referential thinking)와 관련이 있는 영역(예: 안쪽 전두엽 그리고 언어 영역)의 활성화가 줄었다. 연구자들은 마음챙김 훈련이 인지적 재평가를 통해 정서적 자료를 설명하기보다 정서를 떨어져서 보는 것을 촉진시키고 마음챙김이 '정서를 조절하는 것이 필요한, 정서적으로 부담을 주는 것이 아니라 무해한 감각적 정보로 대상화'(p. 31)하도록 한다고 설명했다. 요약하면, 참여자들은 정신화를 할 필요 없이 마음챙김을 할 수 있다.

뇌활동에 미치는 마음챙김의 영향을 파악하기 위해 기능적 신경촬영술을 적용하는 활발한 연구와 함께, 마음챙김을 통해 뇌조직의 부피가 지속적으로 변화하는지를 확인하기 위해 구조적 신경촬영술을 적용하였다. 관련된 중요한 연구 중 Sara Lazar와 동료들(Lazar et al., 2005)은 불교의 통찰 명상 수행자와 명상을 경험하지 않은 사람들 간에 대뇌피질의 두께를 연구했다. 명상가들은 다양한 뇌 영역에서 피질의 두께가 두꺼웠는데 전두엽 피질과 우측 전뇌섬을 포함하고 있었다. 이러한 영역은 신체 경험에 대한 집중과 자각과 관련이 있었고 모두 마음챙김 명상에 의해 촉진되는 영역이다. 뇌의 가소성(뇌 신경망이 재구성되는 가능성)을 고려하면, 이러한 영역의 더 큰 활용이 변화(예: 더 많은 신경계의 가지내기 혹은 증가하는 혈관구조)를 촉진할 수 있다는 것을 추측할 수 있다.

Lazar와 동료들의 발견은 극적이지만, Lazar를 포함하여 후속 연구 집단(Holzel et al., 2011)은 후속 연구들이 명상가들과 비명상가들 사이에 일관된 결과를 보여주지 않았다는 것을 지적한다. 하지만 횡단연구는 뇌 차이가 명상의 결과라기보다는 명상에 참여한 원인이라는 가능성을 배제하지 않았다. 명상 훈련을 하지 않은 통제집단과 함께 연구집단이 8주 마음챙김 스트레스 감소 과정을 하기 전과 후에 회백질 농도를 검사하였다. 그 결과, 명상집단은 그 여러 영역에서 회백질의 농도가 증가했는데 좌측 해마, 뒤쪽 대상(cingulate), 측두 두정골 연접부위 그리고 소뇌 영역이다. 이 영역들은 정서조절, 자기성찰 그리고 관점 취하기와 관련이 있다.

성찰

명상자와 비명상자 사이에 이루어진 이전 연구의 불일치한 결과와 이러한 비용이 많이 드는 신경촬영 연구에 참여한 적은 수의 피험자들을 고려하면, 명상을 하는 것으로 영향을 받는 뇌 영역에 대한 확고한 결론을 내리는 것은 시기상조이다. 명상에 참여하는 참여자들과 명상의 형태 또한 너무 다양하기에 마음챙김에 기반한 스트레스 감소와 같은 복잡한 프로그램의 어떤 측면이 효과를 설명하는지를 이해하는 것은 쉽지 않다. 즉, 마음챙김 훈련이 뇌의 다양한 영역에 영향을 주면서 집중력뿐만 아니라 정신화를 촉진시킬 수 있는지를 확인하는 것은 쉽지 않다. 따라서, 나는 이 연구들을 단지 이러한 분야에 대한 강한 관심과 우리가 뇌 활동을 변화시키기 위해 어떻게 마음을 더 잘 사용할 수 있는지를 이해할 수 있다는 것을 증명하기 위해 제시한다. 물론, 학습이 뇌 구조를 변화시킨다는 것은 당연한 말이다. 이러한 당연한 말은 분자생물학의 수준에서 점점 많이 설명되고 있다(Kandel, 2005, 2006). 심리치료가 학습의 수단에 의해서 효과적일 수 있다는 것을 고려하면, 약물뿐만 아니라 심리치료는 지속적인 뇌의 변화와 관련이 있다(Cozolino, 2010).

❏ 정신화

정신화는 많은 측면을 포함하고 있는 포괄적 개념이다. 우리는 정신화와 다양한 뇌 영역의 활성화 패턴을 연결시키면서 신경생물학적 연구와 관련된 이러한 측면을 분명히 하면서 시작하려고 한다. 우선 이 단락에서는 암묵적 정신화와 연결된 거울 뉴런에 대한 연구에 주목하려고 한다. 이후 정신화에 다양한 뇌 영역이 기여한다는 연구들을 검토할 것인데 특히 안쪽 전두엽에 집중할 것이다. 정신화의 어려움에 대한 신경생물학적 연구를 언급하면서 이 단락을 마무리 할 것이다. 즉, 당신이 정신화를 할 필요가 커질수록 그것을 할 수 있는 능력은 적다.

❏ 암묵적 정신화와 거울 뉴런

다른 사람의 정서 상태에 대한 암묵적, 비성찰적인 자각은 거울 뉴런의 활동에서 발견할 수 있다. 거울 뉴런의 발견은 상당한 흥미를 불러 일으켰는데 암묵적 수준에서 일어나는 공감의 기초를 밝혔기 때문이다(Iacoboni, 2008). 초기 발견은 행운이었다. Italian 연구팀은 원숭이가 무언가를 잡을 때 발화하는 전운동 피질(premotor cortex)의 어떤 뉴런이 인간이 무언가를 잡는 것을 원숭이가 관찰할 때도 발화한다는 사실을 발견했다. 당신이 의도적 행동을 관찰할 때 당신은 또한 부분적으로 그것을 하는 것이다(혹은 당신이 영화관에서 권투선수가 상대편을 칠 때 당신이 움찔 할 때만큼 부분적인 것은 아니다.). 관찰과 행동을 연결하면서 거울 뉴런은 또한 모방 행동에 기여한다. 또한 거울 뉴런은 행동의 인식뿐만 아니라 감각의 인식도 관여한다. 체성감각 피질에서 이 뉴런은 또한 당신이 만질 때뿐만 아니라 만져지는 누군가를 관찰할 때도 발화한다(Keysers et al., 2004).

거울 뉴런은 또한 관찰하는 정서를 정서로 느끼는 것을 연결한다(Gallese, 2001). 예로, 전 뇌섬(anterior insula)과 전 대상 피질(anterior cingulate cortexes)은 어떤 역겨운 것을 냄새 맡을 때 뿐만 아니라 역겨운 얼굴 표정을 보이면서 어떤 것을 냄새 맡는 누군가를 지켜볼 때도 활성화된다(Wicker et al., 2003). 다른 연구는 연인이 고통을 경험하는 것을 관찰하면서 일어나는 반응과 직접적으로 고통을 경험하면서 나타나는 참여자들의 반응을 비교했다(Singer et al., 2004). 두 조건 모두에서 전 뇌섬과 전 대상 피질이 활성화되었다. 또한, 공감검사에서 더 높은 점수를 받은 참여자들은 이 뇌 구조에서 더 높은 활성화를 보였다. Vittorio Gallese는 이러한 발견의 결과가 함의하는 바를 다음과 같이 요약했다.

우리는 이러한 기제를 통해 행동 혹은 정서를 단지 '보고' 혹은 '듣는' 것만이 아니다. 관찰하는 사회 자극의 감각적 묘사와 함께 이 행동과 관련된 상태의 내적 표상이 관찰하는 사람에게 일어나는 것이다. 마치 유사한 행동을 하는 것과 같고 유사한 정서를 경험하는 것과 같다.... 1인칭 그리고 3인칭 관점에서 사회적 행동을 이해하는데 중요한 것은 운동 피질 혹은 내장 운동 센터의 활성화이다. 하부 센터가 활성화되면 행동이든 정서든 구체적 행동을 결정한다. 말초효과에서 분리된 피질 센터가 활성화될 때만 관찰된 행동 혹은 관찰된 정서가 자극이 되며 이해된다(Gallese et al., 2004, p. 400).

거울 뉴런 활동으로 공감을 떠올릴 수 있다. 하지만 잘 갖춰진 공감은 더 명시적 정신화를 요구한다. 타인의 정서를 공명하는 것뿐만 아니라 당신의 정서를 조절해서(전염을 피하면서), 타인과 스스로를 구별하는 것을 유지하고 타인의 입장을 상상하면서 동일시한다. 이것은 공명을 유지하면서 상상적 활동을 말로 표현할 수 있는 것이다. 공감은 암묵적 정신화와 명시적 정신화를 통합하는 대표적인 예이다.

모성의 반응에 대한 흥미로운 연구는 정신화 능력과 거울 뉴런의 활동을 연결시켰다(Lenzi et al., 2009). 엄마들이 그들 자신의 유아와 다른 여성의 유아의 다양한 정서 표현을 관찰하고 모방하는 동안 뇌활동이 측정되었다. 그들의 정신화 능력(성찰 기능)이 성인애착면접으로 측정되었다. 정서 표현에 대한 엄마의 반응이 편도체와 전 뇌섬 뿐만 아니라 거울 뉴런 시스템을 활성화시켰다. 중요한 점은 정신화 능력이 전 뇌섬의 활성화와 관계가 있었는데 이것은 거울 뉴런 활동에 중요한 역할을 한다는 것이다. 저자들은 '타인의 정서를 신체적으로 느끼는 더 큰 능력'이라고 설명했다(p. 1130).

정신화에 기여하는 피질영역

사회 인지의 다양한 측면과 그것의 복잡성을 고려하면 다양한 뇌 영역의 활동이 정신화를 위해 협응되어야 한다는 것은 그리 놀라운 일이 아니다. 또한, 이러한 협응된 활동이 자기와 타인을 정신화하는데 상당히 공통적으로 나타난다(Lombardo et al., 2010; Vanderwal, Hunyadi, Grupe, Connors & Schulz, 2008). 요약하면, 여러 뇌 영역이 정신화에 기여하게 되는데 편도체, 측두엽, 측두두정 접합 그리고 전 뇌섬이 관여한다.

편도체는 위협적인 자극에 대해 즉각적이고 무의식적 두려운 반응을 취하는 것 뿐만 아니라 두려운 반응을 조정하는 데 중요한 역할을 한다. 편도체는 또한 사회적 자극에 대해 감정적 의미를 부여하는 정신화에 기여한다(Adolphs, 2003; Aggleton & Toung, 2000; Brothers, 1997). 시선, 얼굴 표정 그리고 신체적 움직임에 반응하며 얼굴 중 눈에 주의를 기울이게 하고 특히 위협감이나 다른 사람이 믿을 만 한지를 판단하는데 민감하다. 하지만 편도체는 긍정적 정서를 포함하여 더 넓은 범위의 정서 표현에 반응한다(Rolls, 1999). 1초보다 적은 시간(33밀리초)안에 나타나는 위협적인 얼굴에 반응하는데 이것은 의식적 감지보다 훨씬 낮은 역치이다 (Whalen et al., 1998).

측두엽에서는 두 가지 영역이 사회적 자극의 선호에 영향을 미친다. *방추형회 (fusiform gyrus)*는 모습의 인식에 기여하는데 특히 얼굴을 확인하는 것이다. 반면, *상측두구(superior temporal sulcus)*는 생물학적인 움직임, 예를 들어 활동, 작용, 의도를 인식할 때 활성화된다(Adolphs, 2003; U, Frith & Frith, 2003). 측두엽극 (temporal ploes)(상전측두엽)(superior anterior temporal lobes)은 특정한 시간과 맥락에서 개인의 행동을 해석하는데 추상적인 지식을 활용한다(C. D. Frith & Frith, 2006; Zahn et al., 2007). 요약하면, 측두엽은 특정 맥락에서 행동을 해석하는데 사회적 지식을 활용하도록 하는데 기여한다.

측두-두정접합(Temporo-parietal junction)(TPJ; 상측두구 인접)은 다른 사람에게 어떤 생각을 귀인시키는데 선택적으로 반응한다(Saxe & Powell, 2006). 왼쪽 TPJ가 지속적인 사회적 특성을 귀인 시키는 반면, 오른쪽 TPJ는 일시적 정신상태를 귀인 시킨다. 타인의 정신상태를 해석할 때 특히 불일치를 받아들이도록 한다(Saxe & Wexler, 2005). 실제 상호작용(비디오를 통한)동안 얻은 뇌기능 촬영 연구는 우측 TPJ의 활동성을 보여주었는데 이를 주목할 만하다. 이러한 결과는 같은 상호작용의 녹음자료를 보는 동안에 일어난 활성화 결과와 대조적이다(Redclay et al., 2010).

Bud Craig(2009)가 종합적으로 검토한 바와 같이, 뇌섬은 신체활동을 주관적으로 인식하도록 한다는 점에서 중요하다. 하지만 전 뇌섬 부위는 특히 모든 정서를 자각하는 것을 포함하면서 자기-자각을 이끌어내기에 정신화에 특히 중요한 영역이다. 마음챙김에 중요한 역할을 하는 전 뇌섬은 주어진 순간에 자기에 대한 정신 표상과 관련이 있다. 대상과 상호작용할 때 자각되는 자기의 경험, 대상(타인을 포함)에 관여하면서 경험하는 느낌, 알아보는 느낌(예, 익숙함)을 제공하는 것이다. 따라서 뇌섬의 활성화는 수동적 관찰자의 역할과 관련이 있는 것이 아니라 적극적인 주체로서의 경험과 관련이 있다. 뇌섬은 또한 예측하는 느낌에 기여하고 행동의 안내에 기여 한다. 주체적인 자각에서 뇌섬의 넓은 역할을 고려하면, Graig의 견해와 같이 뇌섬은 '일반적인 정서적 순간'에서 '통합된 최종의 메타-표상'(p. 67)과 더 넓게는 '나(I)라는 느낌'(p. 65)을 갖게 한다. 그래서 Craig는 뇌섬이 정서적 자각과 의사소통을 촉진한다고 결론지었다. 이런 기능은 인류와 비슷한 영장류들에게 주된 진화된 이점을 제공한다.

전전두엽 피질에서 정신화 영역

많은 실험연구에 기반하여, Chris와 Uta Frith(U. frith & Frith, 2003)는 정신화 영역인 전 대상 피질(anterior cingulate cortex)과 중복되는 넓은 영역의 안쪽 전두엽을 확인했다. Frith와 동료들(Amodio & Frith, 2006; C. D. Frith & Frith, 1999, 2006)은 정신화에서 전두엽 영역의 역할을 확인하는 연구를 진행했다. 가장 유익한 실험은 게임에서 참여자들이 자신들이 사람과 상호작용한다고 믿을 때와 컴퓨터와 상호작용을 한다고 믿을 때 나타나는 정신화 영역의 선별적 활성화 결과를 제시했다. 게임에서 상대방의 (컴퓨터로 프로그램화된) 움직임이 두 가지 조건 모두에서 동일하더라도 그러했다(Gallagher, Jack, Roepstorff & Frith, 2002). 이 넓은 영역의 유일한 기능이 정신화는 결코 아니다. 이 영역은 '가능한 행동과 기대되는 결과의 복잡한 표상의 통합을 위한 전반적인 기제를 지원한다. 그리고 그러한 통합은 특히 사회적 인지 영역과 관련이 있다.'(Amodio & Frith, 2006, p. 269). 요약하면, 여러 가지 목적을 가진 이러한 영역은 다른 복잡한 정신활동과 함께 정신화에서 핵심 역할을 한다.

안쪽 전두엽은 비교적 넓은 영역을 포함한다. 그리고 세 영역으로 구별될 수 있다(Amodio & Frith, 2006; C. D. Frith & Frith, 2006). (1) 안쪽 전두엽의 앞쪽에서 후방 영역(가장 위쪽 영역)은 행동의 예상치를 가능하고 행동의 효과를 지속적으로 모니터링뿐만 아니라 경쟁하는 행동 중에서 하나를 선택하도록 한다. 이 영역은 반응이 억제되어야만 할 때, 행동이 맥락에 의해서 결정 되지 않을 때, 그리고 실수가 일어날 때 활성화된다. (2) 안와 안쪽 전두피질(orbital medial prefrontal cortex)(가장 아래 영역)은 행동에 관련된 보상과 처벌에 민감하다. 이것은 가능한 결과와 관련해 행동을 안내한다. 안와 영역의 옆쪽 부분은 더 이상 보상을 받지 못할 때 보상받았던 행동과 연결된 행동을 억제한다. (3) 후방-입쪽(posterior-rostral) 그리고 안와(orbital) 영역 사이에 있는 입쪽 안쪽 전두피질의 더 앞 영역은 자기이해, 사람 인식 그리고 정신화에 기여한다. 이 영역은 복잡한 사회 인지와 정신상태(사고, 느낌, 의도)에 대한 성찰에 기여한다. 즉, 이 활동은 타인과 자신의 정신상태에 대한 성찰뿐만 아니라 다른 사람이 당신을 보는 방식에 관한 성찰을 포함한다. 이 영역 안에서 아래 영역(inferior portion)(안와 영역에 인접한)이 더 유사한 다른 사람들(예: 유사한 느낌을 가진)과 연관이 있는 반면 위 영역(후방-앞쪽 영역, posterior-rostral area)은 익숙하지 않은 혹은 알지 못하는 타인의 행동을 해석하는데 연관된다. 더 깊은 차이로 사적인 (관찰할 수 없는) 의도에 대한 사고는 앞-입쪽 영역 (anterior-rostral area)이 활성화되는 반면 의사소통에서 관찰할 수 있는 의도를 해석하는 것은 후방-앞쪽 영역을 활성화 시킨다. 나는 정신화의 다양한 측면을 강조하고 신경과학이 점차적으로 다양한 측면과 그들의 관계성을 조명하는데 기여하고 있다는 점을 강조하고 싶다.

곤경을 정신화하기

가장 정신화를 하기 어려울 때 정신화가 필요하다. 감정이 강렬할 때는 그만큼 큰 총이 필요하다. 정신화 그리고 정교한 피질의 네트워크가 일어나야 한다. 하지만, 애착외상의 맥락에서 설명했듯이, 강렬한 정서는 전전두엽 영역이 비활성화되면서 정신화 능력에 손상을 준다. Amy Arnsten(1998)은 그녀의 중요한 논문(기진맥진한 상태가 되는 생물학)에서 이러한 곤경을 설명한다. 정서적 스트레스의 수준이 높아지면서 신경화학적 변화가 일어나는데 다양한 피질과 하부피질 영역의 균형 혹은 활동에서 변화가 나타난다. 각성이 증가하면서 전전두엽 피질에 의해 중재되는 상대적으로 느리게 일어나는 실행능력에서 벗어나 후방 피질(posterior cortical)(예: 두정엽)과 하부피질 구조(예, 편도체, 해마 그리고 선조체)에 의해 중재되는, 더 빠른 습관적인 본능적인 행동으로 이동한다. 이때 정신화가 꺼지게 되고 방어 반응(싸우거나, 도망가거나 얼어붙거나)이 움직인다. 이러한 빠른 변화의 능력은 분명히 생존에 가치가 있다. 즉, 심각한 위협이 있을 때(다가오는 포식자) 당신은 분명히 성찰할 것이 아니라 행동해야 한다. 그러한 성찰 없이 일어나는 자동적인 반응은 대인관계 갈등과 같은 덜 위협적인 상황에서는 부적응적일 수 있다. 대인관계는 정신화와 유연한 반응이 필요한 상황이다. 불행하게도 외상을 입은 사람은 스트레스에 민감해서 방어적 반응이 쉽게 촉발될 수 있다. 의도적인 노력을 통해 보다 견고한 정신화 능력이 발달되어야 한다. 이러한 작업은 우리가 심리치료에서 하려고 하듯이 명시적인 정신화를 통해 의식적 조절능력을 배양하는 것이 필요하다.

❏ 의식적 조절과 전전두엽

도구를 만드는 인간의 능력이 신피질의 진화에서 나왔다고 하는 전통적인 주장과 달리 더 설득력 있는 견해는 사회적 인지의 복잡함—협동하고 경쟁해야 하는—은 뇌발달을 촉발시켰던 진화하는 무기경쟁때문이라고 지적한다(Bogdan, 1997; Hrdy, 2009; Humphrey, 1988). 인간의 뇌는 사회적 인지 그 자체를 위해 고안된 것이라기보다 사회적 인지의 전형적인 예가 되는 문제해결을 위해 고안되었다. 자신을 관리하고 서로서로 관계하기 위해 우리는 문제를 해결하는 이러한 뇌영역을 사용한다. 이 단락에서는 복잡한 문제 해결의 더 넓은 맥락에 정신화를 위치시키기 위해, 즉 숲을 보기 위해 나무 하나하나에서 빠져나올 것이다. 나는 의식의 역할로부터 시작해서 정신화가 인간 뇌의 정제된 영역인 전두엽 피질의 기능적 역할에 어떻게 부합하는지를 설명할 것이다. 이 연구를 이해하는 것은 추상적인 의미로 마음이 어떻게 작용하는지를 이해하는 정신화에 도움이 될 것이다.

의식에서의 자기

Antonio Damasio(2010)는 의식이 암묵적 그리고 명시적 수준에서 자기감이 필요하다는 것을 입증하는 사례를 제시했다. '마음의 상태로서 의식은 우리가 깨어있을 때 그리고 주어진 그 순간에 주변에 있는 어떤 대상과의 관계에서 상대적인 위치를 잡으며 자신의 존재에 대한 사적인 개인적 이해가 있을 때 일어난다.'(p. 158). 요약하면, 의식은 자기감과 결합된 마음이 필요하다.

> 표준 의식 점수를 통과하기 위해서는 다음과 같은 조건들이 충족되어야 한다. (1) 깨어 있고, (2) 작용하는 마음을 가지고 있고, (3) 자기감이 아무리 미묘하다고 하더라도, 경험의 주인공으로서 자율적인, 부추겨지지 않는, 추론되지 않는 자기감이 필요하다(p. 161).

마음챙김과 정신화 사이에 내가 언급하는 구별은 의식적으로 경험을 설명하는 정도이다. 마음챙김은 집중을 수반하고 정신화는 성찰을 수반한다. 또한, 넓은 정신화의 범위에서 설명의 수준이 나뉠 수 있는데(Lecours & Bouchard, 1997), 느낌을 명명하는 것부터 그렇게 느끼는 이유를 이야기하는 것까지 그 범위가 넓다. 자기 자각의 증가에 대한 Damasio(2010)의 설명은 마음챙김과 정신화가 서로 다른 수준의 정신 작용이 수반된다는 견해와 일치한다. 특히, 세 가지 서로 다른 수준을 구분할 수 있는데 각각은 진화의 과정에서 발달하고 다른 것 위에 형성된다. 원형자기(proto-self), 핵심자기(core self), 자서전적 자기(autobiographical self)이다.

상대적으로 안정적이고 항상성의 생리적 과정에 기반을 갖고 있는 *원형자기(protoself)*는 내적 환경을 반영하는 원초적 느낌(primordial feeling)에 기반을 둔, 주체성의 지속적인 초석을 제공한다. 이러한 원초적 느낌은 쾌락과 고통뿐만 아니라 배고픔과 목마름과 같은 생명 유지에 필수적인 느낌을 포함한다. 원형자기는 뇌간 구조(고속핵, nucleus tractus solitarius, 부완핵, parabrachial nucleus, 그리고 수관주위 회백질, periaqueductal gray), 뇌섬, 앞 대상 피질(anterior cingulate cortex)뿐만 아니라 시상하부를 통해 확인된다. 이 영역들은 신체적으로 웰빙감이 통합되고 정서적 느낌으로 정교하게 표현된다.

*핵심 자기(core self)*는 대상과의 상호작용을 통해 나타나고 주인공이 의식으로 주체감을 느끼도록 한다. 핵심 자기는 원형자기와 자서전적 자기 간의 중재자이다. 자서전적 자기는 온전한 정체성을 제공한다. 대상과의 상호작용은 관계에 집중하면서 관여하고 알아가는 느낌을 형성하면서 원형자기를 수정한다(즉, 신체적으로 처리한다). 핵심자기는 '수정된 원형자기와 수정을 일으키는 대상과 연결됨으로써 만들어진다. 이 대상은 현재 느낌에 의해 각인되고 주의(attention)를 통해 강화되어온 대상이다.'(p. 203). 이 책에서 우리의 가장 큰 관심인 대상은 타인이라는 것을 명심하라. 핵심자기는 타인에게 마음을 챙기는 집중을 할 수 있도록 한다. 이러한 핵심자기를 구성하는 것은 서로 연결된 이미지들이다. 순간적으로 두드러진 원인이 되는 대상(혹은 사람)의 이미지, 대상과 상호작용을 통해 수정된 유기체의 이미지, 대상과 관련된 정서적 반응의 이미지이다. Damasio의 견해에서 '원형자기와 그것의 원초적 느낌에 연결된 핵심자기의 기제는 의식적 마음이 산출되는 데 핵심 기제이다.'(p. 204).

심리치료의 확실한 주제이자 개인의 특성을 알 수 있는 *자서전적 자기* (autobiographical self)는 개인의 기억(에피소드)과 개인의 지식으로 이루어진다. Damasio는 '자서전적 자기는 의식으로 만들어진 자서전'(p. 210)이라고 했다. 자서전적 자기의 신경 구조는 상당히 통합적이다. 이것은 정신화와 관련된 신경촬영 연구에서 예상한 것과 유사한데 뇌의 다양한 영역이 함께 협응해서 일어난다. Damasio가 자서전적 자기와 관련이 된다고 추측하는 통합적 영역은 옆쪽 그리고 안쪽 측두 피질(lateral and medial temporal cortices), 옆쪽 두정 피질(lateral pa-rietal cortices), 옆쪽 그리고 안쪽 전두 피질, 그리고 뒤안쪽 피질(posteromedial cortices)을 포함한다.

우리의 활동—신체적, 정신적 그리고 대인관계적—은 압도적으로 무의식적 과정에 기초한다. Damasio의 입장에서, 자기가 없는 의식은 없다. 무의식적 마음이 형성되고 계속해서 정교하게 자기감이 일어난 후에 의식이 일어난다. 이러한 의식적 복잡성의 가치는 무엇인가? 이전의 경험과 지식을 성찰하는 것에 기반해서, 계획하고 설명하는 능력으로 귀결된다. 이 능력은 '가능한 미래를 확인하고 자동적 반응을 지연시키거나 억제할 수 있는 것'이다(p. 268). 당신의 대인관계 상호작용, 당신의 마음, 혹은 다른 활동에서 모든 것들이 무난하게 돌아가고 문제 해결이 상대적으로 일반적일 때 당신은 성찰하고 설명하고 계획할 필요가 없다. 하지만 많은 삶의 상황은 일반적이지 않고 특히 대인관계 상황이라는 것은 종종 새롭다. 대인관계의 새로움에 대처하는 전략을 위해서 그리고 성공과 실패를 확인하기 위해서 우리는 의식적인 조절이 필요하다(Shallice & Cooper, 2011). 요약하면, Damasio는 다음과 같이 언급했다. '우리의 사랑, 우정, 배움, 전문적 활동 그리고/혹은 타인과의 관계를 잘 다스리기 위해서는 의식적인 노력이 필요하다'. 더 나아가 의식적 노력은 '구성된 자서전과 정의된 정체성 위에 세워진 견고한 자기감'의 안내를 받는다(p. 271). 그것의 가치는 다음과 같다. '우리는 성찰적 의식적 숙고 없이 인간의 서식지인 신체적 사회적 환경에서 삶을 살아갈 수 없다'(p. 272). 더 넓은 의미로 의식은 통합적인 그리고 지도감독 하는 기능을 제공하며(Shallice & Cooper, 2011), 넓은 피질망에서 협응된 그리고 일시적으로 지속되는 활동과 관련이 있다. 전두엽 그리고 앞 대상 피질(anterior cingulate cortices)이 협응에 핵심적 역할을 한다는 결과를 통해 이러한 정신기능을 확인할 수 있다(Dehaene, Changeux, /Naccache, Sackur & Sergent, 2006; Dehaene & Naccache, 2001).

분명히, 명시적 정신화는 의식이 필요하다. 이미 언급되었듯이, 당신의 사회적 관계만큼 참신함과 예상치 못한 것으로 가득찬 것은 없다. 하지만 당신은 또한 자신의 마음에서 예상치 못한 것들을 만날 수 있다. 혼란스럽거나 당황스러운 이미지, 욕망, 느낌, 사고와 행동이다. 그리고 당신은 또한 종종 다른 사람들과 대화를 통해 당신 자신을 분류하기 위해 더 상위 의식이 필요하다. Damasio가 인식하고 Roy Baumeister와 동료들(Baumeister & Masicampo, 2010; Baumeister, Masicampo & Vohs, 2011)이 기술했듯이, 기본적인 자각이 당신이 물리적 환경과 상호작용을 하도록 돕는 반면, 의식적 사고는 당신이 더 복잡한 사회적 그리고 문화적 환경을 다루도록 한다. 당신은 타인에게 당신을 설명할 때뿐만 아니라 당신 자신 그리고 타인을 이해하기 위해 그리고 당신 자신 안의 갈등 그리고 타인과의 갈등을 해결하기 위해 의식적 사고가 필요하다. 타인에게 당신을 설명하는 과정에서 스스로 더 잘 이해하게 된다. 이 모든 것은 이야기를 통해 이루어진다. 종종 마음의 사적인 상태에서 스스로를 설명할 수 있는 이야기를 만들게 된다.

이야기의 중요성을 강조하고 싶다. 대인관계뿐만 아나라 정신적인 삶의 많은 부분은 이야기를 구성하고 이야기를 말하면서 이루어진다. 의식적 정신화는 타인에 대해 당신이 만들어내는 이야기와 타인이 말한 이야기를 당신이 해석하는 능력뿐만 아니라 당신 자신과 타인에게 말하는 이야기의 기초이다. 의식적 정신화는 심리치료가 잘 되어가고 있을 때 주로 내담자와 치료자가 하는 것이다.

의식적 숙고와 이야기를 구성하는 가치는 정서를 정신화 하는 영역에서 가장 중요하다. 분명히, 강렬하고 고통스러운 그리고 비정신화된 정서는 자기파괴적인 행동에 퍼져있을 수 있다. 예를 들어, 중독이나 자해가 있다. Baumeister(Baumeister, Vohs, Dewall & Zhang, 2007)는 정서적 느낌이 현재 행동보다는 미래의 행동에 관한 정보를 주는데 더 유용하다고 주장한다. 의식적 느낌은 정서적 행동을 직접적으로 일으키는 데 반드시 필요한 것은 아니다. 우리는 종종 사건 이후에 그것을 경험한다. 우리는 우리가 두렵기 때문에 도망친다고 잘못 믿고 있다. 하지만 우리가 두렵다고 느끼는 바로 그 때 우리는 이미 도망치고 있다. 하지만 의식적 두려움은 우리가 도망가도록 더 영향을 준다. Baumeister가 주장하듯이, 정서의 주된 적응적 기능은 우리가 생각하는 방식에 영향을 미치면서 행동에 간접적인 영향을 미치는 것이다. 즉, '정서의 적절한 기능은 인지에 영향을 주는 것이다.'(p. 197). 정서는 우리의 주의를 포착하고 의식적 사고의 적응적 기능을 강화시킨다. 과거 행동의 부정적인 정서적 효과로 인해 정서는 과거로부터 학습을 촉진시킨다. 이러한 정서적 반응을 통해 과거의 실수로부터 교훈을 확실히 배우게 된다. 예로 당신이 배우자의 슬픔을 무시했을 때 그 행동의 결과로 배우자에게 치명적인 결과가 나타났다는 것을 알게 될 때 커다란 죄책감을 느끼게 된다. 죄책감과 그것에 대한 성찰을 할 수 있다면 미래에 무시와 같은 패턴이 반복될 때 유사한 고통을 느낄 수 있다. 다시 비슷한 상황에서 그 죄책감은 상대방에게 관여하게 되고 심리적으로 조율하도록 이끈다.

Baumeister가 예상한 적응적 시나리오는 정서의 정신화이다. 이상적으로 정서를 느끼고 수용하고 그것을 이해하고 그것으로부터 배우고, 당신의 미래 행동을 안내하는 신호로 그것을 사용하게 된다. 그러나 애착외상의 역사를 가지고 정서를 정신화하는 것은 쉽게 이루어지지 않는다. 차원 높은 의식 능력은 사회적 관계의 맥락에서 진화되고 삶을 통해 관계에서 유지되고 강화된다. 심리치료는 정서의 의식화를 확장시키는 길이 된다.

전전두피질

이제 가장 중요한 곳에 이르렀다. 많은 뇌영역이 정신화에 기여하고 있다. 많은 영역들 중에서 입쪽 (앞쪽) 전전두엽(prefrontal cortex, PFC)은 핵심적 역할을 한다. 앞서 언급한 것을 반복하자면, PFC가 사회적 인식을 위해 특별히 진화했다고 생각할 것이 아니라, 오히려 복잡한 문제 해결을 위해 진화했다고 생각해야 하며, 정신화는 그 대표적인 예다. 정신화의 복잡성을 평가하기 위해 정신화와 관련이 있는 입쪽 PFC의 더 넓은 기능을 검토하고 고려하는 것이 도움이 된다.

Paul Burgess와 동료들(Burgess, Gonen-Yaacovi & Volle, 2012; Burgess, Simons, Dumontheil & Gilbert, 2005)은 손상되지 않은 입쪽 PFC의 여러 가지 기능을 확인하는 연구를 진행했다. 나는 '다른 과제에 몰두한 얼마 후에 다른 의도된 행동(혹은 사고)을 수행하기 위해 기억하는 능력'(Burgess, Gonen-Yaacovi &

Volle, 2012, p. 83)으로 정의하는 *미래 계획 기억(prospective memory)*으로 시작한다. 퇴근길에 슈퍼에 들르기 위해 잠깐 멈춰야 하는 것을 기억하는 것이 그 예이다. 당신이 슈퍼를 들렀다 가는 것을 잊으면 미래 계획 기억은 실패한 것이다. 내담자는 중요하지 않다고 무시하는 외상 역사를 회기 안에서 탐색하면서 시작하는 것을 마음에 기억해야 한다. 입쪽 PFC는 또한 다중 작업(multitasking)에서 중요한 역할을 한다. 즉, 주어진 시간과 기간 안에 다양한 일을 놓고 우선순위를 정하고 동시에 일을 처리하면서, 서로 서로 잘 맞물려 돌아가도록 일을 완수하는 것이다. 당신이 직장에 나갈 준비를 하면서 동시에 아이들을 깨워, 옷을 입히고 먹이고 학교를 가도록 하는 것을 동시에 처리하는 것이다. 물론 이러한 다중 작업은 또한 개인 심리치료 회기에 적용될 수 있고(내담자와 치료자의 다양한 목표를 함께 다룬다) 다양한 관점들이 어떤 순서에 따라 진행되어야 한다(예: 집단치료, 가족치료 혹은 집단 작업).

미래 계획 기억 그리고 다중 작업을 넘어서서 문제해결의 또 다른 특징이 주목되어야 한다. 입쪽 PFC는 *잘못 구조화*된 그리고 *개방적인* 과제들의 수행에서 핵심이다. 즉, 당신이 주어진 순간에 여러 과제들 중 어떤 것을 할 것인지, 각각의 과제를 얼마나 오래 할 것인지, 다른 과제로 넘어가기 전에 주어진 과제를 수행할 때 어떤 과정이 필요한지, 일을 수행할 때 어떤 순서대로 우선순위를 정할 것인지가 당신의 결정에 달려있을 때 입쪽 PFC가 작용해야 한다. 종종 당신은 간섭과 변화에 직면해서 우선순위로 정해진 다중 작업을 수행해야 한다. 이러한 종류의 복잡한 문제해결이 아이를 키우고 가정을 꾸리는 일뿐만 아니라 다양한 일에서 필요하다. 또한 이러한 복잡함은 사회적 상호작용에 그대로 적용된다. 다음과 같은 기술에서 알 수 있다. '입쪽 PFC는 잘 연습되지 않고 잘 구체화되지 않은 행동이 일어나는 상황 그래서 행동의 조직화를 스스로 결정해야 하는 상황에 관여한다.'(Burgess, Simons, Dumontheil & Gilbert, 2005, p. 229). Burgess와 동료들(Burgess, Gonen-Yaacovi & Ville, 2012)이 입쪽 PFC의 기능에 정신화를 포함하였듯이 이러한 뇌 영역에서 손상은 사회적 손상과 관련이 있다. PFC 기능의 특성이 무수한 사회적 상호작용에서 퍼져있듯이 치료자와 내담자의 치료 작업에 어떻게 적용되는지를 주목할 필요가 있다. 심리치료 과정은 끊임없이 변화하고 우선순위에 기반해서 조화롭게 이루어져야 하는 모호하게 정의된 열린 과제들로 구성되어 있다.

Burgess와 동료들(Burgess, Simons, Dumontheil & Gilbert, 2005)은 최근 신경과학에서 많은 관심을 모으고 있는 두 가지 기본적인 사고 형태 사이에 주의를 번갈아 오가는 다중 작업을 입쪽 PFC와 연결 지었다. 자극-지향적 사고(Stimulus-oriented thought, SOT)는 '감각을 통해 경험되는 어떤 것에 의해 촉발되거나 혹은 감각을 통해 경험되는 어떤 것을 향해 지향되는 사고이다'(p. 233). 반면, 자극-독립적 사고(stimulus-independent thought, SIT)는 '외적 자극에 의해 촉발되거나 혹은 외적 자극을 향해 지향되지 않는 인지'(p. 234)를 포함한다. SIT의 예는 백일몽, 멍해지는 것, 반추하는 것 그리고 창조적인 사고를 포함한다. 분명히 입쪽 전전두엽의 기능은 이러한 측면에서 정신화와 관련이 있다. 대인관계 상호작용을 정신화 하는 것은 누군가의 정신 상태나 당신 자신의 정신 상태를 성찰하는 것(SIT)뿐만 아니라 당신과 상호작용하는 파트너의 마음을 챙기는 집중(SOT)이 필요하다. 단순한 예로, 성인애착면접을 들 수 있다. 당신은 당신의 엄마가 냉정했던 순간에 대해 예를 들어 달라고 하는 면접자에게 경청한다(SOT). 그리고 당신은 그러한 순간들을 떠올리는데(SIT), 면접자의 반응(SOT)에 주의를 집중하고 당신의 반응을 면접자가 얼마나 이해하고 있는지를 생각하고 그녀가 당신을 얼마나 신뢰하고 있는지를 가늠한다(SIT). 정신화는 과거 경험을 현재 상호작용에 적용시키는 능력이 요구된다. 즉, SIT와 SOT 사이를 번갈아 오가야 할 필요가 있는 대표적인 예가 된다.

Gilbert와 동료들(Gilbert et al., 2007)은 SOT와 SIT 모두가 안쪽 PFC 기능과 연관이 있는 것을 고려해 정신화 그리고 'SOT와 SIT 사이를 오가는 것' 사이에 관계를 알아보기 위해 신경촬영술을 적용하는 실험을 수행했다. 참여자들은 이미지를 보는 동안 시각 이미지에 대해 의사결정을 하는 것(SOT)과 그들의 마음에 이미지를 그려보는 것(SIT) 사이를 오가도록 했다. 또한 그들은 변화를 알리는 단서의 타이밍이 연구자 아니면 컴퓨터에 의해 결정된다고 알려줬다. 정신화 조건에 있는 참여자들은 그들이 SOT와 SIT 사이를 오가는 시간을 통제하는 연구자와 상호작용하고 있다고 믿었다. 그들은 계속해서 도움이 되고 혹은 도움이 되지 않는다고 믿었다. 비정신화 조건에서 참여자들은 그 변화가 컴퓨터에 의해 조절된다고 믿었다. 그들은 변화의 시간이 일반적인 것보다 더 빠르거나 혹은 더 늦다고 판단했다. 연구결과, SOT(외적으로 초점을 맞춘 주의)와 정신화(그들이 실험자와 상호작용을 하고 있다고 믿었던) 모두 참여자들의 안쪽 PFC 기능을 활성화시켰다. 또한 그 활성화 영역이 이 넓은 영역 내에 뚜렷했다. 주의 선택(SOT와 SIT 사이를 오가는)에서 활성화 영역은 정신화의 활성화 영역보다 입쪽 그리고 아래쪽이었다(즉, 꼬리쪽 그리고 위쪽). 그래서 안쪽 PFC에서 이러한 이중 역할 사이에 어떤 모순도 없었다. 즉, 그들은 주의 선택과 정신화를 함께 할 수 있었다.

SOT와 SIT 사이의 구별은 신경 이미지 연구에서 마음챙김과 정신화에 관련된 광범위한 뇌 기능 패턴의 흥미로운 연구에서 나타났다. 연구자들은 참여자의 뇌가 스캔되는 동안 과제를 제시했고 활성화되는 뇌영역을 확인했다. 즉, '불이 들어오는' 영역을 확인했다. 예로, 많은 사회-인지 과제는 정신화 영역인 입쪽, 안쪽 PFC에 불이 들어왔다. 이러한 결과는 참여자들이 스캐너에 누워있거나 어떤 과제도 하지 않을 때(예를 들어, 아무 것도 하지 않거나 통제된 상태 혹은 기저선 상태) 뇌가 지속적으로 불이 들어온다는 결과를 모호하게 했다. 과제 참여는 전형적으로 기저선 위의 5%보다 적게 활성화를 일으켰다. Debra Gusnard(2005)는 '이러한 활성화는 지속되는 혹은 기저선 활동에 비해 그리 대단하지 않은 변화이기에 뇌의 전반적인 대사율에 크게 영향을 주었다고 보여지지 않는다.'(p. 685). 이러한 점을 확장해서 Marcus Raichle와 Abraham Snyder(2007)은 다음과 같이 관찰했다.

뇌의 엄청난 에너지의 60~80%는 뉴런들 간 의사소통, 즉 정의에 의한 기능적 활동을 지원하기 위해 동원된다고 볼 수 있다. 환경의 순간적인 요구와 관련된 추가적인 에너지 요구는 전체 에너지의 0.5~1.0%정도로 작다. 이러한 소요 에너지에 기반한 분석만으로도 전반적 뇌기능의 이해에서 환기적 활동만큼 본질적인 활동이 중요하다는 것을 뜻한다(p. 1087).

구체적 과제에 참여하는 것은 선택적(비록 작지만) 활동을 특정 뇌영역에서 일어나도록 할 뿐만 아니라 다른 영역이 감소되는 지속적 패턴으로 이어진다. 이러한 현상은 과제의 특성과는 무관하다. '뇌의 특정 부위가 이러한 감소에 지속적으로 참여하게 되면 다양한 목표 지향적 행동 중에 감소되는 뇌기능의 조직적 모드가 있음을 뜻한다.'(Gusnard & Raichle, 2001, p. 687). 요약하면 다음과 같다.

눈을 감고 쉬는 동안 활성화되는 뇌영역들이 있다. 시각이 고정되었을 때나 수동적으로 단순한 시각자극을 응시할 때도 마찬가지이다. 다양한 목표-지향적 행동이 일어나는 동안 이 영역의 활동은 약화된다. 이러한 영역들이 수동적 조건에서 뇌활동의 기저선으로부터 발화되기 때문에, 우리는 그들이 활성화되지 않더라도 기능적으로 활동한다고 제안한다. 전형적 활성화의 일시적 특성과 반대로... 기저선에서 이러한 기능적 활성화의 존재는 지속적 정보처리가 있다는 것을 뜻한다(p. 689).

이러한 기저선 활동을 지지하는 네트워크는 전범위의 뇌영역인데 측두엽, 두정엽, 대상피질, 그리고 전전두엽이 포함된다. 신경촬영은 이러한 영역들 간의 기능적 연결뿐만 아니라 구조적 연결까지를 제시한다(Greicius, Supekar, Menon & Dougherty, 2009). 이 네트워크의 활성화는 *기본모드(default mode)*로 명명되어 왔다(Gusnard, Akbudak, Shulman & Raichle, 2001). 이 발견의 중요성은 강조되고 있다. '제약되지 않은 뇌가 예상과 달리 다양할 거라는 관심은 인간 뇌의 수동적 휴지기 상태에 적용되지 않는다. 그보다는 기저선 혹은 휴지상태의 기본모드에 의해 본질적으로 제약을 받는다.'(Gusnard & Raichle, 2001, p. 689). 이 장에서 나의 관심과 일관되게 Gusnard와 Raichle는 뇌기능에서 이러한 기본모드에 대한 통합적인 개념은 '그것의 환경(자기)에 관한 유기체의 안정적이고 통합적인 연속적 관점'이라고 결론 내렸다(p. 692). 사실상, 당신의 뇌는 어떤 활동에 참여하지 않고 단지 그냥 있을 때 기본모드에서 작용하고 있는 것이다. 따라서, 기본모드가 자기자각(자기조절을 포함)에 기여하는 만큼, 이 양식이 비활성화 되는 복잡한 과제에 참여하는 것은 자기자각을 감소시킬 것이다(Gusnard, 2005).

연구는 기본모드가 특히 집중적 상태와 관련이 있으며, '내적·외적 환경의 감시 상태이고 그 자극에 개인에게 어떤 특징이 있는지를 평가하는 것이다.'(Gusnard, Akbudak, Shulman & Raichle, 2001, p. 4263). 쉬는 동안의 이러한 집중은 집중의 내성적 그리고 외성적 양식 사이를 오가도록 한다(Sonuga-Barke & Castellanos, 2007, p. 980). Raichle 그리고 Snyder(2007)가 설명하듯이 '이러한 본질적 (기본적) 활동의 기능은 자극에 대한 반응의 촉진이다'. 다시 말해, '환경적 요구를 해석하고, 반응하고 심지어 예측하기 위한 정보를 유지하는 기능'이다(p. 1087).

처음 기본모드에 대해 배웠을 때 나는 그것을 정신화와 일치하는 의미로 이해했다(예: 스스로에 대해 말없이 생각하는). 하지만 기본모드는 더 넓은 자각이고 더 광범위한 자극에 대해 반응하기 위한 준비와 관련이 있다. Michael Lombardo와 동료들(Lambardo et al., 2010)은 신경촬영 결과를 제시했는데 정신화와 기본모드를 연결시키는 것에 의문을 가져야 한다는 결과를 제시하고 있다. '기능적 뇌조직의 본질적 모드와 자기와 타인 둘 다에 대해 과제-구체적인 공유된 정신화 과정 동안 일어나는 것이 정확히 반대라고 우리는 제안한다. 만약 DMN[Default Mode Network] 문헌에 대한 현재 발견에 대해 다른 해석이 있다면, 그것은 자기와 타인에 대해 정신화 하는 동안, 뇌가 자연적으로 기능적으로 어떻게 조직되는지에 대한 역동적 기능 조직의 적응적 재구성이 있을 수 있다는 것이다.'(p. 1633). 나는 기본모드 기능이 마음챙김의 집중(통찰 명상에서와 같이), 즉 어떤 특정 내용에 대해 지속적인 집중 없이 내적 그리고 외적 자극의 모든 범위에 대해 유연하고 열린 자각

상태와 같은 것인지가 의문이다. SOT와 SIT사이에 균형을 맞추면서 마음챙김하는 집중은 넓은 범위의 과제에서 빠르게 관여하도록 할 것이다. 그리고 그러한 관여는 적응적일 것이다. 그러한 관여가 정신화를 포함할 것이다. 요약하면, 우리는 열린 마음의 집중의 기본모드를 정신화에 대한 발판으로서 볼 수 있을 것이다.

☐ 임상적 함의

신경생물학적 연구는 고통을 완화하고 안정성의 기쁨을 제공하는데 애착의 기본적인 역할을 증명했다. 신경내분비계 기제에서 포유동물 간 일관성은 인상적이다. 애착 기능의 진화적 관점을 적용하는데 있어 Bowlby의 지혜를 의심할 수 없다는 인상을 갖게 되었다. 내담자에게 애착에 대해 교육하는 데 있어, 나는 Jim Coan(Coan, Schaefer & Davidson, 2006)의 연구를 많이 인용한다. 그 연구는 안정 애착이 고통을 조절(Coan, 2008)하는데 가장 효과적이고 강력한 수단임을 지지하고 강조하고 있다. 설명했듯이, "애착하라 그리고 뇌에게 쉼을 주라." 나는 또한 일반적인 치료가 자기조절 기술에만 초점을 두고 있다는 그의 주장을 강조하고 싶다. 이러한 기술이 필수적이긴 하지만 나는 치료적 관계를 모델로 삼아 애착관계에서 안정성을 높이는 것을 중요하게 여긴다.

슬프게도, 신경생물학적 연구는 애착외상에서 종들 간의 일관성을 증명하고 있다. 초기 학대나 방임은 스트레스 민감성을 높이고 고통을 조절하는 능력을 저하시키면서 정서조절에 있어 전 생애에 걸쳐 부정적인 영향을 미친다. 이것은 Fonagy와 Target(1997)에 의해 확인된 애착외상과 관련된 발달적 이중 취약성의 핵심이다.

나는 애착외상에 대한 치료 모델에 대한 기반을 확립하기 위해 이전 장들에서 애착, 마음챙김 그리고 정신화에 대한 연구를 검토하였다. 그리고 이번 장의 신경생물학적 연구는 또한 이 모델을 지지하고 있다. 그것이 결실을 맺는 것은 결코 쉬운 일이 아니지만, 기본 원칙은 내내 자명했다. 우리는 애착관계라는 네크워크에서 더 큰 안정성을 얻기 위해 외상을 입은 내담자를 도와야 한다. 이것은 자기와 타인과의 관계에서 더 효과적으로 정신화를 하기 위한 발판으로 정신상태에 마음을 집중하는 노력을 통해 가능하다. 불행히도 신경생물학적 연구는 이러한 과제의 어려움을 강조한다. 그 어려움은 일상적인 임상의 실제에서 더욱 명백하다. 전전두엽 조절은 스트레스에 대한 높은 반응성에 의해 약화된다. 종종 알코올이나 약물에 중독되면서 더욱 악화된다. 알코올이나 약물은 고통을 조절하는 데 애착의 대체물이다. 그래서, 마음을 챙기는 정신화를 촉진시키는 노력은 이러한 곤경에 맞서게 한다. 당신은 대부분 정신화가 필요하다(예: 정서적으로 스트레스가 있는 대인관계 혹은 정신 내적인 맥락). 심리치료는 안정적인 애착관계를 증가시키는 맥락에서 마음챙김과 정신화를 촉진시키면서 이러한 어려움을 다룬다. 이러한 노력에서, 우리는 심리치료의 효과성이 정서를 조절하는 전전두와 피질하부 뇌회로 사이에 통합과 균형을 회복하기에 신경의 가소성(재연결되는 것)에 의존해야 한다(Cozolin, 2010).

6장

———

치료

CHAPTER
6
치 료

　나는 이 책의 서론에서 '치료'는 '이해'라고 제안했다. 앞서 기술한 5개의 장은 포괄적인 연구에 기반해서 애착외상을 이해하는 길을 터놓은 셈이다. 사실 나는 치료 방향을 위해 애착외상을 정신화하고 개별 내담자의 경험을 정신화하는 과정을 안내하는 것을 다소 추상적으로 확립해 왔다. 나는 특정 정신장애에 대해 전문화된, 증거 기반 치료의 가치를 존중한다. 하지만 이러한 전문화된 접근이 애착외상의 치료에 제한점을 갖고 있다는 것을 알고 있다. 내담자들이 여러 장애와 문제를 함께 보이기 때문이다. 일반적인 의학분야에서와 같이 우리는 전문가가 필요하다. 하지만 우리는 한편 전반적인 전문가가 되어야 한다. 나는 나 자신을 그렇게 생각한다. 따라서, 이 책이 증명하듯이 나는 치료 현장에서 구체적인 치료 기법을 적용하는 것보다 이해 —마음의 접촉— 를 얻기 위해 내담자와 협력적으로 작업하는 데 더 많은 투자를 한다.

　전반적인 전문가로서의 실제와 외상치료에 대한 광범위한 접근은 '다양한 접근들 간에 이루어지는 말 경주에서 승자는 없다'는 오랜 관찰에 의해 가능했다 (Lubrsky, Singer & Luborsky, 1975). 반세기 전에 Jerome Frank(1961)는 나무에서 숲을 보았다. '모두는 아니지만 서로 다른 심리치료의 효과는 다른 것들과 각각을 구별하는 어떤 특성보다는 공통적인 특성으로 인한 것이다.'(p. 104). 계속되는 연구는 Frank의 가정이 사실임을 입증하고 있다. 내담자-치료자 관계가 치료효과에 중요한 기여를 한다는 포괄적인 증거들이 제시되고 있다(Castonguay & Beutler, 2006. Norcross, 2011). 나는 이전 장들에서 내담자-치료자 관계에서 핵심과정이라고 간주하는 기초를 확립하는 데 노력을 기울였다. 치료관계와 그 외의 관계에서 애착 안정성을 높이기 위한 것으로, 바로 정신화이다. 따라서, 필요할 때마다 특정 영역의 전문가에게 내담자를 연계하는 방식을 선호한다. 최근의 애착 연구와 연결되어 있음에도 불구하고 나는 스스로를 평범한 예전 치료자라고 생각한다(Allen, 2013).

이 장은 애착외상의 역사를 가지고 있는 내담자가 다양한 문제와 장애를 가지고 우리와 같은 일반 치료자(generalist)를 찾아온다고 가정하면서 시작하려고 한다. 이 일반 치료자는 좁게 보면 초점화된 치료접근을 부정한다. 하지만 특정 전문가 (specialist)들로부터 많은 것을 배운다. 이어지는 단락에서는 증거에 기반한 외상치료를 검토할 것이다. 이렇게 구체적인 장애의 치료를 배경으로 검토하면서 나는 심리치료에서 애착에 대한 핵심 연구를 간략하게 요약할 것이다. 그리고 나의 주된 목표인 정신화를 다룰 것이다. 우선, 나는 정신화를 심리치료의 일반적인 형태로서 논의할 것이고 외상적 경험을 정신화하는 치료과정에 대해 언급할 것이다.

❏ 무엇을 치료할 것인가?

특정 문제에 대해 처방적 치료를 선호하는 치료자들은 애착외상과 관계된 다양한 장애와 문제들로 고통을 겪고 있는 내담자들을 만날 때 당황스러워한다. 이 장에서 나는 애착외상과 관련된 장애 중 가장 대표적인 것을 분류해 볼 것이다. PTSD, 해리, 우울, 물질사용장애, 섭식장애, 비자살적 자해, 충동적 자살시도, 경계선 성격장애가 있다. 나는 애착외상과 관련된 이러한 장애들을 더 광범위하게 검토한 바 있다(Allen, 2001, 2003). 이 장애들과 관련된 많은 문헌들이 있다. 외상을 충분히 이해한다는 것은 매우 힘든 일이기에 우리는 겸손한 태도로 이 작업에 접근해야 한다. 우선 나는 외상과 관련된 문제의 복잡성과 이러한 문제들의 형성에서 애착과 정신화를 강조하기 위해 개괄적인 검토를 하려고 한다.

외상후스트레스장애(PTSD)

확실하게 초기 애착관계에서 외상을 경험한 많은 내담자들은 그들 삶의 다른 시기에 PTSD를 발전시킨다. 그리고 애착외상의 역사는 계속되는 외상후에 PTSD로 발전될 위험을 높인다. 애착외상을 가지고 있는 많은 내담자들은 이후 삶에서 계속해서 외상이 발생하는 것에 매우 당황스러워 한다. 변함없이, "왜 지금인가?"라는 의문을 제기하게 된다. 악명 높게도, 침습적 기억이라는 PTSD의 증상과 이와 관련된 회피적 대처는 과거 외상을 떠올리게 하는 사건들에 의해 일어난다. 매우 일반적으로 이러한 촉발인자들은 사실상 현재 애착관계에서의 고통스러운 경험들이다. 대표적인 예는 어린 시절 심리적, 신체적 그리고 성적 학대를 당한 여성이 성인이 되어 매 맞는 관계에 휘말리는 경우이다. 이러한 경험은 그 자체로 외상일 뿐만 아니라 과거 외상을 다시 불러일으킨다. 내가 제안하는 외상에 대한 광범위한 견해—참을 수 없는 정서 상태에 심리적으로 홀로 있는 경험—는 현재 애착관계에서 겪는 많은 스트레스 유발 인자들이 초기 외상과 관련된 침습적인 기억을 불러일으킨다는 것이다. 배반당하고 멸시당하고 버려지고 무시되었던 느낌들 그리고 극심한 고통 속에서 심리적으로 이해할 수 없는 느낌 그리고 통제할 수 없다는 무망감은 과거를 다시 현재로 불러오도록 하는데 이것은 의식적이기도 하고 그렇지 않기도 하다.

PTSD라는 장애와 직면할 때 치료과제가 상대적으로 단순할 수 있다고 여기고 치료를 시작하지만, 나는 PTSD가 단순한 문제라고 생각하지는 않는다. PTSD 진단은 논란으로 가득하다(Brewin, 2003; Rosen & Lilienfeld, 2008; Spitzer, First & Wakefield, 2007). 진단의 기본은 외상적 스트레스원에 대한 노출이다. 하지만 스트레스의 '외상적' 수준에 대한 객관적 역치에 관해 동의하는 것은 쉽지 않다. 또한, 신체적 위협과 위험은 외상의 정신과적 정의에서 매우 중요한 요소이다(APA, 2000). 반면, 심리적 통합에 대한 위협은 외상을 입은 사람들의 경험에서 더 두드러지고(Grey & Holmes, 2008; E. A. Holmes, Grey & Young, 2005), 정신화 치료의 초점이 된다. 솔직히, 나는 광범위한 개념으로 무엇이 외상적 스트레스를 구성하는지에 대해 상대적으로 낮은 역치를 정했다. 그리고 나는 외상의 심리적 그리고 대인관계적 맥락에 초점을 두었다. 이러한 넓은 접근은 상당한 사람들이 관계에서 결별과 같이 기본적으로 외상적이지 않은 스트레스 촉발 상황들을 경험한 후에 확실한 PTSD 증상을 발전시킨다는 결과와 일관된다(Long et al., 2008). 더 나아가 PTSD의 핵심인 고통스러운 침습적 기억과 정서는 바로 우울의 공통적 특성이다. 우울은 외상을 입은 많은 내담자들이 치료를 찾은 직접적인 문제이기도 하다(Brewin, Reynolds & Tata, 1999).

이 책에 제시된 주된 주제와 가장 관련이 깊은 것은 외상적 스트레스에 노출되는 것 그 이상으로 PTSD의 원인이 상당히 복잡하다는 사실이다. 이러한 사실은 스트레스가 경험되는 더 넓은 맥락이 중요하다는 것을 입증한다. 이 책의 전반을 통해 내가 지지하고 있는 발달적 관점과 일관적으로, 발달적 위험요인과 역경의 반복이 스트레스 노출 이후 PTSD에 취약하도록 한다(Koenen, Moffitt, Poulton, Martin & Caspi, 2007). 또한, 이러한 발달적 관점은 스트레스 노출에 선행하는 과정뿐만 아니라 이후 경험을 포함한다. Chris Brewin(2003)은 '외상 이후에 일어난 일들이 그 개인이 PTSD로 진전되는지에 가장 강력하게 영향을 미친다는 것을 일관되게 보여주고 있다.'(p. 56)고 결론내렸다. 가장 중요하게 Brewin은 외상후 PTSD의 가장 강력한 예측인자는 사회적 지지의 부족이라고 했다. 예를 들어, 냉정함, 동정의 부족 그리고 냉소적 태도가 대표적이다. 이러한 태도들은 모두 고통 속에 그 개인을 홀로 두는 셈이다.

사회적 지지에 대한 Brewin의 발견은 외상에 대한 나의 이해와 일치한다.

PTSD에 대한 취약성은 스트레스 경험 이후 나타나는 애착관계에서 정신화의 실패와 관련이 있다. PTSD의 가장 두드러진 증상인 플래쉬백(Brewin, 2011), 즉 정신상태(기억)가 외적 현실(외상적 사건)과 융합되는 정신적 동등성 모드(psychic equivalence-mode)은 정신화 실패의 대표적인 예이다. 정신화는 과거와 현재를 분리하면서 침습적 기억에 대한 근본적인 해독제이다. 이 해독제는 현재 애착관계 내에서 정신화에 적용된다. 현재 관계에서 일어나는 상대적으로 일상적인 균열과 깊은 외상적 과거 배신과는 구별되어야 한다. 스트레스 민감화 현상을 이해하게 되면서(Post, Weiss & Smith, 1995), 우리는 정신화를 촉진할 때 '90-10' 반응에 대한 비유를 사용할 수 있다. 현재 경험하는 정서가 현재 문제로부터 일어나는 것이 10%이고 과거로부터 이어진 것이 90%라는 것을 구별하는 것이다(Lewis, Kelly & Allen, 2004). 심리치료는 '90-10' 반응이 확인될 수 있는 핵심 관계이다. 이러한 반응은 전형적으로 현재 정신화의 실패(즉, 10%)에서 촉발되는데 여기에는 심리치료에서의 실패도 포함된다.

해리장애

앞서 언급했듯이, 해리장애는 애착외상이 이후 이어지는 정신병리에서 일반적으로 나타나는 것 같다. 낯선상황에서 해리적 행동(즉, 혼란스러운 애착과 일관적으로) 그리고 학령기부터 초기 성인기에 관찰되는 해리 증상을 통해 발달적으로 연속적으로 확인할 수 있다(E. A.Carlson, Yates & Sroufe, 2009; Dutra, Bianchi, Siegel & Lyons-Ruth, 2009). 반복해서 말하지만 분리(detachment)와 구획화(compartmentalization) 사이를 광범위하게 구분할 필요가 있다는 것을 알았다. 진단적으로, 분리는 비인격화와 비현실화에서 두드러진다. 구획화는 기억상실과 해리성 정체성 장애에서 두드러진다.

해리적 거리두기(dissociative detachment)에는 마치 텅 빈 것 같은 모든 것이 끝난 것 같은 공허함뿐만 아니라 비현실감(예: 꿈같은 경험)이 분명히 있다. 외상

가운데 있을 때 상당한 수준의 공포와 얼어붙은 반응에서 보이는 해리적 거리두기는 공통되면서도, 이후 PTSD로 발전되는데 중요한 위험요인이다(Ozer, Best, Lipsey & Weiss, 2003). 이것이 두려운 반응의 반사적인 측면이라고 하더라도 해리적 거리두기는 또한 전략적으로 다양한 고통스러운 정서를 방어하기 위해 사용된다. 예로 내담자는 자신의 주의를 제한시키거나(예: 벽의 한 점만 응시) 혹은 환상으로 퇴각함으로써 분리하는 것을 배울 수 있다. 분리는 비정신화의 가장 양식의 대표적인 예다. 정신적 동등 모드는 정신상태가 너무 현실적으로 경험되는 반면 가장 모드에서 정신상태는 현실로부터 분리된다. 외상 중에 혹은 외상 이후에 해리는 그것이 정신화를 차단하기에, 즉 정상적인 의식 안으로 경험이 동화되는 것을 차단하기에 부분적으로 PTSD의 발달에 기여한다. 이러한 분리는 외상이 자서전적 자기로 통합되는 것을 못하게 한다. 못지않게 중요한 것은 분리는 정서적 의사소통을 차단해서 애착관계에서 안정성을 회복하는 것을 빼앗아간다.

해리성 정체성 장애는 극단적으로 말해 구획화의 대표적인 예이다. 자기감에서의 극적인 변화는 기억상실과 관련이 있다. 이러한 변화는 종종 일상적인 의식으로부터 차단된 외상적 경험과 관련이 있다. 해리성 정체성 장애는 특히 진단에 대한 논란이 있는데, 많은 전문가들은 그것을 타당한 진단이라고 보지 않는다(Comier & Thelen, 1998; Pope, Oliva, Hidson, Bodkin & Gruber, 1999). 나는 내가 본 것을 믿는 편이다. 나는 그것을 종종 보아왔기에 그것을 믿는다. 물론 내가 해리성 정체성 장애에 대해 확신이 있는 이론적 근거를 제시할 수 있다는 것은 아니다. 하지만 낯선상황에서 혼란스러운 아이들의 구획화된, 극심히 모순된 행동을 기억하는 것이 도움이 된다. 위협을 주고 위협감을 느끼는 양육자와의 관계에서 고통을 느끼면서 이 고통을 완화해줄 만족스러운 전략은 사실상 없다. 유아는 엄마가 떠날 때 문 앞에서 소리를 질러 울거나 문을 두드리는 것과 엄마가 다시 돌아왔을 때 방구석 멀리서 달려오는 것 사이를 오가야 한다.

조각난 의식은 발달적 기저를 가지고 있는데, 성학대와 같은 외상이 계속 이어질 때 구획화가 계속 유지된다. 예로, 아이는 일상적인 애착관계와 성적인 관계를 동시에 마음에 담아둘 수 없다(DePrince & Freyd, 2007; Freyd, 1996). 다양한 외상적 상호작용에 직면하면서, 더 많은 해리적 상태가 나타나는데 다른 연령에서 다른 외상적 관계를 맺으며 다른 정서를 경험하게 된다. 그러한 구획화는 일관성 있는 자서전이 만들어지는 데 있어 통합하는 과정인 정신화를 극단적으로 실패하게 한다. 기억상실이 동반되는 구획화는 서술의 일관성과는 거리가 멀다. 전형적으로 힘겨운 그리고 긴 치료를 통해 치료자는 내담자가 점진적으로 고통스러운 정서, 경험 그리고 관계에 대한 자각의 범위를 확장시킬 수 있도록 하는 안정되고 안전한 분위기를 형성하면서 내담자의 조각난 마음을 잘 붙잡아주어야 한다.

우울

PTSD와 해리장애가 외상과 밀접한 관련이 있는 반면, 우울은 넓은 범위의 맥락에서 발전하고 있다. 다양한 수준의 스트레스는 반드시 우울 원인에 중요한 역할을 한다. 내담자를 교육하는 데 있어(Allen, 2006a), 나는 스트레스-누적 모델(stress-pileup model)을 사용하는데 이 모델은 아동기 애착관계에서의 역경은 이후 스트레스에 대한 반응에서 우울증에 취약한 상태로 이끄는데 상당한 기여를 한다는 입장이다(Bifulco & Thomas, 2012). 우울증이 PTSD보다 더 외상관련 장애에 공통적이기에 충분히 우리의 주의를 끌 만하다(Bryant, 2010). 전형적으로 내담자는 그들이 우울해서 그리고 죽고 싶어서 병원에 오는데 이것은 PTSD 혹은 해리장애로 인해 도움을 찾는 경우보다 훨씬 많다. 또한, PTSD와 해리는 종종 외상관련 우울증과 깊게 관련이 있다.

Bowlby(1980)는 '사랑하는 사람의 상실이 인간이 겪는 고통 중에 가장 강렬한 고통 중 하나이다.'(p. 7)라고 주장하면서 우울증에 대한 취약성을 애착의 영역 안에 정면으로 두었다. 이 책의 주제와 일관적으로 연구들은 상실 이후 애착관계의 특성이 이후 우울증의 위험에서 중요한 역할을 한다고 제시한다(G. W. Brown,

Bifulco, Veiel & Andrews, 1990). 또한, 아동기 외상에서 성인기 우울로 가는 발달적 경로는 매우 복잡하다. 우울증의 위험이 성인기의 불안정한 애착에 의해 강화되고, 불안정 성인애착은 성인기 친밀한 관계에서 갈등과 지지의 결여와 관련이 있다. 역으로, 아동기, 청소년기, 성인기의 안정적인 관계는 아동기 학대 이후 우울증이 전개되는 것에서 완충장치의 역할을 한다(Bifulco & Thomas, 2012).

심각한 우울증 내담자와 치료를 하는 심리치료자들이 확인해주듯이 우울은 정신화의 주된 적이다. 나는 우울증 내담자들과 햇빛에서 걷고 앉아 있곤 했다. 확실히 햇빛은 나보다 더 좋은 것을 한다. 내가 할 수 있는 것은 기껏해야 우울한 내담자를 지지하고 격려하는 코치 정도를 했던 것 같다. 심리치료적인 성찰의 형태로 정신화는 멀리 있었다. 하지만, 이러한 맥락에서 애착이 발전되기 시작했고 감사하게도 다양한 모델의 병원 치료가 도움을 줄 수 있었다. 이러한 치료는 약을 처방하면서 매일매일의 일상, 활동 그리고 가장 중요한 것은 참여할 수 있는 사회적 환경이었다.

또한 정신화는 우울증과 함께 붕괴될 뿐만 아니라 해로운 순환 안에서 우울증의 발전에 기여한다(Luyten, Fonagy, Lemma & Target, 2012). 인지치료(Beck, 1991)의 역사가 증명하듯이 자기와 타인의 왜곡된 작동 모델은 우울증의 발달에 중요한 역할을 하는데 이러한 사고의 경직성은 우울한 사람들의 반추에서 그 전형적인 예를 찾을 수 있다(Nolen-Hoeksema, 2000). 반추는 우울의 연료이기도 하고 우울을 유지시킬 뿐만 아니라 사회적인 문제해결을 방해하고 사회적 지지를 손상시킨다(Nolen-Hoeksema & Davis, 1999). 어쩔 수 없이 그들은 우울에서 벗어나려고 스스로 별 의미 없는 노력들을 하곤 한다. 하지만 명백한 것은 그들이 스스로의 마음을 붙잡고 다른 관점을 고려하도록 돕는 누군가가 필요하다. 여기서 마음챙김과 정신화 접근이 중복된다(Segal, Teasdale, & Williams, 2004). 가장 우선적인 단계는 정신적 동등 모드에서 벗어나는 것이며 우울한 사고가 자신의 마음의 상태를 반영하는 것이지 현실은 아니며 절대적인 진리가 아니라는 것을 이해해야 한다. *무망감*과

무망한 존재 사이의 구별이 가장 정신화가 필요한 예이다.

물질남용

정신장애와 손상된 정신화 사이의 관계에 대해 교육할 때 우리는 우선 물질남용으로 시작한다(Allen, O'Malley, Freeman & Bateman, 2012). 물질장애는 아동기 외상과 관련되어 매우 만연된 문제이다(Felitti & Anda, 2010). 중독만큼 정신화가 손상된 문제도 없을 것이다. 또한, 금단 현상과 물질을 얻으려는 몰두 또한 정신화를 손상시킨다. 약물중독을 비밀로 하려는 것은 관계에서 정신화를 방해하는 분명한 장벽이다. 내담자에게 물질남용의 문제를 생각해보도록 했을 때 내담자에게 분명하게 드러난다. 또한, 손상된 정신화가 물질남용에 어떻게 기여하는지를 고려하도록 질문할 수 있다. 확실한 것은 수치심과 자기에 대한 왜곡된 작동모델과 관련된 자기증오가 스트레스를 높여 결국 이를 달래기 위해 물질을 사용하게 된다. 악화된 자기감을 더욱 부채질하는 식이다.

손상된 정신화가 관계에서 갈등과 단절을 일으킨다는 것이 가장 중요하다. 중독은 안정된 애착관계를 대체한다. 중독물질이 고통스러운 관계로부터 상처를 달래는 데 사용된다는 것은 매우 아이러니하다. 하지만 물질과의 관계는 강한 고통을 야기하고 해로운 순환으로 이어지게 한다. 불안정한 애착의 영향으로 손상된 정신화 그리고 약물남용을 고려하면 향후 정신화를 강화시키는 물질남용 치료의 발전이 필요하다(Philips, Kahn & Bateman, 2012).

섭식장애

물질남용과 같이 섭식장애는 아동기 외상과 불안정 애착을 포함하면서 매우 복잡한 원인이 작용한다(Fischer Stojek & Hartzell, 2010; Mallinckrodt, McCreary & Robertson, 1995). 거식증은 목적론적 모드(teleological mode)라는 비정신화의 대표적 예이다. 내담자는 신체에서 일어나는 어떤 확인가능한 것에 대해 통제를 발휘하면서 정서적 통제를 얻으려고 한다. 물질남용과 유사하게 폭식은 해리된 분리를 일으킬 뿐만 아니라 자기를 달래는 형태로 나타난다. 하지만 수치심, 역겨움, 자기혐오에 이어 폭식은 하제 사용으로 이어진다. 하제를 사용하는 것은 일시적으로 이러한 정서에서 위안을 주지만 분명한 것은 폭식과 하제 사용은 해로운 악순환으로 이어진다는 것이다. 각각은 서로를 자극하여 정서적 고통을 부채질한다.

성찰을 대체하는 행동의 원형으로 섭식장애는 정신화 치료가 필요한 영역이다. Finn Skarderud(Skarderud & Fonagy, 2012)는 '마음과 신체'라고 부르는 정신화 개입을 고안했다. 신체가 자기의 상징적 표상이라는 자각을 높이고 신체 감각과 정서적 느낌 사이에 관계를 자각하는 것을 촉진하고자 하는 것이 목표이다. 더 광범위하게 치료는 직접적으로 애착관계에서 문제를 해결하는 내담자의 능력을 촉진하는 것인데 음식과 신체를 통해 모호하게 이 문제를 해결하려는 의미 없는 노력과는 반대되는 노력이다.

비자살적 자해

많은 외상 내담자들에게 비자살적 자해—물질남용, 폭식 그리고 하제 사용—는 참을 수 없는 고통스러운 정서로부터 위안을 제공하는 강력한 수단이다. 자살하려는 의도가 없는 것으로 정의되는 비자살적 자해는 칼로 긋기, 머리 박기, 태우기, 날카로운 물건을 피부에 넣거나 먹기, 상처 부위를 더 아프게 하기 등의 방식이다(Nock, 2009). 혼란 애착을 포함해 아동기 외상의 역사는 비자살적 자해의 선행요인이다(Yates, 2009). 그리고 정서적 방임은 이러한 행동의 촉발요인이다(Kaplan, 1991). 자해의 우선적인 역할은 긴장완화이지만 한편 이것은 강력한 의사소통의 수단이다(종종 타인을 조종하고 혹은 타인의 주의를 받고자 하는 별 도움이 되지 않는 행동으로 볼 수 있다). 목적론적 모드에서 행동은 말보다 더 강력하다. 치료자의 불감증에 격분한 내담자는 그녀의 고통의 깊이를 표현하기 위해 최근에 자해한 상처를 보여주려고 팔목을 드러낸다.

　불안정한 기분에서 느껴지는 견딜 수 없는 고통을 다루기 위한 이러한 자해행동은 유사하게 파트너에게 견딜 수 없는 고통을 일으킨다(종종 의식적인 의도로 일어난다). 또한, 그 행동은 파트너를 불안정하게 만드는데 이는 필연적으로 내담자의 불안정을 증가시키게 된다.

　최악으로 파트너는 고통에 대처하기 위해 파괴적 시도를 하게 된다. 해로운 순환이 해로운 순환과 연결된다. 그러한 나선형 구조에서 일어나는 파트너의 파괴적 행동은 내담자로 하여금 파트너가 자신에게 신물이 났고 관계가 파멸로 이어지고 있다고 강하게 확신하도록 한다. 종종 이러한 공포를 피하는 방식으로, 내담자는 끔찍한 결과를 통제하려고 관계의 파괴로 치닫는다. 심리치료자와의 관계는 이러한 패턴에 면제되어 있지 않다. 따라서, 이러한 과정에 따라 행동하기보다 이러한 과정을 정신화하는 것은 이 해로운 관계를 끊어내는 경로가 된다.

　자살을 하고자 하는 상태

　Karl Menninger(1938)는 반-자살적 행동(anti-suicidal behavior)인 자해는 일시적 해결책이지만 자신의 정서적 고통으로부터 생존하기 위한 방식이라고 설명했다. 반대로 자살은 궁극적으로 혹은 영원히 고통으로부터 도피하는 것이다. 내가 고려해온 다른 임시방편적인 기제와 같이 애착외상의 역사는 중요하게 자살행동에 기여한다(Bifulco, Moran, Baines, Bunn & Stanford, 2002; Felitti & Anda, 2010). 자살을 하고자 하는 절망감은 과거 외상을 되살리는 가장 가슴 아픈 순간일 것이다. 바로 고통과 절망 안에서 홀로 있다는 느낌이다. 이러한 경험은 자살을 하려는 상태에 이르게 하는 두 가지 주된 기여자와 통한다. 소속되어 있다는 느낌의 부재 그리고 내담자가 의존하고 있는 타인에게 내담자 스스로 짐이 된다는 느낌(Joiner, 2005)이다. 따라서, 다른 어떤 임상적 상황에서도 공감대를 형성하고 정신화로 연결하는 것 이상으로 더 시급하고 중요한 것은 없다(Allen, 2011; Orbach, 2011).

불행하게도 치료자의 불안은 정신화를 손상시키기 쉽다. 특히, 그것이 내담자에게 적용되듯이 치료자에게도 마찬가지로 적용된다. 치료자로서 당신이 정신화를 거의 할 수 없을 때가 가장 정신화가 필요한 순간이다. 치료자들이 통제를 함으로써 정신화를 건너뛰는 것은 이해할 법하다. 물론 그렇게 하는 것(예: 비자발적인 입원)은 내담자의 삶을 구하는 데 반드시 필요할 수 있다. 하지만 가장 두려운 상황이 아닌데도 치료자가 정신화를 하지 않으면서 통제를 하려는 시도는 부작용을 일으킬 수 있다. 자살방지 서약서는 효과적이지 않음에도 보편화되어 있다(Rudd, Mandrusiak & Joiner, 2006). 내담자는 다른 마음의 상태에서는 전혀 유지되지 못하는 어떤 안정된 마음 상태에서 자살방지 서약서를 작성할 수 있다(Bateman & Fonagy, 2006).

자살 시도 후에 입원을 하는 많은 내담자들은 자살을 하려고 했던 이전의 마음 상태를 전적으로 부인하려고 한다. 이 점은 이해할 만하다(예: "내가 자살하려고 했던 것이 우리 아이들에게 얼마나 상처가 되는 줄 알고 있기 때문에 나는 앞으로 다시는 그런 행동을 하지 않을 겁니다!"). 치료자는 이러한 말을 쉽게 믿어서는 안된다. 애착관계 안에 필연적으로 내재되어 있는 자살에 대한 지속적인 취약성이 확인되고 정신화 되어야 한다(Allen, 2011; J. Holmes, 2011). 이러한 취약성을 설명하지 않고 우울증을 치료한다는 것은 장기적인 예방으로 보면 큰 도움이 되지 않는다. David Jobes(2006, 2011)는 협력적인 정신화를 통해 심리적 대인관계적 취약성을 다루는 구조적 접근을 발전시켰다.

복합외상

애착외상과 정신장애 사이에 일반적인 관계를 확인하면서, 그러한 외상이 앞서 예시한 넓은 범위의 임상적 증후뿐만 아니라 다양한 성격장애에 기여한다는 것을 알았다(J. G. Johnson, Cohen, Brown, Smailes & Bernstein, 1999). 경계선 성격장애(BPD)가 애착외상과 불안정감 사이의 관계에서 가장 많은 주목을 받아왔다. 공통적으로 BPD는 내가 방금 언급한 다양한 장애와 문제(PTSD, 해리, 우울, 물질남용, 섭식장애, 비자살적 자해, 그리고 자살 경향성)와 서로 관련이 깊다. 나는 이러한 문제들이 서로 연결되어 있는 내담자들을 많이 만나왔다. 애착 혼란과의 관련성을 고려하면, BPD는 정신화에서 Peter Fonagy의 관심을 불러일으켰던 장애이다(Fonagy, 1989, 1991). 초기에 정신화 기반 치료는 경계선 성격장애를 위해 발전되기도 했다(Bateman & Fonagy, 2004, 2006). BPD 내에서 가장 두드러지는 것은 정신화의 세 가지 측면에서 손상이다. 내적 상태에 대해 자동적, 암묵적, 정서가 부과된 정신화의 결과로서 명시적, 인지적 정신화의 손상이다(Fonagy & Luyten, 2009). 예로, 성찰을 하기 어려운 내담자가 위험에 처해있다고 느낄 때 치료자가 눈살을 찌푸리는 것을 보면 그것이 치료자가 자신을 아직 충분히 이해하지 못한 데서 나오는 표정이라고 이해하지 못한다. 대신, 내담자는 자신을 싫어하고 질려버려서 치료를 종결하려는 것으로 즉각적으로 느끼게 된다.

정신건강 전문가들 사이에 BPD의 진단과 관련된 편견을 고려하면 Judith Herman(1992a, 1992b)은 외상과 관련된 문제들의 혼합물을 '복합 PTSD'라고 생각될 수 있기에 공식적으로 '달리 분류되지 않는 극도의 스트레스 장애'로 분류하는 것을 제안한 바 있다(Herman, 1993). 더 최근에 Bessel van der Kolk와 동료들(van der Kolk, 2005; van der Kolk & d'Andrea, 2010)은 복합외상과 대응되는 아동기 장애를 '발달 외상 장애'라고 제안했다. PTSD의 복잡성과 기준과 관련된 논쟁을 고려하면 나는 훨씬 복잡한 문제를 단순히 단 하나의 진단 항목으로 묶어버리는 것에 대해 매우 회의적이다. 나는 Julian Ford와 Christine Courtois(2009)가 사용한 '복합적 심리적 외상'(발달적으로 취약한 기간에 애착관계에서 일어나는 지속적이고 심각한 외상을 언급하는)이라는 개념을 지지한다. 그들은 복합외상에 대해 '복잡한 심리적 외상에 이어 경험되는 마음, 정서, 신체 그리고 관계에서의 변화를 의미하는데 해리, 정서적 기능장애, 신체화 고통, 관계적 혹은 영적인 고립을 포함한다.'고 했다(p. 13).

진단 용어와 기준이 계속해서 진화하는 동안, 장애-특정 치료에 대한 여지가 항상 있었다. 하지만 애착외상은 이러한 접근을 거부한다. 이 부분에 대해서는 다음 단락에서 다루고자 한다. 진정한 진단적 이해를 얻기 위해 무수한 진단에 의존할 수 없다. 그보다는 정신과적인 진단을 무시하지 않으면서 발달 병리에 기반한 접근을 취해야 한다. 이러한 접근은 장애중심에서 인간중심적인 태도로 이동하는 것이다. Sidney Blatt와 동료들(Blatt, 2008; Blatt & Luyten, 2010)은 양극모델(예: 관계성과 자기정의가 발달적으로 상호작용)을 마련하면서 그러한 발달적 접근을 옹호하고 있다. '이러한 접근은 초기 아동기에서 후기 적응적 혹은 부적응적 발달의 무수히 복잡한 경로를 이해하려고 시도한다. 이러한 접근을 통해 개입과 치료에 근간을 형성할 수 있다.'(Luyten, Vliegen, van Houdenhove & Blatt, 2008, p. 29). 따라서, 우리는 기존의 외상에 대한 치료법을 좀 더 발전적으로 정보를 제공하는 통합적인 치료의 디딤돌로 사용해야 한다. 특수한 치료들을 지나치기보다 발판으로 삼아야 한다.

◻ 현존하는 외상치료

PTSD치료 가이드라인을 맡은 프로젝트팀(Foa, Keane, Friedman & Cohen, 2009)이 A 등급을 준, 무선할당으로 잘 통제된 반복연구된 실험에 기반해서 이루어진 PTSD에 특화된 많은 전문화된 치료가 있다는 것은 다행이다. 이들 중에 가장 대표적인 것은 지속적 노출치료(Foa, Hembree & Rothbaum, 2007), 인지치료(Ehlers, Clark, Hackmann, MeManus & Fennell, 2005; Resick, Monson & Rizvi, 2008), 안구운동 탈민감화 재처리(EMDR)(F. Shapiro, 1995)가 있다. 심리치료 분야의 특징이 그러하듯이, 연구자들은 이러한 치료들 중 가장 효과적인 것을 증명해야 한다는 압박을 받게 된다(Powers, Halpern, Ferenschak, Gillihan & Foa, 2010). 반복된 결론은 '어떤 치료가 어떤 내담자에게 가장 적합한 것인지를 예측할 수 있는 지점에 이르지 못했다'는 것이다(Friedman, Cohen, Foa & keane, 2009, p. 617). 요약하면, 반세기 이상의 심리치료 연구를 실시한 결과 우리는 계속해서 근본적인 질문에 답을 하기 위해 고군분투하고 있다. 그 질문은 '어떤 접근이 누구에게 효과적인가?'이다(Roth & Fonagy, 2005).

분명한 것은 Foa와 동료들(Foa & Kozak, 1986, 1991)이 수십 년 동안 논쟁해왔듯이 노출이 외상치료에 핵심인데 여기에는 지속적 노출뿐만 아니라 인지치료와 EMDR이 포함되어 있다. 인지치료는 낮은 수준이라도 노출을 수반한다(예: 외상 경험에 대해 말하고 쓰기). 반대로, 노출 치료는 인지적 처리를 포함한다. '사실상, 내담자가 위협을 평가하는 방식을 점검하고 더 현실적인 결론에 이르도록 인지적 추론 과정을 돕는다는 점에서 노출 동안 비공식적 인지치료를 하는 셈이다.'(Foa & Kozak, 1991, p. 45). EMDR 역시 노출과 인지치료의 혼합이다. 비록 내담자가 마음에 외상의 이미지를 불러오고 양방향적 자극(예: 치료자의 손이 얼굴 앞에서 양 옆으로 왔다갔다 움직임)에 초점을 맞추도록 하면서 상대적으로 짧은 시간동안 노출이 일어나지만 말이다. 비록 EMDR이 효과적인 치료라도 해도(Wilson, Becker & Tinker, 1995; Wilson, Becker & Tinker, 1997), 그것은 지속적 노출(powers, Halpern, Ferenschak, Gillihan & Foa, 2010) 혹은 다른 인지행동 접근(Seidler & Wagner, 2006)보다 더 우수하다는 일관적인 증거는 없다. 역설적이게도, 이 접근의 이름을 대표하는 특성—눈움직임 혹은 다른 양방향 자극—이 효과에 기여하는지에 대해서 일관적인 증거가 없다(Spates, Koch, Cusack, Pagoto & Waller, 2009). 노출은 이러한 모든 치료에서 공통분모이다(Powers, Halpern, Ferenschak, Gillihan & Foa, 2010). 하지만 Roth와 Peter Fonagy(2005)가 주장하듯이, '내담자에 대한 전문가의 세부적 이해가... 그 어떤 구체적인 노출-기반 치료보다 더 효과에 중요할 수 있다.'(p. 235).

고통스러운 정서 경험과 기억을 생각하고 말하는 것과 관련되지 않는 치료를 상상하는 것은 어렵다. 정신분석이 이미 닦아 놓은 길이다. 노출치료가 마치 반복되는 소리에 익숙해지는 것 같이 단순한 습관화로 생각하는 것은 심각한 잘못이라고 생각한다. 노출치료가 효과를 발휘하는 기제는 복잡하며 이는 지속적인 조사 과정 중이다(Craske et al., 2008). 고통스러운 정서에 대해 인내심의 발달이 변화하는 효과 중 하나이다. 나는 세 가지 효과를 포함하고 있는 지속적 노출의 효과성에 대해 언급한 Foa(Foa, Huppert & Cahill, 2006)의 설명이 매우 가치 있다고 생각한다. 외상 기억에 대해 정서적으로 관여하고 세상이 극히 위험하고 자기가 무능하다는 비현실적인 생각을 수정하고 외상 경험에 대해 응집력 있는 이야기를 발전시키는 것이다. 이 내용을 달리 해석해보면, 정서를 정신화(Jurist, 2005)하고, 자기와 타인의 내적작동모델을 수정하고, 그리고 ―가장 중요한 것은― 응집력 있는 이야기를 완성할 필요가 있다는 것과 통한다. 특히, 이야기의 응집력은 성인애착면접에서 외상과 관련하여 애착 안정성을 판단하는 핵심 기준이다.

치료 매뉴얼에서는 주목받고 있지만(Foa, Hembree & Rothbaum, 2007), 인지행동적 외상치료의 이론적 설명에서는 내담자-치료자 관계의 핵심적 중요성을 놓치고 있다. 불안과 우울 장애가 중복되어 나타나는 장애를 치료하는 David Barlow와 동료들(Barlow, Allen & Choate, 2004)의 통합적인 프로토콜은 이러한 점을 상기시킨다. 이러한 장애는 공통적인 역사를 가지고 있고 유사한 취약성을 보인다. 두 장애에서 모두 중요한 것은 불안 장애에 대한 생물학적인 취약성을 가지고 있다는 것이며 증거가 뚜렷한 유전적 특성이 있다는 것이다. 중요하게도 이러한 생물학적 취약성은 초기 삶의 경험과 상호작용한다. '전반적인 심리적 취약성이 초기 아동기 경험으로부터 나오는데 스트레스가 높은 예측할 수 없는 환경 그리고/혹은 애착이론에서 상세히 언급하는 구체적인 부모 양육이 특징이다.'(Wiliamoska et al., 2010, p. 884). 하지만 인지치료이론에서 내담자-치료자 관계는 포함되어 있지 않다. 비록 보편적이지 않더라도(McBride & Atkinson, 2009), 인지-행동적 접근에서 관계 요인이 생략된 것은 특히 주목할 만하다. 이 장의 서두에서 소개되었듯이, 우리는 치료 성과에 있어 치료적 관계의 중요한 기여에 대해서는 포괄적인 증거를 가지고 있지만, 다양한 구체적 치료의 효과성에서 체계적 차이가 있다는 증거는 풍부하지 않다.

애착외상의 시작과 반복이 관계에서 이루어지는 것을 고려하면, 내담자-치료자 관계를 치료 이론의 핵심 단계로 고려하지 않는 것은 이해하기 어렵다. 하지만 나의 입장에서 심리치료 관계의 우선적인 가치는 *다른* 관계에서의 정신화 그리고 안정성을 촉진시키는 가능성을 가지고 있다는 것이다. 사실상, 심리치료는 다른 관계로 가는 교량 역할을 한다. 왜 그 다리를 건너뛰고 다른 관계를 직접적으로 작업하지 않는가? 개인 심리치료에 집중하는 사람으로서 나는 입원한 내담자들이 그들의 치료에서 가장 도움이 되고 가치가 있었던 것이 다른 내담자들과의 관계라고 보고하는 것을 통해 계속해서 겸손해진다. 임상가로서 우리의 일은 치유하는 공동체(예: 정신화 자세를 촉진함으로써)를 자극하고 유지하는 것이고 내담자가 다른 사람과 관계를 최적으로 이용할 수 있도록 돕는 것이다. 이러한 입장과 일관적으로 집단 심리치료는 비록 그것이 상당히 구성과 초점에서 다양하더라도 외상치료의 중심에 있어 왔다(Ford, Fallot & Harris, 2009). 전도유망한 연구(Shea, McDevitt- Murphy, Ready & Schnurr, 2009)가 있다고 해도, 집단치료가 매우 흔한 형태임을 고려하면 외상에 대한 집단치료의 효과성은 충분히 연구되지 못했다(Welch & Rothbaum, 2007). 정신화 접근이 다양한 관점을 촉진하는데 탁월한 위치를 가지고 있다는 사실을 고려하면 집단치료는 부분 입원이나 외래 내담자에게 적용할 수 있는 정신화-기반 치료의 핵심이다(Bateman & Fonagy, 2006; Karterud & Bateman, 2012).

주목받아야만 하는 것은 현재 애착관계이다. 즉, 커플, 부부 그리고 가족 치료에서 직접적으로 개입하는 것이 타당하다. Sue Johnson(S. M. Johnson, 2008, 2009)은 커플과 가족을 대상으로 정서에 초점을 맞춘 치료에 애착이론과 연구를 적용한 바 있다. 그녀는 '커플이나 가족치료를 하는 대신 개인치료가 너무 많이 이루어 진다'고 직접적으로 지적했다(S. M. Johnson & Xourtois, 2009, p. 374). 가족치료는 내담자의 삶에서 가장 중요한 애착관계에서 정신화를 키우는 최적의 기회를 제공한다(Asen & Fonagy, 2012; Fearon et al., 2006). 불행하게도 집단치료와 같이, 외상치료에서 커플과 가족치료의 효과에 대한 연구는 설득력 있는 이론적 근거와는 대조적으로 한계가 있다(Riggs, Monson, Glynn & Canterino, 2009). 과도한 개인치료의 적용에 대한 Johnson의 예리한 지적을 고려하면, 병원 세팅에서 나의 내담자들이 가족작업을 통해 도움을 받을 수 있다는 사실에 위안을 받게 된다. 가족치료는 종종 치료에서 핵심적인 역할을 한다(집단치료에서와 같이). 하지만 애착관계에 직접적으로 개입하는 것에 더 큰 초점을 두라는 Johnson의 간곡한 제안은 또한 부모-유아 그리고 부모-아동 치료의 효과성에 대한 새롭게 제시되는 증거라는 점에서 확실한 근거가 된다(Berlin, Zeanah & Lieberman, 2008). 그 중 어떤 것은 명시적 정신화에 초점을 맞춘다(Sadler, Slade & Mayes, 2006; Slade, 2008b).

　　나의 출발점으로 돌아가면 외상을 치료하는 데 집단, 커플 그리고 가족치료의 효과성에 대한 제한된 증거를 언급한 적이 있다. 하지만 이 증거 기반은 (대부분은 아닐지라도) 가장 눈에 띄는 외상 관련 장애인 PTSD에 초점이 맞추어져 있다. 또한, Foa 그리고 동료들(Foa, Hembree & Rothbaum, 2007)은 지속적 노출이 '외상을 위한 치료가 아니라 PTSD를 위한 치료'임을 설명했다(p. 21). 또한, Foa는 치료 가이드라인에서 복합외상장애의 치료에 적용하는 데는 한계가 있다는 점을 분명히 하고 있다. '이러한 외상 역사를 가진 내담자의 성공적 치료에 대해서 상대적으로 알려진 것이 거의 없다. 이러한 역사를 가진 내담자들이 긴 기간 동안 일관적으로 개입하는 다양한 모델의 개입이 필요하다는 점은 경험적 지지를 통해 임상적 합의가 커지고 있다.'(Foa, Keane, Friedman & Cohen, 2009, p. 2).

　　Herman(1992b)의 개척자적인 연구에 힘입어 우리는 복합외상 스트레스 장애의 치료에 적합한 풍부한 임상 문헌을 갖게 되었다. 이 치료는 안전과 안정화를 확립하는 것이 외상 기억을 처리하고 응집력 있는 이야기를 구성하는데 기반을 제공한다는 입장을 가진 단계 지향 모델이다. 외상에 초점을 맞춘 후에 사회적 직업적 기능에 초점을 맞춘다. 자녀에 대한 효과적인 양육뿐만 아니라 신뢰롭고 친밀한 관계를 발전시키는 것에 우선을 둔다. 분명하게, 복합장애는 복잡한 그리고 종종 장기치료가 필요하다. 인지-행동적 프로토콜의 효과성에 대한 누적된 증거와 함께 (Jackson, Nissenson & Cloitre, 2009), 복합외상을 위한 개입은 계속해서 발전되고 있다(Courtois, Ford & Cloitre, 2009).

Herman(1992a)의 주도에 이어, 우리는 그녀가 선호하는 용어는 아닐지라도, 복합외상 스트레스 장애의 원형으로서 BPD와 그것과 공통적으로 공존하는 정신장애들을 고려할 것이다. 그래서 우리는 BPD를 위해 연구된 다양한 치료에 초점을 맞출 수 있다. 충분한 연구 기초에 근거해, Marsha Linehan은 그녀의 변증법적 행동치료(Dialectical Behavior Therapy; DBT)(Linehan, 1993)를 BPD를 위한 치료의 현재 표준(Linehan et al., 2006)이라고 보았다. 정서조절에 초점을 맞추면서 DBT는 외상치료를 상당히 포함하고 있다. 그리고 임상가들은 DBT 개입을 외상 초점 치료와 통합하는데 관심을 보이고 있다(Follett, Iverson & Ford, 2009). 그것이 치료의 표준으로 어느 정도 신뢰성을 가지고 있다고 해도 DBT가 BPD를 치료하는데 다른 전문화된 접근보다 더 우수하다고 믿을만한 타당한 근거는 없다. 예를 들어, John Clarkin과 동료들(Clarkin, Levy, Lenzenweger & Kernberg, 2007)은 BPD의 치료로 전이초점치료(Transference-Focused Psychotherapy, TFP)를 직접적으로 DBT와 매뉴얼을 갖춘 지지치료와 비교하였다. 특히, TFP는 정신화에 초점을 맞춘다 (Kernberg, Diamond, Yeomans, Clarkin & Levy, 2008). Clarkin과 동료들의 연구에서 모든 치료는 일반적으로 효과성에서 동등했다. 하지만 내가 관심이 있었던 치료 일년 전과 후에 실시한 성인애착면접에 근거해서 살펴보면, TFP는 DBT와 지지심리치료보다 더 우수했으며 내담자가 이야기의 응집력과 정신화에서 개선을 보일 뿐만 아니라 안정 애착을 보이면서 개선을 보였다(Levy et al., 2006).

BPD를 대상으로 정신화 기반치료(Mentalization-Based Treatment, MBT)를 부분 입원 내담자들에게 적용한 것은 통제 실험에서 통상적 치료와 비교하여 더 효과적임을 보였다(Bateman & Fonagy, 1999, 2001). 이러한 결과는 8년 추후연구에서 축적된 결과이다(Bateman & Fonagy, 2008). 이 추후연구는 BPD 치료에서 가장 오래 이루어진 연구이다. MBT는 자살시도, 응급실 방문, 입원, 약물 섭취 그리고 외래 내담자 치료 이용, 충동성을 모두 낮췄다. 통제 집단과 비교했을 때 훨씬 적은 내담자들이 BPD의 진단 기준을 충족시켰다. 그리고 그들은 대인관계적 그리고 직업적 기능에서 상당한 개선을 보였다. 이러한 결과에 대해 Ken Levy(Levy, 2008)는 '행동을 조절하는 것은 기술에 기반한 것이 아니라 정신적 기술의 발전을 통해 일어날 수 있다는 생각을 분명하게 지지하는 것이다.'(p. 557)라고 언급했다. 이러한 인상적인 추후 결과를 통해 Herman(2009)은 '이 연구가 궁극적으로 BPD 치료에 대한 새로운 기준을 정의했고 나로 하여금 복합 PTSD에 대한 유사한 치료로 집중적인, 다이론적 모델에 의문을 갖도록 했다.'(pp. xvi−xvii)고 제안했다. 그러나, 집중성의 정도에 대한 의문은 여전히 열려 있다. 최근 외래 내담자들에게 MBT를 실시했을 때(개인치료와 집단 치료를 병행) 또한 BPD 치료에서 그 효과성이 입증된 바있다(Bateman & Foangy, 2009).

❏ 심리치료에서 애착에 관한 연구

자주 인용되는 Bowlby(1988)의 문장을 살펴보면 애착관계를 심리치료의 핵심으로 언급하고 있다. 내용을 살펴보면 다음과 같다.

> 과거와 현재, 인생의 여러 가지 불행하고 고통스러운 측면을 탐구할 수 있는 안전기지를 내담자에게 제공하면서 지지와 격려, 동정 그리고 종종 조언을 제공하는 신뢰로운 동반자 없이 내담자가 생각하고 재고하는 것은 아마 어렵거나 불가능하다는 점을 치료자는 알게 된다(p.138).

외상-교육 집단에서 내담자는 심지어 그것을 분명하게 표현했다. 마음이 두렵고 무서운 장소일 수 있다는 나의 언급에 그 내담자는 이렇게 말했다. "아마 당신도 거기를 혼자 들어가고 싶지 않을 겁니다."

내담자가 안식처와 안전기지로서 관계에 의존하기에 연구들은 Bowlby의 견해와 일관된다. 내담자들은 치료자의 가용성에 대해 염려한다. 그리고 그들은 치료자와의 분리에 의해 동요될 수 있다(Eagle & Wolitzky, 2009). 하지만 분명한 경계를 유지하는 것에 따라 관계의 전문적 특성은 심리치료와 다른 애착관계를 선명하게 구분한다. 그래서 Bowlby(1988)는 치료자의 역할은 엄마의 역할과 *유사하다고* 제안한다. 그리고 Holmes(J. Holmes, 2010)는 치료자가 유사한 안전기지를 제공한다고 보았다. 명백하게 애착의 힘은 내담자-치료자, 즉 두 사람의 애착 성향에 따라 상당히 다양하다. 양가적인 내담자는 빠르게 정서적으로 강한 관계를 형성하며 치료자에게 강하게 의존한다. 회피적인 내담자는 치료관계를 사업관계 혹은 자문관계처럼 접근한다. 그리고 두려운 내담자는 오랜 기간 동안 치료에 다가오는 것 자체를 힘들어 할 수 있다. 회기의 빈도, 관계의 기간 그리고 치료적 접근(예: 정서를 더 강조하는지 아니면 인지를 더 강조하는지)도 중요할 수 있다.

심리치료에서 애착 유형의 영향에 대한 연구는 간명한 결과를 보인다(Obegi & Berant, 2009; Slade, 2008a). 안정 애착 내담자는 심리치료에 대한 Bowlby의 이상적 모델에 딱 맞는다. 그들은 치료에 더 적극적으로 온다. 그들은 긍정적인 동맹을 형성한다. 그들은 치료자를 가용하고 민감한 사람으로 볼 가능성이 높다. 그들은 자기에 대해 노출할 수 있다. 동맹에서 균열을 회복하기 위해 부정적인 감정을 드러낼 수 있다. 회피적 내담자들은 치료에 잘 오기 어렵고 치료자와 긍정적인 동맹을 맺는 것이 쉽지 않다. 그들은 비판적일 수 있고 치료자 또한 비판적인 사람으로 볼 수 있다. 자신의 취약성을 보이는 것을 꺼려한다. 비록 양가적인 사람들이 더 정서적으로 빠르게 관여하더라도 그들은 실망과 환멸을 쉽게 느낀다. 동맹은 불안정할 수밖에 없다. 또한, 그들은 성장과 자율성에 대한 지지를 싫어할 수 있다. 그러한 움직임이 바로 치료자에게 의존을 할 수 없게 된다는 것을 뜻하기 때문이다. 혼란스러운 내담자들은 특히 어렵다. 친밀함과 거리 사이를 어쩔 수 없이 오갈뿐만 아니라 현실 관계에 대한 조율을 할 수 없기 때문이다. 그러한 외상을 입은 내담자들은 심각하게 해리된 철수된 상태로 들어가게 되는데 마치 위험에 빠져있고 학대당하는 것 같은 느낌을 갖는다. 아니면 그들은 심리적으로 접근할 수 없을 정도로 분리되어 있다. 마치 낯선상황이라는 치료실에서 해결할 수 없는 공포를 경험하는 것과 같다.

부모-자녀 애착관계와 같이 치료자-내담자 관계는 애착 파트너십이다. 파트너의 애착 유형이 영향을 미친다. 더 회피적인 치료자는 정서적 친밀감과 표현을 하는데 어려움을 갖게 된다. 반면, 더 양가적인 치료자는 거절하고 거리를 유지하려는 내담자와 어려울 수 있다. 놀랍지 않게 치료자의 애착 안정성은 더 긍정적 치료 동맹(Levy, Ellison, Scott & Bernecker, 2011) 그리고 더 좋은 치료 성과(Beutler & Blatt, 2006)와 관련이 있다. 애착 안정성은 또한 관계의 유연성과 관련이 있는데 치료자는 부드럽게 내담자의 불안정한 스타일에 대해 직면할 수 있도록 한다. 그래서 안정적인 치료자는 회피적인 내담자가 더 감정적으로 치료에 관여할 수 있도록 하는데 능숙하다. 양가적인 내담자에게 더 구조화된 그리고 담아주는 환경을 제공할 수 있다(Mallinckrodt, Daly & Wang, 2009; Slade, 2008a).

예상대로 안정 애착 내담자는 치료에 들어가고 종결을 하는데 더 높은 수준의 기능을 보인다(Obegi & Berant, 2009). 그리고 치료 과정에서 더 많은 개선을 보일 가능성이 높다(Levy, Ellison, Scott & Bernecker, 2011). 물론 불안정 애착 내담자 —특히 애착외상의 역사를 가지고 있는 경우—는 그들의 안정적인 상대방보다 더 많이 치료가 필요할 가능성이 크다. 비록 심리치료에서 애착에서의 변화에 관한 연구가 많지 않더라도 그 결과는 고무적이다. 이 장의 앞부분에서 언급하듯이, Levy와 동료들(Levy et al., 2006)은 1년간의 전이초점치료 후에 애착 안정성에서 변화를 보인 BPD 내담자들의 수가 유의미한 증가를 보였다고 보고했다. 또한, 치료 마지막에 실시한 AAI에서 해결되지 않은 외상이 중간 정도로 감소를 보였지만 그 차이는 통계적으로 유의미하지 않았다. 한편, Chase Stovall-McClough와 동료들(Stovall-McClough, Cloitre & McClough, 2008)은 PTSD로 진단이 될 수 있는 아동기 학대 역사를 가진 여성 집단에게 치료과정에 걸쳐 미해결상태가 유의미하게 감소되었음을 보고했다. 입원 내담자들에게 이루어진 정신역동치료의 연구에서 Fonagy와 동료들(Fonagy et al., 1995)은 또한 치료의 초반에 아무도 안정 애착을 보이지 않았던 내담자들의 40%가 종결시점에서 안정 애착으로 나타났다. 나는 안정 애착으로 그러한 변화가 일어나는 것에서 정신화가 가장 중요한 수단이라고 본다. 하지만 심리치료에서 변화의 기제로서 정신화를 분명하게 확인하기 위해서는 더 많은 연구가 필요하다.

❏ 구별된 심리치료 양식으로서의 정신화

나는 정신화 없이 심리치료를 수행하는 것을 상상할 수 없다. 진단을 개념화한다거나 치료에 대한 반응을 판단해야 하는 처방적 개입을 수행할 때조차 정신화가 요구된다. 이에 따라 우리는 심리치료에서 정신화에 초점을 맞추는 것이 별로 신기할 것이 없다는 점을 인정하면서(Allen & Fonagy, 2006), 정신화가 심리치료에서 가장 근본적인 공통 요인이라고 제안해 왔다(Allen, Fonagy & Bateman, 2008). 그래서 우리 치료자들은 언제나 정신화를 해야 한다. John Oldham(2008)은 분명하게 언급했듯이, 그렇게 하지 않으면 치료자로서 우리의 역할을 수행할 수 없다. 종종 내담자에게 말하듯이, 우리 모두는 정신화를 자연스럽게 하게 된다. 즉, 우리는 그렇게 하지 않을 수 없다. 또한, 치료자와 내담자 모두 더 일관되고 능숙하게 정신화하는 것을 배울 수 있다. 심리치료는 정서적인 맥락에서 이루어지기에 능숙한 정신화가 필요하기도 하고 능숙한 정신화가 어렵기도 한 상황이다.

정신화와 마음을 집중하는 것이 치료자의 이론적 배경과 상관없이 심리치료의 수행에 핵심이라는 것을 주장하면서(J. G. Allen, 2008a), 나는 상당한 혼란을 준비해 왔다. 만약 정신화가 모든 심리치료의 특성이라면 특정 치료 접근인 정신화 기반 치료(Mentalization-Based Treatment)가 치료 접근으로서 명분이 있는가? 모든 심리치료가 MBT인가? 이러한 혼란은 일부 MBT에 특별한 기법이 없기 때문이라고 생각한다. 카우치가 없고, 자유연상이 없고, 사고기록지도 없고, 안구 움직임도 없다. 만약 당신이 MBT 회기를 관찰할 때 그것을 Anthony Bateman 혹은 Peter Fonagy가 그것을 수행하지 않았다면 (당신이 높은 수준의 정신화를 알아차렸더라도) 그것이 MBT인지 확인하기 어려울 것이다.

구체적으로 특이한 점이 없다고 해도 나는 정신화에 초점을 맞추는 것이 BPD를 보이는 내담자의 치료에 특히 적합한 것으로 Bateman과 Fonagy가 고안한 심리치료의 구별된 양식이라고 본다. 이러한 내담자들은 그들이 양가적으로 애착된 누군가와의 정서적인 상호작용에서 정신화의 두드러지는 손상을 보여주고 있다. 그래서 다양한 심리치료적 접근에 정신화가 도처에 있다고 해도 MBT의 발달은 임상 실제에서 정신화의 명료화에 상당한 기여를 했다. 다른 접근, 예를 들어 인지치료를 보면, 하나의 장애를 치료하는데 배울 수 있는 것은 다른 장애를 치료하는 데 도움이 될 수 있다. 이 장의 서두에서 언급한 외상 관련 심리치료의 논의에서 밝혔듯이 치료에 적용할 때 나타나는 이러한 공통적인 발달 경로를 보면 알 수 있듯이 MBT의 원칙은 이제 BPD를 넘어 다양한 장애에 적용되고 있다(Bateman & Fonagy, 2012b).

애착외상의 역사를 가지고 있는 내담자들에게 적합한 것으로 정신화의 치료 형태를 지지하지만 이러한 형태가 MBT를 실시하는 것과 같다고 보지는 않는다. MBT는 정신화를 촉진하고 혹은 정신화를 부지부식 간에 손상시키는 개입들에 세심하고 지속적으로 주의를 기울인다. 이러한 과정은 그것을 시도해보기 전까지는 쉽게 들릴 수도 있다. 하지만, 어떤 다른 구체화된 접근과 동일하게 MBT를 수행하는 것을 배우는 것은 구체적 훈련과 지속적인 지도감독이 요구된다.

정신화에 대한 커지는 관심과 그것을 치료에 적용하는 것에 대한 열정에서 알 수 있듯이 이러한 형태의 치료는 상당히 많은 임상가들에게 관심을 받고 있다. 나에게 정신화 형태는 신선한 공기로 숨을 쉬는 것과 같다. 나는 이러한 신선한 흐름을 초보 치료자들의 지도감독에 특히 적절하다고 생각한다. 초보자들은 종종 지도감독자의 초자아에 눌려서 심리적 구속복을 입고 심리치료를 수행하면서 마음 안에 많은 금지와 처방을 가지고 있다. 나는 강하게 '심리치료를 수행하는 단 한 가지 옳은 방법은 없다.'(p. 303)라는 Paul Wachtel(2008)의 언급에 동의한다. Wachtel은 자신의 의견에 확신을 보이며 자신의 접근은 '내가 취한 이론적 접근을 반영하는 것이 아니라 한 사람으로서 내가 누구인가를 의미한다. 이것이 내가 누군가와 심리치료를 하는 방식이다.'(p. 266)라고 제안한다. 우리가 모두 그러하듯이 이론의 역할을 인정하면서 Wachtel은 직접적으로 그의 치료 방식이 '부분적으로는 바로 나'(p. 267)라고 언급한다. 그렇지 않고서는 어떻게 치료를 수행하겠는가? 우리를 동물과 가장 잘 구별할 수 있는 것이 정신화 기술이라고 본다면, 치료적 기술이라는 것은 바로 *인간 존재의 기술*에서 발견된다고 믿는다. 나는 지도감독을 수행할 때 분명하게 조언한다. "바로 너 자신이어라. 가장 자연스러워라." 또한 나의 지도감독자 중 하나인 Peter Novotny는 "무언가를 해야 할지 모를 때 친절하라"는 재치 있는 한마디를 한 적이 있다.

　엄격한 규칙과 처방은 정신화를 방해한다. 옳은 길로 치료를 수행한다는 것에 대한 집착은 말할 것도 없다. 반면 정신화는 유연함뿐만 아니라 내담자에 대해 마음을 챙기며 집중하는 것이 필요하다. 역설적으로, 당신이 자신이 하는 심리치료에서 정신화를 제대로 하는지에 지나치게 집착하게 되면 오히려 정신화는 차단된다. 나는 Anthony Bateman과 만난 직후에 내담자와의 회기를 기억한다. 병원에서 퇴원하기 전 마지막 회기였다. 나는 단지 그의 계획을 듣고 싶었다. 그러나 그의 계획을 탐색하는 대신 정신화를 자극해야 한다고 생각했다. 그리고는 짜증이 나기 시작했다. 나는 나 스스로에게 말하고 있었던 것이다. "정신화의 나사를 조여!". 그리고 나서 나는 질문을 이어갔다. 우리는 구속복을 다른 것으로 대신하지 말아야 한다.

　매력적이라고 생각하는 정신화 치료의 원칙에 대해 여러 저자들이 기술한 바 있다(Allen, Fonagy & Bateman, 2008; Bateman & Fonagy, 2006, 2012a). 요약하면 정신화는 대화의 형태이고 협력적이며 상식적이며 자연스럽다. 치료자 내담자 간의 평등주의적인 접근을 시도한다. 이자관계에 있는 구성원은 각각 애착의 역사를 가지고 오며 정신화 능력이 서로 만나는 것이다. 이런 의미에서 우리는 같은 배를 타고 있다. 확실히 우리 치료자들은 내담자에게 제공하는 중요한 전문 지식을 가지고 있고 전문성을 갖추고 있다. 하지만 내담자들이 그들 자신의 경험과 역사에 있어서는 전문가이다. MBT는 치료자가 내담자 마음의 전문가라는 생각을 삼간다. 역할에서 차이는 있다고 본다. 치료자는 정신화를 해야 하지만 내담자에게 강요하지 않는다. 하지만 이런 방향으로 내담자들을 격려한다. 또한 치료자가 내담자보다 더 나은 정신화를 한다고 생각해서는 안된다. 심리치료에서 치료자가 혼란스럽고 길을 잃었을 때 내담자는 우리가 정신화를 할 수 있도록 도와준다는 점에서 우리는 그들을 신뢰해야 한다. 내가 그들의 도움에 마음이 열려있을 때 내담자는 자비롭게 그것을 제공할 것이다.

정신화 교육 집단을 실시하면서(Allen, O'Malley, Freeman & Bateman, 2012; Groat & Allen, 2011), 전문가들은 늘 내담자들의 재주에 겸손해지곤 했다. 우리는 정신화를 자극할 수 있도록 마련된 많은 훈련들을 제공한다. 예를 들어, 우리는 집단에서 내담자들의 현재 치료 경험을 상징화하는 시각적 이미지를 만들어보라고 하기도 한다. 한 내담자는 "미끄러운 비탈길을 올라가다가 다시 미끄러져 내려오는 모습" 혹은 "우물 바닥에 갇혀 도와달라고 소리쳐보지만 내 목소리를 메아리로 들을 뿐 아무도 오지 않는 모습"과 같은 이미지를 말했다. 보드 위에 이러한 이미지 그림을 걸고 그 밑에 글을 쓴 후에 우리는 구성원들이 가장 끌리는 이미지를 선택하도록 한다. 그리고 그림을 그린 사람이 침묵하는 동안 구성원들이 그림을 그린 사람의 마음 상태를 추측해보는 시간을 갖는다. 집단원들이 말한 후에 그림을 그린 사람이 자신의 그림을 더 자세히 설명하면서 무엇이 맞고 무엇이 그렇지 않은지 성찰한다. 공통적으로 느낀 것인데 집단 리더는 그림의 의미에 대해 집단원들의 감수성과 통찰력에 깊은 감동을 받게 된다. 종종 우리 자신의 정신화 능력을 앞지르는 경우가 많았다. 종종 그림의 창작자 또한 자신이 미처 자각하지 못한 어떤 것을 집단원들이 언급할 때 놀라곤 한다. 일반적으로 그 이미지를 그린 사람은 자신의 그림에 대해 집단원들이 보여주는 깊은 통찰 특히, 자신의 마음 상태에 대한 예민한 관심과 집중에 감동을 받게 된다.

MBT의 원칙 중에 내가 가장 중요하게 발견한 것 중 하나는 *투명성(transparency)* 이다. 나는 내 마음(즉, 나의 정신적인 관점)을 내담자들이 이용할 수 있도록 하고, 그들이 이와 같이 할 수 있기를 희망한다. 나는 감정을 숨기려 하지 않으며 다소 표현적일 수 있다. 종종 나는 내가 자각이 될 때는 내 얼굴 표정에 대해 언급하기도 한다. "당신이 또 다른 재발의 길로 걸어내려 갈까 두려워 얼굴을 찡그리게 되네요." Anthony Bateman는 언젠가 내게 MBT의 가장 구별되는 특징이 바로 '나(I)' 진술을 치료자가 사용하는 것이라고 말한 적이 있다. "내가 당신을 지나치게 불편하게 하는 것은 아닌지 염려가 됩니다.", "내가 생각하기에 당신은 화를 내는 것을 꺼려하는 것 같아요.", "나는 지금 우리가 무엇을 해야 하는지 잘 모르겠네요.", "내가 지금 기어를 놓쳐 생각의 흐름을 잃은 것 같다고 생각되네요.", "지금 생각 중이기 때문에 침묵하고 있어요.", "지금 당신이 스스로를 바보 같다고 느낀다고 말하니 너무 놀랍니다. 저는 몇 분 전에 당신이 자신에 대해 상당히 통찰하고 있다고 느꼈거든요.", "당신은 직원들이 당신을 화나게 한다고 확신하는 것 같네요. 내가 생각하기에는 그럴 것 같지 않아요. 이 병원에는 자연적으로 일어나는 문제들이 많아서 치료진은 그것을 일으키려는 다른 방법이 필요 없다고 생각해요.", "내가 당신의 부모라면 당신이 일주일 동안 집에 들어오지 않았을 때 상당히 두려웠을 것 같아요.", "무자비함을 각오하라. 무자비하다고 그에게 모욕을 주는 말을 할 때 당신의 웃음을 봤어요." 이러한 표현에서 알 수 있듯이 나는 내담자에게 어떤 확실한 선언을 하는 것이 아니라 내담자의 입장에 대한 사고와 느낌을 제안하는 방식이다.

투명성의 주제에 대해서 나는 특히 Bateman과 Fonagy(2006)의 진술에 대해 부분적으로 동의한다. '내담자와 치료자가 정신화 과정을 진전시키게 되면 내담자는 치료자의 마음 안에서 그 자신을 발견해야 한다. 동일하게 치료자는 내담자의 마음 안에서 치료자 자신의 마음을 이해할 수 있다. *둘 다 상대방의 마음에 의해 변화되는 자신의 마음을 경험하게 된다.*'(p. 93). 상대방의 마음에 영향을 주지 못하는 무능력은 심각한 무기력의 근원이다. 그리고 전적으로 그것은 외상적인 애착관계의 전형적 모습이다. 역으로, 상대방의 마음에 영향을 미치는 것—강압이 아닌 감화와 논의를 통해—은 성격 주체의 핵심에 있는 근본적인 힘을 제공하게 된다.

나는 퇴원 계획을 놓고 병원 치료팀과 화를 내며 불편한 관계에 놓여있는 내담자를 치료한 적이 있다. 병원 치료팀은 더 많은 기준이 필요하다고 했고 내담자는 그렇지 않다고 했다. 내담자는 치료팀이 자신의 말을 *"듣지 않는다"*고 불평했다. 기본적으로 나는 치료팀의 의견에 동의를 했지만 그것을 표현하는 대신 내담자의 사고와 계획에 대해 관심을 표현했다. 그는 치료팀이 제시하는 논리가 무엇인지 이해하고 있지만 자신이 계획하는 다른 시나리오에 대해 상당한 흥분을 보였다. 또한, 이 과정에서 내담자는 자신이 "차단당하고", "존중받지 못하는" 기분을 강하게 느낀다고 말했다. 마치 자신이 고통스러운 많은 문제들을 부모에게 이야기했을 때 진압당하는 기분을 느꼈던 것과 비슷하다고 했다. 부모에 대한 이야기는 앞선 치료시간에 이야기 한 적이 있었다. 이러한 논의가 이루어지는 과정에서 나는 침묵으로 경청을 하고 있었는데 내담자는 내가 생각하는 것을 말해줬으면 했다. 나는 그 순간 내 마음 안에 떠오르는 생각을 이야기했다. "당신은 비록 화를 냈지만 당신의 이야기가 타당하지 않은 것은 아닙니다." 나는 또한 동의하지 않아도 경청할 수 있다는 점을 언급했다. 그리고 진심으로, 이전에 그의 행동의 위험성을 고려해 볼 때 지금 언급한 그의 계획이 염려스럽다고 말했다. 그는 지속적인 나와의 의견 차이를 이해했지만 나의 반응에서 내가 마음을 열고 이야기를 했다는 것을 알았다. 비록 내가 그의 의견에 동의하지 않았지만 회기 끝에 상당히 마음이 진정된 상태였다.

앞서 언급했듯이, 나는 치료를 안내하는 평가 절차(질문지 혹은 구조화된 인터뷰)를 활용하는 편이다. 그러나 대체로 구조화된 접근을 크게 선호하지 않는다. 나는 하나의 기법만을 적용하는데 정서를 다루는 대화를 활용한다. 하지만 나는 초점이 없거나 방향이 뚜렷하지 않아 헛바퀴가 도는 대화는 선호하지 않는다. 약간의 구조를 제공하고 내담자와 나의 마음을 나누면서 주된 문제를 서로 좀 더 분명히 하기 위해 초기 회기 이후에 서면으로 쓰여진 개념화 내용을 전달한다. 회기 초반에 이 개념화를 전달하고 잘 반영되어 있는지를 확인하도록 한다. 내가 작성한 기술이 정확하고 전반적으로 옳은지 확인을 요청한다. 내담자의 도움을 받아 수정하고 보완을 한다. 많은 부분이 수정되어야 할 경우 좀 더 작업을 해서 다음 시간에 다시 나눈다. 예는 다음과 같다.

당신의 문제와 심리치료에서 앞으로 우리가 해야 할 작업에 대해 내가 이해한 부분을 요약해서 나누는 것이 도움이 될 거라고 생각합니다. 확실히, 이 작업은 쉽지 않을 겁니다. 서두에 당신은 '절망스러운' 기분 때문에 치료에 왔다고 나에게 말했어요. 자살시도는 이번이 처음인 것에서 알 수 있듯이 당신은 이제까지 한 번도 절망에 빠진 적이 없었다고 했어요. 최근 몇 년 동안 강렬하게 고통스러웠지만 마치 전염병을 대하듯이 치료를 피해왔다고 했어요. 당신은 모든 실패로 인해 녹초가 되었을 것이고 아마도 누구에게도 도움을 받을 수 없을 거라고 생각할 겁니다. 하지만 나는 당신이 치료라는 것이 두려울 필요가 없다는 것을 알게 되기를 바랍니다. 비록 편집증에 걸릴 정도로 모두를 불신한다고 자신을 소개했지만 나를 만난 짧은 시간 안에 나에게 마음을 열었다는 것은 매우 희망적이라고 생각합니다. 물론 당신은 이러한 개방을 절망에서 오는 것으로 볼 뿐 신뢰의 결과로 보지는 않았지만요.

　당신의 아동기를 들어보면 당신은 특히 가정에서 깊은 구덩이에 빠진 듯한 많은 경험을 가지고 있습니다. 당신이 다섯 형제의 막내로 태어났을 때 엄마는 늘 지쳐있고 스트레스가 많았고 우울했고 늦은 오후부터 자주 술을 드셨죠. 당신이 아플 때만 당신에게 집중하고 보살피곤 했죠. 물론 그런 경우는 많지 않았구요. 당신 가정에서 자주 당신이 볼 수 있었던 감정은 분노였죠. 엄마의 잦은 술문제와 엉망진창인 집 때문에 아버지는 늘 엄마에게 분개하셨죠. 아버지는 큰 형에 대해 거칠고 감사할 줄 모르는 놈이라고 비난했죠. 아버지에 대한 형의 분노는 고스란히 당신에게도 돌려졌구요. 당신은 아주 이른 시기부터 매를 맞는 비슷한 기분을 느끼기 시작했죠. 엄마는 자신의 분노를 감추지 않으셨어요. 아이를 하나(큰형)만 낳았어야 했다고 계속 이야기했어요. 엄마에게 큰 형은 잘못을 절대로 하지 않는 자녀였죠. 분노를 관찰하는 동안 당신은 두려움과 절망을 느꼈다고 했어요. 깊은 구덩이에 빠진 느낌과 자살을 떠올리게 되는 무망감을 "정서적으로 사막과 같은 섬"에서 자랐다는 당신의 말에서 느낄 수 있었어요. 당신은 혼자 살아남아야 했고 정서적인 아사 직전이었지요.

무언가 잘못되어 가고 있다는 것을 잊지 않지만 한편으로 우리는 잘 돌아가고 있다는 것에 똑같이 주의를 둘 필요가 있습니다. 편집증이 생길 정도로 누군가를 불신한다면 당신의 정서적인 고통의 정도나 혹은 그것의 이유를 나에게 전할 수 없어야 해요. 그 섬에서 당신은 연대감을 가지고 있었어요. 즉, 남동생과 그것이 가능했죠. 당신 방 문을 닫고 남동생과 피난처가 될 수 있는 놀이를 했죠. 수년 동안 당신은 이웃에 좋은 친구가 있었어요. 물론 친구의 이사가 더 큰 고립을 초래하면서 후퇴하기는 했지만요. 다행히도 많은 시간 학교는 피난처였어요. 학교 수업 중에 당신은 안전감을 느꼈고 집중할 수 있었어요. 학교 공부는 당신이 가정의 혼돈을 피할 수 있도록 했어요. 몇몇 선생님들은 당신의 학업에 늘 열정을 보여주셨죠. 그들이 당신을 인정했다는 건 참 대단한 경험이었습니다. 공부를 열심히 하는 모습은 사업 영역뿐만 아니라 고등학교, 대학, 그리고 대학원에 걸쳐 성과를 냈습니다. 정서적으로 고립된 사막과 같은 섬에서 예외는 바로 당신의 외할아버지였습니다. 당신이 말했듯이, 할아버지와 당신은 서로 너무 잘 맞았습니다. 할아버지와 보낸 시간이 많지는 않았지만 당신에게 너무 소중했습니다. 할아버지는 가족의 문제를 잘 이해하고 계신 것 같았습니다. 비록 그가 그 상황을 변화시키기 위해 무언가를 할 수 없었지만 당신에 대한 그의 격려는 가족 속에서 당신이 견딜 수 있도록 도왔고 당신 스스로 지속시킬 수 있는 자신의 능력을 최대한 유지할 수 있도록 도왔습니다. 진심으로 당신은 할아버지의 조언을 따랐죠. 하지만, 2년 전 그의 죽음으로 인해 당신은 우울증이 악화되었습니다.

나는 당신의 불신과 편집적 문제의 좀 더 초기 뿌리를 볼 수 있습니다. 하지만 당신은 상당한 정도로 그 문제를 극복했습니다. 불행스럽게도 당신의 불신의 문제는 최근 할아버지의 죽음과 겹쳐 일어난 두 번의 중요한 배신으로 인해 다시 일어났습니다. 결국 우울증과 알코올 남용의 문제로 빠져들게 되었습니다. 당신의 자기 확신감은 지도감독자와의 관계로 인해 다시 생기를 찾았지요. 지도감독자는 당신의 능력과 생산성에 대해 많은 관심을 보였습니다. 더 어린 시절 학창시절과 대학교 시절에 학교 선생님들이 그랬듯이 그는 멘토 역할을 했습니다. 하지만 보스의 압력으로 당신의 지도감독자는 회사의 새로운 팀으로 당신 동료 중 하나를 선택했죠. 그 일이 있은 후 지도감독자가 트집 잡는 멍청이라고 늘 당신이 생각해 왔던 새로운 지도감독자에게 당신을 남겨두고 갔을 때 냉혹한 기업 세계에 대해 환멸을 느꼈죠. 막막한 상황이었죠. 직업에서 환멸감은 폭포같이 몰아쳤는데 당신은 더 짜증을 많이 냈고 더 많은 술을 먹기 시작했어요. 당신이 아버지와 엄마의 '비틀어진 혼합물'이 되는 것 같아 걱정이 들었습니다.

더 힘겨운 것은 이러한 당신의 소용돌이가 결혼을 희망했던 Tammy와 관계를 틀어지게 했다는 점이죠. 그녀는 당신의 섬에서 중요한 동반자였습니다. 당신이 말했듯이, 그녀는 당신이 진정으로 당신 인생에서 사랑했던 첫 번째 사람이죠. 당신의 기쁨이었습니다. 당신의 변덕스러운 기분에서 중심을 잡아주는 사람이었습니다. 모든 일이 꼬여가면서 그녀는 점점 당신의 거부에 좌절을 느꼈습니다. 당신이 '정서적 무인도'에 대한 이미지를 말했을 때, 그녀는 당신에게 특히 당신의 술문제에 대해 말했고, 당신이 그녀를 섬에 가두어두고 떠나는 이미지를 이야기했지요. 그것은 그녀가 아동기에 가족 속에서 경험했던 것을 불러 일으켰습니다. 당신이 말했듯이, 그녀는 신호탄을 보내고 있었던 거지요. 하지만 당신이 그것에 주목하지 않았습니다. 그녀가 자신의 동료 중 한 사람과 로맨틱한 분위기가 만들어질 때까지 몰랐습니다. 이 사건은 당신에게 큰 한 방이었고 결국 자살 직전까지 당신이 이르게 했습니다.

여기서 우리가 어디로 가야 할까요? 당신이 보듯이 나는 당신의 '섬'의 일부입니다. 나는 '안정의 섬'이라는 비유를 좋아하는데 이것은 어린 시절 관계 안에서 느끼는 불안정감을 견디게 했지요. 당신은 안정의 섬(혹은 당신 섬에서의 안전한 관계)을 많이 가지고 있는데 이것은 당신에게 불신에 이르게 할 수도 있고 신뢰감을 줄 수도 있습니다. 당신은 어떤 의구심이 있었음에도 불구하고 우리가 하는 초기 작업에 신뢰를 보여줬습니다. 병원에 찾아와서 도움을 요청했습니다.

당신이 옳은 선택을 하고 있다고 생각합니다. 분명 병원은 당신에게 도움을 제공할 수 있습니다. 당신이 알겠지만 당신은 짙은 우울증에서 조금씩 벗어나고 있습니다. 당신의 자살하고픈 우울증과 그것의 이유에 대해 집단에서 당신을 공개하기 시작했습니다. 나는 당신의 이와 같은 노력을 격려합니다. 그리고 당신이 자살에 대한 절망 속에 빠져있을 때 편안하게 느낄 수 있는 돌보는 치료진에게 다가갈 것을 권합니다. 당신은 Tammy와의 관계에서 위기를 맞고 있고 무엇을 어떻게 해야 하는지 잘 모르고 있습니다. 사회복지사와의 상담 회기에 커플 상담이 가능한지 물어보시면 좋겠습니다. 우리의 작업에서는 자살에 대한 취약성을 좀 더 탐색하고자 합니다. 나는 당신이 대안을 발견하는 수단으로 이 치료 시간을 이용하면 좋겠습니다.

일반적으로 내담자들은 서면으로 이루어진 이러한 개념화를 상당히 고마워한다. 이 과정은 전형적으로 그들 마음을 이해하는 좋은 시간이 된다. 서면으로 개념화를 하는 것은 치료에 대한 나의 사고를 좀 더 명료하게 하는 데 도움을 준다. 따라서 종종 나는 내담자가 치료의 목적에 대해 혼란스러움을 표현할 때나 내가 치료의 방향을 제공해야 할 때 이 방법을 사용한다. 상당히 뒤죽박죽된 회기를 마친 후에 이러한 개념화를 종종 사용한다. 나의 실수로 인해 내담자는 종종 무력감을 느낀다. 종종 나는 내가 무엇을 하고 있는지 잘 모를 때가 있고 그가 나의 도움의 범위를 넘어선 것 같아 두려울 때가 있다. 이해와 방향을 선명히 하는 것은 우리가 서로 지속적으로 만날 수 있도록 도와준다. 어떤 경우에 나는 퇴원을 앞두고 내담자와 협력해서 이 개념화를 완성하기도 한다. 병원에서 퇴원할 때 이 개념화는 그들에게 이후 심리치료의 플랫폼을 제공할 수 있다. 이러한 방법에 명백한 단점이 있는데 서면으로 개념화를 하는 것은 상당한 시간과 노력이 들어간다.

❏ 외상 경험의 정신화

정신화 접근이 적어도 상상할 수 있을만큼 대단한 것이 되는 특별한 맥락이 있다면 그것은 바로 외상에 대한 작업일 것이다. 나의 견해로는 외상치료의 핵심은 바로 공감적으로 경청해줄 수 있는 누군가와 외상적 경험을 나눌 수 있는 능력이 갖춰졌을 때 이루어질 수 있다. 마음에 집중하는 부모는 정기적으로 크던 작던 스트레스를 겪고 있는 자녀에게 외상치료의 핵심을 전달하고 있다. 삶에 걸쳐 믿을 수 있는 동반자도 마찬가지이다. 우리 전문성은 단지 다양한 개입의 수준(예: 다양한 치료 매뉴얼 형태)과 중복되는 우리의 기초적인 인간의 능력에 의존할 뿐이다.

물론 나는 직업적인 전문성의 장점을 부정하지 않는다. 나는 단지 전문성을 인간 존재가 가지고 있는 기술(skill)(정신화)에 종속된 것이라는 관점을 취하려는 것이다. 예를 들어, 나는 정신의학적 진단 범주의 한계에 대해 불만을 갖고 있지만,

나는 정신병리에 대한 지식이 없어서는 안된다고 생각한다. 나는 해리성 혼란(dissociative disturbance), 특히 해리성 정체감 장애뿐만 아니라 심각한 해리성 분리에 대한 당혹스러움으로 외상-교육 프로젝트(Allen, 2005)를 착수했다. 우리가 Menninger 클리닉에서 전문화된 외상치료 프로그램(Allen, Coyne & Console, 2000)을 발전시키기 시작했을 때 우리는 심각한 병원 내담자들에 대해서 거의 아는 것이 없었다. 그들은 해리성 정체감 장애로 진단을 받은 사람들도 있었고 그렇지 않은 사람들도 있었다. 특히, 비자살적 자해가 전문적 지식이 필요한 문제 중 단연 으뜸이었다. 외상을 입은 내담자들 사이에 공통적인 것은 바로 우울이었는데 이 문제 또한 철저한 이해가 필요했다. 나는 수십 년 동안 우울증 내담자들을 보아왔기 때문에 어느 정도 우울증에 대해 알고 있다고 생각했다. 나는 내담자를 더 지식적으로 잘 교육시키기 위해 문헌에 몰두하면서 그 밖의 것들을 많이 배웠다(Allen, 2006a). 예를 들어, 겉으로 보기에 회복에 있어서 빙하의 움직임처럼 매우 느리게 회복하는, 진퇴양난에 빠져 스스로를 질책하는 우울한 사람들을 돕는 매우 단순한 원칙을 발견했다. 회복을 위해 할 필요가 있는 모든 것(예: 활동적이 되는 것, 잠을 잘 자는 것, 즐거운 활동에 참여하고 현실에 맞게 생각하는 것)은 우울증의 증상(예: 무기력, 불면증, 흥미와 즐거움의 상실, 부정적 사고와 반추)으로 인해 실행이 어렵다는 점이다. 분명하게 말할 수 있는 것은 외상을 입은 내담자와 가족 구성원들에게 외상 관련 장애와 치료에 대해 교육하는 것은 그들이 혼란스러움과 향후 일어날 수 있는 상당한 불안과 무기력을 담아내도록 도울 수 있다. 정신병리를 이해하는 것은 일종의 정신화 작업이다. 우리 임상가는 이러한 노력을 도와주는 수십 년 간의 연구에 감사한 마음이 크다.

내가 옳다면 노출치료는 적어도 외상에 대해 상상할 수 있는 접근이라는 점에서 정신화와 같다. 안전한 상황에서 두려웠던 상황으로 되돌아가는 생리적 노출을 고안한 사람은 누구인가? 상상하는(공포스러운 경험을 사고하고, 느끼고 이야기하는) 노출을 고안한 사람은 누구인가? 이 장의 앞에서 언급했듯이 노출의 효과성에 대한

Foa의 설명이 타당하다고 생각한다. 노출은 자기와 타인에 대한 비현실적인 견해를 변경하고 이야기의 응집력을 얻으면서 외상적 경험에 정서적으로 관여하는 것을 수반한다. 이미 언급했듯이, 애착 관점에서 나는 내담자-치료자 관계를 상대적으로 소홀히 하는 것(실제가 아니라면 이론에서)이 상당히 당혹스럽다. 외상 기억을 처리하는 모든 표준치료는 애착관계의 맥락에서 정신화하는 것을 포함한다(비록 모든 치료들이 강조하는 애착관계의 강도에 대해서는 서로 다양하더라도 말이다).

상식적으로 보면, 노출은 공통적으로 고통스럽고 심각하게 당혹스러운 침입적인 외상 기억을 제거하려고 하는 내담자의 이해할만한 바람과는 반대로 돌아간다. 회피의 무익함을 인정하고 다만 그들의 바람을 충분히 공감하면서, 회상하는 사람에게 항상 노출되어 있다는 점에서 외상적 기억과 정서에 의해 공격당하는 것을 피할 수 없다는 점을 PTSD 내담자들과 나눈다. 당신은 회상하는 사람에게 이를 노출시키기 위해 영화를 보러 가거나 TV를 켜거나 혹은 신문을 읽을 필요가 없다. 당신은 무기력함, 통제가 상실된 느낌 혹은 정서적 고통 안에 있을 때 당신이 의존할 누군가를 찾을 수 없는 느낌을 느끼게 된다. 따라서, 외상치료의 목표—노출 혹은 정신화—는 마음에 외상적 기억과 정서를 떠올릴 수 있게 되고 이 경험에서 전적으로 당신 혼자가 아니라는 것을 느끼는 것이다. 심리적 연결감의 경험은 그러한 기억들을 견딜 만하고 그리고 다룰 만하다는 느낌을 갖도록 한다. 결국 불안이나 강도가 줄고 침입적인 경험의 빈도가 줄어든다.

상당히 구조화된 과정을 가지고 있지만 내가 생각하기에 PTSD를 위한 증거 기반 치료(노출치료, 인지처리치료 그리고 EMDR)에는 중요한 장점이 있다. 이러한 치료는 내담자가 끔찍한 기억을 피하지 못하도록 돕는다. 구조화되지 않은 접근에서는 쉽게 피할 수 있다. 그러한 회피는 압도적인 수많은 일상의 염려 속에서 치료자나 내담자 모두에 의해 쉽게 일어난다. 외상의 노출 경험을 피하는 것은 내담자의 기능이나 혹은 심리적 능력이 너무 불안정해서 노출을 하지 않는 것이 좋다는 판단에 의해 부추겨질 수 있다. 이러한 우려는 전적으로 타당하다. 적절한 지지 없이 외상 기억을 겁없이 처리하는 것은 내담자의 기능을 손상시키고 치료를 방해할 수 있다(Allen, 2001; Chu, 1992). 하지만 당신이 내담자의 능력을 지나치게 과대평가하지 말아야 하듯이 우리는 피하려는 내담자의 능력을 너무 과소평가하지도 말아야 한다. 특히 주목할 만한 예를 들어보자면 Chris Frueh와 동료들(Frueh et al., 2009)은 노출 치료가 정신증 장애의 맥락에서 PTSD를 가진 내담자의 치료에 효과적으로 적용될 수 있다고 언급한 바 있다. 노출 치료는 높은 지지가 선행되어야 하고 그 속에서 이루어져야 한다.

　나는 앞서 안정 애착을 보이는 내담자가 치료로부터 더 도움을 많이 받고 불안정한 내담자들이 대부분 그렇지 못하다고 했다. 유사하게 외상을 처리하는 것은 지지적인 애착관계와 자기조절 능력의 형태에서 담아주는 것이 필요하다. 내가 이 책을 통해 풍부하게 분명히 밝히기를 원했듯이, 애착외상은 개인의 담아주는 능력을 악화시킨다. 따라서 담아주기가 외상치료의 *사전 조건*이듯이 외상치료의 최적의 *결과*라는 것은 타당하다. 우리는 BPD를 보이는 내담자 치료에서 치료동맹에 대한 이러한 견해와 일치하는 사례를 가지고 있다(Horwitz et al., 1996). 안정적인 동맹이 효과적인 치료의 결과이다. 지금 그것을 새롭게 이해하자면, 증가한 애착 안정성과 정신화 능력의 결과인 것 같다. 신중하게 단계적으로 진행되는 외상치료 접근이 분명하게 증명하듯이(Courtois, Ford & Cloitre, 2009; Herman, 1992b), 외상 경험을 정신화하는 데는 아주 작은 양이라도 담아주기가 필요하다고 그려볼 수 있고 그렇게 하는 과정에서 더욱 담아주기가 커질 수 있다. 진실로, 외상을 처리하는 우선적인 이유는 애착을 통해 담아내기를 높이고 정신화와 자기조절을 증진시키는 것이라고 나는 믿는다. 나는 잠자는 개는 계속 누워 자도록 하자는 원칙에 전적으로 동의한다. 그 잠자는 개가 깨어나 짖지 않는다면 내담자는 치료실에 오지 않을 수 있다.

　입원 세팅에서 내담자를 볼 때 나는 다음과 같은 모순이 모두 진실이라고 믿게 되었다. 만약 내담자가 병원의 지지를 받을 수 있으면 외상을 처리하는데 최적의 시간일 것이다. 반대로 내담자의 기능이 병원에 입원을 할 만큼 손상되었다면 이것은 외상을 처리하는데 최악일 것이다. 처리하는 방법을 결정하는 것은 개인에 따라 이루어져야 하고 통합적으로 이루어져야 한다. 경험, 전문성 그리고 신중한 계획은 외상치료가 끔찍한 시도가 될 가능성을 줄여줄 수 있다.

40대 중반인 Sabrina는 제정신이 아닌 것 같다는 느낌으로 입원을 했다. 너무 혼란스러운 상태에서 총기를 구입했는데 자신을 죽이려고 한 것인지 누군가를 죽이려고 한 것인지는 분명하지 않았다. 여러 달에 걸쳐 점차 아래로 내려가는 중이었다. 그러다가 같이 살고 있던 친구인 Natalie가 뇌졸중인 노모를 돌보느라 떠났을 때 절벽에서 떨어진 느낌이었다. 다행스러운 것은 Sabrina가 총을 구입한 후 오래지 않아 Natalie가 예고없이 돌아왔다. 엉망으로 변한 Sabrina의 모습에 놀란 Natalie는 Sabrina의 총에 대해 알고 난 후에 너무 놀랐고 경찰과 접촉을 했다. 경찰을 통해 응급 입원의 도움을 받을 수 있었다. 그녀가 안정을 찾은 후 Sabrina는 장기 입원 치료를 위해 옮겨졌다.

여전히 혼란스러운 상태인 Sabrina는 치료 초기에 상당히 협력적이었다. 그녀는 자신이 총을 구입할만큼 완전히 정신이 없는 상태였다고 했고 사실 그녀는 스스로 평화를 사랑하는 사람이기에 이런 모습과는 정반대라고 했다. 비록 정당방위로서 일어나는 일이라고는 했지만 거리에서 낯선 사람—중년의 초라한 여성—을 쏘는 생각으로 그녀는 소름이 끼쳤다. 자신이 너무 혼란스러운 사고가 많아서 이야기가 필요하다고 말했다. 하지만 공격적인 사고와 느낌이 느껴지기만 하면 너무 짜증이 나고 참을 수가 없어서 앉아있기조차 힘들다고 했다. 나는 나와 함께 있는 것은 안정감을 느끼는지 물었고 안정감을 느낀다고 답했다. 내가 평온한 것이 도움이 된다고 말했는데 이전 치료자들은 그녀가 자신의 마음에 대해 이야기를 할 때 많이 흔들리는 모습이 달랐다고 했다. 나는 Sabrina가 원할 때마다 치료실을 떠날 수 있다고 했다. 첫 회기에 그녀는 그녀의 혼란스러운 사고에 대해 이야기할 필요를 느꼈는데(내가 동의한), 이야기를 할 때마다 더 고통이 올라왔기 때문에 마치 팽팽한 줄 위를 걷는 느낌이었다. 내가 가장 좋아하는 격언은 "당신이 더 느리게 가면 갈수록 더 빨리 도달할 것이다"를 알려줬다(Kluft, 1993, p. 42). 그녀도 그것을 좋아했다.

느리게 간다는 것은 쉽게 얻어지지 않는 바람이다. Sabrina는 잔혹하게 구타하는 침입적인 이미지로 괴로워했는데 그중 어떤 것들을 상세히 묘사했다. 그 이미지 속에서 그녀는 종종 구타를 하기도 했고 어떤 경우에는 맞는 모습이었다. 패배하는 모습이었다. 예를 들어, 병원에서 그녀가 동료들과 작은 갈등에 너무 화가 날 때 그녀를 부드럽게 방으로 돌려보낸 간호사에게 공격당하는 상상을 했다. 구타를 당하는 이미지가 너무 생생해서 깨어 있는 상태에서 꿈을 꾸는 것과 비슷하다고 말했다. 피 묻은 그림을 그리거나 일기에 그 장면을 묘사하면서 이것들을 머릿속에서 지우려고 노력해왔다고 했다. 그녀의 마음에 공감하면서 나는 그녀가 무심코 불길을 부채질을 하고 있다고 말해주었고 가능한 현재에 머무는 것에 대해 조언을 해 주었다. Sabrina는 요가를 할 때 배웠던 마음챙김에 익숙해 있었다. 그래서 그녀는 자신이 뭔가 정신이 혼란스러워질 때 현재 외부 현실에 주의를 돌리는 것을 할 수 있었다.

서서히 치료의 과정을 거쳐 Sabrina는 공격과 폭력에 노출된 역사에 대해 이야기를 시작했는데 달리 설명할 수 없는 복잡한 방식으로 그녀의 삶의 속으로 들어오는 침입적 이미지였다. 그녀의 엄마는 극심히 혼란스러웠던 조울 상태였는데 반복해서 입원을 했지만 병원에 그리 오래 입원을 한 것은 아니었다. 엄마는 Sabrina가 청소년기에 권총으로 자살을 했는데 그때까지 구제불능상태인 격분하는 알코올 중독 상태였다. Sabrina는 엄마의 계속되는 정서적 푸념과 종종 나타나는 육체적 공격으로 만진창이가 된 평화를 사랑하는 아버지에 대해 연민을 느꼈다. 엄마가 가끔 아버지에게 고기를 자르는 칼을 휘두르기도 했다. 독일산 양치기 개가 요란하게 울어대던 날, 엄마는 진절머리를 내며 개를 걷어찼던 기억이 있다. 엄마가 죽기를 바랐던 자신의 마음에 죄책감을 느끼곤 했다. 엄마랑 함께 부엌에 있을 때 칼을 들고 뒤에서 엄마를 찌르는 이미지가 순식간에 떠오르곤 해서 소름이 돋았던 적도 있다.

Sabrina의 기능은 입원 몇 달 전에 형편없이 악화되어 있었다. 그녀의 외모 또한 그러했다. 그녀의 엄마가 자살을 했던 나이에 이르렀을 때 자신의 외모가 엄마의 당시 외모와 비슷하다는 걸 느꼈다. 마녀같은 외모와 듬성듬성 자라있는 금발이 특히 그랬다. 계속 이어지는 내면의 폭력적 이미지로 인해 지친 Sabrina는 그녀의 최악의 악몽이 현실화되는 것을 보았다. 점점 자신이 엄마처럼 변해가고 있는 것이다. 심리치료에서 이렇게 나타나는 끔찍한 변화에 대해 성찰하면서 Sabrina는 결국 총을 사서 엄마의 뒤를 따라가는 것뿐만 아니라 실제로는 그녀 안에 있는 엄마를 죽이려고 했다는 것을 이해했다.

마음 안에 있었던 모든 것에 대해 이야기를 할 필요가 있다고 느꼈던 Sabrina가 옳았다. 그리고 내가 꽤 조용하게 경청했다는 사실에 도움을 받았다. 비록 내가 그녀의 아동기 사건에 대해 경악과 충격을 성찰적으로 표현하긴 했지만 말이다. 나는 Sabrina의 타고난 배려심에 감동을 받았는데 그녀의 친구관계뿐만 아니라 병원에서 관계에서도 그러했다. 내가 치료자로서 그녀의 이야기에 덜 무서워하고 그녀의 의지에 대해 격려를 하는 것을 통해 자신을 확신하게 되었다고 나는 생각한다. 이러한 장점은 그녀의 폭력적인 환상과는 상당한 차이가 있는 것이다. 어떤 점에서 나는 그녀의 아버지를 떠올리게 했던 것 같다.

그럼에도, 이 치료 과정은 순탄치 않았다. 현재 침입적인 폭력적 이미지와 과거 공포스러웠던 기억들이 경합되어 엉켜 일어날 때 그녀는 더 편집증적인 모습을 보였다. 병원에서 종종 안정감을 느낄 수 없었고 자신을 질책하고 완고하게 느껴지는 간호사에게 공격을 당할 수 있다는 공포감을 보였다. 병원 치료팀과 협력하여 나는 Sabrina가 과거에 겪었던 외상 기억을 이야기하는 것을 멈추도록 했고 그녀도 동의했다. 더 큰 의미에서 보면 그 폭력적인 이미지가 그녀를 자살의 위기로 더욱 부추길 수 있다고 이해했다.

우리는 외상 이외에 많은 이야기를 할 수 있었다. 여전히 살아있는 아버지와의 관계를 다뤘다. 아버지는 성장기에 그녀의 유일한 끈이었지만 그녀의 알코올 남용과 악화되는 건강상태는 그녀를 심각하게 불안정하게 만들었다고 했다. 우리는 또한 가족 이외의 관계에 대해 이야기를 했는데 친구관계뿐만 아니라 그녀가 사랑에 빠졌고 가치가 있다고 생각하는 관계에 대해 다루었다. 비극적으로 이러한 관계에서 파트너들은 암으로 죽기도 했는데 이러한 상실은 그녀의 기능이 점점 나빠져 우울증에 걸리도록 했다. 그녀는 강한 종교적 신념을 가지고 있었다. 종교적 신념에는 신과의 연결감뿐만 아니라 그녀 삶에서 파트너의 지속적인 존재를 의미하기도 한다. 나는 Sabrina에게 내가 좋아하는 '안정의 섬'에 관한 이야기를 알려줬다. Sabrina는 그것을 갖겠다고 내게 말했다. 그러나 결국 Natalie가 떠난 후에 그녀가 더 우울하게 되고 고립되면서 그녀는 '바다로 빠졌다'는 것에 동의했다.

치료에서 외상에 대해 이야기를 하지 않도록 제한을 두는 것은 지나치게 엄격한 것이며 타당한 전략으로 보이지 않았다. 그녀와의 치료에서 적어도 치료 회기에 외상을 담아내는 방식으로 다루었기에 부분적으로 치료 과정에서 효과성을 보였다. 그녀의 현재 현실에 초점을 맞추는 것을 격려하는 것은 Sabrina가 입원 중이었기 때문에 가능했다. 그녀는 모든 활동에 참여할 뿐만 아니라 동료나 치료진들과 지지적 관계를 맺었다. 침입적인 폭력적 이미지가 갑자기 멈추지는 않았다. 그보다 그녀는 이런 것들을 매우 순간적으로 스치는 것으로 경험했고 자애로움과 같은 자신에 대한 더 힘 있는 느낌을 경험했다. 그녀는 더 이상 정신화를 잃지 않았다. 정신화를 잃을 때 그녀는 마치 과거를 현재처럼 경험했다. 하지만 항상 그런 것은 아니지만 종종 폭력적인 이미지를 일으키는 어떤 사건들을 이해할 수 있었다. 우리가 과거와 현재의 틈을 알게 되고 점점 안정감을 느끼게 되면서 우리는 외상의 한복판에 있었을 때 우리가 이야기했었던 핵심사건을 다시 초대할 수 있었다. 이 과정에서, 설명할 수 없고(즉, 제정신이 아닌) 폭력적 이미지가 과거의 실제 경험에서 시작되었다는 것을 주목하게 되었다. Sabrina가 결론 내리기를 그녀의 병이 호전되면서 악몽이 다르게 경험되었다고 했다. 그녀는 살아있는 기분을 느꼈고 지지적 공동체 생활 프로그램에서 병원 밖의 지속적 치료를 참여하는 계획을 세웠다.

나는 내가 Sabrina와 함께 진행한 심리치료 과정이 적어도 상상할 수 있는 외상치료에서 새로운 접근이라고 본다. 아마도 그것은 인간 존재가 가지고 있는 기술을 반영하는 것으로 Sabrina가 확실하게 보여주었던 기술이다.

❏ 결론적 성찰

나는 독자들이 이 책을 다 읽고 나서 상상할 수 있는 외상치료에서 적어도 새로운 접근을 배우지 못했다는 불만을 상상해 본다. 나는 많은 워크숍에 참여하고 수행하면서 많은 임상가들이 그들의 임상 실제에서 새롭고 더 효과적인 방식을 찾고 있다는 것을 알고 있다. 나는 항상 효과성에 대해 고심을 한다. 하지만 나는 새로운 것보다는 더 타당한 것에 공을 많이 들인다. 그리고 나는 기법보다는 이해에 더욱 관심을 둔다. 나는 외상에 대해 연구하고 글을 쓰면서 수십 년 동안 임상 경험을 가지고 있지만 내가 무엇을 하는지에 대해 잘 모른다는 느낌에 익숙하다. 하지만 대체적인 포부는, 안전한 분위기에서 정신화를 촉진시키려는 노력에 전념하려고 한다. 이러한 광범위한 포부를 이행하는 방법을 이해하는 것은 매우 도전적이다. 나는 구체적인 처방을 내리는 것이 부족하다.

확실히 나는 특수한 증거 기반 치료를 경시하면서 대세를 거스르고 있다. 나는 필요할 때 전문가의 도움을 요청하는 것을 좋아한다. 치료 공동체뿐만 아니라 집단 그리고 가족 치료를 제공하는 다양한 접근을 하는 병원에서 일하고 있다는 것에 매우 감사함을 느낀다. 그리고 나는 외상을 가지고 있는 내담자가 임상에서 넓게 제공되고 있는 변증법적 행동치료의 기술 집단에서 얻는 실제 대처 기법으로부터 상당한 도움을 받고 있다는 것도 알고 있다. 종종 나의 내담자는 대처하는 기술을 원한다. 나는 다른 구체적인 기법(예: 인지행동치료에서 사고기록지 작성 혹은 변증법적 행동치료에서 정서조절 전략)을 사용하지만 가장 근본적인 도구로 정신화를 본다. 하지만 증거 기반을 구성하는 것이 무엇인지에 대해 넓은 범위의 견해를 가지고 있다. 상당한 정도로 나는 애착 연구에 의존하면서 증거에 기반해서 치료를 해왔다. 다양한 심리치료의 일반적인 효과성과 치료 성과에 기여하는 내담자-치료자 관계의 중요한 기여점에 대한 포괄적인 증거에 대한 수십 년간의 연구와 함께 나는 우리 일반 치료자들(generalist therapists)이 단단한 경험적 발판 위에 서도록 한 발달 연구들을 신뢰한다.

애착외상과 관련된 장애의 심각성과 만성화나 우리가 현재 사용하고 있는 치료적 접근의 효과성에 대한 한계를 겸손하게 받아들이게 되면, 애착이론과 연구로부터 얻은 이해의 치료적 이득에 대한 열정이 조금 사그라지기도 한다. 무선 통제 실험은 일관적으로 다양한 치료 방법이 통제집단보다 더 효과적임을 보여주고 있다. 하지만 치료들은 그들이 발전해온 근본적인 목적에서 보면 내담자 삶의 질을 개선하는 것보다 일반적으로 장애의 증상을 완화하는 데 더 효과적이다(Levy, 2008). BPD의 증상을 완화할 뿐만 아니라 사회적 직업적 기능을 개선하는 데 있어 MBT의 장기적인 이득에도 불구하고 반 이상의 내담자들은 계속해서 적어도 중간 정도 수준에서 기능의 손상을 보인다(Bateman & Fonagy, 2008). 똑같이 염려가 되는 것은 우리의 가장 효과적인 치료는 내담자의 경제적인 제약으로 인해 이용 가능성이 제한된다는 점이다.

내가 생각하기에 우리는 외상이라는 단어를 너무 자주 듣게 되며 우리는 그것에 둔감해졌고 외상의 순수한 중력을 더 이상 고려하지 않는다. 외상이 일어나지 않은 것처럼 외상을 이겨보겠다고 하는 것은 상식적이지 않다. 외상은 심리적 장애에 기여할 뿐만 아니라 존재에 지속적 영향을 미친다(Allen, 2007, 2013). 당신의 삶의 의미와 목적에 심각하게 영향을 미친다. 생리학적, 심리학적, 존재론적 그리고 영적인 수준과 같이 다양한 수준에서 내담자는 외상의 지속적인 효과를 경험하면서 살아가야 한다. 우리의 치료적 시도가 도움이 된다는 상당한 증거를 가지고 있고 우리는 계속해서 이 노력의 효과성을 개선시켜 나갈 것이다. 하지만 외상으로부터 회복하고 그것의 유산들과 가능한 함께 살아가려고 전생애적으로 노력하는 모든 단계에서 애착관계만큼 더 나은 지지는 없다. 세상에서 안전하고 안정적인 느낌을 갖는 가장 좋은 근원이 바로 애착관계이다. 우리 심리치료자들은 이러한 근원을 제공하는데 중요한 역할을 가지고 있다. 하지만 우리는 그러한 노력에 익숙하지 않지만 감사하게도 혼자가 아니다.

찾아보기

공역자 약력

이문희
이화여자대학교 심리학과에서 상담심리학으로 석사 및 박사학위를 취득하였다. 한국청소년상담원, 이화여자대학교, 경기대학교에서 상담 연구원으로 일한 경험이 있다. 현재는 서울상담심리대학원대학교에서 상담심리학과 중독전공 교수로 재직 중이다. 역서로는 「심리치료의 거장」, 「감정공포치료」, 「심리상담 이론과 실제」, 「아동·청소년 성격장애 치료」, 「성격장애의 정신역동치료」가 있다.

김수임
서울대학교 교육학과에서 교육상담 석사 및 박사학위를 취득하였다. (주) 삼성전기, 용문상담심리대학원대학교, 차의과학대학교에서 상담과 교육을 하였다. 현재는 단국대학교 상담학과 교수로 재직 중이며, 애착이론과 정서조절에 관심을 갖고 있다. 관련 논문 및 역서로는 「존볼비의 안전기지」, 「성인대상 분노 조절 집단 프로그램 분석」, 「부정적 정서가 자살사고 및 습득된 자살 실행력에 미치는 영향」, 「대학생의 성인애착유형, 부모애착, 진로결정 자기효능감 및 진로미결정의 관계」 등이 있다.

이수림
가톨릭대학교 심리학과에서 상담심리학으로 석사 및 박사학위를 취득하였다. 한국청소년상담원, 한국열린사이버대학교 재직 경력이 있다. 현재는 가톨릭대학교 심리학과, 상담심리대학원에서 상담전공 교수로 재직 중이다. 주요 논문으로는 '애착외상의 이해와 치료적 함의', '한국판 정신화 척도의 타당화', '아동·청소년기 애착외상 경험 이후 외상후성장 과정에 대한 질적연구', '안정애착과 경계선 성격특성의 관계에서 정신화와 마음챙김의 매개효과', '상담 및 심리치료의 효과적 핵심 요인: 정신화의 이해와 적용' 등이 있다.

애착외상의 발달과 치료

초판발행	2020년 8월 15일
중판발행	2023년 8월 10일
지은이	Jon G. Allen
옮긴이	이문희·김수임·이수림
펴낸이	노 현
편 집	배근하
표지디자인	이미연
제 작	고철민·조영환
펴낸곳	㈜ 피와이메이트
	서울특별시 금천구 가산디지털2로 53 한라시그마밸리 210호(가산동)
	등록 2014. 2. 12. 제2018-000080호
전 화	02)733-6771
f a x	02)736-4818
e-mail	pys@pybook.co.kr
homepage	www.pybook.co.kr
ISBN	979-11-6519-067-5 93180

정 가   20,000원

박영스토리는 박영사와 함께하는 브랜드입니다.